민족공통성과 통일의 길

이 책은 2009년 정부(교육과학기술부)의 재원으로 한국연구재단의
지원을 받아 제작되었습니다.(NRF-2009-361-A00008)

■ 건국대학교 통일인문학연구단(IHU)
The Institute of the Humanities for Unification

통일 문제에 대한 인문학적 성찰과 지혜를 모으고자 '소통·치유·통합의 통일인문학'을 표방하며 건국대학교 인문학연구원에서 출범한 연구기관이다.

2009년 한국연구재단의 '인문한국(HK)지원사업'에 선정되면서 연구 체계를 본격화하였으며, 2012년 1단계 평가에서는 '전국 최우수 연구소'로 선정되었다.

통일인문학은 사람 중심의 인문정신을 바탕으로 한반도의 통일 문제를 진단하고 그 해법을 찾고자 하는 새로운 학문 영역으로서, '체제의 통일'을 넘어 '사람의 통일'로, 분단과 대결의 시대에서 통일과 평화의 시대로 나아가기 위한 인문학적 성찰과 지혜를 모으고자 한다.

'소통·치유·통합'의 아젠다를 통해 새로운 통일 패러다임을 모색하고 있는 통일인문학연구단은 앞으로도 분단 극복과 한민족 통합의 인문적 비전을 제시하기 위한 학문 연구와 사회 활동을 활발하게 펼쳐 나갈 것이다.

통일인문학 길 03

민족공통성과 통일의 길

© 건국대학교 통일인문학연구단, 2015

1판 1쇄 인쇄__2015년 01월 20일
1판 1쇄 발행__2015년 01월 30일

지은이__건국대학교 통일인문학연구단
펴낸이__양정섭
펴낸곳__도서출판 경진
        등록__제2010-000004호
        블로그__http://kyungjinmunhwa.tistory.com
        이메일__mykorea01@naver.com

공급처__(주)글로벌콘텐츠출판그룹
        대표__홍정표
        편집__김현열 송은주 **디자인**__김미미 **기획·마케팅**__노경민·이용기 **경영지원**__안선영
        주소__서울특별시 강동구 천중로 196 정일빌딩 401호
        전화__02) 488-3280 **팩스**__02) 488-3281
        홈페이지__http://www.gcbook.co.kr

값 24,000원
ISBN 978-89-5996-441-3 93340

통일인문학 길 **03**

민족공통성과
통일의 길

건국대학교 통일인문학연구단

경진출판

민족공통성 창출을 통해
새로운 통합 패러다임을 찾는 통일인문학

　건국대학교 통일인문학연구단은 출범 이래 삶과 소통하는 인문정
신의 관점에서 통일을 사유함으로써 새로운 통일 패러다임을 정립하
고자 노력해 왔다. 그리고 그 방향은 남북 주민들의 마음과 몸에 아
로새겨진 적대적인 가치-정서-문화를 극복하는 '사람의 통일'을 지
향하는 것이었다. 정치경제적 체제통합 이전에 가치-정서-문화적인
차원에서 '사람의 통일'이 필요한 이유는 그것이 정치경제적 통합을
떠받치는 바탕이자 통일을 진정한 사회적 통합으로 만드는 근본적인
힘이기 때문이다. 따라서 통일은 상이한 체제에서 살아온 사람들이
소통하고, 분단의 상처를 치유하면서 통합적인 새로운 민족적 공동
체를 창출하는 과제가 될 수밖에 없다. 이런 점에서 통일인문학은
'사람의 통일'이란 관점에서 소통·치유·통합의 패러다임을 새롭게
정립하려는 통일학이라고 할 수 있다.
　하지만 이런 시도에 대해 적극적으로 동의하는 사람들조차 통일인
문학이 '사람의 통일', '인문학적 통일론'쯤으로 단순하게 이해할 뿐,
그것이 학문적으로 어떤 이론체계를 가지고 연구가 진행되고 있는지
를 아는 경우는 흔치 않다. 이것은 '소통·치유·통합의 통일인문학'을
내세우면서 연구를 진행해 왔던 건국대학교 통일인문학연구단이 여

러 학술대회나 논문투고를 통해서 연구 성과를 발표해 왔음에도 불구하고 주로 개별적이면서 산발적으로 발표가 이루어져 전체적인 연구 상황을 한눈에 확인할 수 없었기 때문이기도 했다. 따라서 통일인문학연구단은 기간에 이루어진 연구 성과들 중에서 '소통·치유·통합의 통일인문학'을 전체적으로 그려 볼 수 있는 논문들을 모아서 세 권의 연작 시리즈를 기획·발간하기로 했다.

'사람의 통일'이라는 통일인문학의 통일학은 '소통·치유·통합'이라는 세 가지의 이론적 패러다임으로 구성되어 있다. 이것은 이전까지 한국에서의 통일담론이 분단 극복의 문제를 '체제통합'이나 '민족동질성 회복' 차원에서 접근했으나, 사람의 통일과 관련된 남북 주민들 사이의 분단과 가치·정서·욕망의 문제들을 다루지 않았기 때문에 이를 새로운 이론적 틀로 개념화하여 분단의 역사에 적용하여 사람의 통일이라는 길을 찾고자 했기 때문이다. 이 연작에서는 이런 가치·정서·문화분단의 문제를 '분단아비투스(habitus of division)', '분단트라우마(trauma of division)', '민족공통성(national commonality)'이라는 새로운 개념화를 통해서 분단 극복의 문제가 '정서적·신체적 분단'을 극복하고 '통일의 사회적 신체'를 만들어 가는 것이자 미래기획적으로 민족공통성을 창출해 가는 과정이라는 점을 밝혀 놓고 있다.

또한, 그것은 남북소통의 장애물인 분단아비투스를 해체하는 '소통의 길', 분단트라우마를 치유하면서 분단서사를 극복하는 '치유의 길', 차이들의 접속과 공명을 통해 민족공통성을 창출하는 '통합의 길'을 찾아가는 것이라고 할 수 있다. 바로 이런 점에서 통일인문학연구단은 『분단의 아비투스와 남북소통의 길』, 『분단트라우마와 치유의 길』, 『민족공통성과 통일의 길』이라는 제하로 〈통일인문학 '길' 시리즈〉를 발간하게 되었다. 이 책 각 권은 제목이 보여 주듯이 각각 '사람의 통일'이라는 기치하에서 '분단아비투스, 분단트라우마, 민족공통성'에 대한 이론적 개념화 및 패러다임 구성에서 시작하여 이를 극복하는 '소통의 길', '치유의 길', '통합의 길'을 실천적으로 찾아가는 연구 결과물들을 순차적으로 연결해 놓은 방식으로 구성되어 있다. 〈통일인문학 '길' 시리즈〉 중 『민족공통성과 통일의 길』은 다음과 같은 문제의식과 기획의도에서 출발하고 있다.

　우리는 흔히 '통일'이라고 하면 서로 다른 두 체제와 이념을 가진 남북이 단일한 국가로 통합하는 것만을 떠올리게 된다. 이처럼 체제 통합 중심의 통일론이 기존 통일담론의 대다수인 것이 사실이다. 하지만 그런 논의들은 이론적 정당성을 통해 통일의 목표를 선명하게 제공한다는 장점이 있지만, 현실적으로 그것이 작동될 때에는 오히려 분단체제의 견고함을 강화한다는 점에서 한계가 있었다. 서로 선호하는 방식과 절차를 통해 통일의 '결과'에만 주목하여 현실에 존재하는 적대성과 극명한 차이들이 간과되기 쉽기 때문이다. 엄연히 존재하는 두 개의 대립적인 국가에게 희생과 양보를 기대하기 어려운 것이 당연하다면 우리는 그동안 남북이 서로 관계를 맺어 온 방식에 대해 성찰할 필요가 있다. 자기중심적인 욕망을 실현하는 대상이나 도구로서만 상대를 취급하지 않았는지 말이다.
　이런 점에서 중요한 것은 성급히 체제를 통합시키려는 시도가 아니라, 서로를 분열시킨 근원을 이해하려는 노력 속에서 그동안 떨어져 살며 발생한 서로의 이질성을 인정하고 끊임없이 대화하려는 자세일 것이다. 21세기 통일시대를 희망하기 위해 우리에게 우선 필요한 관점은 남과 북이 한민족임에도 불구하고 서로의 국가를 공고하게 구축해 온 존재임을 승인하고, 서로의 관계를 상호 동등한 두 주체의 만남으로 바라보는 것이다. 서로를 있는 그대로 이해하고 존중하려는 '둘'의 대화와 교류가 참된 '하나'로 나아가기 위한 출발점이기 때문이다. 그동안의 연구 성과를 바탕으로 통일인문학연구단에서는 차이를 이해하며 막힌 벽을 뚫고 흐르는 소통의 물길을 내는 과정, 서로의 상처를 보듬으며 역사적 트라우마를 치유하는 과정, 남북을 넘어 코리언의 진정한 연대와 화해의 역사를 이루어 가는 통일의 과정을 서로 떨어진 것으로 이해하지 않는다.

　다가올 통일시대를 대비하기 위해 우선 남북은 각자의 체제를 우위에 두고 그 이해관계를 관철시키기 위해 긴장 관계를 적절히 유지하려는 자세를 극복해야 한다. 기존의 방식으로만 서로를 대할 경우 설령 갑자기 통일국가가 만들어진다고 하더라도 내부에서 주도권 경쟁이 첨예할 수밖에 없고 서로에 대한 적대성은 여전히 잔존하기 때문이다. 이런 점에 비춰볼 때 우리는 통일을 단지 일회적인 사건으로 간주할 것이 아니라, 한민족의 진정한 통합이자 동아시아의 역사적 화해 및 평화 구축으로 나아가는 대장정의 과정으로 이해할 필요가 있다. 그러한 통일은 민족수난의 기억과 전쟁과 반목, 국가폭력과 역사적 상처를 극복하고 한반도의 새로운 역사와 하나 된 코리언의 이야기를 다시 시작할 근본 토대를 제공하기 때문이다.

　따라서 통일인문학이 제안하는 새로운 통합의 패러다임은 분단된 두 국가가 하나의 국가로 재탄생하는 것 자체를 넘어 전 세계에 흩어져 있는 코리언 디아스포라도 포함하여 한민족의 평화로운 화합을 지향하는 통합의 이야기이다. 즉, 이제 통일은 남북체제 통합을 넘어 서로 떨어져 살아온 한민족 모두를 포괄하여 공존과 협력의 네트워크를 형성하고 이를 통해 민족적 합력을 추구할 수 있는 '사람의 통일', '과정으로서의 통일'이 되어야 하는 것이다. 기존의 통일론이 내포하고 있는 자기중심적 사고방식을 극복하고 '민족공통성'을 만들어 가는 보다 미래기획적인 통일에 대한 구상을 펼쳐 나갈 필요가 여기에 있다. 물론 그것은 이론적으로나 관념적인 차원의 만남이 아니라 끊임없이 서로 접촉하고 소통하며 또한 합의점을 찾기 위해 갈등하고 공명하는 실천적 과정을 동반하는 것이다. 이 책에서는 그러한 문제의식에 바탕하여 통일을 우발적으로 일어나는 일회적·일시적 사건이 아니라, 한민족 내부의 차이에 기반한 소통의 과정, 역사적 트라우마의 치유 과정, 민족공통성을 창출해 가는 과정으로 이해하는 통일인문학의 문제의식을 종합하여 미래지향적 통합 패러다임을 모색하고 있다.

　이 책은 전체 4개의 '부'로 구성되어 있으며 각 부의 주제에 맞춰
지금까지 건국대학교 통일인문학연구단에서 연구된 통일인문학의
'통합 패러다임'과 관련된 결과물들이 담겨 있다. 이 책의 1부 '민족
공통성의 이론적 개념화'에서는 주체와 타자의 문제를 철학적으로
분석하면서 기존의 민족동질성 개념의 한계를 넘어 새롭게 제안되는
민족공통성 개념의 이론적 배경에 대해 주로 살펴보고 있다. 특히
여기 실린 글들에서는 우리나라의 전통 사상과 문화에 담겨 있는 '통
합'과 '화합'의 의미를 통해 민족정체성의 추구를 어떤 원형으로의
회귀가 아니라, 새롭게 생성되는 것으로 이해해 보려는 시도가 엿보
인다.
　① 박민철, 「헤겔 '타자' 개념의 정치철학적 의의: '북한이라는 타
자'의 존재론적 기반과 그 함축」(『통일인문학논총』 51집, 건국대학교 인
문학연구원, 2011)은 '통일의 논리'를 철학적 지평에서 모색하려는 시
도 속에서, "분열된 사회를 극복하려는 헤겔의 철학은 현 시기 남과
북의 분열을 극복하고 통일로 나아갈 수 있는 철학적 토대를 제공해
준다"고 주장한다. 특히 필자는 헤겔의 『논리학』 '존재론'에 나오는
'타자' 개념에 대한 분석을 통해 분단을 지양하고 현실의 통일로 나
아가는 원리들을 제시한다.
　② 김종군, 「〈만파식적〉 설화의 다시읽기를 통한 통합의 의미 탐색」
(『온지논총』 27호, 온지학회, 2011)은 〈만파식적〉 설화에 담긴 사회통합
의 의미를 탐색하며 설화 분석의 새로운 방향을 제시하고 있다. 새로
운 자료의 교차 분석을 통해 필자는 기존의 연구와 달리 "〈만파식적〉
설화는 외적을 방어하기 위한 호국의 장치보다는 국내의 변란을 진
압하고 무마하는 사회통합의 장치로 기능하는 측면이 강하다"고 주
장한다.
　③ 정상봉, 「원효(元曉) 화쟁사상(和諍思想)과 그 현대적 의의」(『통일

인문학논총』 53집, 건국대학교 인문학연구원, 2012)는 원효의 화쟁사상을 통해 "그가 어떻게 당시 불교이론 간에 상호 충돌하는 여러 가지 문제들을 해소하였는지" 살펴보고 있다. 필자의 분석에 따르면 원효의 일심화쟁사상은 "전체[總]는 개별[別]에 즉[卽]하고, 개별은 전체에 즉한다"는 '상호 연계성'과 "전체 속의 개별, 개별 속의 전체"라는 '상호 포섭성'을 동시에 보여 준다. 물론 원효의 이러한 철학사상은 당시 삼국통일에 이론적 기초를 제공하였는데, 필자는 이러한 편견에 대한 부정과 포용의 노력이 오늘날의 남북관계에도 긴요하다고 주장한다.

④ 이병수, 「민족공통성 개념에 대한 고찰」(『시대와 철학』 22권 3호, 한국철학사상연구회, 2011)은 민족 개념의 외연을 새로운 정립과 성찰을 시도하고 있다. 기존의 민족 개념에 대한 논의는 '고수냐 해체냐'의 이분법적 시각이 지배적이었는데, 필자는 이러한 틀을 벗어나서 민족 개념을 새로운 범주로 확장하고 있다. 그것은 민족 개념을 '동질성과 이질성'의 차원이 아니라 '공통성과 차이'의 범주로 이해하자는 입장이다. 이러한 개념적 인식은 한반도 문제에 적용할 때 보다 적실성을 갖게 되는데, 이러한 논의가 "종족성과 정치공동체가 한 번도 일치해 본 적이 없는 20세기 한반도의 역사를 염두에 두면서 다양한 정치공동체에 속한 사람들이 서로 결합되는 실질적이고 구체적인 경로에 대한 사유를" 가능케 하기 때문이다. 이런 점에서 이 글에서 제안하는 민족공통성 개념은 이론적이고 인지적 차원을 넘어서 생활문화와 정서적 영역의 공통성도 확보하려는 시도에서 나온 것이다.

이어 2부 '민족공통성과 코리언 디아스포라'에서는 앞서 논의한 민족공통성 개념에 근거하여 분단 극복과 통일로 나아가는 과정을 남북관계로만 이해하는 것을 넘어 코리언 디아스포라를 포함한 한민족의 통합 패러다임으로 제시한다. 통일인문학에서는 해외에 흩어져 거주하는 코리언 디아스포라가 갖고 있는 역사적·존재론적 특성을 반영하여 그들이 남북의 적대성을 완화하고 통일의 가교 역할을 할 수 있을 것으로 구상하고 있다. 그래서 여기에서는 모든 코리언들의 차이가 서로 존중되고 이해될 수 있는 민족공통성을 창출해 나가는 과정이자, 동시에 민족적 합력을 창출해 나가는 과정으로서 통일한 반도의 인문적 비전을 제안하고 있다.

① 김성민·박영균, 「분단 극복의 민족적 과제와 코리언 디아스포라」 (『대동철학』 58집, 대동철학회, 2012)는 코리안 디아스포라를 다루는 기존의 관점을 '민족 대 탈민족'이라고 규정하며, 이러한 관점은 코리언의 동질성과 디아스포라의 잡종성을 대비시킬 뿐이라고 지적한다. 필자들은 이런 시각의 한계를 지적하며 "동아시아에서의 평화와 상생이 한(조선)반도의 분단 극복과 직접적으로 관련되어 있다는 점에서, 그리고 코리안 디아스포라가 남과 북의 적대적 구조를 벗어나 '문화적 다양성'을 가지고 있다는 점에서 코리안 디아스포라는 통일한(조선)반도를 만들어 가는 과정에서 핵심적인 주체"임을 주장한다.

② 박영균, 「코리언 디아스포라의 민족공통성 연구방법론」(『시대와 철학』 22권 2호, 한국철학사상연구회, 2011)은 기존의 디아스포라 연구에서 나타나는 "'국가 대 탈국가', '민족 대 탈민족'의 이분법적 대립을 넘어서 코리안 디아스포라의 특수성을 반영하는 새로운 연구방법론을 모색하고자 한다." 이런 점에서 필자가 제안하는 것은 식민지 경험과 분단상황 속에서 이산되었던 우리 민족의 경험과 역량을 모으는 민족공통성이라는 개념이다. 즉, 우리가 지향할 통일은 미래창조적 기획으로서 이념적 틀을 벗어나 다양한 배경을 가진 코리언 디아스포라의 경험과 가치의 변용이 분단 극복과 통일에 활용되는 지혜를 배우는 과정이라는 것이다.

③ 박영균, 「민족정체성 연구의 양적·질적 대립과 해체-소통적 연구방법론」(『시대와 철학』 24권 1호, 한국철학사상연구회, 2013)은 '코리언의 민족정체성 연구'의 실증적이고 경험적인 자료들에 기초하여 "양

적 연구와 질적 연구 각각이 가지고 있는 장점과 한계를 검토한다." 그리고 필자는 이것을 통해 '양적·질적 연구방법의 변증법적 결합'의 가능성을 주장하는데, 그것은 기계적 결합이 아니라 '해체적 기획- 설계'와 '해체적 독법'에 근거한 '생산적·생성적 연구'방법이 되어야 한다고 제안한다.

3부 '남북통합과 통일학의 모색'에서는 기존의 통일담론을 비판적으로 검토하면서 민족 내부의 차이와 연대에 기반한 새로운 통합 패러다임을 전망하며 통일학의 가능성을 탐구해 본다. 특히 여기에서는 기존의 국가 및 체제 주도의 통일론이 가진 한계에 대한 인문적 성찰을 통해 한민족이 새로운 관계맺음을 통해 함께 만들어 가는 정치·경제공동체로서 통일한반도가 추구할 지향점을 모색하고 있다.

① 김기봉, 「민족통일의 토대로서 공정사회」(『통일인문학논총』 51집, 건국대학교 인문학연구원, 2011)는 한국에서 "국론분열이 일어나는 구조적 원인은 국가이성, 사회정의, 민족통일이라는 3차원의 문제가 서로 얽혀서 소통장애를 일으키기 때문"이라고 진단한다. 그런 문제의식에서 필자는 '공정사회'라는 담론을 통해 공정국가의 현실적 기초를 생산하고 그 과정을 통해 향후 통일국가로 나아가는 것이 순차적인 방안이라고 제시하고 있다. 이러한 관점에서 필자는 먼저 공정사회 담론을 통한 공정국가의 실현의 가능성을 살펴보고, 공정국가의 이성에 의거하여 민족통일의 길을 모색해 본다.

② 김성민·박영균, 「통일학의 정초를 위한 인문적 비판과 성찰」(『통일인문학논총』 56집, 건국대학교 인문학연구원, 2013)은 지금까지의 통일담론들은 진정한 통일학이 아니라 북한학이라고 진단하며, 북한학은 북한을 "통일의 파트너가 아니라 지배의 대상으로 간주한다"고 지적한다. 그런 문제의식에서 필자들은 통일학은 남과 북이 서로를 통일의 동반자로 인정하는 데에서, 그리고 인문학에서 출발해야 한다고 주장한다. 또한 이 글은 기존 통일담론에 내재해 있는 동질성 패러다

임을 비판하고 차이와 소통에 기초한 민족적 공통성이라는 새로운 패러다임을 주장하고 있다.

③ 손석춘, 「남북통일 사상의 '하부구조'에 관한 시론: 흡수통일론과 통일 민족경제론을 중심으로」(『통일인문학』 59집, 건국대학교 인문학연구원, 2014)는 기존의 흡수통일론이 현실을 고정불변의 실체적 개념으로 파악하는 한계를 가지고 있다고 지적한다. 필자는 그러한 담론의 하부구조에는 신자유주의식 자본주의 체제의 우월성이 자리잡고 있다고 진단하며, 통일된 국가에서 '민족경제의 균형적 발전'을 도모하기 위해 "통일 민족경제론을 공적 의제로 설정해 가며 통일운동의 새로운 지평을 열어가야 한다"고 주장한다.

4부 '통일의 길'에서는 앞선 논의들을 종합하며 통일한반도가 내포하고 있는 인문학적 방향과 미래지향적 가치를 각각 근대성과 전통의 조화, 통일민속학, 남북 문화통합의 관점에서 조망해 보고 있다. 이러한 시도들은 통일 논의를 경제적·사회과학적 관점에만 한정시키는 기존의 통일담론에 신선한 관점과 방향을 제시하고 있다.

① 이병수, 「한(조선)반도 근대성과 민족전통의 변용」(『시대와 철학』 23권 1호, 한국철학사상연구회, 2012)은 식민지, 전쟁, 냉전, 탈냉전으로 이어지는 역사적 경험을 통해 다른 나라에서는 볼 수 없는 한(조선)반도의 독특한 근대성이 형성되었다고 주장한다. "한(조선)반도 근대성은 전통적 삶의 문법이 식민지적 근대와 조우하면서 접합된 결과이며 따라서 서구적 근대성을 있는 그대로 수용한 것은 아니"라는 것이다. 이러한 인식에 기초하여 필자는 분단 상황 속에서 획일화되고 폐쇄적이었던 전통담론을 넘어서, 남북의 학자들이 서로 만나 통일한반도의 미래적 가치와 비전에 대한 다양한 실마리를 전통담론에서 찾을 수 있는 가능성을 제기한다. 즉, "20세기의 역사를 통해 서로 다른 지역에서 전통과 근대가 조우하면서 빚어낸 다양한 문화적 변용 과정들을 포함할 때, 전통담론은 서로 엇갈리는 동시에 겹치는

방식으로 공유되는 역동적이고 개방적인 성격을 지닐 수" 있다는 것이다.

② 김면, 「통일과 민속문화: 민족이데올로기의 검토와 통일민속학 모색」(『카프카 연구』 30호, 한국카프카학회, 2013)은 한(조선)반도의 분단이 한민족의 민속문화에 어떤 변화를 초래했는지 살펴보며 "민속학적 측면에서 문화의 분단을 어떻게 극복해 나아가야 할지 살펴"보고 있다. 필자는 남북통일민속학을 지향하기 위해 여러 시사점을 제공해 주는 독일의 통일 사례와 비교하여 현재 상황을 분석하고자 한다.

③ 전영선, 「문화통합의 관점에서 본 남북협력사업 평가와 전망」은 남북의 미래 문화통합을 전망하며 그동안의 남북협력사업의 성과와 한계를 평가하고, 향후 과제를 제시한다. 여기서 필자는 먼저 "남북협력의 의미와 필요성에 대해 검토하고 협력사업의 사례를 학술, 출판·저작권, 문화재, 방송 분야로 나누어 그 특성과 성사요인을 살펴"본다. 그리고 이를 바탕으로 향후 남북협력사업의 원칙과 방향을 제시한다.

현재, 통일인문학연구단은 이론적 패러다임의 정립을 거쳐 통일의 인문적 가치와 비전 정립 등을 수립하고 이에 근거한 통일인문학의 사회적 확산 및 의제화, 분단 극복의 실천적 적용, 대중화 프로그램 개발로 진화하고 있다. 따라서 건국대학교 통일인문학연구단은 통일의 인문적 가치와 비전 속에서 분단의 아비투스와 트라우마를 극복하는 치유프로그램이나 교육프로그램, 정책개발 등을 포함하여 디지털 콘텐츠들을 활용한 통일인문콘텐츠 개발에 나아가고 있다. 또한, 그 과정 속에서 더 많은 이론적 수정과 연구 분석들이 이루어져야 할 것이다. 따라서 여기서 제시된 통일인문학의 이론적 분석 및 방향이 완결된 것이라고 할 수 없으며 통일인문학의 현실적 구현은 더 많은 연구자들의 결합과 대중들의 대화를 통해서만 완수될 수 있을 것이다.

하지만 그렇기 때문에 이 책이 가지고 있는 의미가 있다. 여기에 실린 글은 새로운 글이 아니다. 이 책에 실린 글들 대부분은 국내·외 학술지나 잡지 등을 통해 발표된 바가 있는 글들이며 그것 중에 한 두 개의 글은 다른 책에 실린 경우도 있다. 하지만 그럼에도 불구하고 하나의 책으로 전체 논문들을 다시 엮은 것은 '소통·치유·통합의 통일인문학'이라는 이론적 틀에서부터 그것의 적용까지 전체적인 틀을 보여 주는 데 없어서는 안 되는 글이며 이 책을 통해서 우리는 통일인문학 전체를 보여 주고자 했다. 아마도 독자들은 이 세 권의 책을 통해서 그동안 '통일인문학'이라는 새로운 패러다임에 기초하여 진행되어 왔던 연구 성과의 현재적 지점을 확인할 수 있을 것이다. 게다가 독자들은 이 세 권의 책을 통해서 통일인문학연구단이 어떻게 소통·치유·통합의 통일인문학이라는 길을 찾아 왔는지를 연대기적으로, 이론추상에서 현실적 적용까지를 한눈에 볼 수 있는 기회를 가질 수 있을 것이다.

이렇게 말하고 보니 새로운 통일사유의 지평을 열기 위해 분투해 온 지난 역사와 연구단 선생님들의 고민과 열정을 새삼 떠오르게 되는 것은 어쩔 수 없는 인지상정인지도 모르겠다. 또한, 뿌듯함도 느끼게 된다. 〈통일인문학 '길' 시리즈〉 3권의 발간은 본 연구단의 HK(연구)교수님들 및 일반연구원 선생님들, HK연구원 선생님들의 노고가 오롯이 담겨 있는, 연구단 구성원 모두의 노력과 역량이 결집된 산물이다. 이번 책의 출판을 통해서 모든 분들에게 깊은 고마움과 감사를 드린다. 아울러 연구단의 연구 성과들을 단행본 시리즈로 출간할 수 있도록 배려해 주신 도서출판 경진에도 깊은 감사의 말씀을 전한다. 하지만 그럼에도 불구하고 인문학적 상상력과 성찰이 살아 있는 통일연구는 단순한 고민과 열정만으로 이루어지지 않는다는 점 또한 명백하다. 왜냐하면 분단현실을 정면으로 직시하는 비판적 성찰, 분단 고통을 외면하지 않는 감수성, 인류보편적 가치가 실현되는 통일과정에 대한 비전 등 통일연구의 학문적 자세와 지향은, 그만큼

의 노고를 요구하기 때문이다. 앞으로 우리는 그 초심을 잃지 않고
정진하고자 한다.

건국대학교 통일인문학연구단장 김성민

차례

|제1부| 민족공통성의 이론적 개념화

|제2부| 민족공통성과 코리언 디아스포라

|제3부| 남북통합과 통일학의 모색

|제4부| 통일의 길

제1부

민족공통성의
이론적 개념화

헤겔 '타자' 개념의 정치철학적 의미

: '북한이라는 타자'의 존재론적 기반과 그 함축

박민철

1. '통일의 새로운 논리'를 찾아서

우리가 흔히들 말하는 '통일'의 개념은 실천적 차원과 학문적 차원의 경계에 서있다. 그것을 규정하는 논자의 학문적, 정치적 지향에 따라 조금씩 다르게 분석되기도 하며, 동시에 주관적인 정서와 감응해서 다양한 방식의 실천적 지향으로 제시되기도 한다. 그중 한(조선)반도에서 통일은 어느 정도 후자에 가까운 편에 속한다고 할 수 있다. 물론 다양한 이론가들이 '통일' 개념의 정의와 범위, 속성 등에 대해 이야기했을지라도 그것은 아직 초보적 단계에 머물고 있다.[1]

---

[1] 통일을 이론적으로 규정하는 몇 가지의 예가 있겠지만, "서로 적대적인 상이한 정치, 사회체제를 지닌 두 개의 국가 속에서 살고 있는 현재의 상태를 극복하고, 하나의 민족국가 속에서 하나의 민족 공동체를 형성하면서 살아가는 상태를 창출하는 일", "서로 다른 역사의 길을 걷고 있는 남북한의 두 종족 사회가 새로운 조건과 상황에서 다시 하나의 사회로 되게 만드는 창조 작업" 등의 설명이 통일에 대한 개념적 규정을 가장 포괄적으로 보여 주고 있다. 김세균, 「통일과정의 정당성과 남북한의 체제개혁」, 〈통일한국의 새로운 이념과 질서 모색〉 Vol. 3, 한국정치학회, 1993, 20쪽; 이상우, 「남북한 정치통합: 전망과

이러한 과정 속에서 송두율이 말하는 '통일의 논리'는 어쩌면 하나의 커다란 시사점을 주었다. 그는 "'마음의 장벽'을 허무는 작업의 하나로서 '통일의 논리를 찾아' 나선다."[2]고 말한다. 예컨대, 독일통일의 후유증은 통일에 대한 정당성을 다시금 되묻는 작업을 요청했다. 즉, 가장 성공한 통일 모형이라 일컬어지는 독일 통일에서조차 통일의 정당성이 다시금 요청되고 있는 상황이라면[3] 한(조선)반도의 통일은 앞 선 모형보다는 더욱더 치밀한 준비와 단계를 거쳐야 한다는 것이며, 그것은 '통일의 논리'를 찾는 시도로부터 이루어진다는 것이다. 그가 생각한 '통일의 논리'를 찾는 시도와는 성격이 다를지는 몰라도, 이것은 곧 다음과 같은 물음과 연결된다고 생각한다. 통일을 위한 다양한 질문들은 통일의 정당성과 논리적 근거, 나아가 통일이라는 개념과 함께 다뤄져야 할 숨겨진 원리 및 법칙 등을 반드시 고민해야 할 필요성이 있다는 것이다.

　　물론 통일의 논리를 찾는 시도는 송두율의 지적처럼 자칫 잘못하면 '논리를 위한 또 하나의 논리', 즉 구체적인 현실을 도외시한 추상적이고 공허한 이론으로 전락할 수 있다. 하지만 그동안 우리는 통일을 감정적이고 당위적인 요청으로 치환시켜 버린 채, 통일의 정당성과 논리적 근거, 원리적 대안 등을 찾는 시도는 소홀히 해 왔다. 분단된 한(조선)반도라는 구체적인 현실에는 그동안 우리가 소홀히 해 왔던 측면들이 반드시 요구된다. 통일의 원리를 알고서 구체적인 통일로 나아가는 것은 그렇지 못한 경우와 실천적인 측면에서 비교될 수 있다. 여기서 문제는 이 둘의 접점, 즉 현실성과 논리성이 적절히 만날 수 있는 지평을 찾아야 한다는 것이며, 이와 같은 문제 상황에서는 구체적인 현실을 분석대상으로 삼아 어떤 논리적인 법칙성과 원리를 끄집어낼 수 있는 '철학'의 필요성이 요구된다. 바로 이러한 문

　　과제」, 『국제문제』 제24권 제3호, 국제문제조사연구소, 1993, 53쪽.

　2) 송두율, 『통일의 논리를 찾아서』, 한겨레신문사, 1998, 225쪽.

　3) 송두율, 『통일의 논리를 찾아서』, 한겨레신문사, 1998. 33쪽.

제의식이 송두율이 자신의 책에서 추구하고자 했던 바일 것이다.

이 지점에서 우리는 헤겔의 철학과 만나게 된다. 그는 당시의 분열된 사회현실에 담긴 다양한 모순들을 종합하는 활동을 철학이라 규정하고, 그것이 갖는 현실과의 밀접한 연관성을 주장한다. "철학은 또한 자신의 시대를 사상으로 포착하는 것이다."[4]라는 그의 언급에는 철학의 주제가 바로 구체적인 현실이며 나아가 이 현실에서의 참다운 본질을 이해해야 한다는 의도가 깔려 있다. 현실을 주제로 삼고 참다운 본질을 이해하며, 나아가 그 참다운 본질을 구체적인 현실에 적용시키는 것이[5] 헤겔이 말하는 철학의 의미이자 역할이다. 이렇게 볼 때, 분열된 사회를 극복하려는 헤겔의 철학은 현 시기 남과 북의 분열을 극복하고 통일로 나아갈 수 있는 철학적 토대를 제공해 준다.

그중에서도 논자는 헤겔 『논리학』 '존재론'에 나오는 '타자' 개념을 통해 남북한의 분단을 지양하고 현실의 통일로 나아가는 어떤 도움을 받을 수 있다고 생각한다. 따라서 이 글에서 논자는 분열을 극복하려는 시도로서 헤겔 철학의 의미와 필요성을 이해하고, 나아가 헤겔의 타자 개념을 통해 '북한이라는 타자'의 존재론적 기반을 알아보며, 마지막으로 그것을 통해 제공되는 몇 가지 원리들이 현실의 통일을 이뤄나가는데 어떠한 방식으로 적용될 수 있는지 알아볼 것이다. 구체적으로 2장에서는 분열을 극복하기 위한 '욕구의 원천'으로서 철학이 갖는 의미와 역할을 알아본 후, 통일을 위한 논리적 탐구의 필요성을 제기할 것이다. 나아가 3장에서는 '타자' 개념의 철학적 지평과 함께, 헤겔이 말하는 타자 개념의 존재론적 의미와 원리 등이 다뤄질 것이다. 뒤이은 4장에서는 헤겔의 타자 개념을 통해 설명될 수 있는 '북한이라는 타자'의 존재론적 기반과 이를 통한 북한 이해

---

4) G. W. F. Hegel, *Grundlinien der Philosophie des Rechts*, Werke in zwanzig Bänden, Bd. 7. Frankfurt a/M: Suhrkamp Verlag, 1970, s. 26. 이하에서 인용되는 헤겔의 저작들은 모두 Suhrkamp판을 대본으로 삼았다. 따라서 앞으로 헤겔 저작을 인용할 때는 책 제목(이탤릭체)과 페이지(s.) 혹은 절(§) 표시만 한다.

5) *Grundlinien der Philosophie des Rechts*, s. 24.

의 인식론적 반성에 대해 알아볼 것이다.

2. 분열, 철학 그리고 통일에 대한 욕구

분단은 기본적으로 '분열과 상이성, 그리고 적대성'이라는 성격을 갖는다는 이종석의 말6)은 우리 논의의 실마리를 준다. 분단 60년이라는 기간은 우리에게 커다란 분열을 안겨다 주었다. 그리고 이러한 분열은 또한 우리에게 서로의 상이성을 확인하고 나아가 서로에 대한 적대성으로 넘어가는 계기로 작용했다. 그러나 분열된 남과 북의 상황은 그것을 극복하고 회복하려는 노력을 나타나게 만들었다. 이처럼 통일을 추구하려는 노력과 그것에 대한 욕구는 어쩌면 분열을 중요한 계기로 갖는다. 쉽게 찾아 볼 수 있듯이, 어떠한 분열은 사실상 피할 수 없을 뿐더러 필연적이다. 문제는 분열 자체를 절대적으로 고정화시키고 영속화시키는 것이다. 분열을 통일로 나아가는 중요한 계기로 이해하는 것, 그리고 바로 이러한 인식의 결정적인 전환을 도와주는 것이 철학의 역할이다.

바로 이 지점에서 헤겔이 말하는 철학의 의미, 역할 그리고 그것의 필요성을 만날 수 있다. 헤겔은 「피히테와 셸링 철학 체계의 차이」에서 십 여개의 봉건국가로 분열된 당시 독일을 "인간의 삶에서 통일의 힘이 사라지고 대립들이 살아 있는 관계, 그리고 상호 작용을 상실해 버리고 제각기 독자성을 획득하게 된"7) 시대로 규정한다. 그런데 헤겔에 의하면 통일적인 상호관계가 깨지고 모순, 분열 그리고 적대가 빚어질 때, '철학에 대한 욕구'가 발생한다. 즉, "'분열(Entzweiung)'이야말로 철학의 욕구의 원천"8)인 것이다. 이처럼 분열을 통일로 나아

---

6) "분단은 기본적으로 지역적 분열과 상이한 삶의 양식, 그리고 적대성이라는 세 층위의 내용을 갖는다." 이종석, 『분단시대의 통일학』, 한울아카데미, 1998, 29쪽.
7) *Jenaer Schriften 1801-1807*, s. 22.

가기 위한 긍정적 계기로 규정하며, 이를 통해 통일된 상태를 회복하려는 노력과 활동이 바로 철학이다.

그런데 헤겔은 "총체성으로부터 의식이 벗어나 있는 상태"[9]를 분열의 원인으로 간주한다. 따라서 이러한 분열을 극복하고 통일의 실마리를 찾을 수 있는 것은 바로 '총체성으로부터 벗어나 있는 의식'을 회복시키는 것이다. 헤겔에 따르면 의식의 상태는 우선 자신 안에 담긴 분리와 제한의 능력으로 인해 분열을 고정화시키는 '오성(Verstand)',[10] 그리고 절대적으로 고정화된 분열을 극복하고 총체성의 회복을 목적으로 하는 '이성(Vernunft)'으로 나눌 수 있다.[11] 즉, 어떤 특정한 분열을 절대적인 것으로 고착화하는 것이 오성의 역할이라면, 분열 자체를 통일로 나아가는 긍정적 계기로 규정하고 이를 통해 통일의 상황으로 이행하는 것이 이성의 역할이다. 따라서 이성은 분열을 고정화하는 수동적인 태도를 지양하고 통일로 나아가게 만드는 적극적인 역할을 하는 것이다. 바로 이때, 이와 같은 "무한한 생성과 산출활동"[12]으로서 이성의 역할을 자신의 내용과 방법으로 삼는 것이 바로 철학이라고 할 수 있다. 따라서 헤겔이 말하는 철학의 과제는 '존재와 비존재', '주체와 객체', '너와 나', '유한자와 절대자' 등의 대립과 분열을 통합하여 통일로 나아가게 하는 것이다.[13]

바로 이러한 철학적 사유의 본질이 바로 '변증법'이라고 할 수 있다. 따라서 헤겔이 말하는 변증법은 어쩌면 분열을 극복할 수 있는 '새로운 철학적 시도'라는 틀에서 이해할 수 있다. 철학사를 더듬어 보면 '변증법'은 우선 대화, 문답법의 의미에서 성립했으며, 중세에는 형식논리학과 거의 같은 뜻으로 사용되었다. 그 후 헤겔적인 의미

---

8) *Jenaer Schriften 1801-1807*, s. 20.

9) *Jenaer Schriften 1801-1807*, s. 15.

10) *Wissenschaft der Logik I*, s. 16.

11) *Wissenschaft der Logik I*, s. 17.

12) *Jenaer Schriften 1801-1807*, s. 22.

13) *Jenaer Schriften 1801-1807*, s. 25.

에서의 변증법은 실재하는 분열과 모순을 원동력으로 하여 변화하는 '사물(또는 사태) 자체의 운동 논리'이자 또한 그와 같은 '사물(또는 사태)를 인식하기 위한 학적 방법'이라는 의미를 갖는다.[14]

이제 다시 이종석이 언급한 '분열-상이성-적대성'의 구조로 되돌아가보자. 이 구조는 헤겔이 『논리학』에서 변증법적 구조를 반성규정들로서 정식화하는 구절과 유사하게 보인다. 그가 명시적으로 표현하고 있는 반성규정은 '동일성(Identität)'-'구별(Unterschied)과 대립(Gegensatz)'-'모순(Widerspruch)'-'(통일의) 근거(Grund)'라는 구조를 갖는다. 그런데 이러한 구조는 또한 유사하게 '분단 이전의 한(조선)반도', '한(조선)반도의 분단', '남북한의 대립과 모순'의 논리와 일치한다. 한국전쟁의 결정적 계기를 통해 한(조선)반도는 남과 북이라는 외적인 '구별'로 진행했으며 60여 년 간의 분단기간은 서로간의 적대적인 '대립'과 '모순'으로 작용했다. 하지만 헤겔이 말하는 변증법적 원리에서는 바로 '구별'과 '대립', '모순'은 통일을 향한 계기로서 작용한다. 즉, 변증법적 원리에서 통일은 모든 대립과 구별을 배제하는 통일이 아니라 그것들을 모두 포함하는 통일이다.[15]

헤겔식으로 표현해 '분열'로부터 '통일'로의 이행은 위에서 언급한

---

14) 우리가 흔히들 말하는 변증법의 구조는 바로 '정(正)'-'반(反)'-'합(合)'이라는 구조이다. 변증법의 구조는 기본적으로 삼분법의 형식을 취하긴 하지만 헤겔은 이러한 용어를 사용하지 않았다. 그는 변증법의 구조를 〈첫 번째 것, 첫 번째 것의 부정, 두 번째 것의 부정〉, 〈즉자, 대자, 즉자대자〉, 〈보편, 특수, 개별〉 등으로 설명한다. 이와 같은 삼분법적 형식을 갖는 변증법의 핵심은 두 번째 항이 첫 번째 항의 부정임과 동시에 세 번째 항으로 나아가는 다리역할을 한다는 점이다. 예컨대, 사태를 인식하기 위한 방법론에서 말하자면 직접적으로 대상 전체를 보고 있는 것이 첫 번째 항, 대상을 지성의 힘으로 분석해서 나누는 것이 두 번째 항, 나아가 분석되고 나누어진 대상을 종합적으로 파악하고 총체성으로 재구성하는 것은 세 번째 항에 해당한다.

15) 앞서 말한 논리규정들을 헤겔이 『논리학』 '본질론'에서 밝힌 반성규정들로서, 직접적으로 구체적인 남북의 분단 상황에 대입시키기에는 보다 많은 연구와 추가적 설명이 필요하다. 본질론은 '동일성', '구별과 대립', '모순'을 통해 통일의 근거를 마련하는 반성적 사유규정들을 내용으로 한다. 개인적으로 이 부분은 남북한의 통일을 위한 철학적 원리와 근거의 단초를 제공하며 따라서 이 부분에 관해선 더 많은 연구가 이뤄져야 할 부분이라고 생각한다. 하지만 이 부분에 대한 개인적인 연구는 사실 아직 부족하고 더 많은 노력이 필요하기 때문에, 이 글은 변증법의 내용적 측면을 설명하고 있는 『논리학』의 '존재론', 그중에서도 타자개념에 맞춰질 것이다.

논리적 이행구조가 담겨져 있다. 하지만 구체적인 현실에서의 통일과 논리적이고 추상적인 통일의 원리는 서로 영향을 줄 수 없을 것 같은, 전적으로 다른 층위를 가지고 있는 것처럼 보인다. 그렇다하더라도 "통일이야말로 이성의 이상이다."16)란 헤겔의 언급 속에는 이 둘의 접점을 찾을 수 있는 지평을 제공한다. 통일이라는 것에는 두 가지 형식 혹은 길이 있다. "첫 번째는 사고의 추상으로부터 존재로 나아가는 방식, 두 번째는 존재로부터 사고의 추상으로 나아가는 방식이 그것이다."17) 이 말은 곧 뒤이어서 그가 얘기한 대로 "이념은 존재를 매개로 해서만 참된 것이며, 반대로 존재도 이념을 매개로 해서만 참된 것이다."18)라 말한 구절을 통해 해석할 수 있다. 이 말은 '통일의 논리는 현실적인 분단의 상황을 매개로 해서만 이야기될 수 있을 것이며, 반대로 분단 상황의 극복도 통일의 논리성을 매개로 해서만 가능할 것이다'로 바꿔서 생각해도 무방할 것이다.

송두율은 "여러 가지 체제와 이념이 공존하는 우리의 일상적 경험 세계의 혼돈된 상황을 종합적이고 분석적으로 규제할 수 있는 보편적이고 필연적인 조건"19)을 찾으려고 하였다. 그가 찾으려고 했던 조건은 다음과 같이 바꿀 수 있을 듯하다. '통일의 논리를 찾는 시도는 현실의 분열을 직시하고, 그 속에서 대립과 모순을 뛰어넘을 수 있는 어떤 논리적인 근거들을 찾아, 다시금 구체적인 현실에 그 논리

---

16) *Enzyklopädie der philosophischen Wissenschaften I*, §. 49. 헤겔에서 '통일(Einheit, Einigung, Vereinigung)'은 '합일', '총체성', '전체성' 등의 개념과 거의 같은 의미이며, 헤겔 철학의 핵심을 보여 주는 중요한 개념이다. "독일어에서 말하는 'Einheit'는 원래 '하나인 것', '하나로 된 것'을 의미하며, 'Einigung'은 '하나로 되는 것'을 의미한다. 따라서 이 말은 1. 한편으로 다수성에 대한 '단일성'을 의미함과 동시에, 2. 다른 한편으로 다양성에 대한 '통일성', 3. 구별에 대한 '동일성'이라는 의미도 포함한다. 그러나 헤겔이 말하는 통일성이란 다수성과 다양성, 구별, 차이에 대립하는 단일성, 통일성, 동일성이 아니라 앞 선 것들을 내포한 총체성으로서의 하나됨을 의미한다." 가토 히사타케 외, 이신철 옮김, 『헤겔사전』, 도서출판 b, 2008, 435쪽.

17) *Enzyklopädie der philosophischen Wissenschaften I*, §. 50.

18) *Enzyklopädie der philosophischen Wissenschaften I*, §. 79.

19) 송두율, 『통일의 논리를 찾아서』, 한겨레신문사, 1998, 233쪽.

적인 근거들을 적용시키는 것이다.' 물론 '통일의 논리'를 찾으려는 철학은 어쩌면 굉장히 이해하기 어려운 논리이거나 또는 그 실천적 지향이 전혀 드러나지 않는 한계를 가질 수도 있다. 하지만 철학적 사유의 본질이 이처럼 대립자들의 분열과 고립화를 막고 그들의 살아 있는 관계성을 회복하는 데 있는 것이라면, 남과 북의 분열과 적대 속에서 살고 있는 우리에게 철학은 극히 필요한 실천적 지식일 것이다.[20]

3. 타자 개념의 두 흐름과 헤겔의 '타자'

본 장에서 '타자' 개념을 주제로 삼는 이유는 첫째, 헤겔 철학 자체에 있어서 이 타자 개념은 변증법의 내용적 형식을 설명하는 중요한 키워드이기 때문이며[21] 둘째, 이 글의 주제인 북한이라는 타자의 존재론적 기반을 알아보기 위한 근거 그리고 이러한 타자 개념 이해가 현실의 통일을 만들어 가는데 필요한 어떤 논리적 기반을 제공하기 때문이다.

우선 타자를 개념적 형식에서 일반적으로 정의하자면 '자기가 아닌 자'이라고 정의할 수 있다. 그런데 철학적 지평에서 타자 개념의 시초는 '존재(有)'와 '무(無)'의 관계, 즉 존재를 부정한 무의 의미에서 찾을 수 있다. 이와 같은 논리적인 맥락에서 플라톤은 『소피스테스』에서 '타자(타자성)'를 '있지(이지)않은 것'의 분석을 통해 설명해 가고 있다. 플라톤에 따르면 우리가 일반적으로 '어떤 것'에 대해서 '있지

---

20) 이와 관련해서 루카치는 다음과 같이 말한다. "헤겔의 본성은 처음부터 강하게 실천 지향적이었다. 그는 그 자신의 시대의 정치적인 삶에 적극적으로 관여하기를 원했다." G. Lukacs, *Der junge Hegel, über die Beziehung von Dialektik und Ökonomie*, Georg Lukacs Werke, Bd. 8, Zurich, 1967. s. 40(국역본: 게오르크 루카치, 김재기 옮김, 『청년헤겔』, 동녘, 1990, 59쪽).

21) *Enzyklopädie der philosophischen Wissenschaften I*, §. 84.

(이지)않은 것'을 말할 때, 이 부정을 통해서 '어떤 것과 대립된 것'이 제시되는 것이 아니라, '어떤 것과 다른 것'이 제시된다.22) 예컨대 파르메니데스 식의 '비존재(無)'를 설명하는 방식과는 다르게23) 플라톤은 존재를 부정하는 비존재를 설명할 때는, '존재와 대립된 것'이 아닌 '존재와 상이한 것'을 말하며, '내가 아닌 자'를 설명할 때는, '나와 다른 자'를 생각한다는 것이다.

예컨대 존재의 부정인 비존재는 '존재에 대립되어 있는 것', 다시 말해 전적으로 존재하지 않는 것이 아니라 오히려 '존재와 마찬가지로 존재한다. 요컨대 비존재인 타자는 존재한다.24) 또한 플라톤의 해석에 따르면 타자의 타자성 역시 '존재의 본성'과는 '상이한 것'으로서 '자신에 고유한 본성과 본질'을 가지는 것이다.25) 플라톤이 파르메니데스가 말하는 '비존재(無)'의 의미를 거부하고, '비존재(無)'를 '존재(有)'와 '다른 것으로' 재해석하려는 것은 "이를 통해 파르메니데스의 '비존재의 말할 수 없음과 사유불가능성'이라는 주장을 비판"26) 하기 위해서이다. 파르메니데스의 비존재는 그 자체로는 '이해될 수 없는' 것이며, 그래서 비존재는 '언어적 사유'를 벗어나 있으며 따라서 '존재하지 않는 것이다.' 그러나 플라톤은 이와 같은 비존재의 개념설정을 거부하고 '상이한 것으로서 비존재'의 개념설정을 통해 타자의 존재론적 기반을 마련하며 동시에 '이해 가능한 타자'로 파악할

---

22) 플라톤, 김태경 옮김, 『소피스테스』, 한길사, 2000, 198쪽, 257b~c.
23) "파르메니데스에 따르자면 '비존재'는 참으로 '있지 않고', 그리고 비록 있다고는 하더라도, 이것은 알 수도, 말할 수도 없는 것이다. (…중략…) 이에 반해서 비존재는 그렇지 못하다는 것이다. (…중략…) 이렇듯 파르메니데스는 있음과 있지 않음 또는 존재와 비존재를 명확히 구별한다. 그래서 그는 '비존재는 있지 않다'를 확고히 하고, 양자의 연관을 철저히 금지시킨다."(조종화, 「플라톤의 관여의 변증법과 헤겔의 모순의 변증법」, 『헤겔연구』 24, 한국헤겔학회, 2008, 84쪽) 플라톤의 타자 개념에 대한 이해, 그리고 파르메니데스의 그것과의 차이에 관해선 이 논문에 힘입은 바가 크다.
24) 플라톤, 김태경 옮김, 앞의 책, 200쪽, 258a
25) 위의 책, 201쪽, 288b
26) 조종화, 「플라톤의 관여의 변증법과 헤겔의 모순의 변증법」, 『헤겔연구』 24, 한국헤겔학회, 2008, 84쪽.

수 있게 한다.

플라톤과 파르메니데스의 차이, 즉 타자에 대한 '존재론적 기반 없음' vs '존재론적 기반', '사유할 수 없음' vs '사유할 수 있음' 또는 '이해불가능성' vs '이해가능성'이라는 차이는 오랜 기간 이어져 왔다. 먼저 전자의 입장은 엠마누엘 레비나스(Emmanuel Levinas)에서 그 흐름을 찾을 수 있다. 그는 서양의 전통적인 존재론이 이제껏 '동일자의 철학', '힘의 철학', '자아론' 등이었으며, 이러한 철학적 전통은 곧 '동일자에 의한 타자의 흡수'를 목적으로 했다고 비판한다. 이러한 철학적 전통은 개별적인 개인들에게 폭력과 억압을 가할 수 있는 사상적 기반을 제공했다는 것이다. 레비나스는 앞선 철학적 전통과 대비되는 자신의 철학을 '형이상학'이라고 말하며, 존재론의 궁극적 근거인 전체성에 대립되는 형이상학의 무한성을 강조한다. 이때의 형이상학은 '나'의 세계에서 떠나 '나'의 바깥 또는 '나'와 절대적으로 다른 타자를 향하는 운동 자체를 의미한다.27)

이러한 목적에 기초해 레비나스는 타자가 "나와 더불어 공동의 존재에 참여하고 있는 다른 자아 자체가 결코 아니"28)라는 사실을 강조한다. 나아가 타자의 타자성을 "향유를 통해 우리 자신의 것으로 동화시킬 수 있는 잠정적 규정으로서의 타자성이 아니라 그것의 존재 자체가 곧 타자성인 그런 의미의 타자성"29)으로 규정한다. 레비나스 식의 타자는 나와는 구별되는 그런 의미에서의 다른 자아라든지, 서로 교감할 수 있는 상대방의 존재가 아니다. 이때 나와 타자와의 관계는 '공감이나 연민', '전원적이고 조화로운 관심', '개념적이고

---

27) "레비나스는 내가 세계의 주인으로서, 나의 욕구에 따라 세계를 향유하고 관리하는 이러한 존재 양식, 혹은 나 자신에 몰두하여 끊임없이 나의 세계로 귀환하는 사유를 일컬어 '존재론'이라고 부른다. 이와 반대로, 나의 존재 유지를 위해 먹고 마시고 도구를 만드는 나의 세계로부터 떠나, 나의 바깥 혹은 나와 절대적으로 다른 자에게로 가고자 하는 사유를 일컬어 '형이상학'이라고 부른다."(서동욱, 『차이와 타자』, 문학과 지성사, 2004, 142쪽)

28) 엠마누엘 레비나스, 강영안 옮김, 『시간과 타자』, 문예출판사, 1999, 85쪽.

29) 위의 책, 84쪽.

대상적인 관계'가 아닌 '철저한 외재성' 내지 '절대적인 초월성'인 것이다.30) 레비나스가 타자와 '타자의 타자성'을 이렇게 규정하는 이유는 전통적인 존재론에서 필연적으로 발생해 왔던 타자에 대한 억압적인 관계를 지양하기 위해서였다. 따라서 그에게 타자는 내가 어떠한 수단으로도 지배할 수 없는 절대적 외재성을 지녀야만 했다. 결과적으로 레비나스는 타자를 그것과 맺는 비대등적, 비대상적 관계성 속에서 '나'의 유한성을 극복할 수 있게 해 주는 절대적인 존재로서 그리고 타자의 타자성을 나에게 윤리적 책임을 갖도록 명령하고 호소하는 존재성으로 규정한다.

하지만 이와 같은 타자 또는 타자의 타자성 이해는 어떠한 한계를 갖는다. 우선 타자에 대한 철저한 외재성은 사실상 역설적이게도 주체의 주체성을 강조하기 위한 도구적, 방법적 요청의 모습을 띄게 된다.31) 또한 현실적인 의미와 관련해서도 한계를 갖는다. 구체적인 현실 세계에서 마주치는 타자는 우리들과 지난한 갈등과 모순의 과정 속에 존재한다. 즉, 경험적으로 나와 동일한 현실적인 지평에서 엄연히 존재하는 타자를 부정할 수 없다. 그러나 레비나스 식의 신앙적 결단으로서 마주할 수 있는 타자는 구체적인 실천적 지향점을 담보하기 어렵다. 예컨대 우리들은 존재론적으로 동일한 층위에서 북한이라는 타자와 마주하며, 이들과의 현실적인 갈등과 긴장 속에 살고 있다. 그리고 그러한 타자와의 인정과 교류, 이해와 배려를 필요

---

30) 레비나스와 비슷한 의미에서 가리타니 코오진은 플라톤의 타자 개념을 비판하면서 '타자가 자신과 동질적이라는 것 (…중략…) 그래서 거기에는 타자가 존재하지 않는다'라고 말한다. 그에게 타자는 주체와의 어떤 공통규칙도 공유하지 않는 존재, 그렇기 때문에 그가 말한 '대화'가 되지 않는 존재, 철저한 외적 긴장을 주는 존재인 것이다(가리타니 코오진, 송태욱 옮김, 『탐구 1』, 새물결, 1998, 14쪽). 또한 그에게 따르면 '초월적 주관을 통해 타자를 구성하는 후설, 사고 주체로부터 존재로 전회한 하이데거에 이르기까지 타자는 존재하지 않는다.' 반면 벵쌍 데꽁브 식의 해석을 통해, 인식론적 주체를 확립하고 주체와 객체의 이원론을 정립한 데카르트에게는 타자가 존재한다(같은 책, 18쪽).

31) "하지만 레비나스는 누구보다 강하게 '주체성'을 변호한다."(강영안, 『타인의 얼굴 -레비나스의 철학』, 문학과 지성사, 2005, 87쪽) 또한 이와 비슷한 해석은 서동욱, 『차이와 타자』, 문학과 지성사, 2004, 146쪽에서 찾을 수 있다.

로 한다. 그의 말처럼 비대등적이고 비대상적인 타자관계는 그 자체
론 어떤 의미가 있긴 하더라도, 초월적 대상으로서 타자는 분단된
현실의 우리에게 어떤 지향점도 제공해 주질 못한다.

　이와는 달리, 나와 동일한 존재론적 기반의 타자, 그리고 사유가능
하고 이해 가능한 타자성의 기본적 틀은 헤겔의 타자 개념에서 그
흐름을 찾을 수 있다.32) 헤겔은 『논리학』 '존재론' 부분에서 '존재와
무'를 설명하고 '무'를 '타자'로 환원시켜 설명하고 있다. 여기서 헤겔
의 목적은 타자 산출의 존재론적 근거들을 제시하는 것이다. 헤겔은
우선 '학문의 절대적인 시원'을 묻는 질문을 통해 아무런 구체적인
규정을 할 수 없고 따라서 어떤 특정한 존재자를 의미하는 것이 아닌
'순수존재(reines Sein)' 자체를 존재론적 출발점으로 삼는다. 그런데
어떠한 규정성도 없고 내용도 없는 '순수존재'는 "오직 순수한 무규
정성이며 공허함일 뿐"33)이며 결과적으로 '순수존재'는 "사실상 무
이며, 무 그 이상도 그 이하도 아닌 것이다."34) 이리하여 결국 '무'는
'순수존재'와 다를 바 없는 것이 된다.

　하지만 '순수존재'='무'라는 구조는 형식적으로 모순관계이다. 이
러한 모순이 해결되기 위해서는 '순수존재'이면서 '무'이고 '무'이면
서 '순수존재'이어야 한다. 헤겔은 이와 같은 모순의 해결을 '이행'으
로서 설명한다. "존재도 무도 진리가 아니며, 존재가 무로 또 무가
존재로 이행하는 것이 아니라 이미 서로에게 이행되어 있다는 것이
진리이다."35) 서로가 서로에게 '이행하는 것'이 아닌 '이행된 것'으로
서 진리, 다른 말로 존재와 무의 통일이 바로 존재와 무 자체로는
도달할 수 없는 진리인 것이다. 이때 헤겔은 이러한 진리로서 이행된

---

32) 플라톤의 『소피스테스』와 헤겔 『논리학』에서 다뤄지는 타자 개념의 유사성은 미하엘
　　토이니센, 나종석 옮김, 『존재와 가상: 헤겔 논리학의 비판적 기능』, 용의 숲, 2008, 292쪽
　　이하에서 지적되고 있다.
33) *Wissenschaft der Logik I*, s. 82.
34) *Wissenschaft der Logik I*, s. 83.
35) *Wissenschaft der Logik I*, s. 83.

것을 "서로가 각기 직접적으로 자기의 반대물 속에서 소멸하는 상태"36)인 '생성(Werden)'의 개념으로 설명한다.

그런데 이러한 생성 속에서 존재와 무는 사라지거나 독립적인 것으로 남아 있지 않고 서로의 계기로서 존립한다. 즉, 존재와 무는 독자적인 어떤 것으로 남는 게 아니라 서로의 관계 속에서만 있게 된다. "존재와 무는 동일하기 때문에 독자성으로부터 계기로 전락하는데, 둘은 먼저 아직 구별되는 것으로 있으면서 동시에 지양된 것으로 간주된다."37) 여기서 지양이란 존재와 무 모두는 '자기와 같지 않은 것'으로서 타자와의 관계 또는 타자와 매개되어 있음을 말하는 것이다. 정리하자면 헤겔은 '서로가 구별되면서 서로가 매개되어 있는' 존재와 무의 통일로서 생성의 의미를 "타자와의 통일"38)로 정의한다.

따라서 헤겔이 규정한 타자 개념의 최초의 형식은 "'무'로부터 도래한 타자성",39) 즉 '단적인 타자'이다. 앞서 보았듯이, '순수존재'는 어떤 것으로도 규정될 수 없다는 의미에서 '무'를 자신 안에 필연적으로 산출하게 된다. 어떤 것은 자신의 '타자'를 필연적으로 자기 안에 내포하고 있다. 헤겔 타자 개념의 존재론적 근거는 바로 여기에서 발견된다. 달리 말해 타자의 존재는 나와 동시에 발생하는 것이다. 또한 그것들은 각자의 고유한 성격을 유지한다. 무엇보다도 중요한 것은 "이 생성 속에서 그 양자는 구별된 것으로서 있으려니와, 또한 이 생성은 어디까지나 그 양자가 상이한 것인 한에 있어서만 가능하"40)다는 사실이다. 따라서 존재와 무는 존재론적 기반을 공유한 '같지만 다른 것'들인 셈이며, 같은 의미에서 나와 타자는 동일한 존재론적 기반을 공유하지만 동시에 다른 것들인 셈이다.

---

36) *Wissenschaft der Logik I*, s. 83.
37) *Wissenschaft der Logik I*, s. 112.
38) *Wissenschaft der Logik I*, s. 112.
39) *Wissenschaft der Logik I*, s. 95.
40) *Wissenschaft der Logik I*, s. 87.

이렇게 볼 때, '존재론적 무無기반' vs '존재론적 기반', '사유할 수 없음' vs '사유할 수 있음' 또는 '이해불가능성' vs '이해가능성'이라는 타자 개념에 대한 차이에서 헤겔은 전적으로 후자에 속한다. 하지만 한편으로 다음과 같은 질문이 가능하다. '1. 타자는 자기와의 관계를 떠나서는 생각할 수 없다.', '2. 타자의 정립은 자기의 정립에 절대적으로 의존하고 있다.', '3. 타자는 자기의 반성작용이 낳은 자기의 부산물 불과하다.' 요컨대, '타자의 존재론적 기반은 갖춰지더라도 그것들의 자립성은 종속적이다'라는 것이다.

물론 헤겔 타자 개념은, 존재에서 무가 등장하는 것과 마찬가지로 나로부터 타자가 발생한다는 식으로 해석될 수 있다. 이럴 경우 타자는 동일성의 논리 아래에서만 존재 가능한 것이다. 이와 같은 헤겔의 타자 개념의 해석방식은 특히 데리다에서 발견된다.[41] 데리다의 해석에서 볼 때, 헤겔식의 동일성에 대한 강조는 타자 그리고 타자의 타자성을 소멸시키려는 성격을 갖는다. 그러나 오히려 지젝은 동일성의 우위를 주장하는 포스트 구조주의자들의 해석이 헤겔 철학의 핵심과 전혀 다른 것이라 주장한다. 지젝에 의하면 "동일성이 자리를 잡을 수 있는 바로 그 자리를 여는 부정적인 운동(즉 차이, 타자: 논자 주)"[42]이 헤겔 철학의 핵심이다. 다시 말해 지젝이 이해하는 헤겔식의 타자와의 관계는 동일성으로의 회귀를 전제하지 않으며, 따라서 타자는 동일성으로 포함되는 이행적인 계기로도 환원되지 않는다. 오히려 "부정성이 자신의 파괴력을 모두 보존"[43]하고 있다는 점에서 타자와 타자성은 반드시 전제되어야 할 사항인 것이다. 지젝 식의 해석에 따른 헤겔 타자 개념의 핵심은 데리다의 이해방식과는 달리

---

41) Jacques Derrida, trans. by Allan Bass, *Writing and Difference*, Routledge and Kegan Paul, 1978, pp. 251~277(국역본: 자크 데리다, 남수인 옮김, 『글쓰기와 차이』, 동문선, 2001, 328쪽 이하).
42) 슬라보예 지젝, 이수련 옮김, 『이데올로기라는 숭고한 대상』, 인간사랑, 2001, 299쪽.
43) 위의 책, 298쪽.

나와 타자간의 구별 그리고 이들 사이에 끊임없는 모순과 긴장관계를 가지고 있다는 사실이다.44)

즉, 존재와 무의 통일인 생성에 대한 헤겔의 설명에서 알 수 있듯이, 어떤 것은 타자와의 끊임없는 긴장관계 속에서만 자신의 규정력을 보존한다. 예컨대 존재와 무는 서로에 대한 부정이지만, 존재는 무가 있어야만 설명될 수 있으며 동시에 무는 존재가 있어야만 설명될 수 있다. 이 말은 곧 타자는 존재론적으로 자기 자신을 부정하는 것이자 동시에 자기 자신을 규정해 주는 것이기도 하다는 의미이다. '책상이 갈색이다'라는 명제를 헤겔식으로 해석하면, '책상'이 '갈색'을 통해 책상이 아닌 것으로 부정되었으며, 동시에 이 '책상'은 '갈색'이라는 것을 통해 규정되고 있는 것이다. 이와는 반대로 규정적인 타자가 존재하지 않는 '책상은 책상이다'는 식의 표현은 추상적인 동일성에 불과한 것이다. 어떤 것의 존재 자체는 자신 이외의 것으로 나타난다. 다른 말로 타자의 실재성은 오히려 자기를 자기일 수 있게 한다. 이것은 헤겔이 적고 있는 바와 같이, '타자 속에 존재하는 것'을 의미한다. 이처럼 헤겔은 타자의 타자성에 함축된 부정성과 동시에 규정성을 "규정적인 부정"45)이라 칭한다. 바로 이와 같은 설명들이 '존재와 무의 변증법'이며, 곧 헤겔이 말하는 변증법을 최초로 그리고 내용적으로 설명한 것이다.46) 정리하자면 헤겔의 타자 개념은 '존재론적으로 자기와 다른 것임과 동시에 자기와 같은 것'을 의미하며, 타자성은 '자기를 부정하는 것과 동시에 자기를 규정하는' 것을 의미한다.

---

44) 이런 의미에서 헤겔의 철학은 차이의 철학을 가능하게 해 주는 원리를 제공하는 것으로 받아들여지기도 한다. 벵쌍 데꽁브의 해석이 바로 그러하다. "일반적으로 말해서 '동일자'는 '타자와 다른 것으로' 설정될 때에만 이해될 수 있다. 동일자가 그것이 주장하고 의도하는 바 그 자체가 되는 것은 타자 덕분이다."(박성창 옮김, 『동일자와 타자』, 인간사랑, 1993, 55쪽)

45) *Wissenschaft der Logik I*, s. 116.

46) "이제부터는 이러한 존재와 무의 통일이 최초의 진리로서 단연코 근저에 놓여 있고, 모든 뒤따르는 서술의 터전을 형성한다."(*Wissenschaft der Logik I*, s. 86)

4. '북한이라는 타자'의 존재론적 기반과 그 함축적 의미

우리에게는 '통일을 말하면서도 통일을 꺼려하는 기이한 모순'이 존재한다. 이 모순은 사실상 '북한이라는 타자'가 갖는 존재론적 기반과 그 특성을 결코 진지하게 고려하지 않아 발생한다. 북한이라는 타자가 갖는 존재론적 기반과 그 특성은 '우선' 논리적으로 해명가능하며 그럴 경우, 통일을 위한 몇 가지 원칙들을 가능하게 해 주는 전제들로서 작동한다. 우선 헤겔의 타자 개념을 적용시켜 보자면, 북한은 남한과는 상이한 존재로서 타자이다. 나아가 북한은 우리에게 타자이면서 동시에 자신만의 고유한 존재론적 기반을 가지고 있다는 사실이 '논리적 근거'를 통해 정당화된다. 다른 말로 '북한이라는 타자'는 남한의 등장과 동시에 나타났고, 그 나름의 기반 속에서 우리와 동시에 존재해 왔다는 것을 의미하며, 그러한 사실은 '논리적 근거'까지 갖추고 있다는 것이다. 이것은 어찌 보면 당연한 듯이 보인다. 하지만 우리는 여태껏 북한을 남한과 동일한 존재론적 기반을 갖는 대상으로 규정하지 않았다. 즉, '북한이라는 타자'가 갖는 존재론적인 '동일성'을 무시한 채 남한과의 존재론적 '차이성'에만 충실했다.

예컨대 이제는 그 가능성이 거의 사라져 버렸지만 기존의 통일담론에서 확인할 수 있었던 '북진통일론'이나 '흡수통일론'에서는 북한의 자립적이며 남한과 동일한 존재론적 기반은 찾아볼 수 없었다. 여기서 북한은 우리와는 다른 대상으로서 단지 사라져 버려야 할 대상이거나 우리가 흡수해서 그것의 존재를 없애야만 할 대상이었다. 하지만 우리가 추구하는 통일이란 어느 한쪽이 다른 한쪽으로 흡수되거나 어느 한쪽이 없어짐으로써 가능한 것이 아니다. 다시 말해 '북한이라는 타자'가 갖는 자립적이며 동시에 남한과 동일한 존재론적 기반은 진정한 '통일'의 존재론적 기반을 가능하게 한다. 우리가 추구해야 할 통일은 북한이라는 타자가 갖는 나와 동일한 구체적이고 실질적인 존재론적 기반과 함께 출발해야 한다. 북한에 대한 존재론적 기반이 논리적으로 해명될 때, 비로소 북한과의 교류와 협력, 상호인정과 배려, 상호간의 대화와 소통 등이 '현실적으로'도 가능하다.

　남과 북이 동일한 존재론적 기반을 갖는다는 것은 논리적 근거로서 정당화될 뿐만 아니라 현실적인 차원에서 경험적으로도 확인된다. 예컨대 동일하게 겪어야만 했던 식민 지배와 전쟁의 고통은 남과 북 모두에게 동일한 존재론적 경험 기반으로 남아 있다. 또한 외세의 압력과 분단의 고통 역시 남과 북 모두에게 규정력을 행사하는 동일한 존재론적 기반이다. 마지막으로 남은 북을 부정하며 북은 남을 부정하며 규정되어 왔던 시간적으로 동일한 존재론적 기반을 가지고 있다. 이처럼 이제 우리는 나와 타자간의 동일한 존재론적 기반을 논리적으로 확인했으며, 남과 북의 동일한 존재론적 기반을 구체적인 현실 속에서도 확인할 수 있다. 남과 북의 동일한 존재론적 기반은 여러 존재론적 층위에 포함될 수 있는 남과 북의 공통된 경험과 감정, 욕구와 욕망, 고통과 좌절, 희망과 바람 등을 가능할 수 있게 해 준다. 그리고 이것이 바로 남북소통의 전제 조건이다.

　레비나스의 타자성 개념에서 알 수 있듯이 다른 차원에 존재하는 나와 이질적인 것들은 소통의 대상이 아니며 단순히 신앙적 믿음과 요청의 대상에 불과한 것이다. 이때 이 둘 사이의 소통은 불가능하다. 하지만 헤겔의 타자개념과 같이 동일한 존재론적 기반에 위치한 타자는 소통 가능성을 제공한다. 따라서 남과 북의 동일한 존재론적 기반을 논리적으로 근거짓고 나아가 그것에 대해 인정하는 것은, 통일을 이루기 위한 과정 속에서 필수적으로 전제되어야만 하는 사실이다. 하지만 우리에게 이러한 이해는 사실상 쉽지 않았다. 그러나 헤겔의 타자 개념 속에는 남과 북의 동일한 존재론적 기반을 이해시켜 주며, 그러한 이해를 정당화 시켜줄 수 있는 논리적인 근거가 담겨져 있다. "철학의 첫 번째 임무는 절대적인 무(타자)를 인식하는 것이다."[47]라는 점을 다시금 떠올리자면, 통일을 위한 첫 번째 임무는 바로 북한이라는 타자의 존재론적 기반을 정당하게 인식하는 일이다.

　다른 한편 헤겔의 타자 개념에서 알 수 있듯이, '북한이라는 타자'는 존재론적인 발생 차원에서는 나와 동일한 기반에서 출발하지만 결국엔 타자는 나와 동일한 존재라는 구조 속으로 포섭되는 것은 아니다. 헤겔식으로 표현하자면, 순수존재가 최초의 시원이라는 것을 염두에 둔다면 순수존재의 타자인 무도 최초의 시원으로서 작용하는 것이다. 즉, 존재와 타자 사이에 논리적인 기원에서는 동일성과 차이성이 동시에 전제되고 공존하고 있으며, 이제 마찬가지로 남한과 북한의 존재론적 기반에는 동일성과 차이성이 동시에 전제되고 공존하고 있다는 것이다. "타자가 처음 정립되는 경우에 나타나듯이, 타자가 분명 어떤 것과의 관계 속에서 자기에 대해 자기를 위해 존재하지만, 다른 한편으로는 또한 어떤 것의 외부에 어떤 것과는 상관없이 자기에 대해, 자기를 위해 존재한다."48)라는 언급을 보자면, '북한이라는 타자'의 존재론적 동일성과 '북한이라는 타자'가 갖는 존재론적 차이성이 공존하며 이 두 원칙을 양립 가능하다.

　그러나 '민족동일성'을 바탕으로 한 통일담론에서 볼 수 있듯이, 우리는 존재론적 기반에 전제된 '북한이라는 타자'의 차이성을 인정하지 못했다. 이러한 견해는 남북한의 민족적 동질성만을 강조한 나머지 이 둘 사이의 차이성을 소홀히 해 왔다. 그 결과 이것은 남북한의 차이성을 발견하고 그것을 인정하는 방식으로 나아가지 못하고 오히려 서로에 대해 맹목적이고 추상적으로 동일한 관계성만을 추구하였다. 결과적으로 타자가 갖는 차이성을 사유하지 못하게 했으며 폭력적인 동일성 추구만이 남게 되었다. 나아가 이러한 억압적인 동일성 추구는 남과 북 사이의 분열과 대립을 더욱 키우게 했다. 이런 점에서 볼 때, 남과 북의 차이성과 그것에 대한 이해는 통일에 필요

---

47) *Jenaer Schriften 1801-1807*, s. 410.
48) *Wissenschaft der Logik I*, s. 126.

한 또 하나의 전제 조건인 셈이다. 다만 중요한 것은 이 차이성이 소멸하지 않고 통일 속에서도 하나의 계기로서 존재해야만 한다는 것이다. 따라서 남과 북의 동일성과 차이성의 통일인 셈이다. 예컨대, "진리는 다만 동일성과 차이성의 통일 속에서만 성립한다."[49]는 헤겔의 말은, 통일이 동일성과 차이성을 모두 사라지게 하고 이 둘을 단지 하나로 묶는 것이 아니라, 이 양자가 모두 계속 남아 있으면서 자신을 이루는 계기로서 서로 공존케 하는 것을 의미한다.

이제 '북한이라는 타자'의 존재론적 기반에 담긴 동일성과 차이성은 그것이 갖는 논리적인 근거로 인해 정당화되며, 통일의 실현을 위해 이 동일성과 차이성은 반드시 고려되어야 할 사항임이 밝혀졌다. 그럼으로써 동시에 '북한이라는 타자'에 대한 우리들의 인식론적 반성을 가져온다. 우리들의 반성을 가능케 하는 것은 바로 북한이라는 타자의 타자성 때문이다. 헤겔이 말하는 '타자의 타자성', 즉 '규정적 부정성'은 쉽게 얘기해 타자와의 부정적 관계에 있어서만 '어떤 것'은 타자와 독립된 자기성질을 보존할 수 있다는 의미이다. 타자의 실재성을 오히려 자기를 자기일 수 있게 한다. 다른 말로, 남한은 북한이라는 타자와의 부정적 관계에서만 남한일 수 있으며, 북한 역시 남한이라는 타자와의 부정적 관계에서만 북한일 수 있다. 하지만 여기서 말한 '부정적 관계'는 타자의 타자성을 인정하지 않는 단순한 대타적 관계를 의미하지 않는다. 대타적 존재의 "참다운 규정은 결국 타자와의 관계를 열어놓고 있는 셈"[50]이라는 언급에는 타자를 배제하면서 동시에 타자를 포함하여 고양시킨다는 의미가 담겨져 있다.[51] 다시 말해 '북한이라는 타자'가 갖는 규정적 부정성은 우리가

---

49) *Wissenschaft der Logik II*, s. 42.
50) *Wissenschaft der Logik I*, s. 134.
51) 이것이 헤겔이 말하는 '지양(Aufhebung)'의 의미이다. "그 말은 우선 '폐지하다', '부정하다' 등을 의미하며, 우리가 어떤 법령이나 규칙이 폐지되었다고 말할 때의 폐지라는 의미와 같다. 그러나 우리는 그 말을 aufbewahren, 즉 '보존하다'라는 의미로도 사용하며 그것은 우리가 한 사물에 대하여 그것이 잘 보존되었다고 할 때의 '보존'과 같은 의미이다."

북을 배제하면서 동시에 북을 내 안에 포함하여 보다 높은 관계로 고양시킨다는 의미이다. 또한 동시에 북은 남을 배제하면서 동시에 남을 내 안에 포함하여 보다 높은 관계로 고양시킨다는 의미이다. 이것은 남과 북의 같음과 남과 북의 다름을 동시에 인정할 수 있게 해 주는 의미가 포함되어 있다. 바로 이와 같은 관계 속에서 이종석이 말한 남과 북의 '적대적인 상호의존관계'[52]를 극복하고 '공생적인 상호인정관계'로 전환되는 실마리가 제공된다.

하지만 이것은 단순히 같음과 다름의 인정 또는 북한의 체제와 제도의 단순한 인정을 의미하진 않는다. 그것은 나와 동일한 지평에서 생겨난 타자, 그리고 나와 동일한 지평에서 생활하는 타자, 그리고 앞으로 나와 동일한 시간적/공간적 지평을 공유할 타자의 인정을 의미한다. 따라서 인정은 바로 남과 북 사이에서 창출된 새로운 것의 인정과 그것의 실현을 의미한다. 앞서 살펴보았듯이, 북한이라는 타자가 갖는 규정적 부정성은 바로 이와 같이 끊임없는 긴장관계로서 서로의 인정과 새로운 어떤 것의 창출하게 하는 성격을 담보한다. 이렇듯 통일은 단순한 영토·생활공간의 결합과 통합이란 차원을 넘어서서 이제는 '남과 북 사이에서 창출된 새로운 것의 인정과 그것의 실현'으로 바뀌었다. 이때 이 새로운 것은 예컨대 체제와 제도 등에 관한 반성이 포함될 것이며 앞으로 추구되어야 할 가치, 정서, 사상 등이 포함되는 것이다. 즉, 앞으로 통일은 서로 간에 인정된 새로운 어떤 것을 창출하고 실현시키는 과정으로서 그려져야 한다. 북한이라는 타자가 갖는 부정적 규정성은 따라서 '어떤 새로운 것을 창출하고 실현시키는 과정으로서 통일'을 가능하게 한다.

다시 말해 통일은 어떠한 새로운 관계망 속으로 진행되는 과정으

(Enzyklopädie der philosophischen Wissenschaften I, §. 96)

52) 적대적 의존관계는 "남북한이 서로 상대방과의 적당한 긴장과 대결국면 조성을 통해서, 이를 대내적 단결과 통합, 혹은 정권안정화에 이용하는 관계를 말한다."(이종석, 『분단시대의 통일학』, 한울아카데미, 1998, 33쪽)

로서 통일인 것이다. '규정적 부정'에 담긴 의미는 존재가 단순히 동일자적 존재로 머물러 있는 것이 아니라, 끊임없는 타자와의 비동일적 관계 속에 항상 던져져 있다는 것을 의미한다. 즉, 논리적으로나 역사적으로 남과 북은 서로간의 비동일적 관계망 속에 서로가 서로에게 규정되는 동태적인 과정 속에서 존재해 왔다. 나를 부정하지만 동시에 나를 규정하는 존재로서 '북한이라는 타자'의 타자성은 통일로 나아가는 동태적인 과정을 가능하게 하며, 이것은 단순히 무화 또는 제거되는 것이 아니라 스스로를 유지한 체 우리들의 인식론적 반성을 가능하게 한다.[53] 다시 말해 북한이라는 타자는 단순한 대타적 관계로서 남한의 외적인 규정으로서만 작동하는 것이 아니다. 북한의 타자성에 대한 이해는 곧 대립과 분열, 반목, 차이의 담당자로서 북한을 규정하는 시선에 반성을 가져다준다. 앞서 말한 '통일을 말하면서도 통일을 꺼려하는 기이한 모순'은 사실상 북한이라는 타자 그리고 그들의 타자성을 제대로 인식하지 못한 결과일 것이다. 이러한 반성의 끝에서 우리는 이제 "'타자'를 향한 움직임을 함축해야만 한다 (…중략…) 그리고 '동일자'이길 그치고 타자와 더불어 다른 것으로 바뀌게 되"[54]는 시도를 수행해야만 한다.

---

53) 이것이 바로, 논자가 생각하는 '변증법적 통일논리'의 기본 원리이다. 많은 사람들이 한 (조선)반도의 통일을 말할 때 사용하는 '변증법적 통일'은 아직 그 구체적인 원리나 법칙이 해명된 적은 없다. 다만 정-반-합이라는 추상적인 도식 속에서 그 의미만을 막연하게 설명할 뿐이다. 이에 대한 논의는 논자가 앞으로 다루고 싶은 부분이다. 어쨌든 변증법이 갖는 역동적이고 동태적인 성격은 다음과 같은 언급에서도 확인할 수 있다. "모든 형태의 변증법에 있어서 공통되는 성격을 부각시킬 수는 있는 것으로 여겨진다. 공통적 성격이란 곧 역동성을 말한다. 논리학은 정적이다. 논리적 논증은 정신을 만족시킨다. 그러나 그것을 촉발하지는 않는다. 그러기 위해서는 동적이며 우리의 타성을 벗어나는 사유가 필요하다. '변증법'이란 말이 가리키는 것은 그러한 동적 성격이다."(폴 풀키에, 최정식·임희근 옮김, 『변증법의 이해』, 한마당, 1983, 135~136쪽)

54) 벵쌍 데꽁브, 박성창 옮김, 『동일자와 타자』, 인간사랑, 1993, 24쪽.

5. 헤겔 타자 개념에 담긴 몇 가지 의미들에 대하여

이 글이 갖는 가장 큰 목적은 분단을 지양하고 현실의 통일로 나아가데 도움을 주는 어떤 철학적 원리를 찾아보려는 데 있다. 다시 말해 통일을 이루어 나가는 수많은 노력 속에서 논리적이고 철학적인 탐구방식은 결코 불필요하지 않다는 것이었다. 예컨대, 분단을 극복하려는 철학의 욕구는 다양한 방식으로 수행될 수 있다. 논자는 통일을 위한 논리적 탐구의 필요성을 제기했으며, 그러한 배경에서 헤겔의 타자 개념 속에 담긴 존재론적 의미와 원리 등을 알아봤고, 그것들을 통해 설명될 수 있는 '북한이라는 타자'의 존재론적 기반과 북한 이해의 인식론적 반성에 대해 얘기했다. 정리하자면 '존재론적으로 남한과 다른 것임과 동시에 남한과 같은 것인' 북한이라는 타자와, '남한을 부정하는 것과 동시에 남한을 규정하는' 북한의 타자성은 논리적인 근거를 가지고 있었다. 그리고 그런 차원에서 북한이라는 타자와의 존재론적 동일성과 차이성은 남북의 소통, 공생적인 상호인정을 가능하게 해 주는 전제로 작동한다. 또한 북한의 타자성은 '과정으로서의 통일', '우리들의 반성'을 가능하게 해 주는 논리적 전제라는 사실이 밝혀졌다.

다만 이 글이 가진 한계 역시 명백하다. 논의의 핵심인 헤겔의 타자 개념은 이 글이 다루었던 '존재와 무의 변증법'에서만 등장하는 것은 아니다. 그리고 헤겔의 타자 개념 역시 반성적 차원에서의 타자라고 하는 다른 층위가 존재한다. 하지만 이 글이 중점적으로 다뤄야만 하는 것이 구체적인 존재로서 북한이었기에, 헤겔의 타자 개념역시 존재론에서 등장하는 타자의 개념규정에 맞춰졌다. 그렇다고하더라도 그 의미가 사라지지 않을 것이라고 믿는다. 헤겔의『논리학』에서 다뤄지고 있는, 통일로 나아가는 '반성규정'의 형식들과 반성적 차원에서의 타자 개념은 논자의 숙제로 남겨둘 것이다.

"남북이 각각 자기방식으로 추구해 온 '현대화'의 과정에서 배태한 여러 가지 문제를 풀어나가야 할 21세기를 맞는 오늘, 남북한 모두는 발상의 분명한 전환을 요구받고 있다."55)는 송두율의 말처럼 우리는 이제 더욱더 철저한 북한에 대한 인식론적 반성을 수행해야만 한다. 그리고 그러한 반성의 결과로서 통일에 대한 새로운 존재론적, 인식론적, 가치론적 정립이 이루어져야만 한다. 이러한 과정에서만 체제와 제도적 통합, 이념적 통합을 뛰어넘는 통일을 그려 볼 수 있으며 미래기획적 통일상을 마련할 수 있다.

통일을 위해 노력하는 우리들에게 요구되는 것이 바로 '깨어 있음'의 태도일 것이다. 그리고 '깨어 있음'은 스스로에 대한 반성적 태도를 견지한다는 것을 의미한다. 철학적 사유의 본질은 바로 이렇게 '깨어 있음'과 '반성적 태도'를 가능하게 한다는 데 있다고 생각한다. '북한이라는 타자'와 소통할 수 있는 지평은 바로 여기에서부터 출발할지도 모른다.

---

55) 송두율, 『통일의 논리를 찾아서』, 한겨레신문사, 1998, 230쪽.

참고문헌

<논문 및 단행본>

G. Lukacs, *Der junge Hegel, Ueber die Beziehung von Dialektik und Ökonomie*, Georg Lukacd Werke, Bd. 8, Zurich, 1967, 1~875(국역본: 게오르크 루카치, 김재기 옮김, 『청년헤겔 1』, 동녘, 1990, 1~357쪽).

G. W. F. Hegel, *Enzyklopädie der philosophischen Wissenschaften I*, Werke in zwanzig Bänden, Frankfurt a/M: Suhrkamp Verlag, 1970, s. 1~539.

G. W. F. Hegel, *Grundlinien der Philosophie des Rechts*, Werke in zwanzig Bänden, Frankfurt a/M: Suhrkamp Verlag, 1970, s. 1~531.

G. W. F. Hegel, *Jenaer Schriften 1801-1807*, Werke in zwanzig Bänden, Frankfurt a/M: Suhrkamp Verlag, 1970, s. 1~593.

G. W. F. Hegel, *Wissenschaft der Logik I*, Werke in zwanzig Bänden, Frankfurt a/M: Suhrkamp Verlag, 1970, s. 1~457.

G. W. F. Hegel, *Wissenschaft der Logik II*, Werke in zwanzig Bänden, Frankfurt a/M: Suhrkamp Verlag, 1970, s. 1~575.

Jacques Derrida, trans. by Allan Bass, *Writing and Difference*, Routledge and Kegan Paul, 1978, s. 1~368(국역본: 자크 데리다, 남수인 옮김, 『글쓰기와 차이』, 동문선, 2001, 1~526쪽).

M. Theunissen, *Sein und Shein*, Frankfurt a.M, Suhrkamp Verlag, 1980, s. 1~459 (국역본: 미하헬 토이니센, 나종석 옮김, 『존재와 가상: 헤겔 논리학의 비판적 기능』, 용의 숲, 2008, 1~573쪽).

가리타니 코오진, 송태욱 옮김, 『탐구 1』, 새물결, 1998, 1~221쪽.

가토 히사타게 외, 이신철 옮김, 『헤겔사전』, 도서출판 b, 2008, 1~690쪽.

강영안, 『타인의 얼굴-레비나스의 철학』, 문학과 지성사, 2005, 1~333쪽.

김세균, 「통일과정의 정당성과 남북한의 체제개혁」, 〈통일한국의 새로운 이념과 질서 모색〉 Vol. 3, 한국정치학회, 1993, 19~34쪽.

박구용, 『우리안의 타자』, 철학과 현실사, 2003, 1~399쪽.

벵쌍 데꽁브, 박성창 옮김, 『동일자와 타자』, 인간사랑, 1~246쪽.

서동욱, 『차이와 타자』, 문학과 지성사, 2004, 1~396쪽.

송두율, 『통일의 논리를 찾아서』, 한겨레신문사, 1998, 1~242쪽.

슬라보예 지젝, 이수련 옮김, 『이데올로기라는 숭고한 대상』, 인간사랑, 2001, 1~392쪽.

엠마누엘 레비나스, 강영안 옮김, 『시간과 타자』, 문예출판사, 1999, 1~182쪽.

이상우, 「남북한 정치통합: 전망과 과제」, 『국제문제』 제24권 제3호, 국제문제 조사연구소, 1993. 48~73쪽.

이종석, 『분단시대의 통일학』, 한울아카데미, 1998, 1~372쪽.

조종화, 「플라톤의 관여의 변증법과 헤겔의 모순의 변증법」, 『헤겔연구』 24, 한국헤겔학회, 2008, 81~108쪽.

폴 풀키에, 최정식·임희근 역, 『변증법의 이해』, 한마당, 1983, 1~138쪽.

플라톤, 김태경 옮김, 『소피스테스』, 한길사, 2000, 1~261쪽.

〈만파식적〉 설화의 다시 읽기를 통한 통합의 의미 탐색

김종군

1. 근심을 잠재우는 피리, 만파식적의 매력

〈만파식적〉 이야기는 '일만 파도를 쉬게(萬波息)' 한다는 명명에서 대단한 매력을 가지고 다가온다. 한 개인의 삶에서나 한 국가의 역사에서 갈등과 부침은 없을 수 없는 일인데, 이러한 '근심을 잠재울 수 있는 피리'라고 하니 진귀한 보배로 여겨지며, 한번쯤 보고 싶은 욕구가 생기는 물건이다. 그러므로 이 피리에 얽힌 이야기들은 그 신이성 때문에 후대 유학자나 문인들이 그 실체를 부정하는 입장을 보이면서도 한편으로는 호기심을 버리지 못하고 언급[1]하고 있다. 현대에

---

1) 〈만파식적〉 이야기가 발견되는 최초의 문헌은 김부식의 『삼국사기』 권 제32 잡지 악조에 서이고, 그 후 일연의 『삼국유사』 기이 편에 단독 항목으로 「만파식적」조가 있으며, 「원성대왕」조에 사건 기사로 언급되었고, 탑상 편 「백률사」조에 부례랑 구출에 대한 신이담으로 삽입되어 있다. 이러한 사료를 근거로 고려조 문인들의 한시나 문장에서도 언급되는 경우가 더러 있었고, 이를 조선 중기 『신증동국여지승람』에서 정리하고 있다. 그리고 안정복의

와서도 개인들 사이나 조직 사이의 갈등을 조율하는 상징으로 '만파식적'이 활용되기도 한다. 곧 〈만파식적〉 이야기는 역사적으로는 당시의 정치사회적 갈등을 위무하기 위한 이야기로 만들어졌다고 평가를 받고 있으며, 이에 대해 현대의 역사학자들이나 국문학자들이 여러 가지 사료를 기반으로 고증하는 작업을 수행하고 있다.

한편으로 국악계에서는 이야기에 등장하는 피리라는 악기에 주목하여 국악기의 원류를 파악하는 사료로 활용하고 있는데, 대금(大笒)의 기원2)으로 보는 시각이 강하다. 이러한 단정적인 견해가 어디에서부터 시작되었는지는 찾지 못하였으나 〈만파식적〉 이야기를 꼼꼼하게 다시 읽다보면 그 형체는 지금의 대금 모양은 아닌 듯하다. 우리는 현재의 우리 시야에서 볼 수 없는 실체에 대해서는 상상의 폭이 좁고, 신학문 초창기의 학자들이 선언적으로 내세운 여러 단서들을 큰 고민 없이 수용하는 자세를 더러 보인다. 만파식적을 대금의 원형으로 보는 시각도 이와 같은 연유에서 비롯된 것으로 여겨진다. 실제 원문을 읽다보면 다른 형상으로 그려지는 단서가 있어서 이에 강한 의문을 제기한다.

〈만파식적〉 이야기에 대한 기존의 연구는 호국불교사상의 구현으로 보는 입장3)과 그 신이성과 서사구조에 주목하여 신화적인 이야기로 보거나 제의적 의미를 밝히고자 하는 입장,4) 그리고 이야기가 만

『동사강목』에서도 역사 연대에 맞춰 기사로 수용하고 있다. 그러나 대체로 그 신이성을 들어서 비판적인 시각을 보이고 있다.

2) 현대의 문학이나 음악계에서는 만파식적을 대금의 원형으로 본다. '사단법인 신라만파식적보존회'에서도 대금 연주를 위주로 전국경연대회를 개최하는 것으로 미루어 보아 이 단체 역시 만파식적의 모양을 대금과 유사한 악기로 파악하고 있다고 판단된다.

3) 김영태, 「만파식적설화고」, 『동국대 논문집』 11, 동국대학교, 1973; 황패강, 『한국불교설화연구』, 일지사, 1975; 김현룡, 『한국고설화론』, 새문사, 1984.

4) 장장식, 「만파식적설화의 연구」, 『국제어문』 6·7합집, 국제어문학회, 1986; 윤철중, 「만파식적설화 연구」, 『대동문화연구』 26, 성균관대 대동문화연구원, 1991; 한기호, 〈만파식적설화〉 연구」, 『연민학지』 9, 연민학회, 2001; 서유석, 「〈만파식적〉 설화의 건국신화적 의미 연구」, 『인문학연구』 9, 경희대 인문학연구소, 2005; 박진태, 「만파식적설화의 서사구조와 역사적 의미」, 『국어교육』 125, 한국어교육학회, 2008.

들어진 당대의 역사적 배경과 정치사상적 상황에 대해 구명하려는 입장5)들이 있다. 물론 이러한 연구 성과에서 당대의 역사적 배경과 정치적 상황에 대한 고찰은 기본 바탕으로 모두 이루어지고 있다.

기존의 연구 성과에서는 『삼국유사』 기이 편 소재 「만파식적」조 이야기를 주요 분석 대상으로 삼고 있다. 기록되어 전하는 모든 관련 이야기 중에서 이 부분이 가장 풍부한 정보를 제공하고 있는데, 만파식적이 만들어진 경위를 신이한 서사구조로 잘 설명하고 있기 때문으로 보인다. 이야기의 문면으로 보면 만파식적을 제작한 신문왕대의 심각한 정치적 갈등을 무마하는 장치로 이 이야기가 형성된 것으로 보는 것은 당연해 보인다. 그러므로 〈만파식적〉 이야기는 삼국통일 후 정치적 안정기로 진입을 갈망하는 신문왕의 강력한 사회통합의 메시지를 담고 있다는 견해는 모두가 공유하는 입장인 것이다.

그런데 문제는 이러한 기존의 연구에서 놓치고 있는 몇 가지가 있다. 통일 후 체제를 정비하는 가운데 사회통합의 기제로 〈만파식적〉 이야기를 만들어 유포하였다면, 그 구체적인 통합의 대상이 된 사건이 무엇인가 하는 것이다. 김상현을 비롯한 기존 연구에서도 '김흠돌의 난'을 언급하면서 논증하고 있다. 그러나 당시의 현장을 기록한 『삼국사기』의 기사만으로 이를 궁구하기에는 그 사료에 부족함이 많다. 이 글에서는 당대의 인물들에 대한 정보를 비교적 풍부하게 담고 있는 김대문의 『화랑세기』의 기사를 적극적으로 활용하여 당대의 사회통합 의지를 살피고자 한다. 1989년에 발췌본이 소개되고, 1995년 필사본 전문이 공개된 『화랑세기』에 대해 역사학계에서도 위작 논쟁6)이 지속되고 있지만, 그 구체적인 혼인관계나 인물 갈등 등의 치밀함은 『삼국사기』나 『삼국유사』의 여러 기사들을 해석하는 데 큰

---

5) 김상현, 「만파식적설화의 형성과 의의」, 『한국사연구』 34, 한국사연구회, 1981.

6) 노태돈교수는 『화랑세기』 발췌본과 필사본이 이중으로 존재한다는 사실, 여기에 수록된 향가, 문란한 성 관계와 마복자(摩腹子) 문제 등을 들어서 위작을 주장하고 있다. 이에 대해 이종욱교수는 진본 가능성을 강하게 주장하고 있다(김대문 저, 이종욱 역주해, 『화랑세기-신라인의 신라이야기』, 조합공동체 소나무, 1999 참조).

도움이 되므로 이를 인용하고자 한다.

아울러 만파식적이 언급되고 있는 『삼국유사』의 「만파식적」조, 「원성대왕」조, 「백률사」조를 모두 고찰하여 그 통합의 대상이 된 사건들을 고증하고자 하며, 원문을 해석하는 과정에서 모두들 놓치고 있는 만파식적의 모양에 대해서도 고찰하고자 한다. 이를 통해 〈만파식적〉 이야기가 가지는 통합의 의미를 좀 더 구체화 시키고자 한다.

2. 관련 자료의 재검토

1) 관련 이야기 다시읽기

만파식적에 대한 언급을 현전하는 문헌에서 처음 찾을 수 있는 곳은 『삼국사기』 잡지(雜志) 악조(樂條)의 기사이다. 삼죽(三竹)인 관악기를 설명하면서 중국에서 전래된 관악기와는 따로 향삼죽(鄕三竹)을 기술하는 자리에서 언급하였다.

고기에 이르기를, 신문왕 때 동해 중에서 홀연히 한 작은 산이 나타났는데, 형상이 거북 머리와 같고 그 위에 한 줄기의 대나무가 있어, 낮에는 갈라져 둘이 되고 밤에는 합하여 하나가 되었다. 왕이 사람을 시켜 베어다가 피리(笛)를 만들어 이름을 만파식이라고 하였다 한다. 이런 말이 있으나 괴이하여 믿을 수 없다.[7]

김부식은 이러한 내용을 고기(古記)에서 가져 왔는데, 그 고기가 『구삼국사』인지 아니면 다른 문헌인지 밝히지는 않았다. 다만 『삼국

---

7) 古記云 神文王時 東海中忽有一小山 形如龜頭 其上有一竿竹 晝分爲二 夜合爲一 王使斫之作 笛 名萬波息 雖有此說 怪不可信(『삼국사기』 권 제32, 잡지 악조)

사기』편찬 당시에 참고한 문헌 속에 〈만파식적〉 이야기가 수록되어 있었음은 확실하다. 그리고 그 내용을 보고 사건 기사 형식으로 요약하여 수록하면서, 그 내용이 괴이하여 믿을 수는 없다는 입장을 보인다. 단지 관악기를 설명하는 자리에서 만파식적이라는 피리에 얽힌 기사로 제시할 뿐 그 이름에 얽힌 신이한 일이나 당시의 사회상에 대한 언급은 소거되어 있다.

이 이야기에 이어 〈만파식적〉 이야기의 전모를 살필 수 있는 자료는 『삼국유사』 기이 편 소재 「만파식적」조이다.

　　이듬해 임오(壬午) 5월 초하루에 [어떤 책에는 천수(天授) 원년(690년)이라고 했으나 잘못이다.] 해관(海官) 파진찬(波珍湌) 박숙청(朴夙淸)이 아뢰기를, "동해 중의 작은 산 하나가 물에 떠서 감은사를 향해 오는데, 물결을 따라서 왔다 갔다 합니다"라고 하였다. 왕은 이를 이상히 여겨 일관(日官) 김춘질(金春質)[또는 춘일(春日)]에게 점을 치도록 하였다. 그가 아뢰기를, ① "돌아가신 부왕께서 지금 바다의 용이 되어 삼한(三韓)을 수호하고 있습니다. 또 김공유신(金公庾信)도 33천의 한 아들로서 지금 인간 세상에 내려와 대신이 되었습니다. 두 성인이 덕을 같이 하여 나라를 지킬 보배를 내어주려 하시니, 만약 폐하께서 해변으로 나가시면 값으로 계산할 수 없는 큰 보배를 반드시 얻게 될 것입니다"라고 하였다. 왕이 기뻐하여 그달 7일에 이견대로 행차하여 그 산을 바라보면서 사자를 보내 살펴보도록 했더니, 산의 형세는 거북의 머리 같고, 그 위에는 한 줄기 대나무가 있는데, 낮에는 둘이 되고 밤에는 합하여 하나가 되었다. [일설에는 산도 역시 밤낮으로 합치고 갈라짐이 대나무와 같았다고 한다.] 사자가 와서 그것을 아뢰니, 왕은 감은사로 가서 유숙하였다.

　　이튿날 오시(午時)에 대나무가 합하여 하나가 되고, 천지가 진동하며 비바람이 몰아쳐 7일 동안이나 어두웠다. 그 달 16일이 되어서야 바람이 잦아지고 물결도 평온해졌다. 왕이 배를 타고 그 산에 들어가니, 용이 검은 옥대(玉帶)를 가져다 바쳤다. 왕이 영접하여 함께 앉아서 묻기를, "이산과 대나무가 혹은 갈라지기도 하고 혹은 합해지기도 하는 것은 무엇 때문인가?"라고 하였다. 용이 대답하기를, ② "이것은 비유하자면, 한 손 으로 치면 소리가 나지 않고, 두 손으로 치면 소리가 나는 것과 같아서, 이 대나무라는 물건은 합한 후에야 소리가 납니다. 성왕(聖王)께서는 소 리로써 천하를 다스릴 좋은 징조입니다. 대왕께서 이 대나무를 가지고 피리를 만들어 불면 천하가 화평할 것입니다. 이제 대왕의 아버님께서는 바다 속의 큰 용이 되셨고, 유신은 다시 천신(天神)이 되셨는데, 두 성인이 같은 마음으로, 이처럼 값으로 따질 수 없는 보배를 보내 저를 시켜 이를 바치는 것입니다"라고 하였다.

왕은 놀라고 기뻐하여 오색 비단과 금과 옥으로 보답하고 사자를 시켜 대나무를 베어서 바다에서 나오자, 산과 용은 갑자기 사라져 나타나지 않았다. 왕이 감은사에서 유숙하고, 17일에 기림사(祇林寺) 서쪽 냇가에 이르러 수레를 멈추고 점심을 먹었다. 태자 이공(理恭) [즉 효소대왕(孝昭 大王)]이 대궐을 지키고 있다가 이 소식을 듣고는 말을 달려와서 하례하 고 천천히 살펴보고 말하기를, "이 옥대의 여러 쪽들이 모두 진짜 용입니 다"라고 하였다. 왕이 말하기를, "네가 어떻게 그것을 아는가?"라고 하셨 다. 태자가 아뢰기를, "쪽 하나를 떼어서 물에 넣어보면 아실 것입니다"라 고 하였다. 이에 왼쪽의 둘째 쪽을 떼어 시냇물에 넣으니 곧 용이 되어 하늘로 올라가고, 그곳은 못이 되었다. 이로 인해 그 못을 용연(龍淵)으로 불렀다. 왕이 행차에서 돌아와 그 대나무로 피리를 만들어 월성(月城)의 천존고(天尊庫)에 간직하였다. ③ 이 피리를 불면, 적병이 물러가고 병이 나으며, 가뭄에는 비가 오고 장마는 개며, 바람이 잦아지고 물결이 평온해 졌다. 이를 만파식적(萬波息笛)으로 부르고 국보로 삼았다. 효소왕 대에 이르러 천수(天授) 4년 계사(癸巳)에 실례랑(失禮郎)이 살아 돌아온 기이 한 일로 해서 다시 만만파파식적(萬萬波波息笛)이라고 하였다. 자세한 것 은 그 전기에 보인다.8)

---

8) 明年壬午五月朔 (一本云 天授元年誤矣) 海官波珍喰 朴夙淸 奏曰 東海中有小山浮來向感恩寺

일연은 이 이야기를 다른 문헌에서 보았다고 밝히지 않았지만 그 실상이 구체적이고, 위에 든『삼국사기』의 표현들과 부합하는 구문9)으로 보아 이 이야기가 원형성을 갖는다고 할 수 있겠다. 곧, 고기에 이렇게 기록된 것을 김부식이 축약한 것으로 보는 편이 합당하다고 판단된다.

　여기에서 중요하게 고려할 지점은 밑줄 친 부분들이다. ①과 ②에서 보이는 것과 같이 문무왕과 김유신은 삼국통일의 대업을 이룬 성인으로서 죽어서도 국가의 안위를 위해 고심한다는 내용이다. 여기에 주목하여 기존 연구에서 호국사상을 이 이야기의 주제로 부각10)시켰다. 문무왕이 호국의 의지를 강하게 피력한 것은 유골을 바다에 안치하라는 유언에서 충분히 확인할 수 있다. 그런데 여기서는 김유신의 혼령이 합세하여 이성동덕(二聖同德), 이성동심(二聖同心)으로 수성(守城)의 보물을 내리겠다는 것이다. 눈여겨 볼 점은 원문에 호국(護國)이라는 구문을 사용하는 대신에 수성(守城)이라는 표현을 썼다는 점이다. 삼한 통합을 이미 문무왕대에 이루었고, 문무왕은 임종할 때

　　隨波徃來 王異之 命日官 金春質 (一作 春日) 占之曰 聖考今爲海龍鎭護 三韓抑 又金公庾信 乃三十三天之一子 今降爲大臣 二聖同德 欲出守城之寶 若陛下行幸海辺 必得無價大寶 王喜以其月七日駕幸利見臺 望其山 遣使審之 山勢如龜頭 上有一竿竹 書爲二夜合一 (一云山亦書夜開合如竹) 使來奏之 王御感恩寺宿 明日午時竹合爲一 天地振動 風雨晦暗七日 至其月十六日 風霽波平 王泛海入其山 有龍奉黑玉帶來獻 迎接共坐 問曰 此山與竹 或判或合 如何 龍曰 比如一手拍之無聲 二手拍則有聲 此竹之爲物 合之然後有聲 聖王以聲理天下之瑞也 王取此竹作笛吹之 天下和平 今王考爲海中大龍 庾信復爲天神 二聖同心 出此無價大寶 令我獻之 王驚喜以五色錦彩金玉酬賀之 勅使斫竹出海 時山與龍忽隱不現 王宿感恩寺 十七日到祗林寺西溪邊 留駕晝饍 太子理恭 (即孝昭大王) 守闕聞此事 走馬來賀徐察 奏曰 此玉帶諸窠皆眞龍也 王曰 汝何知之 太子曰 摘一窠沉水示之 乃摘左邊第二窠 沉溪即成龍上天 其地成淵因號龍淵 駕还以其竹作笛 藏扵月城天尊庫 吹此笛則兵退病愈 旱雨雨晴 風定波平 號万波息笛 稱爲國寶 至孝昭大王代 天授四年癸巳 因失禮郎 生还之異 更封號曰 万万波波息笛 詳見彼傳(『삼국유사』 기이, 「만파식적」, 국사편찬위원회 한국사데이터베이스 http://db.history.go.kr).

9) 대를 표현한 간죽(竿竹)이나 대를 벤다는 술어를 작(斫)으로 쓴 것 등으로 보아 두 이야기는 연관성이 크다. 시대적으로『삼국사기』가 앞서니 일연이 이를 수용했다고 주장할 수 있겠지만 김부식의 글이 축약된 내용으로 보이므로 일연의『삼국유사』가 옛 기록의 원형 이야기를 고스란히 담고 있다고 판단된다.

10) 김영태, 「만파식적설화고」, 『동국대 논문집』 11, 동국대학교, 1973; 황패강, 『한국불교설화연구』, 일지사, 1975; 김현룡, 『한국고설화론』, 새문사, 1984.

호국대룡(護國大龍)이 되겠다고 표방11)하였는데, 여기서는 수성이라는 용어를 사용하고 있다. 일반적으로 호국은 외적으로부터 나라를 보호한다는 의미가 강한데, 문무왕은 왜적을 방비하겠다는 의지를 표출한 것으로 해석하고 있다. 여기서 쓴 수성(守城)의 의미는 통일된 신라를 유지한다는 의미로 국내의 변란을 방지하겠다는 의미가 강하다고 할 수 있다. 왜적을 방어하기 위해서는 사나운 동해룡이 되어 위협을 가하겠지만 국내의 반란으로부터 국권을 유지하기 위해서는 조화와 통합이 중요하다고 할 수 있다. 그러니 ②에서 보이는 것과 같이 소리로써 천하를 다스리는 것으로, 조화를 강조한 의미가 담겨 있다고 판단된다. 통일된 신라에서 신문왕이 할 일은 통일을 이룬 선왕의 위업을 널리 선양하여 강력한 왕권을 수립하면 되는 것이라고 생각할 수 있다. 그런데 여기서는 죽은 상신인 김유신을 끌어들이는 형국이다. 강력한 왕권을 펼치는데 걸림돌이 있었고 이를 해결하는 방안으로 내적인 조화와 통합을 이루는 정사가 필요했다고 판단된다. 그렇다면 선왕의 치적에 죽은 상신의 도움까지 필요하게 만든 사건이란 무엇인가? 역사를 살피면 신문왕 즉위가 신사년(681) 7월인데, 8월에 김흠돌의 반란이 일어난 것으로 되어 있다. 그리고 이듬해 5월에 만파식적의 일이 있다. 결국 김흠돌의 난을 제압하고 사회의 통합을 위한 방편으로 〈만파식적〉 이야기가 필요했던 것으로 파악된다. 이렇게 본다면 만파식적이라는 악기는 나라 안의 통합을 위한 상징적 장치임도 명확해진다.

이러한 국내 통합의 상징적 장치임을 보이는 또 다른 기사는 『삼국유사』 기이 편 「원성대왕」조에서 찾을 수 있다.

　④ 왕의 아버지 대각간 효양(大角干 孝讓)이 대대로 전해져 오는 만파식적(萬波息笛)을 왕에게 전했다. 왕은 이것을 얻었으므로 하늘의 은혜를

---

11) 『삼국유사』 기이, 「문호왕 법민」조 참조.

두텁게 입어 그 덕이 멀리까지 빛났다. 정원(貞元) 2년 병인(丙寅) 10월 11일에 일본 왕 문경(文慶)[일본제기(日本帝紀)를 살펴보면, 제55대 왕 문덕(文德)인 듯한데 이것이 옳다. 그 후에는 문경이 없다. 다른 본에서는 이 왕의 태자라고도 한다.]이 ⑤ <u>군사를 일으켜 신라를 치려했으나 신라에 만파식적이 있다는 말을 듣고 군사를 돌렸다</u>. 금 50냥을 사신에게 주어 보내 만파식적을 청했다. 왕이 사신에게 일러 말하기를 "내 듣건대 상대(上代)의 진평왕(眞平王) 때에 그것이 있었다고 들었지만 지금은 있는 곳을 알지 못한다." 하였다. 이듬해 7월 7일에 다시 사신을 보내어 금 1천 냥으로 그것을 청하여 말하기를 "과인은 그 신물을 보기만 하고 다시 돌려보내겠다." 하니 왕은 지난번과 같은 대답으로 이를 사양하고 은 3천 냥을 그 사신에게 주고, 가져온 금도 돌려주어 받지 않았다. 8월에 사신이 돌아가자 그 피리를 내황전(內黃殿)에 보관했다.[12]

원성왕 김경신의 등극 과정은 김주원과의 대결담으로 흥미진진하게 널리 알려져 있다. 그리고 이어지는 내용이 그 아버지가 조상대부터 전해 온 만파식적을 전해 주어 그 덕이 널리 빛났다고 한다. 그렇다면 궁중의 천존고(天尊庫)에 보관되었다던 만파식적을 원성왕의 아버지 효양은 어떻게 가지고 있었던 것인가? 원성왕과 김주원의 대결 구도 속에서 온전한 왕권을 유지하기 위해서는 정적을 보듬어야 하는 입장이었을 것이다. 이를 그 아버지 효양이 조언한 것으로 볼 수 있다. 여기에 다시 만파식적이 사회통합의 장치로 등장하게 되는 것이 아닐지? 물론 ⑤에서 보는 것과 같이 만파식적은 왜적의 침입을 방어하는 호국의 장치로도 확대되고 있다. 이에 대한 논의는 다음

---

12) 王之考大角干孝讓 傳祖宗万波息笛 乃傳扵王 王得之 故厚荷天恩 其德遠輝 貞元二年丙寅十月十一日 日本王文慶(按日本帝紀 第五十五 文德王 疑是也 餘無文慶 或夲云 是王大子) 舉兵欲伐新羅 聞新羅有万波息笛 退兵以金五十兩 遣使請其笛 王謂使曰 朕聞上世 真平王代有之耳 今不知所在 明年七月七日 更遣使以金一千 請之曰 寡人願得見神物而還之矣 王亦辞以前對以銀三千兩賜 其使還金而不受 八月使還藏其笛扵內黃殿(『삼국유사』 기이,「원성대왕」, 국사편찬위원회 한국사데이터베이스 http://db.history.go.kr).

54

장으로 미룬다.

만파식적이 보인 신이한 행적은 『삼국유사』 탑상 편 「백률사」조에도 나타난다. 화랑 부례랑을 구출하는 도구로 활용되고 있다.

천수(天授) 3년 임진(壬辰) 9월 7일에 ⑥ 효소왕(孝昭王)은 대현(大玄)살찬(薩喰)의 아들 부례랑을 국선(國仙)으로 삼았다. 낭도[珠履]가 천 명이었는데 안상(安常)과 더욱 친하였다.

천수(天授) 4년, [즉 장수(長壽) 2년] 계사(癸巳) 늦은 봄에 낭도들을 거느리고 금란(金蘭)으로 출유하여 북명(北溟) 지경에 이르러 적적(狄賊)들에게 붙잡혀 갔다. 문객들은 모두 어찌할 줄을 모르고 돌아왔으나 안상만이 홀로 그것을 추적하였는데 이는 3월 11일의 일이었다. (…중략…)

5월 15일 부례랑의 두 분 부모님이 백율사의 대비상 앞에 나아가서 여러 날 저녁 천제에게 기도를 드렸더니, 갑자기 향탁(香卓) 위에 거문고와 피리 두 보물이 놓여져 있고 부례랑과 안상 두 사람도 불상 뒤에 도착해 있었다.(중략) 스님이 말하기를, "그렇다면 나를 따라오라고 하고는 저를 데리고 해변가에 이르렀는데, 또한 안상도 만났습니다. ⑦ 이에 피리를 두 쪽으로 나누어 두 사람에게 주면서 각기 한쪽씩 타게 하고 자신은 그 거문고를 타고 둥둥 떠서 돌아왔는데 잠깐 사이에 이곳까지 왔습니다."라고 하였다.

이에 모든 일을 급히 알렸더니, 왕은 크게 놀라며 사람을 보내어 낭을 맞아들이고, 거문고와 피리도 대궐 안으로 옮기게 하였다. 무게 50량으로 된 금과 은으로 만든 다섯 개의 그릇 두 벌과 마납가사(摩衲袈裟) 다섯 필과, 대초(大綃) 3천 필, 밭 1만 경(頃)을 절에 시주하여 대비의 은덕에 보답하였다. 국내에 크게 사면을 내리고 사람들에게는 관작 3급을 올려주고, 백성들에게는 3년간의 조세를 면제해 주었다. 절의 주지를 봉성사에 옮겨 살게 하였다. ⑧ 부례랑을 봉하여 대각간(大角干)[신라 재상]으로 삼고, 아버지 대현(大玄)아찬(阿喰)을 태대각간(太大角干)으로 삼았다. 어머니 용보부인(龍寶夫人)은 사량부(沙梁部) 경정궁주(鏡井宮主)로 삼고 안

<u>상법사를 대통(大統)으로 삼았으며, 창고 관리 다섯 명은 모두 석방하여
관작을 각기 5급씩 올려주었다.</u>

6월 12일에 혜성(彗星)이 동방에 나타나고, 17일에는 또 서방에 나타나
므로, 일관(日官)이 아뢰기를, "거문고와 피리의 상서에 대하여 관작을 봉
하지 않아서 나타나는 것입니다"라고 하였다. 이에 신적(神笛)을 책호(冊
號)하여 만만파파식(萬萬波波息)이라고 하니 혜성이 이내 물러갔다.[13]

이 이야기는 표면적으로는 백률사의 관음보살상의 영험을 드러내
는 내용으로 보인다. 그리고 만파식적이 처음 만들어진 신문왕대로
부터 그렇게 멀지 않은 시기의 일이다. 그러므로 당대 정치사회적
상황은 신문왕대의 고민과 연계되었을 가능성도 커 보인다. 이 이야
기를 역사적으로 구명하기 위해서는 부례랑이라는 화랑에 대한 고증
이 선결되어야 한다. 그런데 부례랑이라는 인명은『삼국사기』를 비
롯한 어떤 문헌에도 등장하지 않는다. 단지『삼국유사』의해 편「자
장정률」조에 단순하게 이름만 언급된 것이 전부이다. 부례랑이 이
납치 사건으로 인해 신라 최고 관직인 대각간이 되었고, 그 아버지
대현은 태대각간이 되었다고 하였는데, 그 실상을 찾을 길이 없다.

---

13) 天授三年壬辰九月七日 孝昭王 奉大玄薩喰之子 夫禮郎 爲國仙 珠履千徒 親安常尤甚 天授四
年(□長壽二年)癸巳暮春之月 領徒遊金蘭 到北溟之境 被狄賊所掠而去 門客皆失措而還 獨安常
追迹之 是三月十一日也 大王聞之 驚駭不勝日 先君得神笛傳于朕躬 今與玄琴藏在內庫 因何國
仙忽爲賊俘 爲之奈何(琴笛事具載別傳) 時有瑞雲覆天尊庫 王又震懼使撿之 庫內失琴笛二寶 乃
日 朕何不予昨失國仙 又亡琴笛 乃囚司庫吏 金貞高 等五人 四月募於國日 得琴笛者賞之一歲租
五月十五日 郎二親 就栢栗寺大悲像前 禋祈累夕 忽香卓上 得琴笛二寶 而郎常二人來到於像後
二親顚喜 問其所由來 郎日 予自被掠爲波國 大都仇羅家之牧子 放牧於大烏羅尼野(一本作 都仇
家奴牧於大磨之野) 忽有一僧容儀端正 手携琴笛來 慰日 憶桑梓乎 予不覺跪于前日 眷戀君親何
論其極 僧日 然則宜從我來 遂率至海壖 又與安常會 乃批笛爲兩分與二人各乘一隻 自乘其琴泛
泛歸來 俄然至此矣 於是具事馳聞王大驚 使迎郎 隨琴笛入內 施鑄金銀五器二副各重五十兩 摩
衲袈裟五領 大綃三千疋 田一萬頃納於寺 用答慈庥焉 大赦國內幫人爵三級 復民租三年 主寺僧
移住奉聖 封郎爲大角干(羅之家宰爵名) 父大玄阿喰爲大大角干 母龍寶夫人 爲沙梁部 鏡井宮主
常師爲大統 司庫五人皆免賜爵爲五級 六月十二日 有彗星孚于東方 十七日又孚于西方 日官奏日
不封爵於琴笛之瑞 於是冊號 神笛爲萬萬波波息 彗乃滅 後多靈異 文煩不載 世謂 安常爲俊永郎
徒 不之審也 郎之徒 唯真才繁完 等知名 皆亦不測人也(詳見別傳)(『삼국유사』 탑상,「백률
사」, 국사편찬위원회 한국사데이터베이스 http://db.history.go.kr).

아마도 다른 인물에 대한 별호로 부례랑이나 대현이라는 이름이 사용된 것은 아닐지?

이 이야기에서 갈등의 요인으로 엿보이는 것은 ⑥에서와 같이 대현살찬의 아들 부례랑을 국선으로 삼았다는데 있다. 『화랑세기』를 살피면 신라의 화랑제도는 신문왕 때 김흠돌의 난 이후 폐지된 것으로 나온다. 그 후 다시 부활하면서 국선(國仙) 체제로 정비된 것으로 보인다. 그런데 화랑의 수장이라고 할 국선의 신분이 그렇게 높지 않다는 데 의문이 든다. 그 아버지 대현은 살찬(薩湌) 벼슬을 지낸 것으로 나오는데, 살찬은 신라 관등 17등급에서 제8등급에 해당하는 사찬(沙湌)의 이칭으로 알려져 있다. 이러한 신분의 아들이 국선이 되었고, 더욱 이상한 것은 납치 사건 해결 후 비상설직인 신라 최고의 직책 태대각간의 직위로 급상승한다는 것이다. 신라에서 태대각간의 직책을 얻은 이는 김유신이 있을 뿐이다. 그렇다면 이 이야기는 순연히 백률사의 대비상의 신이함을 드러내기 위한 허구일 뿐인지?

그렇다 하더라도 만파식적은 신라의 고민을 일거에 해결한 공적을 가진 존재로 인격화되어 있다. 납치 사건 해결 후 그에 관련된 모든 이들에게 논공행상을 행하는데, 이 피리에 대해서만 누락되어, 살별의 출현으로 불만을 제기한다는 것이다. 이에 '만만파파식적'으로 책호하였다. 결국 이 역시 납치 사건의 실체를 명확하게 파악할 수는 없지만 사회의 불안을 일소한 사회통합의 사건으로 수많은 관련 인사와 피리에게까지 최고 등급의 보상이 이루어진 것으로 파악할 수 있다.

이상에서 살핀 〈만파식적〉 이야기의 사건 구조는 모두 조화와 통합을 강조하는 메시지를 강하게 표출하는 상징성을 드러낸다고 할 수 있다.

2) 만파식적 피리의 모양에 대한 재검토

만파식적은 문무왕과 김유신이라는 두 성인이 신라를 염려하는 마음에서 비롯되었다고 한다. 두 성인의 마음이 대나무로 상징화되었고, 두 대나무가 합쳐지는 절차가 두 성인의 합심을 의미한다. 그리고 그 실체는 세상을 조화롭게 하는 음률을 펼치는 피리라는 것이다. 결국 이 피리의 형상은 통합을 상징하는 모양이어야 한다는 것이다. 그렇다면 만파식적의 모양이 어떻게 사회통합의 의미를 담는 것으로 상징화되었는지 고찰할 필요가 있다.

만파식적의 모양에 대한 단서는 위의 이야기 가운데 ②와 ⑦에서 찾을 수 있다. ②에서와 같이 한 손바닥이 소리가 나지 않고 두 손바닥이 마주쳐야 소리가 나는 것처럼, '대나무라는 물건은 합한 후에야 소리가 난'다는 것이다. 우리가 흔히 인지하고 있는 피리는 통대를 적당한 크기로 잘라서 지공을 여러 개 뚫고 윗부분에 입을 대고 불 장치를 마련하면 된다. 그렇다면 대나무를 합친다는 의미는 무엇인가? 각각의 대나무 통을 반으로 쪼개서 그걸 다시 붙여서 피리와 같은 관악기(管樂器)를 만드는 법이 있는지? 관련 서적을 찾아도 그와 같은 제작법은 찾을 수 없다. 현대의 국악계에서는 이 만파식적을 대금(大芩)의 원형으로 간주하고 있는데, 〈만파식적〉 설화에서 언급한 대나무 둘이 합쳐지는 형상을 곧 쌍골죽14)으로 이해하는 경향이 있다. 그러나 통대 둘이 합쳐진 것이 쌍골죽이 될 수는 없는 것이다. 두 대를 인위적으로 쪼개서 이를 아교 등으로 붙이면 또 모를 일이다. 그러나 이와 같은 악기 제작법은 앞서 언급한 것처럼 찾을 수

---

14) 대나무는 죽순에서 올라올 때 한 마디에 한쪽씩 순차로 어긋나게 가지를 뻗게 되어 있다. 그 가지가 죽순 잎에 싸여 있을 무른 시기에 한쪽에 골이 파이게 된다. 그러니 정상적인 대나무는 한 마디에 한쪽에만 골이 파여 있어야 하고, 이것이 다음 마디에서는 어긋나게 되어 있다. 그런데 간혹 한 마디의 양쪽 모두에 가지가 붙는 경우가 있는데, 이 경우는 골도 양쪽에 모두 패이게 된다. 이를 쌍골죽이라 하는데, 대금과 같은 악기를 만들 때 손가락을 놓기 편하여 귀한 재료로 삼는다.

없다.

아울러 만파식적의 모양을 극명하게 드러내는 또 다른 단초는 ⑦에서이다. 납치당한 부례랑을 구출하러 온 스님이 부례랑을 이끌고 바닷가로 나와서 절친한 낭도 안상을 만나게 해 주고는 그 곳을 벗어나는 수단으로 쪽배를 마련해 준다. 그런데 그 배가 다름 아닌 만파식적이었다. '이에 피리를 두 쪽으로 나누어 두 사람에게 주면서 각기 한쪽씩 타게' 했다고 하는데, 이 역시 두 대나무가 붙어 있는 형상임을 확인할 수 있다.

그렇다면 만파식적은 지금은 확인할 수 없는 악기의 모양일 수 있다. 현전하는 우리나라 국악기 중에는 이를 뒷받침할 만한 관악기의 모양을 찾아볼 수 없다. 그런데 만파식적을 처음 언급한 『삼국사기』의 잡지의 악조에 삼죽(三竹)을 설명하는 자리에 쌍적(雙笛)이 언급15)되어 있다. 이 쌍적에 대한 부가 설명은 다시 찾을 수 없다. 이에 여러 사전류를 찾다가 만파식적의 모양으로 짐작되는 관악기를 찾게 되었다.

<그림 1> 관(管)   <그림 2> 관(管)

〈그림 1〉16)과 〈그림 2〉17)는 사전에서 찾을 수 있는 관(管)이라는 악기로, 두 개의 통대를 붙인 형상이다. 사전의 설명으로는 '지(篪)와 같은 여섯 개의 구멍이 있어 12월의 음으로 사물을 열고 땅을 지탱한다'18)고 하였다. 이를 단서로 본다면 관은 두 대나무를 묶었다는데 일단 만파식적 모양 설명과 상통하고 있다. 그런데 이 악기를

---

15) 마융이 이르기를, 근대의 쌍적은 강(서융종족)에서부터 시작되었다. 馬融云 近代雙笛從羌起(『삼국사기』권 제32, 잡지 악조).

16) 『大漢和辭典』卷 8, [관(管)]항 참조.

17) 池田四郞次郞, 『故事熟語大辭典』, 東京寶文館, 대정 2년(1913), 766쪽.

18) 管如篪六孔 十二月之音 物開地牙 故謂之管 从竹官聲(說文)(『大漢和辭典』卷 8, [관(管)])

설명하는 설문(說文)의 구문이 시사하는 바가 크다. 한 대나무에 구멍이 각각 6개씩이고, 이는 1년 열두 달을 상징한다는 설명이다. 그리고 이 소리가 만물을 열고 땅을 유지한다는 해설이다. 이것은 '대나무는 합친 후에 소리가 난다'는 설명을 뒷받침하며, 문무왕과 김유신의 두 성인이 합심으로 기원하는 바, 수성(守城)의 바람과도 부합하는 설명이다.

그렇다면 이와 같은 악기가 현재의 국악기에는 없지만 예전에는 있었는지 찾아보아야 한다. 조선 전기에 편찬된 『악학궤범』에는 관에 대한 그림과 구체적인 설명이 덧붙여 있었다.

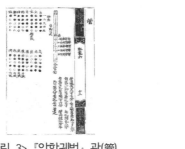

<그림 3> 『악학궤범』 관(管)   <그림 4> 쌍피리

관(管)은 조선시대에 궁중아악에 쓰인 관악기로, 『악학궤범』에 의하면 길이 1척 1촌 7푼의 오죽관(烏竹管) 두 개를 누런 생사(生絲)로 묶어 만든 '합관형(合管形)'이라고 해설되어 있다. 마치 현대의 리코더 두 개를 붙인 형상임을 확인할 수 있다. 다시 이를 국립국악원에 보관되어 있는 쌍피리로 확인할 수 있었다.

이상의 논증을 종합해 보면 만파식적은 쌍피리의 형상으로, 각 하나의 피리에 6개의 구멍을 뚫어 1년 열두 달을 상징하는 소리를 내게 하여, 이것이 천하를 조화롭게 만드는 악기라고 할 수 있다. 곧, 세상을 통합하는 상징물로 부합한다고 할 수 있겠다.

3. <만파식적> 설화에 담긴 통합의 의미

1) 무열왕계와 가야계의 통합

만파식적이 나라의 근심을 잠재우는 기능을 수행했음은 설화 문면을 통해 쉽게 이해할 수 있다. 그렇다면 그 근심의 실체는 무엇인가를 밝힘으로써 통합의 의미를 올바로 파악할 수 있을 것이다. <만파식적> 설화가 만들어진 시기는 신문왕 2년(682년)으로 되어 있다. 이 시기의 정치사회적 상황을 파악함으로써 통합의 의미를 밝힐 수 있을 것이다.

『삼국사기』에 의하면 신문왕은 문무왕의 장자로, 이름은 정명(政明), 어머니는 자의(慈儀)왕후이다. 처음 왕비는 소판(蘇判) 김흠돌(金欽突)의 딸 김씨였다. 태자로 있을 때 비(妃)로 맞았는데, 오랫동안 아들이 없었다고 기록되어 있다. 그리고 아비 김흠돌의 반란에 죄를 입어 내쫓긴 것으로 되어 있다. 이후 왕은 김흠운(金欽運)의 딸을 부인으로 맞아 후에 효소왕이 된 이공(理恭) 등의 아들을 보는 것으로 기록되어 있다.

신문왕은 선왕이 7월에 사망한 후 아직 상기도 끝나기 전 8월에 김흠돌의 난을 당한다. 장인인 김흠돌의 난을 당하여 힘들어 한 사실은 『삼국사기』를 통해 구체적으로 확인할 수 있다. 그렇다면 김흠돌은 왕의 장인으로서 왜 반란을 일으킨 것인가? 그 이유에 대해서는 『삼국사기』를 비롯한 역사서 어디에도 기록되어 있지 않다. 김흠돌, 흥원(興元), 진공(眞功)이 반란의 주축이 되었고, 이를 평정하고 모두 주살한 후, 이 반란을 알고 있었던 주변 인물인 김군관(金軍官) 등도 죽여 대대적인 숙청이 있었음을 알 뿐이다.

실제로 신라시대 왕이 아닌 인물들에 대한 내력을 찾기는 쉽지 않다. 이에 김대문의 『화랑세기』의 기록을 인용하고자 한다. 위서 논쟁이 일단락되지 않았으므로 논증의 자료로 활용하기에 부담감이 있지만, 화랑들의 계보와 그 혼인관계 등은 매우 치밀하여 오히려 진본의 증거로 제시될 수도 있을 정도이므로 이를 신빙하고자 한다. 『화랑세기』에는 1세 풍월주 위화랑(魏花郎)부터 32세 풍월주 신공(信功)의 행적과 가계가 제시되어 있다. 이 가운데 김흠돌은 27세 풍월주였다. 김흠돌의 반란에 대한 기사는 32세 신공 조에 구체적으로 기록되어 전한다.

> 흠돌은 아첨으로 문명태후를 섬겼다. 이에 그의 딸이 유신공의 외손이므로 태자에게 바쳤다. 태자와 모후는 흠돌의 딸을 좋아하지 않았다. 이에 앞서 소명태자(昭明太子)는 무열제의 명으로 흠운(欽運)의 딸을 아내로 맞기로 약속하였으나 일찍 죽었다. 흠운의 딸은 스스로 소명제주(昭明祭主)가 되기를 원하였으며, 자의후(慈儀后)가 허락하였다. 이것이 소명궁(昭明宮)이다. 태자와 더불어 모후가 자주 소명궁으로 거동하였다. 태자가 소명궁을 좋아하여 마침내 이공전군(理恭殿君)을 낳았다. 후(后)가 이에 소명궁에게 명하여 동궁(東宮)으로 들어가게 하고, 선명궁(善明宮)으로 이름을 바꾸었다. 총애함이 흠돌의 딸보다 컸다. 흠돌의 딸이 투기하였다.[19]

『화랑세기』의 기록에 의하면 김흠돌은 김유신의 생질이면서 사위[20]이기도 하였다. 김유신의 딸 진광과의 사이에서 낳은 딸을 문무왕의 태자인 소명태자(후의 신문왕)의 비로 들인다. 여기에는 그의 이모인 태종무열왕비 문명태후(문희)의 힘을 입은 사실을 확인할 수 있다. 이보다 먼저 태종무열왕은 자신과 함께 화랑의 신분으로 백제와의 전투에 나가 장렬히 전사한 김흠운의 딸을 소명태자의 배필로 약속해 두었다고 한다. 혼인의 당사자인 소명태자와 그의 모후인 자의

---

19) 突媚事文明太后 乃以其女爲庾信公外孫 故納于太子 太子與母后不悅突女 先是昭明太子以武烈帝命約娶欽運女而早卒 欽運女自願爲昭明祭主 慈儀后許之 是爲昭明宮 太子與母后果幸昭明宮 太子悅之 遂生理恭殿君 后乃命昭明宮入東宮 改稱善明宮 寵右於突女 突女妬之(『화랑세기』, 「32세 信功」).

20) 흠돌은 김유신의 누이 정희와 달복 사이의 소생으로 나오니 생질이고, 김유신의 딸 진광을 부인으로 맞았으니 사위 신분임을 확인할 수 있다(『화랑세기』, 「27세 흠돌」 참조).

왕후는 흠돌의 딸에게 마음이 없었음도 확인할 수 있다. 그 과정에 태자는 흠운의 딸(후의 신목왕후)에게서 아들 이공(理恭)을 얻게 된다. 그런 상황에서 문무왕이 죽자 태자는 신문왕으로 즉위하게 되니, 김흠돌은 궁지에 몰린 처지가 된 것이다. 이것이 김흠돌의 반란의 배경일 수 있다. 그런데 이와 같은 사실을 『삼국사기』에서는 찾을 수 없다.

신라의 삼국통일이 태종무열왕과 문무왕을 거쳐 완성된 것은 주지의 사실이다. 여기에 절대적인 공헌을 한 인물이 김유신임도 누구나 다 아는 사실이다. 신라의 왕위 계보는 중대에 와서 진덕여왕으로 성골의 계보는 막을 내리고, 김춘추가 즉위함으로써 하대가 열린다. 이 김춘추의 등극은 폐위된 진지왕과 그 아들 용춘의 정치적 입지만으로는 불가했을 듯하다. 이런 처지는 금관가야에서 투항한 귀화 귀족 김유신이 합세함으로써 큰 힘을 받은 것으로 판단된다. 김유신이 누이동생 문희와 김춘추를 혼인시키기 위해 벌인 지략에 대해서는 널리 알려져 있다. 그리고 정치적으로 비주류였던 두 계파의 결속으로, 무열왕계라는 새로운 왕위계승 세력을 형성하게 된다. 결국 무열왕계는 가야계와 혼인관계21)를 통한 결탁으로 기반을 공고히 한 것이다. 이러한 두 계파의 결속에 가장 큰 수혜를 누리고 권력을 부린 인물이 가야계의 김흠돌임도 확인할 수 있다.

김흠돌은 삼한통일의 최고 공로자인 김유신과 태종무열왕비 문명왕후의 조카라는 지위를 남용하여 문무왕비가 된 자의까지도 첩으로 삼고자 한 행적이 『화랑세기』에 전한다. 이러한 과정에서 신문왕의 즉위는 대단히 위협적인 사건이었음에 반란을 획책한 것이다. 이에 대한 신문왕의 대응 또한 아주 냉철하게 이루어진다. 반란의 수괴들을 모두 처단하고, 그 딸인 왕비도 폐위하였으며, 삼국통일 후 권력

---

21) 김춘추는 김유신의 누이인 문희와 혼인을 하고, 김유신은 춘추와 문희 사이에서 출생한 딸인 지소를 부인으로 맺는다. 이 같은 관계는 역사에 명확하게 기술되어 있다. 혹자들이 『화랑세기』의 위작을 주장하면서 성적인 문란을 그 증거로 내세우기도 한다. 하지만 생질녀와 혼인하는 김유신의 사례를 통해 볼 때 『화랑세기』의 혼속은 충분히 가능하고, 권력을 지향하는 집단 내부에서는 오히려 타당한 욕망구조라고 판단된다.

의 비호를 받은 화랑제도를 폐지하기에 이른다.

결국 신문왕은 김흠돌의 반란을 계기로 왕권에 도전하던 가야계를 척결하고, 인재 선발의 장치였던 화랑제도의 폐지를 통해 강력한 무열왕계의 왕권을 구축하고자 한 것이다. 이에 무열왕계를 공고히 하기 위해 종묘의 오묘제[22]를 확립한다. 시조왕으로 김씨 가운데 최초로 왕이 된 미추왕을 모시고, 그의 고조인 진지대왕, 증조인 문흥대왕(용춘), 조부인 태종대왕, 선친인 문무대왕을 모신 것이다. 그리고 어머니인 자의태후의 명으로 화랑을 폐지하고 낭도들을 모두 병부에 귀속시키고 직책을 주었다고 『화랑세기』에는 전한다.[23] 또한 화랑제를 통해 이루어졌던 인재 선발을 국학(國學)을 세워[24] 대신하게 하면서 강력한 왕권을 확립하고자 한 것이다.

그러나 김흠돌의 반란을 기화로 강력한 왕권을 확립하는 대대적인 개편이 이루어졌지만 그것이 백성들 사이에서 순조롭게 수용되기란 쉽지 않았을 듯하다. 『화랑세기』에는 자의태후에 의해 폐지된 화랑제도가 부활하는 경위를 기술하고 있다.

자의태후가 화랑을 폐지하라고 명하고, 오기공으로 하여금 낭도들의 명단을 작성하여, 모두 병부에 속하게 하고 직(職)을 주었다. 그러나 지방의 낭정은 옛날 그대로 스스로 남아 있었다. 실직(悉直)이 가장 성하였다. 오래지 않아 그 풍속이 다시 서울에 점점 퍼졌다. 중신들이 모두 오래된 풍속을 갑자기 바꾸면 안 된다고 생각하였다. 태후가 이에 득도하여 국선이 되는 것을 허락하였다. 화랑의 풍속은 그리하여 크게 변하였다.[25]

---

22) 중국의 법제에서 제후는 시조를 위시하여 4대조를 모시는 것으로 되어 있는데 이를 따른 것이다.

23) 『화랑세기』, 「32세 신공」 참조.

24) 신문왕 2년 6월에 처음 국학을 세웠다. 신라는 사람을 등용하는 방법이 화랑을 뽑아 쓰는 법뿐이었고 학교의 제도가 없었는데, 진덕 때에 비로소 박사(博士), 조교(助敎)의 관직을 두었으나 국학의 이름은 없었다. 이때에 이르러 처음으로 국학을 두었다(『동사강목』 제4하, 신문왕 2년).

25) 慈儀太后命罷花郞 使吳起公籍郞徒盡屬兵部 授之以職 雖然地方郞政依舊自存 悉直最盛 未幾

이 시기 왕권 강화의 결단은 신문왕과 함께 자의태후가 주도한 것을 확인할 수 있다. 그렇지만 이러한 개혁은 원활하게 이루어지지 않았음도 확인할 수 있다. 먼저 오랜 유풍을 가진 화랑제도의 폐기가 지방에까지 영향을 미치지 못한 것이다. 오히려 반발을 가져오게 되어 결국은 풍월주 체제에서 국선 체제로 바꾸는 선에서 다시 부활을 허락하게 된 사실이 확인된다.

이런 상황 속에서 가야계의 반발도 가히 짐작할 수 있겠다. 『삼국사기』에는 신문왕 7년에 국가에 또 다른 변란이 있었음이 확인된다. 그해 2월에 원자(태자)가 출생하였는데, 일기가 음침하고 천둥번개가 심하였다고 기록하고 있다. 그리고 4월에 음악을 관장하는 관청인 음성서장(音聲署長)을 경(卿)이라 고쳤다. 그리고 종묘에 큰 제사를 드려 국가 안녕을 기원하였으며, 5월에는 문무 관원에게 토지를 하사한 것으로 되어 있다.[26] 이 일련의 사건들이 왕권 강화책이 나온 7년 후에 이루어졌고, 사건의 기화가 태자 탄생으로부터 시작되고 있다. 연대적으로 이 해에 태자가 탄생하였다는 것은 『삼국유사』[27]나 『화랑세기』[28]와는 상충되며, 신문왕의 생애를 추정해 보아도 맞지 않는 듯하다. 그런데 문제는 태자의 탄생이 재앙으로 인식된다는 데 있다. 그 후 그에 대한 위무책으로 보이는 정책이 제시되었는데, 두 달 후 음악을 담당하는 책임자의 직위를 경(卿)으로 올렸다는 것과 종묘에 제사하였다는 것, 세 달 후 문무관에게 토지를 하사하였다는 것이다.

이 사건이 〈만파식적〉 설화와 직접 연계되는 것이 아닌가 하는 심증을 떨칠 수가 없다. 그 연대는 착오일 수 있고, 태자와 관련하여 하늘의 기운이 몹시 불안하였다고 하니, 이는 국내 정세가 태자를

其風又漸京中 重臣皆以爲古風不可卒變 太后乃許 以得道爲國仙 花郞之風於是大變(『화랑세기』, 「32세 신공」).

26) 『삼국사기』 신라본기, 신문왕조 참조.
27) 만파식적의 기사가 신문왕 2년의 일인데 여기에 신문왕이 용으로부터 받은 흑대를 보고 마중을 나온 태자 이공이 보인 이적이 용연과 관련하여 장황하다.
28) 이미 신문왕의 태자 시절에 김흠운의 딸에게서 태자를 본 것으로 기록되어 있다.

용납하지 않으려는 조짐을 보인 것이 아닐지 의구심이 든다. 그리고 특히 주목을 요하는 부분은 이러한 상황에서 음악을 관장하는 부서의 수장을 경이라는 직위로 올렸다는 점이다. 이는 만파식적의 피리 소리(음률)로써 세상을 다스려야 한다는 설화의 문면과 상통하는 지점이다. 무열왕계 중심의 왕권 강화에만 전념하다 보니 신문왕이 태자 시절 혼외관계에서 낳은 이공(효소왕)의 신분기반에 문제를 제기하는 여론이 팽배한 것은 아닐지? 그 세력은 왕비에서 밀려난 김흠돌의 딸을 중심으로 한 가야계의 잔존 세력일 수 있다. 이 시기 김유신의 자손들은 중요 관직을 맡고 있었던 것으로 추정된다. 이에 무열왕계의 강력한 주체인 문무왕과 가야계의 대표인 김유신이 사후에 다시 힘을 합쳐 국가의 안위를 염려하여, 음률의 조화로 세상을 통합하라는 상징으로 만파식적을 내려준 것으로 이야기를 구성한 것으로 볼 수 있다.

2) 내물왕계와 무열왕계의 통합

신라는 후대에 와서 왕위 계승의 내분을 지속적으로 겪는다. 그 시작은 무열왕계의 마지막 왕인 혜공왕을 폐하고 왕위에 올라 선덕왕이 된 김양상이다. 김양상은 내물왕의 10세손으로, 혜공왕 말년에 상대등으로 있던 중 이찬 김지정이 반란을 일으키자 이를 토벌하여 죽이고 왕도 시해하면서 왕위에 오른 인물이다. 그런데 김양상은 자신의 즉위에 명분이 없었던지 자신의 아버지 효방을 개성왕으로 추존은 하였지만 자신의 조상으로 종묘를 개정하지는 못하고 죽는다. 그리고 아들을 두지 못하여 후계를 정하지 못하고 죽음을 맞는다.

이를 이어 김경신이 등극하였는데 이가 원성왕이다. 원성왕은 즉위 과정에서 김주원과 치열한 암투가 있었던 것으로 보인다. 흔히 김경신의 꿈 해몽이야기로 설화화하여 전하지만 그 과정은 목숨을 건 사투였던 것으로 파악된다. 선덕왕의 사후에 후계를 세우는 문제는 선덕왕의 어머니인 정의태후의 결정을 기다린다. 이에 태후는 무열왕의 5세손인 김주원을 지목한다. 정의태후는 성덕왕의 딸로서, 무열왕계의 부활을 계획했던 것으로 보인다. 그런데 마침 큰 비가 와서 알천의 물이 넘쳤고, 궁으로부터 북으로 20리 거리에 거주하던 김주원은 입성하지 못하였다. 이에 김경신이 여러 신하를 위협하고 왕위에 오른 것으로 보인다. 이후 김주원은 화가 미칠까 두려워서 명주로 피신하여 다시는 조정에 들어가지 않았다고 한다.

원성왕은 내물왕의 12세손으로, 왕위에 오르자마자 4대를 추존하고 할아버지 흥평대왕과 아버지 명덕대왕을 오묘에 올린다. 이는 내물왕의 후손이면서 오묘를 개정하지 못한 선덕왕과는 대조적인 강력한 행보라고 할 수 있다. 무열왕계를 완전히 몰아낼 수는 없었으므로 시조인 미추왕과 태종, 문무는 그대로 두고 내물왕계인 자신의 할아버지와 아버지를 부묘한 것이다. 이와 같은 강경한 행보는 반대 세력의 반발을 일으킬 수 있다. 그리하여 여기에 다시 〈만파식적〉 이야기가 삽입되고 있다.

『삼국유사』 기이 「원성대왕」조에는 왕의 '아버지 대각간 효양(大角干 孝讓)이 대대로 전해져 오는 만파식적(萬波息笛)을 왕에게 전했다. 왕은 이것을 얻었으므로 하늘의 은혜를 두텁게 입어 그 덕이 멀리까지 빛났다.'고 기록하고 있다. 여기서 만파식적의 효용은 하늘의 은혜를 입는 것이고, 그 덕을 널리 빛낼 수 있다는 것이다. 이는 반란과 유사하게 왕위에 오른 원성왕의 흔들리는 입지를 만파식적을 통해 굳건하게 다졌다는 의미로 보인다. 결국 무열왕계인 김주원의 몫이었던 왕위를 가로챈 내물왕계의 수장으로서 사회통합의 상징적 장치를 얻게 되었음을 보이는 대목이라고 하겠다.

그런데 여기서 눈여겨 볼 지점은 원성왕은 즉위할 때 이미 그 아버지 효양은 죽고 없었다는 점이다. 그러니 즉위 한 달 후 4대 추존에 포함되었고 종묘에 올라가게 된 것이다. 그렇다면 죽은 아버지가 사후에 왕이 된 아들에게 조상 대대로 전해 온 만파식적을 전하였다는 의미는 무엇인가? 이는 즉위하자마자 정적을 제거하고 자신의 왕권 강화에 몰두하는 아들에게 사회통합의 중요성을 강조한 죽은 조상의 계시와 같은 장치라고 볼 수 있겠다. 원성왕은 직접 아버지에게 만파 식적을 받지 않았다 하더라도 이 이야기를 널리 유포하여 자신은 내물왕계로서 중앙 정계에서 몰려난 무열왕계까지도 보듬겠다는 강력한 사회통합의 메시지를 내보인 것이라 할 수 있다.

그리고 이 같은 통합의 의지를 현실화시킨 것이 즉위 이듬해에 서울 지역에 기근이 들자 널리 곡식을 풀어 진휼하였다는 점이다. 아울러 자신의 최대 정적이고 무열왕계의 수장인 김주원을 명주군왕(溟州 郡王)에 봉함[29]으로써 사회통합의 의지를 만천하에 드러낸 것이다. 결국 만파식적은 처음 이야기가 만들어진 후 100여 년이 지난 이 시기에도 강력한 사회통합의 메시지로 그 효용성을 발휘하게 된 것이다.

이러한 국내의 분열을 통합하는 장치로 활용된 만파식적은 원성왕대에 와서는 왜적의 침입도 막아주는 호국의 장치로 그 기능이 확대되고 있다. 일본의 왕이 군사를 일으켰다가 만파식적의 존재를 알고 돌아가고, 그 후 여러 차례 금과 은으로 한 번 보기를 청하는 이야기를 덧붙이고 있다. 그런데 여기서 원성왕은 일본 사신을 만난 자리에서 만파식적의 실체를 알지 못한다[30]고 둘러대고 있다. 그 과정에서 진평왕대에 그것이 있었다고 언급하고 있는데, 진평왕이 하늘로부터 받은 옥대(玉帶)와 착오를 일으킴을 발견할 수 있다.

그렇다면 만파식적은 처음 이야기가 만들어질 때 국내의 변란을 무마하고 사회를 통합하는 장치로 상징화되었는데, 100여 년이 지난 원성왕 때에는 국가의 안위를 전반적으로 보장하는 호국의 용도로

---

29) 김주원은 처지가 궁박되고 일이 의심을 받게 되므로 오래 명주에 거주하고 돌아오지 아니하였다. 이에 명주, 익령(翼嶺)-지금의 양양, 삼척(三陟), 울진(蔚珍), 근을어(斤乙於)-지금의 평해 등의 군현을 할양해 주어 그의 식읍으로 삼으니, 그 자손들이 세습하였다(『동사강목』제5상, 원성왕 2년 참조).

30) 내 듣건대 상대(上代)의 진평왕(眞平王) 때에 그것이 있었다고 들었지만 지금은 있는 곳을 알지 못한다(『삼국유사』기이,「원성대왕」,).

그 의미가 확장, 혼용되는 모습을 보인다고 할 수 있겠다.

4. 「백률사」조의 만파식적 해석

『삼국유사』에 수록된 〈만파식적〉 설화 두 편을 사회통합의 상징물로 해석해 보았다. 이제 남은 「백률사」의 이야기는 어떻게 해석할 수 있을지? 여기에는 그 근거로 삼을 만한 사료가 아직 발견되지 않아 쉽사리 구명할 수 없는 실정임을 고백하면서 남은 문제를 제시해 본다.

신문왕과 효소왕 시절에 무열왕계 독주의 상황에서 왕성했던 화랑 제도의 폐지는 국가 전체의 기반을 흔드는 사건일 수 있었다. 이 과정에 만파식적이 가진 사회통합 메시지가 다시 한 번 요청된 것이 『삼국유사』 탑상 편의 「백률사」조 이야기가 아닐지 의문을 제기해 본다.

효소왕 즉위 2년(693년)에 부례랑을 국선으로 삼았다고 하였는데, 그를 따르는 낭도가 천명에 이를 정도로 지지 기반이 대단한 존재였다. 그런데 이 화랑이 말갈족에게 납치를 당하였고, 효소왕은 몹시 놀라서 국가의 변란으로 이를 간주한다. 그런데 국선 부례랑과 안상만 사라진 것이 아니라 국가의 변란을 막을 만파식적도 함께 사라진 것이다. 이에 효소왕은 크게 동요하고 불안을 떨치지 못한다.

그리고 백률사 관음보살의 이적으로 만파식적과 부례랑 일행은 돌아온다. 효소왕은 이에 대한 보상을 행하는데, 그 규모는 상식을 넘어선다. 백률사 관음보살에 대해서 많은 재물로 보답하는 것은 국가의 최고 보물을 찾아오고 인재를 구출했으므로 합당해 보인다. 그런데 동해를 유람하다가 납치되었다가 돌아온 부례랑과 안상에 대한 보상은 의외이다. 우선 국선에 지나지 않던 부례랑을 최고의 관직인 대각간(大角干)에 봉하고, 아들의 무사 귀환을 부처님에게 빈 두 부모를 태대각간(太大角干)과 경정궁주(鏡井宮主)로 삼는다. 그리고 안상 역시 대통(大統)으로 삼는다. 이러한 보상은 삼한통일을 이룬 김유신의 공적에 대한 보상과 비견되는 것으로, 부례랑의 납치사건은 국가의 최고 위기 사건이었음을 짐작할 수 있다. 그런데 강릉지방의 역사를 기록한 『임영지』에 보면 안상이 만파식적을 가지고 와서 불었다고 언급[31]되어 있다. 그렇다면 화랑의 무리들이 화랑제도의 폐지에 대해 반발한 것을 부례랑과 안상이 진압하거나 평정한 것은 아닐지? 그리고 그 공적을 국가의 보물인 만파식적에게 돌린 것은 아닐지?

이 이야기는 역사에서는 찾을 수 없고, 고려말까지 백률사의 외벽에 그림과 함께 그 내력이 기록되어 있었다[32]고 한다. 일연은 아마도 그 내용을 보고 『삼국유사』에 삽입한 것이 아닌가 추정해 본다. 그런데 과연 부례랑은 누구인가? 신라의 역사에서 대각간이나 태대각간의 직위를 부여받은 인물은 오직 김유신에 한한다. 사회통합의 성인으로 설정된 김유신을 달리 표현한 것은 아닌지 의문이 남는다. 이 문제에 대해서는 후고를 기약한다.

---

31) 탑산(塔山)의 기록이다. 신라 영랑도(永郎徒)가 불던 만파식적(萬波息笛) 하나와 비파 한 개를 부(府)의 관아에 보관하여 후세에 전해지며 보배로 여겼다(『임영지』).

32) 백률사 관음보살과 만파식적 이야기가 백률사에 전한 근거는 고려 중엽의 시인 박효수(朴孝修)의 시에서 찾을 수 있다. (…중략…) 법당 안에는 백의관음 있으니, 묘한 조화가 비할 데 없다네. 거문고와 옥피리로 바다를 건넜다는 지난 일의 기록이 벽 뒤에 가득히 쓰여 있네(『신증동국여지승람』 제21권, 경주부 참조).

『대한화사전』

『동사강목』

『삼국사기』

『삼국유사』

『신증동국여지승람』

『임영지』

김대문 저, 이종욱 역주해, 『화랑세기-신라인의 신라이야기』, 조합공동체 소나
　　　무, 1999.

김상현, 「만파식적설화의 형성과 의의」, 『한국사연구』 34, 한국사연구회, 1981.

김영태, 「만파식적설화고」, 『동국대 논문집』 11, 동국대학교, 1973.

김종군, 「선도성모 설화의 변개 양상과 그 의미」, 『온지논총』 23, 온지학회,
　　　2009.

김현룡, 『한국고설화론』, 새문사, 1984.

박진태, 「만파식적설화의 서사구조와 역사적 의미」, 『국어교육』 125, 한국어교
　　　육학회, 2008.

서유석, 「〈만파식적〉 설화의 건국신화적 의미 연구」, 『인문학연구』 9, 경희대
　　　인문학연구소, 2005.

윤철중, 「만파식적설화 연구」, 『대동문화연구』 26, 성균관대 대동문화연구원,
　　　1991.

장장식, 「만파식적설화의 연구」, 『국제어문』 6·7합집, 국제어문학회, 1986.

池田四郎次郎, 『故事熟語大辭典』, 東京寶文館, 대정 2년(1913).

한기호, 「〈만파식적설화〉 연구」, 『연민학지』 9, 연민학회, 2001.

황패강, 『한국불교설화연구』, 일지사, 1975.

국사편찬위원회 한국사데이터베이스 http://db.history.go.kr

원효(元曉) 화쟁사상(和諍思想)과 그 현대적 의의

정상봉

　예나 지금이나 사람들이 모이다 보면 내가 옳고 네가 그르다는 시비(是非)의 다툼이 끝이 없다. 이러한 시비의 다툼은 개인과 개인, 집단과 집단, 국가와 국가 사이에서 '자기(自己)'와 '타자(他者)'를 이분(二分)하여 보는 관점에서 '자기'의 입장을 정당화하기 위한 것이다. 그러나 문제는 그리 간단치가 않다. 왜냐하면 옳고 그름의 판단 근거가 무엇이며 얼마만큼의 객관적 타당성을 지녔는지 분명하지가 않은 상태에서 서로 '자기'의 옳음과 '타자'의 그름을 주장하기가 다반사이기 때문이다.

　『장자·제물론(莊子·齊物論)』에 시비의 다툼과 관련하여 다음과 같은 문구가 있다.

　　가령 나와 네가 논변을 하여, 네가 나를 이기고 나는 너를 못 이겼다면, 네가 반드시 옳고 내가 반드시 그른 것일까? 내가 너를 이기고 너는 나를 못 이겼다면, 내가 반드시 옳고 네가 반드시 그를 것일까? 아니면 둘 가운데 한 쪽은 옳고 다른 쪽은 그른 것일까? 아니면 둘 다 옳거나 둘 다 그른 것일까? 이렇듯 당사자끼리도 서로 이해가 불가능하다면 제삼자는 더욱 캄캄할 수밖에 없다. 그러니 누구로 하여금 논쟁을 결말짓게 하랴? 너와 같은 견해의 사람에게 결정하게 하면 이미 너와 같은데 어떻게 결정할 수 있겠는가? 나와 같은 견해의 사람에게 결정하게 하면 이미 나와 같은즉 어떻게 결정할 수 있겠는가? 우리 둘과 다른 견해의 사람에게 결정하게 하면 이미 우리 둘과 다른즉 어떻게 결정할 수 있겠는가? 우리 둘과 같은 견해의 사람에게 결정하게 하면 이미 우리 둘과 같은즉 어떻게 결정할 수 있겠는가? 이렇듯 나와 너, 그리고 제삼자 모두 이해가 불가능할진대 다시 누구를 기다려야 한단 말인가.[1]

이와 같이 시비의 논쟁은 '자기'와 '타자' 사이에서 결론을 내기도 어렵고, 설령 제삼자를 등장시킨다고 하더라도 그가 '자기'와 '타자' 어느 한 편에 서거나 아니면 그 어느 쪽도 아닌 또 다른 입장에 설 경우 역시 시비를 가릴 수는 없는 일이다. 그렇다면 사람의 일에 관한 시비의 문제에 있어서 우리가 할 수 있는 일은 과연 없는 것일까?

오늘날 한(조선)반도의 통일문제에 대해서도 다자구도의 형국 속에서 여러 가지 시비의 기준들이 제시되고 있다. 그러나 통일의 주체인 한민족의 입장에서 보면 무엇이 옳고 무엇이 그른지 가늠하기 어려운 형국이다. 그러나 한민족의 역사가 있고 그 과정에서 등장한 그 나름의 사유논리와 이론체계가 있는 만큼 우리는 적어도 내적 자기성찰의 차원에서라도 한국철학의 일단을 되짚어 볼 필요가 있다. 그 가운데 대표적인 것 가운데 하나가 신라(新羅)의 원효(元曉, 617~686년)의 화쟁사상(和諍思想)이다.

---

1)『莊子-齊物論』. "卽使我與若辯矣, 若勝我, 我不若勝, 若果是也, 我果非也耶? 我勝若, 若不吾勝, 我果是也, 若果非也耶? 其或是也, 其或非也耶? 其俱是也, 其俱非也耶? 我與若不能相知也, 則人固受其黮闇. 吾誰使正之? 使同乎若者正之, 旣與若同矣, 惡能正之? 使同乎我者正之, 旣與我同矣, 惡能正之? 使異乎我與若正之, 旣異乎我與若矣, 惡能正之? 使同乎我與若正之, 旣同乎我與若矣, 惡能正之? 然則我與若與人, 俱不能相知也, 而待彼也耶?"

지금으로부터 1300여 년 전 원효가 활동하던 당시에는 중국에서 유입된 불경(佛經)과 론(論) 등에 기술된 내용들이 상충하는 경우가 있어 이에 대하여 시비(是非) 논쟁이 있었다. 원효는 불교의 여러 교설의 대립을 해소하는 방법으로 화쟁(和諍)을 제기하였는데, 이점은 남북의 소통과 화해, 그리고 통일의 길을 모색하는 우리들에게 일정한 통찰의 지혜를 제공할 수 있을 것이다. 이에 이 글에서는 우선 종파불교간의 교리적 대립을 소개하고, 그 다음 원효 화쟁사상의 실상을 고찰한 뒤, 끝으로 그 의의를 논하고자 한다.

1. 종파불교(宗派佛敎)와 교리적 대립

인도에서 기원전 6세기 석가모니(釋迦牟尼)에 의해 발흥한 불교는 중앙아시아를 거쳐 중국(中國)에 전래되었다. 전래시기의 문제는 여러 가지 설이 있으나 동한(東漢) 명제(明帝) 영평(永平) 연간(A. D. 58~75년)에 사신들이 대월지(大月支: Scythia)에서 『사십이장경(四十二章經)』을 가져와 낙양(洛陽) 백마사(白馬寺)에 보관하였다는 설도 있고, 또 인도의 승려 카사야파 마탕가(Kasayapa Matanga, 섭마등攝摩騰)이 『사십이장경』을 한역(漢譯)한 것으로 기록되어 있는 것을 보면 기원전에 이미 전래되었을 가능성이 매우 높다. 원래 인도의 산스크리트어나 기타 방언으로 기록되었던 불경(佛經)의 한역(漢譯) 사업은 중국 불교의 토착화 과정에서 제일 먼저 수행되었던 작업이다. 특히 청담현학(淸談玄學)을 즐기던 당시의 신도가(新道家)적 불교 지식인들이 도가의 개념을 빌어 공(空) 사상을 논의하였는데 이러한 '의미 짝 맞추기'를 "격의불교(格義佛敎)"라고 부르기도 한다.

일차의 번역 단계를 지난 다음 불경에 대한 해설서인 논(論)과 소(疏)를 기초로 하여 삼론종(三論宗)과 유식종(唯識宗)이 등장하였다. 이것이 중국 종파불교 등장의 시작이었다. 그리고 그 다음에는 한역

불경을 토대로 수당(隋唐)시기에 불경 가운데 특정 경전을 소의경전(所依經典)으로 삼고 자신들의 이론 체계를 정당화하였다. 『묘법연화경(妙法蓮華經)』을 소의경전(所依經典)으로 삼는 천태종(天台宗)과 『대방광불화엄경(大方廣佛華嚴經)』을 소의경전으로 하는 화엄종(華嚴宗)이 대표적이다. 그렇지만 원효의 화쟁사상은 기본적으로 공(空)을 주장한 삼론종과 식(識)을 강조한 유식종 사이의 소통과 화해를 목표로 삼았다. 삼론종과 유식종에 대하여 간략히 살펴보면 다음과 같다.

① 삼론종(三論宗)은 중관학파(中觀學派)라고도 하는데, 나가르주나(Nagarjuna, 용수龍樹)의 「중관론(中觀論)」・「십이문론(十二門論)」과 아리아데바(Aryadeva, 제바提婆)의 「백론(百論)」 등 세 가지 논서를 토대로 반야공(般若空) 사상을 강조하였다. 구체적으로 말하자면, 인도승 구마라지바(Kumarajiva, 구마라집鳩摩羅什, 344~414년)이 401년 후진(後秦)의 수도 장안(長安)에 도착한 뒤 402년 『무량수경(無量壽經: Amitabhasutra)』, 404년 『대품반야경(大品般若經)』과 「백론(百論)」, 409년 「중관론(中觀論)」과 「십이문론(十二門論)」을 완역하면서 형성되었다.

나가르쥬나는 "생성되는 것도 아니요, 소멸되는 것도 아니다. 끊어지는 것도 아니요, 항상 이어지는 것도 아니다. 같은 것도 아니요, 다른 것도 아니다. 가는 것도 아니요, 오는 것도 아니다.(不生不滅, 不斷不常, 不一不異, 不去不來.)"라고 하였는데, 이것은 세상의 모든 것들은 일시적으로 여러 가지 연(緣)이 한 데 모여 성립하는 것임을 밝힌 것이다. 이 팔불중도설(八不中道說)에 따르면, 그 무엇도 어떤 불변의 자성(自性: Svabhava)을 스스로 지닌 것이 없으므로 모든 것이 공(空)하다는 것이다. 생(生)과 멸(滅), 단(斷)과 상(常), 일(一)과 이(異), 거(去)와 래(來) 양단(兩端)의 어느 한 쪽에도 치우침이 없이 일체의 참모습을 깨닫는 것이 중도(中道: Madyamaka)이며 중관(中觀: Madhyamika)이다. 「중론(中論)」의 삼제게(三諦揭)에서 "연을 따라 생겨난 것들인지라 공하다 이르지만, 그 또한 일시적으로 명명한 것이며, 그것이 중도의 의미인 것을.(因緣所生法, 我說卽是空, 亦爲是

假名, 亦是中道義.)"라고 하였듯이 진공가유(眞空假有: 실상은 공하지만 일시적으로는 있음)를 꿰뚫는 것이야말로 반야지(般若智)인 것이다.

원효의 저술 가운데 『금강반야경소(金剛般若經疏)』(佚)·『반야심경소(般若心經疏)』(佚)·『대혜도경종요(大慧度經宗要)』(存)·『광백론종요(廣百論宗要)』(佚)·『광백론촬요(廣百論撮要)』(佚)·『광백론지귀(廣百論指歸)』(佚)·『삼론종요(三論宗要)』(佚)·『중관론종요(中觀論宗要)』(佚) 등이 삼론종과 관련한 것들이다. 아쉽게도 대부분 전해지지 않고 있다.

② 유식종(唯識宗)은 만법유식(萬法唯識) 즉 모든 것이 식(識)에 의해 이루어진다고 본다. 인도의 아상가(Asanga, 무착無着)와 바수반두(Vasubandhu, 세친世親)가 요가 체험에 기초하여 형이상학적 유심론을 체계화하였는데, 이를 중국에서 수용하게 된 것이다. 처음에는 아상가의 『섭대승론(攝大乘論 Mahayanasangraha)』을 공부하는 섭론학파(攝論學派)로 출발했다가 나중에 당(唐)의 삼장법사(三藏法師) 현장(玄奘, 600~664년)에 의해 통일되었다. 현장은 바수반두(Vasubandhu, 세친世親)가 요약한 『유식삼십송(唯識三十頌)』에 대하여 다르마팔라(Dharmapala, 호법護法)을 포함한 인도 주석가들의 해석을 선별 종합하여 659년 『성유식론(成唯識論)』을 편찬하였는데 이로부터 유식종[2]이 성립하게 되었다. 그리고 제자인 자은대사(慈恩大師) 규기(窺基, 632~682년)가 현장의 법통을 계승하였다. 이 유식사상 가운데 식(識, sitta)에 관한 것을 개괄하면 다음과 같다.

안(眼) 이(耳) 비(鼻) 설(舌) 신(身)의 전오식(前五識)은 다섯 가지 감각기관(sense organ)에 의한 지각, 즉 시각 청각 후각 미각 촉각인 것이다. 이 다섯 가지 지각내용을 종합하는 것이 제6식인 의식(意識: manovijnana)이다. 대상의 존재를 알고 그것을 다른 대상들과 식별해내므로 '료별식(了別識)'이라고도 부른다. 이 의식은 파란 색을 오직 파랗다고 보는 것과 같은 '자성분별(自性分別)', 과거의 것에 대한 회상과 같은 '수념분별(隨念

---

2) 제법(諸法)을 백 가지로 나누어 정밀하게 분석한다는 점에서 법상종(法相宗)이라고도 한다.

分別', 그리고 추리나 구상 같은 '계탁분별(計度分別)' 셋으로 나누어진다. 제7식은 마나식(末那識: manas)인데 생각하고 판단하는 의식이라고 하여 '사량식(思量識)'이라고 한다. 마나식은 어리석음, 자아에 대한 잘못된 견해, 자만심, 자기 애착의 네 가지 번뇌[3]를 늘 지니고 있다. 그리고 제8식은 이들 일곱 가지 식(識)이 작용한 결과를 축적[薰習]하고 또 그러한 식(識)들을 산출하는 종자를 성숙시키는 아뢰야식(阿賴耶識: alaya vijnana)이다. 아뢰야식은 시간이 경과하면 라고 결과를 낸다고 하여 '이숙식(異熟識)'이라 부른다. 아뢰야식이 변전(變轉)하여 分別)'만법이 되는데 식이변전 과정)'특징으로 변계소집량식遍計所執性)·의타기성(依他起性)·원성실성(圓成實性) 세 가지를 꼽는다. 변계소집성은 토끼뿔처럼 실제로 존재하지 않는 것에 대한 착각과 환상의 허구성이고, 의타기성은 다른 것에 의지하여 생겨나기도 하고 없어지기도 하는 측면이다. 그리고 원성실성은 그것이 헛된 망상이고 또한 다른 것들에 의지하여 일어나는 것임이 여실히 드러남을 뜻한다.

원효의 경우 당(唐) 나라 유학을 떠나고자 했던 것도 바로 이 유식사상을 더 깊이 연구하기 위한 것이었다고 할 수 있다. 그것은 『송고승전(宋高僧傳)』의 기록을 통해 엿볼 수가 있다.

의상(義湘)이 약관(弱冠) 때 당나라에 교종(教宗)이 매우 성하다는 것을 듣고 원효법사(元曉法師)와 함께 뜻을 같이 하여 당을 향해 길을 나섰다. 신라(新羅)의 해문(海門) 당주계(唐州界)로 가서 거함을 타고 바다를 건너서 갈 계획이었다. 그때 중도에서 궂은비를 만나게 되어서 마침 길가 땅막[土龕] 속으로 들어가서 비바람을 피하여 잠을 잤는데, 이튿날 아침 그 곳을 살펴보니 (땅막이 아니라) 고분(古墳) 속으로 그들 곁에 해골이 있었다. 하늘은 여전히 가랑비가 계속 내리며 땅도 질척

---

3) 어리석음은 무명(無明)으로 무아(無我)를 깨닫지 못하는 것이다. 자아에 대한 집착은 자아에 대한 집착이다. 자만심은 자아에 집착하여 다른 이에 대하여 우월감을 느끼는 것이다. 자기 애착은 자아에 대한 끊임없는 애착이다.

해서 한 걸음도 나아가기 어려웠으므로 그들은 그곳에서 하루 밤을 더 지내게 되었다. 그 날 밤중에 갑자기 괴물이 나타나 괴이하게 여겼다. 이에 원효는 탄식하여 말하길 '전날 여기서 잤을 때는 땅막이라 또한 편안했는데, 오늘밤은 귀신의 집인 무덤에서 잠을 자기 때문에 뒤숭숭한 것이다. 이에 마음이 일어나므로 갖가지 법(法)이 일어나고 마음이 멸하므로 땅막과 무덤이 둘이 아님을 알았다. 또한 삼계(三界)가 오직 마음에 달려 있고, 만법(萬法)이 오직 식(識)에 달려 있어 마음 바깥에 법이 없으니 어찌 따로 불법을 구할 것인가. 나는 당나라에 들어가지 않으련다.'고 하였다.[4]

이 오도송(悟道頌)에서 삼계(三界)가 오직 마음에 달려 있다는 삼계유심(三界唯心)은 『화엄경』의 문구로서 이 사상은 유식사상과 통한다. 유식종에서 『화엄경』을 소의경전으로 삼는 것도 이 때문이다. 규기가 『성유식론술기(成唯識論述記)』권7에서 "삼계유심이란 말은 곧 삼계유식을 드러낸 것이다.[三界唯心之言, 卽顯三界唯識.]"고 주석을 달은 것을 참고고해본다면 원효의 오도송은 유식사상의 핵심에 기초를 둔 것이라고 하겠다.[5] 그는 훗날 『유가초(瑜伽抄)』(佚)·『유가론중실(瑜伽論中實)』(佚)·『해

---

4) 「義湘傳」, 『宋高僧傳』 卷第四, 729쪽(『大正大藏經』판본 쪽수). "年臨弱冠, 聞唐敎宗鼎盛, 與元曉法師同志西遊. 行至本國海門唐州界, 計求巨艦, 將越滄波. 倏於中途, 遭其苦雨, 遂依道旁土龕間隱身, 所以避飄濕焉. 迨乎明旦相視, 乃古墳骸骨旁也. 天猶靈霖, 地且泥土, 尺寸難前, 逗留不進. 又寄埏壁之中, 夜之未央, 俄有鬼物爲怪. 曉公歎曰. 前之寓宿謂土龕而且安, 此夜留宵託鬼鄕而多崇, 則知心生故種種法生, 心滅故龕墳不二. 又三界唯心萬法唯識. 心外無法, 胡用別求. 我不入唐. 却携囊返國." 우리가 알고 있는 해골바가지 이야기는 덕홍(德洪, 1071~1128년)이 1107년에 지은 『임간록(林間錄)』에 적혀 있다. "당나라 승려 원효는 해동 사람이다. 일찍이 배를 타고 당에 도착하여 명산(名山)으로 도(道)를 터득한 이를 찾아다니는 길에 혼자서 황폐한 언덕을 걷다가 밤이 되어 무덤 사이에서 자게 되었다. 갈증이 심하여 굴속의 샘물을 손으로 움켜 떠먹으니 달고 시원하였는데, 날이 밝고 나서 보니 그것은 해골이었다. 그래서 매우 역해서 모두 다 토해 버리려다가 문득 크게 깨닫고 탄식하여 말하길 '마음이 나면 갖가지 법이 일어나고, 마음이 멸하면 해골이 둘이 아니다. 여래대사께서 삼계가 오직 마음에 달린 것이라 하셨으니 어찌 나를 속일 것인가'하고는 다시 스승을 구하지 않고 해동으로 돌아가서 화엄경을 소(疏)하고 원돈(圓頓)의 가르침을 크게 펼쳤다." 金煐泰, 「傳記와 說話를 통한 元曉硏究」, 『佛敎學報』 17, 1980, 55쪽; 金相鉉, 「元曉行蹟에 關한 몇 가지 新資料의 檢討」, 『新羅文化』 제5집, 18쪽 참고.

5) 吳亨根, 「元曉大師의 唯識思想考」, 『東國思想』 제15집, 1982, 80쪽.

심밀경소(解深密經疏)』(存)·『능가경소(楞伽經疏)』(佚)·『능가경료간(楞伽經料簡)』(佚)·『능가경종요(楞伽經宗要)』(佚)·『성유식론종요(成唯識論宗要)』(佚)·『양섭론소초(梁攝論疏抄)』(佚)·『섭대승론세친석론약기(攝大乘論世親釋論略記)』(佚)·『섭대승론소(攝大乘論疏)』·『중변분별론소(中邊分別論疏)』(存)·『판비량론(判比量論)』(存) 등을 지었다.

이상에 살펴 본 삼론종과 유식종, 즉 중관학파와 유식학파 사이에 이론적 충돌이 일어난 것은 자연스러운 일이다. 왜냐하면 중관학파의 경우 모든 것은 자성(自性, svabhava)이 없으므로 공(空)하다고 하지만 유식학파의 입장에서는 대상[境, artha]이 비록 공하나 인식[識] 그 자체까지 없다고는 할 수 없다고 보기 때문이다. 당시 신라 불교계 내에서도 이러한 교리적 대립 상황이 있어 이 문제를 해결하기 위해서 원효는 화쟁(和諍)의 길을 제시하게 되었다.

2. 원효의 화쟁사상(和諍思想)

원효사상의 특징으로 '화쟁(和諍)'을 드는 것은 그가 『십문화쟁론(十門和諍論)』을 지었을 뿐만 아니라 그의 저술 전반에 걸쳐 교리적 다툼의 화해를 의미하는 화쟁(和諍)이 곳곳에서 보이기 때문이다. 훗날 고려시대 대각국사(大覺國師) 의천(義天, 1065~1101년)이 원효에게 '화쟁국사(和諍國師)'의 시호(諡號)를 올린 것도 이점을 높이 평가한 것이다.

원효가 활동하던 시대에 신라 불교에서 가장 심각했던 문제는 종파불교 간의 교리적 대립, 특히 공(空)의 실상[無]을 강조한 삼론종과 식(識)에서 만법이 있음[有]를 강조한 유식종 사이의 이론적 대립이었다. 뿐만 아니라 세속적 이해인 속제(俗諦)와 출세간적 진리인 진제(眞諦)를 둘러싼 관점 사이의 충돌도 있었다.6)

1) 화쟁(和諍)의 실상

원효는 『대승기신론』을 중관학파(中觀學派)와 유식학파(唯識學派)의 지양(止揚) 및 종합(綜合)을 한 문헌으로 보았다. 그가 『대승기신론(大乘起信論)』[7]에 대하여 현존하는 『대승기신론별기(大乘起信論別記)』와 『대승기신론소(大乘起信論疏)』와 지금은 전해지지 않는 『대승기신론대기(大乘起信論大記)』·『대승기신론사기(大乘起信論私記)』·『대승기신론종요(大乘起信論宗要)』·『대승기신론료간(大乘起信論料簡)』 등을 찬술한 것만 보더라도 그가 얼마나 이 문헌을 중시했는지 알 수가 있다. 『대승기신론별기』의 앞쪽에서는 다음과 같이 기술하고 있다.

이 론(論)은 세우지 않는 것이 없고, 깨트리지 않는 것이 없다. 『중관론(中觀論)』이나 『십이문론(十二門論)』과 같이 모든 집착을 두루 깨트리고, 그 깨트림마저 깨트려서 깨트릴 수 있음[能破]과 깨트려지는 대상[所破] 모두를 허용하지 않는다. 이것을 그 무엇에도 편벽되지 않는 이론이라고 한다. 다음 『유가론(瑜伽論)』과 『섭대승론(攝大乘論)』에서는 깊고 얕음의 정도를 전체적으로 설정하여 법문(法門)을 판별하고, 그것이 조화되지 않을 때는 내버려 두어 스스로 법을 세우게 한다. 이것을 긍정적이고 부정을 하지 않는 이론이라고 한다. 지금 이 론(論)은 지(智)와 인(仁)이 다 갖춰져 있고 또 심오하고 보편적 성격을 띠고 있다. 세우지 않는 것이 없으면서도 그것들을 그대로 내버려두며, 깨트리지 않는 것이 없으면서도 다시 그것들을 허용한다. '다시 허용함[還許]'은 저 논파되어진 것들이 논파가 극치에 이르러서는 모두 세워지게 됨을 드러내는 것이요, '그대로 내버려둠[自遣]'은 긍정한 것들을 끝까지 긍정해 나가다가도 부정해 버리게

---

6) 高翊晉, 「元曉思想의 和諍的 性格」, 『韓國의 思想』, 열음사, 1984, 83쪽.
7) 마명(馬鳴)의 저작으로 알려져 있으나 그의 생존 연대도 불분명하여 믿기 어렵다. 오히려 용수(龍樹)이래 중관학파의 공사상과 미륵(彌勒)이래 유식학파의 사상을 담고 있는 것으로 보아서 5세기 이후의 저술로 추측된다.

된다는 것을 밝힌 것이다. 이것이야말로 모든 이론의 으뜸이요, 갖가지 이론적 다툼을 평(評)하는 중심이다.[8]

원효가 여기서 언급한 『중관론(中觀論)』과 『십이문론(十二門論)』은 중관학파의 문헌이고 『유가론(瑜伽論)』과 『섭대승론(攝大乘論)』은 유식학파의 것이다. 그는 이 두 학파의 이론적 특징으로 공(空)을 말한 중관학파에 대해서는 '깨트림[破]'을, 식(識)을 말한 유식학파에 대해서는 '세움[立]'을 들었다. 그리고 나서 원효는 『대승기신론』이 중관학파와 유식학파의 이론을 다 포괄하고 있으면서 양자의 문제점을 지양하고 나아가 새로운 종합적 체계를 제시하고 있음을 적시하였다.

『대승기신론』은 유식사상의 팔식(八識)을 수용하고 아뢰야식(alaya vijnana)에 대하여 본바탕이 맑고 깨끗하지만 무명(無明)의 습기(習氣) 때문에 더럽게 물든다. 여기서 맑고 깨끗한 마음을 진여문(眞如門)[9]라 이름하고 더럽게 물든 마음을 무명의 바람에 의하여 생멸(生滅)이 있다는 측면에서 생멸문(生滅門)이라고 한다. 진여문과 생멸문은 일심(一心)의 두 측면인 것이다. 일심이 곧 여래장(如來藏, tathagatagarbha)이다. '여래장'이란 '모든 중생이 여래(tathagata)가 될 수 있는 가능성을 간직하고(garbha) 있다'는 뜻이다. 아뢰야식을 장식(藏識)이라고 하는 것도 이 때문이다. 이것에 관하여 『대승기신론소』에서는 다음과 같이 적고 있다.

염(染)과 정(淨)의 모든 법(法)은 그 성품이 둘이 아니므로 진(眞)·망(妄)

---

8) 『大乘起信論別記』. "其爲論也, 無所不立, 無所不破. 如中觀論十二門論等, 徧破諸執, 亦破於破, 而不還許能破所破, 是謂往而不徧論也. 其瑜伽論攝大乘論等, 通於深淺判於法門, 而不融遣自所立法, 是謂與而不奪論也. 今此論者 旣智旣仁 亦玄亦博. 無不立而自遣 無不破而還許. 還許者, 顯彼往者往極而遍立; 而自遣者, 明此與者窮與而奪. 是謂諸論之祖宗 群諍之評主也."

9) 진여문은 각(覺)이라도 불린다. 본래부터 있는 것이라고 해서 그것을 본각(本覺)이라고 하지만 무명의 습기 때문에 가려져 드러나지 않을 때는 불각(不覺)이라 불리고, 일단 어떤 계기를 통해 그 본바탕이 드러나게 되면 시각(始覺)이라고 한다.

의 두 문도 다름이 있을 수 없어 '하나[一]'라고 하는 것이다. 이 둘(차별)이 없는 곳에서 모든 법은 실(實)하여 허공과 같지 않으며 성품은 스스로 신묘한 작용을 내니 '마음[心]'이라고 하는 것이다. 그러나 이미 둘이 없는 데 어찌 하나가 있으며 하나인 것도 없는데 무엇을 두고 '마음'이라 하겠는가? 이 도리는 언설(言說)을 떠나고 사려(思慮)를 끊는 것이어서 무어라 규정해야 할 지를 몰라 억지로 '일심(一心)'이라 부르는 것이다.[10]

『대승기신론』은 일심(一心)의 진여문(眞如門)과 생멸문(生滅門)은 각각 일체법(一切法)을 포섭하여 서로 떨어지지 않는 관계에 있음을 말하였다. 원효는 이에 대한 『대승기신론소』를 지어 일심의 지평 안에서 중관[無]와 유식[有]의 대립이 극복되고 출세간적 진리[眞]과 세간적 이해[俗]의 구분이 대승적으로 융합하고 있다고 보았다.

원효는 또한 『금강삼매경(金剛三昧經)』에 대하여 『금강삼매경론(金剛三昧經論)』을 지었는데, 여기서도 『대승기신론소』와 마찬가지로 일심(一心)·이문(二門), 진제(眞諦)와 속제(俗諦)의 융합을 제일 앞쪽 대의(大意)를 밝힌 부분에서 상론하였다.

무릇 일심(一心)의 원천은 유(有)·무(無)를 떠나 홀로 청정[獨淨]하며 삼공(三空)의 바다는 진(眞)·속(俗)을 융화하여 담연(湛然)하도다. 담연함은 둘을 융화하였으나 하나인 것은 아니요, 홀로 청정함은 양극을 떠났다고 해서 중간도 아니고, 중간이 아니지만 양극을 떠나 있는 것이다. 그러므로 자성(自性)이 있는 것이 아니라고 해서 곧바로 완전히 없다고 여기지도 않고, 완전히 없는 것은 아닌 것이라고 해서 곧바로 자성이 있는 것으로 여기지 않는다. (…중략…) 둘을 융합하였지만 하나는 아니므로, 진(眞)과 속(俗)이 세워지지 아니한 바가 없고 염(染)과 정(淨)의 모습이 갖추어지

---

10) 『大乘起信論疏』. "染淨諸法 其性無二 眞妄二門不得有異 故名爲一. 此無二處 諸法中實 不同 虛空 性自神解 故名爲心. 然旣無有二 何得有一? 一無所有 就誰曰心. 如是道理 離言絶慮 不知 何以目之 强號爲一心也."

지 않은 것이 없다. (…중략…) 그리하여 깨트림[破]이 없으되 깨트리지 아니함도 없고, 세움[立]이 없으되 세우지 아니함도 없다. 가히 무리지지리(無理之至理: 특정한 이치에 한정됨이 없는 지극한 이치)요, 불연지대연(不然之大然: 딱히 어떻다고 규정할 수 없는 원대함 그 자체)이라고 할 수 있다.[11]

유(有)·무(無)의 양극 즉 양쪽 끝을 떠났다고 해서 산술적 의미의 중간이 아닌 것이고, 진(眞)·속(俗)을 융화하였다고 해서 질적으로 완전히 하나인 것은 아니다. 존재와 현상들이 일시적으로 있음을 긍정하나 어느 하나 고정불변의 실체성, 즉 자성(自性)이 없이 공(空)함을 밝히고 있으니 그것이 "깨트림[破]이 없으되 깨트리지 아니함도 없음"이다. 존재와 현상들은 여러 가지 다른 요소들의 결합에 의해 생겨나는 것[의타기성依他起性]이므로 이것을 자성이 있다고 보는 것[변계소집성遍計所執性]을 부정함으로써 모든 것이 참으로 공(空)하다는 실상[원성실성圓成實性]이 드러나게 된다. 이것이 "세움이 없으되 세우지 아니함도 없음"이다. 원효가 보기에 『금강삼매경』은 이처럼 중관학파와 유식학파의 이론을 다 담고 있으면서도 그 이론적 대립을 융화하고 있다. 즉, 특수하고 상대적인 이치를 벗어난 지극한 이치를 밝혔다는 점에서 "무리지지리(無理之至理)"이고, 부분적이고 주관적인 긍정이 아니라 여실한 대긍정을 말했다는 점에서 "불연지대연(不然之大然)"인 것이다.

원효는 『대승기신론』과 『금강삼매경』에 대한 해석 과정에서 종파불교 간의 교리적 대립을 해소하려고 노력했을 뿐만 아니라, 그 교리적 대립의 세부 주제에 대해서 『십문화쟁론(十門和諍論)』을 지어 일관

---

11) 『金剛三昧經論』. "夫一心之源 離有無而獨淨. 三空之海 離眞俗而湛然. 湛然, 融二而不一. 獨淨, 離邊而非中. 非中而離邊故, 不有之法 不卽住無, 不無之相 不卽住有. (…중략…) 融二而不一, 故眞俗之性 無所不立, 染淨之相 莫不備焉. (…중략…) 尒乃無破而無不破 無立而無不立 可謂無理之至理 不然之大然矣." 삼공(三空)은 아공(我空), 법공(法空), 공공(空空)을 가리킨다.

되게 화쟁(和諍)의 노력을 펴 나갔다. 현재 전해지는 것은 「공유이집
화쟁문(空有異執和諍門)」·「불성유무화쟁문(佛性有無和諍門)」·「아법이집
화쟁문(我法異執和諍門)」 세 가지와 〈서당화상비(誓幢和尙碑)〉의 「십문
화쟁론서(十門和諍論序)」뿐이다.[12] 「공유이집화쟁문」은 중관학파와
유식학파 간 교리적 대립의 화쟁을 다룬 것이고, 「불성유무화쟁문」
은 소승(小乘)은 물론 대승(大乘)에서도 일천제(一闡提, icchantica의 음역
音譯, 단선근斷善根 또는 신불구족信不具足으로 번역하는데 깨달음을 구하려
는 마음은 없고 세속적 쾌락만 추구하는 중생을 가리킴)는 불성(佛性)이 없
다고 여겼다. 그런데 원효는 이에 대하여 그것도 부득이한 방편설(方
便說)일 뿐이고『열반경(涅槃經)』의 "일체 중생이 다 불성이 있으니 모
두 성불해야 한다.(一切衆生, 皆有佛性, 悉當成佛.)"고 한 것이 궁극의 가
르침임을 말하였다. 「아법이집화쟁문」은 아법구유(我法俱有)·아공법
유(我空法有)·아법구공(我法俱空)의 여러 설들에 대하여 원효는 아(我)
와 법(法) 모두 공(空)하니 집착하면 병이요, 놓아 버리면 그대로 반야
(般若)고 보리(菩提)며 열반(涅槃)임을 밝혔다. 이외에도 지금은 확실히
알 수는 없지만 나머지 당시 이론적 충돌을 빚었던 소주제들에 대해
서도 화쟁의 작업을 했었을 것으로 추측된다.[13]

2) 화쟁(和諍)의 논리

석가의 가르침은 수많은 경전 속에 산재하여 있으나 그 뜻은 하나
로 귀결된다. 그런데 후대 사람들은 공(空)이나 식(識)과 같은 핵심

---

12) 1937년 고려대장경(高麗大藏經) 인쇄 사업을 펼 때 해인사의 소장본인『십문화쟁론(十門
和諍論)』잔간(殘簡)이 발견되었다. 1943년 해인사(海印寺) 주지 최범술(崔凡述) 스님이 발
견된 자료를 복원하여 다섯 매 분량의 원본을 볼 수 있게 되었다. 이 복원본도 1970년이
되어서야 공개되었고 그 이후 사본이 유통되었다(李晩鎔,『元曉의 思想』, 展望社, 1983,
208~209쪽).

13) 李晩鎔,『元曉의 思想』(展望社, 1985), 216쪽. 해당 자료는 1993년 8월 31일까지 국내외의
원효에 대한 연구성과를 모은『元曉研究論選集』(中央僧伽大學 佛敎史學硏究所)에 수록되어
있다.

주제를 앞세우거나 때로는 특정한 불경을 소의경전으로 삼고 나머지 경전들에 대하여 수직적으로 등급을 매기기에 열중하였다. 이것은 신라의 경우에 있어서도 그러하였다. 이에 원효는 당시의 문제 상황을 정확히 인지하고 화쟁(和諍)을 통하여 그에 대한 해소의 노력을 경주하였다. 그는 『열반종요(涅槃宗要)』에서 장님과 코끼리의 비유를 제시하고 이론 또는 학파 사이의 옳고 그름에 대하여 논하였다.

눈 먼 장님들이 코끼리를 설명할 때 제각기 딴 소리를 한다. 비록 어느 장님도 코끼리의 진면목을 드러내지는 못하지만 그렇다고 어느 장님도 코끼리에 관하여 설명을 하지 않는 것은 아니다. 불성을 설명하는 것도 이와 같다. 그러므로 어느 입장에 집착해서도 안 되고 (또) 모든 입장을 떠나서도 안 된다.14)

장님들은 코끼리에 대해 설명을 할 때 각자 자기가 만져 확인한 부분(코, 귀, 다리 등)을 들어 '이것이 코끼리다'라고 말할 것이다. 그들 모두 코끼리 아닌 다른 것에 관해 설명하고 있는 것은 아니고 동시에 부분을 들어 설명하고 있으므로 '옳다'고 볼 수 있다. 그러나 그 어느 누구도 코끼리 전체를 설명하고 있지는 않다는 점에서 모두 '틀렸다' 라고 할 수 있다. 이때 장님들의 말다툼을 말릴 수 있는 화쟁자는 바로 코끼리 전체를 볼 수 있는 '눈뜬 이'다. 석가가 말씀하신 여러 이론이나 여러 경전들은 모두 방편(方便)에 불과하니 석가의 가르침을 진정으로 이해하려면 방편을 통하여 석가가 전해 주고자 했던 가르침과 그 마음을 깨달아야 한다. 이에 원효는 『십문화쟁론』에서 손

---

14) 『涅槃宗要』. "如彼盲人 各各說象. 雖不得實 非不說象. 說佛性者 亦復如是. 不卽六法 不離六法." 바로 앞부분에서는 "이 여러 주장들은 모두 맞고 모두 틀렸다. 왜냐하면 불성(佛性)은 원래 '그런 것[然]'이 아니고 '그런 것 아닌 것[不然]'도 아니기 때문이다. (불성은) '그런 것'이 아니기 때문에 모든 주장이 다 틀렸다. '그런 것 아닌 것'도 아니기 때문에 모든 주장이 다 맞다."(此諸師說 皆是皆非. 所以然者 佛性非然非不然故. 以非然故 諸說悉非, 非不然故 諸義悉是.)고 말하였다.

가락과 달의 비유를 말하였다.

나는 언설(言說)에 의지하여 언설을 초절(超絶)한 법(法)을 보이고자 한
다. 마치 손가락으로써 손가락 저 너머의 달을 가리키는 것과 같다. 너는
지금 직접적으로 말의 표층 의미를 취하고 단편적인 비유를 끌어들여 언
설을 떠난 법을 힐난하는데, (이것은) 단지 손가락 끝을 보고 달이 아니라
고 하는 것에 불과하다.15)

석가의 가르침은 하나의 마음 하나의 뜻에서 나와 무수히 많은 설
들로 펼쳐지고, 그 수많은 설들은 하나의 뜻과 하나의 마음으로 귀결
된다. 이것을 원효는 개합(開合)과 종요(宗要)의 논리로 설명을 하였
다. 그는 『화엄경종요(華嚴經宗要)』·『법화경종요(法華經宗要)』·『열반종
요(涅槃宗要)』 등 17종의 종요(宗要)를 지었는데, 종(宗)은 일(一)에서 다
(多)로 전개함[開]이요, 요(要)는 다(多)에서 일(一)로의 종합[合]이다.16)
이것을 분명히 알아야만 『열반종요(涅槃宗要)』에서 "여러 경전들의
부분을 통합하면 무수히 많은 설(說)들이 하나의 의미로 돌아가니,
불타(佛陀)의 지극한 보편의 뜻을 펼치노라면 백가(百家)의 서로 옳고
그르다는 주장을 화합할 수 있다."17)고 말하였듯이, 서로 '나는 옳고
너는 틀리다'는 판단과 주장을 버릴 수가 있고 종릉 수서로 화합하여
석가의 가르침이 담고 있는 하나의 뜻과 하나의 마음으로 돌아갈 수
가 있는 것이다.

---

15) 『十門和諍論』. "我寄言說 以示絕言之法, 如寄手指 以示離指之月. 汝今直爾 如言取義 引可言
喩 難離言法 但看指端 責其非月."
16) 『涅槃宗要』. "이 경의 종요는 개(開)와 합(合)이 있다. 합해서 말하면 일미관행(一味觀行)
이 그 요(要)이고, 열어서 말하면 십중법문(十重法門)이 그 종(宗)이다(此經宗要, 有開有合.
合而言之, 一味觀行爲要. 開而說之, 十重法門爲宗.)".
17) 『涅槃宗要』. "統衆典之部分 歸萬流之一味, 開佛意之至公 和百家之異諍."

3. 원효 화쟁사상(和諍思想)의 통일인문학적 의의(意義)

불교가 인도에서 중국으로 전래된 이래 불경의 한역(漢譯) 사업이 이루어졌고, 그 과정에서 특정한 이론을 중시하거나 특정한 경전을 소의경전으로 삼아 나머지 경전들에 대하여 차등적 평가를 내리게 되었다. 삼론종과 유식종, 즉 중관학파와 유식학파 사이의 이론적 대립이라든가 천태종과 화엄종의 종파적 대립 양상 등이 그 실례이다. 신라에서도 마찬가지 문제 상황이 발생하였는데 원효는 이러한 종파주의적 편견에 입각한 교상판석의 문제점을 지적하고 이들 간의 대립을 해소시키는 화쟁(和諍)의 노력을 기울였다.

그는 전체와 개체 사이에는 뗄래야 뗄 수 없는 상관성이 있고[總卽別, 別卽總] 전체 속에 개체가 있으며 개체 속에 전체가 있다는 상호 포섭성이 있음[總中別, 別中總]을 말했다. 또한 동일성[同]과 차이성[異], 이룩함[成]과 무너뜨림[壞] 사이에도 둘 간의 상관성과 상호 포섭성(包攝性)을 볼 수 있어야 한다고 했다. 이와 같은 논리는 신라로 하여금 통일국가로 거듭날 수 있는 이론적 토대를 마련해 주었다고 평가된다.[18] 그것은 전체성과 동일성, 그리고 이룩함과 같은 측면을 더 부각시켜 평가한 것이라고 할 수 있다. 만약 거꾸로 개체성과 차이성, 그리고 무너뜨림의 측면을 같은 논리로 부각시켜 본다면 이와는 다른 논의도 가능할 것이다. 물론 진정 '눈뜬 이'의 역할에 충실하자면 위의 두 측면을 충분히 존중하면서도 어느 측면에도 얽매이는 일 없이 전체를 바라보는 제삼의 길이 열리게 될 것이다.

오늘날 개인과 개인, 집단과 집단, 국가와 국가 사이에는 각기 자신의 이익을 앞세우다 보니 다양한 대립과 충돌이 발생하고 있다.

---

18) 李箕永, 『韓國의 佛敎思想』, 삼성출판사, 1985, 17쪽. 이기영은 화엄종의 사사무애(事事無碍) 이사무애(理事無碍) 사이의 통일을 주목하였다. 원효 화쟁사상을 남북통일문제와 연결시켜 본 논문으로는 박성배의 「元曉의 和諍論理로 생각해 본 南北統一問題」, 『莊峰 金知見 博士華甲記念師友錄: 東과 西의 思惟世界』, 民族社, 1991을 참고할 만하다.

많은 경우 각각 자신의 관점과 주장은 옳고 타자의 관점과 주장은 틀렸다고 말한다. 때로는 상대에 대하여 부분적인 긍정을 하기는 하지만 궁극적으로는 자신의 입장을 내세우곤 한다. 무엇이 문제이고 어떻게 이 상황을 풀어나가야 할 것인가. 여기서 우리는 앞서 살펴본 원효의 화쟁사상, 특히 장님과 코끼리의 비유를 재삼 주목할 필요가 있다고 본다.

하나의 소재로 등장하는 코끼리는 그것을 만지고 있는 당사자들에게 있어서 이해와 설명의 대상이다. 만약 코끼리를 만지는 장님들이 각기 자신의 이해와 설명만이 존중되어야 한다는 독선에 사로잡혀 있다면 타인들의 얘기는 당연히 틀렸다고 하고 상대를 무시하게 될 것이다. 이것은 상대에 대한 완전 부정의 입장에 서 있는 경우로서 가장 바람직하지 못하다고 할 수 있다. 그렇지만 장님들이 자신의 현실적 한계를 인정하고 자신의 이해와 설명이 완전하지는 못하다는 점을 인지한다면 서로 상대의 말에 귀를 기울이며 고개를 끄덕일 수 있을 것이다. 이 경우는 적어도 상대에 대하여 부분적인 긍정의 자세를 취하는 것이므로 상호 소통과 이해의 지평을 열어 두고 있다고 하겠다. 그러나 아직 코끼리 전체를 인지하는 '눈뜬 이'의 단계에는 미치지 못하므로 서로 갑론을박할 여지가 있다. 이때 눈뜬 제3자가 등장을 하여 판정관의 입장에서 각각 어떤 면에서 옳고 어떤 면에서 틀렸는지 일깨워 준다면 그 또한 다행스러운 일이다.

그렇지만 장님들 스스로 눈뜬 이가 되는 것만은 못하다. 사실 눈을 뜬 이로 거듭난다는 것은 자신의 한계를 극복함과 동시에 기존의 고정관념과 선입견과 편견을 모두 버리고 자기의 현실적 이익을 완전히 배제할 때 가능하다. 그것은 자기 결단이며 돌파의 노력이 전제될 때 성취할 수가 있다. 그리하여 모두가 눈뜬 이가 되면 과거의 알력과 다툼, 불신과 반목은 눈 녹듯이 사라질 것이요, 자기(自己)와 타자(他者)의 차이와 차별이란 더 이상 존재하지 않는 하나됨의 세계가 열리게 될 것이다.

여기서 우리는 이러한 통찰의 지혜를 담고 있는 원효의 화쟁사상이 당시 신라가 통일국가로 거듭날 수 있는 토대를 마련했다는 점을 주목할 필요가 있다. 그리하여 그것을 오늘날 개인과 사회, 국가와 민족의 차원에서 재해석함으로써 우리의 숙원인 한(조선)반도의 통일(統一)이라는 과제를 풀 수 있는 통일인문학적 이론의 기틀을 마련하도록 해야 할 것이다.

<자료>

『莊子』

『宋高僧傳』

『大乘起信論疏』

『大乘起信論別記』

『金剛三昧經論』

『涅槃宗要』

『十門和諍論』

<논저>

李晚鎔, 『元曉의 思想』, 展望社, 1983.

李箕永, 『韓國의 佛敎思想』, 삼성출판사, 1985.

金煐泰, 「傳記와 說話를 통한 元曉研究」, 『佛敎學報』 17, 1980.

金相鉉, 「元曉行蹟에 關한 몇 가지 新資料의 檢討」, 『新羅文化』 제5집.

吳亨根, 「元曉大師의 唯識思想考」, 『東國思想』 제15집, 1982.

高翊晉, 「元曉思想의 和諍的 性格」, 『韓國의 思想』, 열음사, 1984.

박성배, 「元曉의 和諍論理로 생각해 본 南北統一問題」, 『莊峰 金知見博士華甲記
　　　念師友錄: 東과 西의 思惟世界』, 民族社, 1991.

민족공통성 개념에 대한 고찰

이병수

1. 민족 개념에 대한 성찰

민족이 개인의 자율성을 억압하는 집단적 주체를 상정할 수밖에 없는 개념이라거나 민족 내외부의 타자에 대한 열린 이해 가능성을 봉쇄하는 동일성의 논리를 함축한다는 논의가 현재 설득력 있게 통용되고 있다. 여기에는 민족을 복합적 정체성 가운데 하나로 상대화해야 한다는 다소 온건한 주장으로부터 아예 민족 개념을 해체하고 그와는 다른 새로운 정체성을 추구해야 한다는 주장에 이르기까지 다양한 스펙트럼을 보이고 있다.

민족개념을 둘러싼 논쟁 구도는 첫째, 남과 북에서 보듯 종족적 민족개념을 고수하는 전통적 민족주의 흐름, 둘째, 전통적 민족개념의 해체를 주장하는 탈민족주의적 흐름, 셋째, 전통적 민족개념을 비판하면서 새로운 민족개념이 필요하다는 주장으로 구분될 수 있다. 분단과 통일을 사유함에 있어 민족이란 프레임을 배제한다면 과연 어떤 논의가 가능하며, 체제가 서로 다른 국민국가를 통합하기 위해서는 하나의 민족단위를 설정하는 것 말고 다른 길은 있는가? 이 글의 목표는 민족개념의 고수냐 해체냐의 이분법적 선택이 아니라, 민족개념의 외연을 새롭게 정립하려는 세 번째 입장에서 민족개념을 성찰하는 데 있다.

2. 민족동질성과 종족적 정체성에 대한 고찰

1) 민족 동질성의 의미와 두 전제

혼히 분단 이후 남북 사회는 정치, 경제, 사회, 문화, 교육 등 많은 분야에서 이질성이 심화되었고, 이로 인해 같은 민족으로서의 동질성을 찾기 어려워졌다고들 한다. 남북의 이질성은 크게 체제 이질성과 사회문화적 이질성의 두 영역으로 구분할 수 있다. 우선 체제의 차이에서 비롯되는 이질성은 자유와 평등의 대립, 개인주의와 집단주의의 대립, 개인의 이익을 중시하는 경제주의적 가치관과 공동체의 이익을 중시하는 도덕주의적 가치관, 역사와 전통에 대한 생각 등 주로 사상과 이념의 영역에서 나타난다. 다음으로 사회문화적 이질성은 언어, 공휴일, 취향, 연애와 결혼 풍속도 등 생활풍습의 차이를 말한다. 그런데 남한에서 이질성이라는 용어는 단순히 다르다는 의미를 넘어서 바람직하지 못하기 때문에 극복되어야 한다는 부정적인 의미를 지닌다. 이질성의 사전적 의미는 성질이 다른 두 대상의 차이이지만, 민족적 동질성을 훼손하는 의미로 통용되고 있다. 즉, 남북의 이질성은 분단 상황에서 민족적 동질성이 훼손되어 하나의 민족으로 불릴 수 없을 정도로 체제적, 사회문화적 대립이 심화된 부정적 현상을 가리킨다. 그에 반해 유구한 역사를 통해 남북이 공유해 온 종족적 공통분모를 가리키는 민족적 동질성은 남북의 통합에 기여하는 긍정적 의미로 통용되고 있다.

민족적 동질성이 이처럼 긍정적 의미를 지니는 이유는 오랜 단일 국가로 같은 종족의 통일된 역사와 문화를 함께 경험한 역사적 특수 성과 망국과 분단이라는 20세기 한(조선)반도의 체험과 밀접히 관련 된다. 근대 민족(nation)은 구성원들의 자유와 평등을 전제로 성립한 정치적(political) 공동체일 뿐만 아니라 그 기반과 관련하여 종족적 (ethnic) 공동체로도 파악할 수 있다. 그런데 서구의 민족개념이 정치 적 의미가 강하다면, 우리의 민족개념은 동일한 혈통과 문화에 기초 한 종족적 의미가 더 부각된다는 점은 잘 알려져 있다. 우리의 경우 민족은 정치공동체라기보다 종족적 공동체로 표상된다. 종족적 민족 개념이 민족에 대한 우리의 일상적 이해로 자리 잡은 것은 일제 하 국권 상실과 해방 후 분단 현실이란 역사적 좌절을 통해서였다. 일제 에 대한 저항은 목숨을 걸고 지킬 만한 가치가 있는 민족 공동체에 대한 정체의식을 요구했으며, 고대 이래 같은 핏줄을 지녔으며 우수 한 전통문화를 발전시켜 왔다는 민족의 역사와 문화에 대한 자부심 은 그에 대한 명쾌한 해답이었다. 뿐만 아니라 강대국에 의한 명분 없는 분단 상황은 수천 년 동안 단일민족국가를 형성해 온 역사적 정통성에 부합하지 않는 비정상적인 현상으로 여겨졌고, 단일한 역 사, 문화적인 종족적 공동체의 회복은 너무도 당위적인 과제로 다가 왔다.

그러나 민족에 대한 회의가 확대되고 있는 오늘날, 종족적 민족관 (민족 동질성)이 지니는 인식론적, 가치론적인 전제를 반성적으로 검 토할 필요가 있다. 우선, 민족 동질성 테제의 인식론적 전제는 아무 리 이질화가 심화되었더라도 분단 이전 공유해 온 생활양식, 가치관 등 전통문화적 요소의 동질성이 여전히 남아 있다는 점에 있다. 이는 흔히 민족 동질성이 공식적인 제도나 사상이 아니라 비공식적인 생 활 속에서 지하수처럼 흐르면서 영향력을 발휘하고 있다는 일종의 지하수론으로 제기된다. 지하수론은 혈통, 언어, 문화 등 원초적인 속성이 전근대로부터 이어져 오늘날에도 여전히 우리의 의식을 지배한다는 원초주의적 입장에 서 있다. 다음으로, 가치론적 전제는 분단이전이 공유해 온 이러한 동질성이 남북의 사회문화적 통합에 기여한다는 점에 있다. 과거의 동질성이 남북의 이념대립과 체제 차이를 극복하는 문화적 자원으로 기능할 수 있다는 것이다.

우선, 민족동질성의 인식론적 전제(원초주의적 입장)는 최근 공격을 가장 많이 받고 있는 주장이다. 최근의 종족 및 민족이론은 대부분 종족 정체성이 고정 불변하는 것이 아니라 사회역사적 형성물이라는 데 동의하고 있다. 인식론적으로 볼 때, 개인이든 민족이든 다른 존재와 구별하게 만드는 불변적 속성이란 존재하지 않으며, 시간의 진행과 더불어 부단히 변화하는 가운데 형성되는 가변적 속성을 지닌다. 따라서 종족정체성의 본질적 동질성을 상정하는 것은 인식론적인 오류라 할 수 있다.

그러나 원초주의적 입장의 인식론적 오류를 지적하면서도 근대적 민족형성에서 전근대적 종족 공동체가 지닌 의미에 대해서는 상이한 견해가 존재한다. 첫째, 도구주의는 사람들이 특정한 상황 속에서 정치적 혹은 경제적 이유로 자신과 상대방의 정체성을 규정함으로써 소기의 목적을 달성하려는 수단으로서 종족성을 발명한다는 점을 강조한다. 둘째, 원초주의와 도구주의를 절충하는 구성주의적 견해에 따르면 원초주의는 집단적인 감정이 형성되는 것을 설명할 가능성을 배제하는 반면, 도구주의는 집단적인 감정이 정치 경제적 환경의 변화에도 불구하고 지속한다는 사실을 설명할 근거가 취약하다. 종족성의 특징은 정치적 경제적 이유로 만들어 내는 전략적 자원으로서의 문화적 특징이지만, 전혀 없거나 무관한 요소들을 발명하고 선택하여 만든다는 의미가 아니라 아주 오랜 기간을 통해 선험적으로 주어진 문화적·생물학적 요소들 가운데 강조할 요소를 전략적으로 재구성하는 것이다. 원초주의가 인종적, 문화적 특성을 강조한다면, 도구주의는 정치적 경제적 전략을 강조하므로, 원초주의와 도구주의는

상보적이다.[1)]

　요컨대 구성주의의 시각은 원초주의와 도구주의의 이론적 대립을 극복하려는 문제의식에서 나왔으며, 그 핵심은 과거의 원초적인 문화적 요소와 현재의 정치경제적 요인이 결합되어 종족성이 구성된다는 것이다. 종족성이 현재의 맥락에서만 일방적으로 구성된다고 보지 않고, 전근대의 문화적 전통과의 연관성 역시 강조하는 점에 그 특징이 있다. 종족정체성은 선택의 결과만이 아니라 물려받은 것이기도 하며, 따라서 단순히 발명된 도구가 아니라는 것이다. 이런 의미의 구성주의를 따를 경우, 종족적 본질의 불변성은 거부되지만, 상대적 지속성을 인정할 수 있게 된다. 그런데 상대적으로 지속하는 종족적 요소의 종류나 비율은 나라나 역사적 시기마다 다를 것이지만, 한(조선)반도의 경우 지정학적 위치[2)]가 이런 상대적 지속성에 매우 큰 영향을 발휘할 뿐만 아니라, 구성된 민족개념을 마치 원초적 요소처럼 믿게 만드는 구조적 힘으로 작용한다.

　둘째, 분단 이전에 공유한 공통의 문화적 동질성이 남북통합의 자원으로 기능할 수 있다는 가치론적 전제 역시 규범적으로 성립하기 어렵다. 무엇보다 원초주의적 동질화의 요구는 가치관, 심성, 행동방식 등의 차이를 단일한 틀에 용해시키는 획일주의와 타자에게 자신의 기준을 강요하는 자기중심주의의 함의를 지닌다. 그것은 혼혈인과 같은 종족적 순수성이 결여된 집단을 차별하거나, 성과 계급 같은 다른 정체성을 억압할 뿐만 아니라, 새로운 외부자의 유입에 대해 배타적 경향을 지닌다. 또한 동질화의 요구는 남이 동질성의 기준이

---

1) 김광억 외 지음, 『종족과 민족』, 아카넷, 2005, 27~30쪽. 여기서 정치경제적 요인이 종족성의 구성에 영향을 미친다는 것은 민족주의가 자본주의 근대화와 국민국가의 사회적 통합을 위한 이데올로기로 기능하면서 '종족의 민족화'를 촉진시킨다는 점을 가리킨다.

2) 이병창은 한(조선)반도의 장기지속적인 지정학적 위치가 지속적으로 강대국의 충돌이 일어날 수밖에 없는 지역이므로 통합된 민족국가를 유지하려는 동력 역시 지속적으로 작동하고 있다고 본다(「사회과학적 통일논의에 대한 비판적 고찰」, 『분단을 보는 철학의 눈』, 철학연구회 추계 학술대회, 2010, 9~10쪽).

며 항상 이질화된 쪽은 북이라는 우리 사회의 논의에서 전형적으로 드러나듯이 힘의 우위에 있는 쪽이 상대방에게 자신의 기준을 강요하는 방식으로 나타나기 쉽다. 이는 남의 관점에 의해 설정한 동질성을 북에 강요하는 자기중심주의에 다름 아니다.

　나아가 현실적인 측면에서 남북이 공통적으로 가지고 있는 동질성은 분단 극복의 보편적 규범이 되기에 적합하지 않은 전근대적 가치라는 점도 문제다. 왜냐하면 남북이 분단 이전에 공유한 동질성이란 결국 전근대의 전통적 문화가 중심이 될 수밖에 없기 때문이다. 물론 전근대의 문화적 전통은 관점과 해석에 따라 남북통합의 자원으로 새롭게 전승될 수 있지만, 이는 전통문화를 하나로 동질화할 수 없는 다양한 흐름들이 교차하는 역동적인 성격을 지니며, 또한 현실적으로 작용하고 있는 전통문화의 부정적 영향력을 극복하려는 비판적 시각을 전제로 할 때만 가능하다. 그러나 민족동질성 테제의 가치론적 전제는 이런 시각과는 달리 본질적으로 지속된 문화적 전통의 동질성을 승인할 뿐만 아니라, 전통의 부정적 영향력에 대한 비판적인 관점이 결여되어 있다. 이럴 경우 남북이 공유한 동질성은 권위주의적 위계나 가부장적 여성관 등 분단 극복의 보편적 규범이 될 수 없는 전근대적 가치체계로 귀결된다.

2) 출발점으로서 종족적 정체성

　혈통과 언어 중심의 종족적 민족관이 흔히 배타적, 억압적인 동일성의 논리로 비판되지만, 필자는 민족을 사유함에 있어 종족적 정체성이 출발점이 되어야 한다고 생각한다. 종족적 정체성이 출발점이 되어야 한다는 것은 정치적, 시민적 정체성이 중요하지 않다는 의미가 아니라, 한(조선)반도의 민족사적 특수성과 반제국주의 및 통일지향이라는 그 긍정적 의의, 나아가 남북 주민과 디아스포라의 의식에 강하게 각인된 현실적 위력을 인정하는 동시에 실체화된 민족동질성 테제가 지닌 한계를 극복하고 종족정체성과 정치적 정체성이 결합되는 실질적이고 구체적인 경로를 사유하자는 의미를 지닌다.

하지만 최근 민족주의 비판이 고조되면서 종족적 민족관은 기원에서 볼 때 당대의 정치적 유용성을 위해 구성(발명 혹은 상상)되었으며, 역사적 기능면에서도 억압과 차별을 가져온다는 논의가 확산되고 있다. '족의 신화'에서 해방될 필요가 있음을 강조하면서, 민족 이해에서 종족성을 약화시키려는 이유는 종족적 민족론이 지닌 배타성, 차별과 억압의 기능을 우려하기 때문이다.3) 이는 한스 콘 이래 정치적 민족주의를 시민적, 통합적, 건설적인 것으로 보는 반면, 종족민족주의를 위험하고, 분열적이고, 파괴적인 것으로 보는 서유럽 민족주의 연구의 전통을 이어받는 것이다. 그러나 신기욱은 유럽적 경험에 바탕을 둔 그런 본질주의 시각이 종족민족주의의 다양하고 복잡한 역할과 기능을 간과한다고 본다. 그에 따르면 20세기 한(조선)반도 역사에서 종족민족주의는 축복이자 저주인 양날의 칼을 지녔다. 종족 민족주의는 일제하 반식민주의 기능을 했고, 남북의 근대화과정에서 통합적 기능을 수행했으며, 나아가 통일과정의 초기 단계에서 두 체제의 부드러운 통합을 촉진하는 데 도움을 줄 수 있다. 그러나 경쟁 관계에 있는 다른 중요한 정체성들을 억압했고, 자유주의의 빈곤을 초래했으며, 남북갈등의 원인이 되었다.4)

개인의 자유와 시민적 성장을 억압한다는 이유로 민족 이해에서 종족성을 배제하려는 논리는 한(조선)반도의 복합적 현실을 고려하지 않은 일면적인 것으로 여겨진다. 민족을 정치공동체로만 규정할

---

3) 『민족주의는 죄악인가』, 생각의 나무, 2009, 13쪽. 권혁범이 민족은 근대의 산물로써, 혈연공동체가 아니라 정치공동체로 규정하는 것도 이 때문이다. 그가 이해하는 민족은 종족이 아니라 시민개념에 가깝다.

4) 신기욱 저, 이진욱 옮김, 『한국민족주의의 계보와 정치』, 창비, 2009, 343~347쪽. 신기욱은 시민과 종족의 규범적 이분법에 근거한 본질주의적 시각을 비판하고 있지만, 시민적 민족정체성을 형성하고 민주적 제도를 정착시켜야 한다고 결론짓는(351쪽)데서 알 수 있듯이 그 역시 자신이 비판하는 본질주의적 시각을 벗어났다고 보기 힘들다.

경우, 중국 조선족은 중국민족이며, 일본으로 귀화한 재일 조선인은 일본민족이며, 한국 국적을 취득한 필리핀 이주 여성은 한국 민족이며, 북한 주민은 한때 같은 민족이었지만 정치공동체가 상이한 이상, 더 이상 한국민족이 아니게 된다. 이런 논리가 복합적 정체성 때문에 실존적 고민과 사회적 갈등을 겪고 있는 남과 북의 주민 그리고 디아스포라 당사자들에게 과연 납득될 수 있을까? 1990년대 중반 이후 탈민족주의의 주장이 부각되면서, 현재까지 민족과 민족주의를 둘러싼 첨예한 이론적 대립이 심화되어 왔다. 민족개념은 허구성과 실체성을 둘러싼 대립에도 불구하고 단순한 관념이 아니라 남과 북 그리고 코리언 디아스포라 모두에게 구체적인 사회적 힘으로 작용하고 있다. 이처럼 남북은 물론 코리언 디아스포라 등 서로 다른 정체성이 복합적으로 교차하고 있는 상황에서 남북 주민의 생존권과 평화를 위협하고 정치적 자기결정권을 훼손하는 분단의 극복, 나아가 새로운 정치경제 질서의 모색을 위해 민족정체성에 대한 새로운 사유가 요망된다.

시민적 민족은 자유와 평등의 보편적 가치를 지니며, 종족적 민족은 피해의식과 인종주의적 폐쇄성을 지닌다는 이분법적인 접근이 아니라, 복합적으로 교차하고 있는 종족 정체성의 현실 속에서 새로운 정치경제 공동체를 사유하는 것이 필요하다. 중요한 것은 종족성을 부인하고 시민적 연대를 긍정하는 것이 아니라 종족성과 시민성을 결합하려는 사유이다. 이는 식민지 시기와 분단을 거치면서 양자가 한 번도 일치한 적이 없었던 20세기 한(조선)반도의 역사를 성찰하고 새로운 정치경제 질서를 모색하는 일에 다름 아니다. 남북의 이질적 정체성, 해외동포들의 이중정체성이라는 복합적 측면들의 상호연관을 어떻게 사유할 것인가?

박명규는 우리의 경우 내셔널한 것에는 국민-민족-종족이라는 세 차원이 있음을 강조한다. 대한민국이라는 정치공동체와 관련된 일, 제도를 지칭하는 국민적인 것만 강조하면 남북 대립과 불화를 동반한다. 또 인종적이고 문화적인 원리와 더불어 남북이 하나의 통일국가가 되어야 한다는 정치적 민족주의 원리를 지닌 민족적인 것만 강조하면 통일국가의 구성 원리나 정치경제적 제도의 틀을 구체적으로 규정하지는 못하는 한계를 지닌다. 나아가 디아스포라에게서 볼 수 있는 종족집단의 문화적 정체성으로 파악되는 종족적인 것은 내셔널의 의미를 복합적 다원적으로 이해할 수 있는 길을 제공하지만, 통일을 지속적으로 사고하기는 어렵다는 한계를 지닌다. 그래서 그는 내셔널한 것의 세 차원이 상호 연관되어 있지만 상이한 범주이며 따라서 어느 하나를 강조할 것이 아니라 세 차원을 비판적으로 결합하여 사유해야 함을 강조한다. 즉, 국민과 민족, 종족과 같은 세 가지 이념형적 지향이 갖는 부분적인 의미를 염두에 두고 이 세 지향의 긍정적 종합을 시도할 필요가 있다는 것이다.[5]

탈국민적, 탈민족적, 탈종족적 가치를 주장할 것이 아니라 국민-민족-종족을 종합적으로 사고하여 새로운 민족정체성을 근본적으로 성찰하자는 박명규의 주장은 설득력이 있다. 그런데 박명규의 논의에서 특징적인 것은 민족개념과 혈연적 문화적 공통성에 기반한 종족개념을 구분한다는 점이다. 그 구분의 근거는 민족개념이 비록 종족적 요소를 강조하지만 일제하 독립운동이나 오늘날 통일운동처럼 하나의 통일국가를 구성하려는 정치적 민족주의의 원리를 포함하고 있다는 점이다. 그러나 디아스포라와 남북의 처지가 다르기는 하지만 정치적 자결 의지의 유무로 디아스포라의 종족성을 민족개념과 확연히 구분할 수 있는 지는 의문이다. 코리언 디아스포라는 거주국 내에서 정치적 자결권을 물론 추구하지는 않지만, 모국의 정치사회적 상황(이를테면 분단)과 변화(이를테면 6·15 남북정상회담) 및 거주국과 모국의 관계 등에 의해 영향을 받을 수밖에 없기 때문에 소수민족의 문화적

---

5) 박명규, 「한국 내셔널 담론의 의미구조와 정치적 지향」, 『韓國文化』, 서울대학교 규장각 한국학연구원, 2008, 247~261쪽.

정체성의 맥락에서만 이해될 수 없다. 이를테면 재일 조선인이 분단과 통일에 대한 고민과 실천이 결여되어 있고, 소수민족으로서의 문화적 정체성만 문제된다고는 할 수 없다. 따라서 종족과 민족의 이념형적 구분은 유효하겠으나, 이 글에서는 남북과 디아스포라의 민족정체성을 종족적 민족개념 아래 포괄하여 다루기로 한다.

종족적 정체성과 정치적 정체성의 결합을 사유하기 위해서는 종족적 정체성을 출발점으로 하면서도 무엇보다도 한(조선)반도의 종족정체성이 특정한 정치 경제적 조건 속에서 다양하게 변용된 사실에 주목하는 것이 필요하다. 앞서도 언급했듯이 종족 정체성은 특정 집단에 선험적, 원초적인 것으로 내재된 것이 아니라 항상 특정 정치적 경제적 공통체험의 매개를 통해 재구성된다. 이는 남과 북 그리고 디아스포라에게 모두 해당된다. 남과 북은 과거의 문화전통 가운데에서 각자의 정치경제적 체제에 맞게 선별된 것들을 교육과 언론매체를 활용한 국가주의 기획 아래 동원하였다. 남북 체제에 알맞게 선별되고 재구성된 문화전통은 획일적으로 서로 다른 정체성을 형성하는 데 작용하였고, 남과 북은 같은 민족이라는 수사에도 불구하고, 그 정체성의 내용은 차이가 날 뿐만 아니라 자의적이기조차 하다. 이러한 사정은 디아스포라도 마찬가지다. 디아스포라 역시 해당 거주국의 정치경제적 조건 속에서 종족 정체성의 상당한 변용을 겪었다. 거주국 정치경제 체제의 객관적 조건에 제약되면서 디아스포라는 자신의 생존과 적응을 위해 특정 전통을 선별하고 의미를 부여하는 과정을 통해 종족 정체성을 재구성하였다. 따라서 디아스포라를 해외동포로 부르면서 같은 민족에 해당된다고 말하지만 사실 디아스포라는 각자의 처지에서 서로 다르게 변용된 종족정체성을 지니고 있을 뿐이다. 종족적 정체성은 이처럼 남과 북 그리고 디아스포라에서 보듯 오늘날 더 이상 동질적인 것으로 간주할 수 없을 만큼 다양한 변용을 겪어 왔다. 이러한 변용은 종족적 민족개념이 그 자체로 효과를 발휘하는 것이 아니라 특정한 정치경제 체제 그리고 가치체계와 결합되어 재구성됨으로써 효과를 발휘한다는 것을 의미한다.

그러나 20세기의 한(조선)반도 역사에서 비롯된 종족 정체성의 다양한 변용들을 단일 정체성으로 통합해야 할 정체성의 분열상태가 아니라, 오히려 새로운 민족 개념을 사유하는 사실적 조건으로 이해할 필요가 있다. 여기서 사실적 조건이란 특정 공동체에 의한 민족개념의 일방적 전유가 아니라, 해당 국가의 정치경제적 틀을 넘어 남과 북 그리고 디아스포라 공동체의 상호소통을 통해서 종족성과 시민성의 새로운 결합원리에 대한 사유를 촉진시키는 역사적 상황을 의미한다. 이런 맥락에서 종족 정체성을 출발점으로 하여 민족을 사유한다는 것은 단일한 민족국가를 추구하는 민족주의의 틀이나 민족국가를 해체하는 탈민족주의의 틀이 아니라, 식민주의적 억압과 남북의 적대로 인한 상처를 극복하는 자주적 민족국가를 지향하면서도 인류보편적인 가치를 담은 정치공동체를 사유하는 사회철학적 과제와 근본적으로 맞닿아 있다. 이러한 사회철학적 과제는 바람직한 시민적 가치와 이를 담보하는 헌법적 구성 원리에 대한 이론적 성찰뿐만 아니라, 종족성과 정치공동체가 한 번도 일치해 본적이 없는 20세기 한(조선)반도의 역사를 염두에 두면서 다양한 정치공동체에 속한 사람들이 서로 결합되는 실질적이고 구체적인 경로에 대한 사유를 요구한다. 이 경로는 가치체계뿐만 아니라 생활문화가 차이가 나는 이들이 서로 접촉하는 과정에서 갈등하고 공명하는 실천적 과정을 동반할 수밖에 없다. 이 글에서 말하는 '민족공통성'은 무엇보다도 이질적 공동체에 속한 이들이 신체적 접촉을 통해서 이루어지는 정서와 욕망의 변형을 바탕으로 생활문화적 정서와 욕망의 공통성을 창출하려는 문제의식과 맞닿아 있다.

3. 민족공통성의 의미

1) 미래형성적 과제

민족적 공통성은 분단 이전의 동질성에 근거한 민족 동일성 회복
과는 그 의미가 다르다. '민족적 공통성'이란 용어는 민족 정체성이
고정된 실체가 아니라 새롭게 형성되어야 할 과정적·구성적 과제라
는 점을 부각시킴으로써 민족 개념을 재정립하려는 문제의식을 담고
있는 말이다. 달리 말해 민족적 공통성이란 말은 민족적 과거의 원형
적이거나 실체화된 동질성이 아니라 동태적이며 관계론적 맥락에 놓
여 있다. 민족공통성에 대한 이러한 이해는 스피노자의 공통관념
(notio communis)에 대한 들뢰즈의 해석과 완전히 일치하지 않지만 그
로부터 시사를 받은 것이다. 스피노자철학은 전통적으로 범신론적
해석이 주류를 이루어 왔으나, 들뢰즈는 기쁨의 정념을 통해 신체들
의 역량을 조직화하는, 동일성의 철학에 맞서는 차이의 철학으로 재
해석하고 있다.[6]

첫째, 들뢰즈에 따르면 스피노자의 공통관념은 신체들에 공통적인
어떤 것을 표상하기 때문에 결코 추상적인 관념들이 아니며, 어떤
단일한 본질도 구성하지 않는다.[7] 공통관념은 상호 내적 결합에 상
응하여 서로를 변용시키는 둘 혹은 여러 신체들 사이에 존재하는 공
통적인 어떤 것에 대한 관념이므로 우리의 변용능력을 표현한다. 반
면 추상관념은 우리의 변용능력의 한계를 넘어서 있기 때문에 서로
결합되는 관계들을 이해하는 대신에, 이를테면 직립동물로서의 인간
이나 이성적 동물로서의 인간 등 외적인 기호나 가변적인 감각적 성

---

6) 스피노자 철학에 대한 해석은 크게 전통적인 범신론적 해석, 마트롱과 들뢰즈의 역량론
   적 해석, 발리바르 등의 관계론적 해석으로 구분된다(진태원, 『스피노자 철학에 대한 관계
   론적 해석』, 서울대학교 박사논문, 2006, 1~18쪽).

7) 질 들뢰즈 저, 박기순 옮김, 『스피노자의 철학』, 민음사, 1999, 140쪽.

격을 본질적인 특성으로 내세운다.[8] 요컨대 추상관념은 구체적 현실에서 나타나는 사물들의 구체적 차이와 변용을 이해하는 대신 이를 단일한 본질적 동일성으로 상상함으로써 생긴 허구이며, 본질적 동일성을 전제하는 추상관념과 달리 공통관념은 구체적 현실에서 신체와 신체의 만남을 통해 체험적으로 형성, 변용되는 것이다. 따라서 신체들이 관계 맺기 전에는 공통관념은 결코 미리 주어지지 않으며, 공통관념의 형성은 서로 다른 신체들의 변용을 항상 동반하는 것이 될 수밖에 없다. 추상관념은 차이를 제거하는 동일성이지만, 공통관념은 신체들의 차이를 결합, 소통함으로써 생성된다.

민족적 공통성 역시 이데올로기적 상상 속에 설계된 통일한(조선)반도의 체제와 이념, 혹은 고정불변의 종족적 본질과 같이 사전에 규정된 추상관념이 아니라 만남의 질과 성격에 따라 상생과 공존의 삶이 체험되는 과정에서 형성되는 것으로 이해될 수 있다. 즉, 서로 다른 정체성을 지닌 남북 그리고 디아스포라 당사자들 사이에 구체적 관계와 상호작용을 통해 민족적 공통성은 형성된다. 따라서 차이를 억압하는 동일성과는 달리 민족공통성은 각각의 차이를 소통함으로써 새로운 공존적 삶의 양식을 확대하는 의미를 지닌다. 이러한 공통성의 형성은 통일사회를 향한 미래적 전망을 열어두면서 새로운 정치공동체에 참여할 주민들이 주체가 되어 차이를 소통하고 상호 합의할 수 있는 공통성을 형성하는 과정에 다름 아니다. 예컨대 경제협력이나 이산가족 상봉 등의 문제로부터 자유민주주의나 사회주의, 자유와 평등 등의 이념문제에 이르기까지 미리 결정된 룰은 없으며, 남북소통과 교류의 양과 질에 따라 얼마든지 새로운 공통성이 탄생할 여지를 열어두게 된다.

뿐만 아니라 민족공통성의 형성은 서로 만나는 신체들의 상호변용을 통해서만 가능하다. 이는 과거 남북관계처럼 타자를 식민화시키

---

8) 위의 책, 70쪽.

거나 어느 일방의 패권적 지배를 관철시키는 것이 아니라, 상대를 자기와 동일화하려는 유혹을 극복하면서 남북한 사회체제가 각각 민주적으로 변용될 때만 공통성이 형성된다는 것을 의미한다. 달리 말해 남한 자본주의의 문제점을 인정하고 분단구조 속에서 이루어져 온 남한의 생활방식에 대한 성찰과 변화의지가 없이 북의 변화에 대한 일방적 강요로는 민족적 공통성이 형성되지 않는다는 것이다. 오늘날 북의 사회주의 현실과 남의 자본주의 현실이 누구나 기꺼이 동참하고 싶은 인간다운 공동체의 모델에 비추어 함량미달이기 때문에도 더욱 그렇지만, 단순히 차이의 인정에 머무르는 것이 아니라, 차이에 공명하고 이를 통해 스스로를 변용할 때만 소통의 가능성과 더불어 공통성이 형성될 수 있다.

둘째, 들뢰즈는 공통관념(적합한 관념)의 형성에서 기쁨의 정념이 지닌 중요성을 강조한다. 우리의 자연적 지각 조건들 속에서 우리가 가지고 있는 유일한 관념들은 다른 신체가 우리 신체에 미친 결과, 즉 두 신체의 혼합물을 표상하는 부적합한 관념들이며, 이는 외부 신체의 현존과 그 흔적에서 벗어날 수 없는 우리의 무능력을 지시하는 기호들이다.[9] 자연적 조건 때문에 부적합한 관념들만 가질 수밖에 없는 우리가 어떻게 공통관념을 형성할 것인가에 대한 해답을 들뢰즈는 기쁨의 정념에서 찾는다. 그에 따르면 우리 신체와 적합한 신체와의 만남으로부터 생기는 기쁨-정념이 공통관념을 유발하는 원인이므로 우리에게 기쁜 정념을 불러일으키는 양태들과의 만남(좋은 만남)을 선택하고 조직하려는 노력이 중요하다.[10] 요컨대, 공통관념은 신체와 신체의 만남이 유발하는 기쁨의 정념을 통해 형성되기 때문에, 합리적 계산이나 상상과 무관하며 구체적 현실을 살아가는

---

9) 위의 책, 117쪽.
10) 위의 책, 142쪽. 공통관념을 얻기 위한 조직화 과정 혹은 도야 과정은 크게 첫째 자연적 조건에 속박당한 유한한 인간이 수동적 촉발 속에 기쁨을 최대화하려는 노력(슬픔 유발대 상의 제거와 기쁨 유발 대상의 조직화)과 둘째, 내적 능동적인 원인으로부터 능동적 기쁨의 조직화로 구분될 수 있다.

신체들의 정서적 교류와 소통을 표현한다.

민족적 공통성 역시 추상적으로 설계된 사회구조적 차원의 통합이 아니라 남과 북 그리고 디아스포라 간의 실질적 교류를 통해 사람들 사이의 욕망과 정서적 교감을 확대하는 과정으로 이해될 수 있다. 경제적 이익과 실용성 혹은 이념적 가치체계를 앞세우는 합리적 태도로는 인간들 사이에 소통과 교감의 지평을 여는 데 무능하다. 인간 관계의 소통을 위한 원초적 기반은 합리적 계산이 아니라 욕망과 정서의 교감이다. 민족공통성의 형성 또한 생활문화와 정서가 다른 신체들이 만남을 통해 체험하는 정서적 교감과 공감과 관련된다. 민족적 공통성은 특정 이데올로기가 아니라 생활문화와 정서가 서로 다른 신체들이 마주쳐, 공명을 일으키는 정서적 체험의 변용 없이는 형성되지 않는다. 이른바 '마음의 통일'이나 '내적 통일'은 이러한 맥락에서 이해될 수 있다. 한(조선)반도는 체제갈등이 동족상잔의 전쟁으로 비화된 경험을 갖고 있기 때문에 체제통합을 지향하는 통일담론이 쟁점화 될수록 오히려 통일에서 멀어질 뿐이다. 통일은 단순한 정치-경제적인 체제의 통일이 아니라, 사회문화 각 분야의 교류협력과 상호신뢰의 축적을 통해 생활 문화적 요소들과 정서적 요소들의 공통성을 확장하는 작업을 통해서만 이룩될 수 있다.

2) 통시적·공시적 외연 확대

스피노자의 공통관념을 통해 이해되는 민족적 공통성은 사전에 존재하는 보편적 공통규칙이 아니라 상호 소통과 교류를 통해 새롭게 생성되는 민족적 역량의 의미에 가깝다. 요컨대 민족적 공통성은 남북의 실질적 만남의 증대와 더불어 새롭게 형성되는, 근본적으로 미래형성적 과제다. 그러나 이는 민족적 공통성의 한 측면에 불과하다. 스피노자의 공통관념에 대한 들뢰즈의 해석은 두 가지 점에서 민족적 공통성의 개념 정립에 미달한다.

첫째, 그가 말하는 신체들의 만남은 내적 원인에서 비롯되는 것이 아니라 외적인 우연한 만남에 불과하다. 다른 양태와의 만남들의 우연성은 우리보다 능력이 크고 우리를 파괴하게 될 위험을 야기하기 때문에 코나투스적 노력은 인간이 자신의 본성과 적합한 양태들과의 만남들을 조직하려고 노력하는 한에서만 성공할 수 있다.11) 그러나 한(조선)반도는 오랫동안 같은 종족의 통일된 역사와 문화를 함께 경험한 민족사적 특성과 망국과 분단이라는 20세기 한(조선)반도의 역사적 경험을 통해, 우연적 만남이 아니라 만남과 통합의 내적 욕망을 유발하는 전통문화와 생활정서가 이미 형성되어 있다. 만남과 통합을 향한 열정이 전근대와 근대의 역사적 체험을 통해 형성되어 왔다고 할 때, 민족적 공통성은 미래형성적 과제만이 아니라 과거-현재-미래라는 통시적 차원에서 이해될 필요가 있다.

우선, 민족공통성의 형성을 위해서는 남북이 소통함으로써 공통성을 형성하는 미래기획적인 특성뿐만 아니라 오랜 단일국가로서 역사와 문화를 함께 경험함으로써 비롯된 상호 만남과 통합을 향한 민족적 열망을 고려해야 한다. '족의 신화'에 대한 경계가 요구된다고 하더라도 민족의 문화전통은 긍정적이든 부정적이든 한(조선)반도인의 일상적 삶과 마음속에 살아 있는 규정력을 행사하고 있다. 평범한 한(조선)반도인의 몸과 마음에 밴 이러한 규정력을 활용하여 민족적 공통성을 모색하는 것이 당위론적 접근보다 현실적합성이 높다. 문제는 민족공통성의 새로운 모색 과정에서 전통사회에서부터 내려온 어떤 가치를 존중하고 어떤 가치를 버려야 할 것인가에 있다. 이 점은 남북 정권 하에서 전통적 가치가 통치의 수단으로 활용되어온 역사적 경험을 고려할 때, 중요한 탐구과제다. 동일한 요소에 대해서도 주체의 관심과 해석에 따라 전통적 가치는 전혀 다른 의미로 다가올 수 있는 풍부한 해석가능성을 지니고 있다고 할 때, 남북의 정서적

---

11) 위의 책, 155~156쪽.

유대를 강화할 수 있는 전통문화적 자원을 발굴 활용하는 것은 매우 중요하다.

또한 민족공통성의 통시적 외연 확대에서 주목을 요하는 것은 이러한 전근대의 전통문화적 유산와 더불어 분단체험이다. 흔히 분단체험은 민족적 동질성을 훼손하는 맥락에서 이야기되지만, 오히려 민족공통성 모색을 위한 역사적 자원으로 사유될 필요가 있다. 분단체험에는 남북의 상이한 근대화 경험에서 형성된 정치문화적 차이, 분단체제에서 강화된 분단트라우마, 남북 주민의 몸과 마음에 내면화된 분단아비투스 등이 속한다. 분단 체험을 통해 민족적 공통성을 사유한다는 것은 단일 체제 속에서는 얻을 수 없는 긍정적인 정치문화적 자원에 대한 탐구, 소통과 통합을 위한 분단트라우마의 치유방안, 적대와 불신의 분단아비투스의 극복방안 등이 포함된다.

둘째, 들뢰즈는 공통관념을 유발하는 기쁨의 정념을 중시한다. 그에 따르면 '좋음'(기쁨)은 한 신체가 우리 신체와 직접적으로 관계를 구성할 때, 그 신체를 통하여 우리 신체의 역량이 증대될 때를 가리킨다. '나쁨'(슬픔)은 다른 신체가 우리 본질에 상응하지 않는 관계로 우리 신체의 관계를 해체할 때를 가리킨다.[12] 그러나 고아, 과부, 헐벗은 자들 등 기쁨을 취할 역량이 없는 자들에게 더 큰 역량을 지향하라고 요구할 수는 없다. 때문에 결핍, 허약함, 타자들의 무능력을 주제화함으로써 긍정과 부정이 맞물린 복잡성으로 인간과 사회의 동학을 파악할 필요가 있다.[13] 사실 20세기 한(조선)반도의 역사에서 체험된 식민지배의 상처와 강요된 이산 그리고 분단트라우마를 기쁨의 정념과 이를 통해 형성되는 공통관념의 틀로는 해석할 수 없다. 우리 민족은 20세기 역사를 통해 깊은 상처를 받고 역량감소를 경험했다. 이런 점에서 민족적 공통성의 모색에서 남북교류의 증대와 더

---

12) 위의 책, 38~39쪽.
13) 양운덕, 「기쁨을 산출하는 신체들의 만남」, 『시대와 철학』 21권 2호, 한국철학사상연구회, 2010, 298~299쪽.

불어 역량이 강화되는 측면만이 아니라, 제국주의 폭력과 분단의 상처라는 공통의 고통을 경험한 민족 구성원, 특히 코리언 디아스포라의 수난사를 염두에 두어야 한다. 달리 말해 민족적 공통성은 20세기의 동일한 역사적 과정 속에서 식민지, 민족이산, 분단이라는 역량감소와 고통을 겪은, 따라서 남과 북 그리고 코리언 디아스포라를 포괄하는 공시적 차원에서 이해될 필요가 있다.

코리언 디아스포라의 형성은 20세기 식민지와 분단의 역사와 밀접히 연관되어 있다. 코리언 디아스포라는 구한말 혹은 20세기 이후 일본 제국주의에 저항하면서 형성된 이래 냉전, 탈냉전 시기를 거치면서 그 성격을 달리해 왔다. 예컨대 식민지 시기의 네트워크는 제국 중심의 질서형성을 거부하는 방식으로, 냉전시대의 네트워크는 식민지 시기의 상처에 대한 피해 보상이나 해외동포귀환운동 등의 방식으로 이루어져 왔다. 오늘날 탈냉전 시대의 코리언 디아스포라의 문제는 이러한 역사적 유산을 계승하면서도, 민족적 공통성과 관련하여 새로운 과제를 제시하고 있다. 대한민국 중심주의(분단국가주의)나 한(조선)반도에 국한된 민족공동체(한(조선)반도 민족주의)를 넘어서서 세계 속의 코리언들이 각지에서 창출한 차이와 공통성을 지닌 다양한 문화적 특성을 통해 민족적 공통성을 사유할 필요가 있다. 코리언 디아스포라의 역사적 경험은 자본주의와 사회주의 문화에 모두 익숙할 뿐만 아니라, 이질적 문화나 관습들과 접촉·갈등·융합하면서 변용된 역동적인 문화적 특성을 보여 주고 있으며, 이들은 식민과 분단이라는 20세기 한(조선)반도의 역사적 수난을 남북과 더불어 공유하고 있다. 코리언 디아스포라가 지닌 이러한 특성은 상이한 체제로 인한 이념적 갈등과 가치관의 대립, 그리고 별개의 정체성을 형성한 남북의 분열 상태를 극복하고, 남북의 두 체제를 포괄하는 매개로써, 민족적 공통성 문제에 새로운 지평을 열 수 있다.

이상의 논의를 요약하면, 민족적 공통성 개념은 과거의 전통문화에만 집착하는 '민족적 동질성'과는 달리, 과거·현재·미래적 연관성을 지닌 통시적 차원을 지니며, 동시에 서로 다른 정치체제로 인해 별개의 정체성을 형성한 남북의 경우에만 국한되는 것이 아니라 해외에 거주하는 코리언 디아스포라를 포괄하는 공시적인 차원을 지닌다. 따라서 전근대의 역사적 경험뿐만 아니라 근대 이후 식민지와 분단의 역사적 경험을 포괄하는 한편, 남북 분단의 상처뿐만 아니라 코리언 디아스포라가 겪은 수난을 통해 민족 개념의 외연을 확장할 수 있다.

디아스포라 체험을 통해 민족적 공통성을 사유한다는 것은 넓게 보면, 사회경제적 조건, 정치적 이념 등이 서로 다른 해외 지역에서 이루어낸 문화적 경험과 역사적 수난의 의미에 대한 탐구를 말한다. 그러나 그 가운데서도 특히 정치적 정체성과 민족 혹은 종족 정체성이 불일치하며, 어느 한쪽에 치우쳐 있지 않고 둘 사이를 넘나드는 디아스포라의 이중정체성은 민족공통성의 외연을 새롭게 사유하는 데 시사하는 바가 크다. 거주국의 국민 정체성을 지니고 있으면서도 정서적 측면에서 모국의 생활문화에 친화적인 이중정체성의 특성상, 정체성에 대한 고민과 문제의식은 디아스포라에게 주어진 일종의 화두와 같다.

4. 코리언 디아스포라에 대한 이해

1) 종족 범주와 다문화 범주

종족 범주와 다문화 범주는 학계의 디아스포라 논의에서 발견되는 상호 대립되는 두 경향을 필자가 편의상 지칭해 본 말이다. 종족 범주가 혈통과 문화적 동질성을 근거로 디아스포라를 같은 민족으로 이해하려는 사유 틀을 가리킨다면, 다문화 범주는 디아스포라를 문화적 혼종성을 통해 민족 간 경계를 허무는 존재로 이해하려는 사유

틀을 가리킨다.

우선 종족 범주는 ㄴ'한민족 공동체론'에서 찾아 볼 수 있다. 남한 학자들 가운데 디아스포라를 그들의 국적과 관계없이 한민족이라는 단일 정체성으로 포섭하여 종족적 유대를 강조하고 있는 이들이 많다. 원래 6공화국의 통일방안으로서 제기되었던 한민족 공동체론은 세계 도처에서 거주하고 있는 한민족의 문화적 경제적 유대를 강화하는 개념으로 최근 확대되고 있다. '한민족 공동체론'을 주장하는 학자들은 모두 혈연과 문화적 동질성을 기초로 한 공동의 유대와 귀속감을 강조하지만, 그 가운데는 상대적인 강조점에 따라 혈연적 동질성을 중시하는 이들도 있고 문화적 동질성을 중시하는 이들도 있다. 물론 혈연과 언어, 생활양식이 다양한 디아스포라의 현실을 반영하여 다문화적 요소를 수용하고 있지만, 이는 종족 범주가 허용하는 범위 내에서만 그러할 뿐이다.

정영훈은 문화적 동질성보다 한(조선)반도에 뿌리를 둔 혈연적 동질성, 그리고 주관적 소속의지를 중시하며, 아무리 다문화 공동체라 하여도 그 다양성이 지나쳐서 분열과 정체성 소멸로까지 나아가게 돼서는 안 된다는 단서를 단다.14) 한민족 정체성의 핵심인 혈연적 동질성과 주관적 소속의지가 충족된다면, 정체성을 위태롭게 하지 않을 범위 내에서 문화는 다양하게 개방될 수 있다는 것이다. 한민족 공동체론을 선구적으로 주장한 이만우는 한민족 공동체(Korean Community: KC)을 통신, 교류, 이동에 의해, 즉 7천만 겨레가 사회적 문화적 경제적 교류에 의해 형성되는 민족 공동체로 규정하면서 다국적 민족을 묶을 수 있는 힘은 바로 서로가 공감 할 수 있는 민족문화요소를 공유한다는 사실에서 찾는다.15) 한민족 네트워크 공동체를 주장하는 성경륭 역시 언어 역사 관습 등 문화적 공통성을 강조한다.

---

14) 정영훈, 「민족통일운동의 제4국면」, 『단군학 연구』 13호, 2005, 438~439쪽.
15) 이만우, 「남북한 민족사회공동체 수립방향」, 『분단 반세기 남북한의 정치와 경제』, 경남 대학교 극동문제연구소, 1996, 397~340쪽.

그는 한민족 네트워크 공동체의 의미를, "한민족의 혈통과 문화적 공통성(언어·전통·역사·관습 등)을 기초로 한(조선)반도와 주변국가에 거주하는 한민족 구성원들이 폭넓은 관계 네트워크와 정보 네트워크를 형성하고 다양한 상호작용을 통해 공동의 유대와 귀속감을 발전시키며, 이에 기반하여 문화적·경제적 교류를 통해 생존·안녕·발전·복지를 함께 도모하는 문화·경제공동체"로 규정한다.16)

한민족 공동체론의 문제의식은 세계화 시대의 '글로벌 경쟁'을 헤쳐갈 수 있는 대안17)으로부터 단일국가 통일론에 대한 집착을 완화하고 남북 간 협력을 증대하고 상호소통을 확대하는 계기18)로 디아스포라를 활용하는 등 다양하다. 그러나 한민족 공동체론은 여러 가지 점에서 문제점을 지닌다. 우선 종족 범주는 한국적인 역사나 문화와의 연관성을 중시하고 혈통적인 한국인의 동질성을 강조하는 탓에 거주국 사회 내 디아스포라의 특수한 위상이나 상호관계성을 충분히 반영하지 못하는 한계를 지닌다.19) 모국과 상이한 환경 속에서 문화적 변용을 겪어 온 코리언 디아스포라의 지역적 특성을 고려하지 못한 한계는 달리 말하면 다른 역사, 문화, 언어에 속해 있는 디아스포라의 주체 속해구를 도외코리언 것이다. 특히, 세계화 시대의 대한민국 국가경쟁력을 위해 디아스포라를 동원하고 자원을 전유하려는 논리는 비록 표면적으로 탈국가와 세계화를 말하더라도 결국 부국강병적 민족주의 담론의 강화와 연결된다.

---

16) 성경륭·이재열, 「민족통합에 대한 네트워크 접근」, 『민족통합과 민족통일』, 한림대출판부, 1998, 131~132쪽.

17) 이광규, 『한민족의 세계사적 소명』, 서울대출판부, 1994, 66쪽. 대한민국의 정치·경제·문화적 입장을 대변하고 보급할 수 있는 외판원이자 홍보관, 혹은 해외시장 개척에서 다문화 능력을 갖춘 인재로서 디아스포라를 활용하려는 문제의식에서 출발한다.

18) 정영훈, 앞의 글, 444쪽. 그에 따르면 한민족 공동체는 장차 지향해 가야 할 하나의 미래상이며, 통일된 단일국가 형성을 목표로 삼지 않는다. 그것이 우선 추구하는 것은 전세계에 흩어져 있는 한민족 성원들을 하나의 민족이라는 동질성과 동포의식에 바탕을 두고 정서적으로 연대시키는 것이다.

19) 박명규, 「한인 디아스포라론의 사회학적 함의」, 최협 외 지음, 『한국의 소수자, 실태와 전망』, 한울아카데미, 2004, 166~167쪽.

무엇보다도 종족 범주는 서로 다른 정치경제적 상황에 처해 전통적 종족성을 변형시켜 온 디아스포라의 현실을 설명하지 못하는 한계를 지닌다. 민족을 정치적 측면에서만 이해하여 종족성을 배제하려는 시각과 마찬가지로, 종족 범주 역시 종족성을 정치경제적 상황과 분리시켜 이해하는 경향이 있다. 그러나 코리언 디아스포라는 거주국의 정치적 제약을 받으면서 생존을 위해 언어나 관습 그리고 혈연 등 전통적 종족성을 변형하고 재구성해 왔다. 따라서 혈연적이든 문화적이든 한민족의 종족성은 모든 사례를 관통하는 본질주의적 의미가 아니라, 각 거주국에서 창출한 다양한 중심성과 차이를 지닌 역동적 문화적 과정 속에서 서로 겹치고 엇갈리는 복잡한 유사성의 그물망, 이른바 '가족유사성'에 가까운 성격을 지니고 있다.

　　다음으로 다문화 범주는 90년대 이후 세계화가 진행되는 가운데 타자에게 열려 있는 다원적 정체성의 존재방식에 주목하는 디아스포라 연구경향과 밀접히 관련되어 있다. 이러한 연구경향은 '강요된 민족이산'이란 개념으로는 세계화 시대 디아스포라의 다양한 경험을 포착하는 데 한계가 있다는 인식 아래, 문화적 혼종성을 통해 민족 간 경계를 허무는 디아스포라의 위치성에 주목한다. 디아스포라 현상 속에는 민족이산뿐만 아니라 월경적 주체, 혼합문화 등의 현상이 포함되기 때문에 디아스포라에 대한 새로운 접근이 필요하다는 것이다. 그래서 디아스포라는 강제이주나 난민과 같은 희생자의 의미, 혹은 민족공동체와 연결된 의미를 탈각하고, 오히려 그들이 지닌 복합적 정체성으로 인해 국가와 민족담론을 해체하는 사유 틀로 부각되고 있다.20)

　　요컨대, 전지구적 자본주의의 확산 속에서 민족 혹은 국가에 대한

---

20) 박경환은 위치성으로부터 오는 디아스포라의 존재 자체가 민족담론의 해체를 함축하고 있다고 본다. 그에 따르면 디아스포라 주체는 모국과 정주국 모두에 있어 민족, 민족의 역사로부터 일정한 거리를 두고 있으며, 민족 담론을 조망할 수 있는 생산적 위치에 서 있다(「디아스포라 주체의 비판적 위치성과 민족 서사의 해체」, 『문화 역사 지리』, 한국문화역사지리학회, 2007, 9쪽).

경계의식은 희미해지고 이주노동자, 다문화가족 등이 쟁점으로 떠오르면서 디아스포라 개념은 식민지적 상황 때문에 강제적으로 이산된 존재라는 의미를 벗어나, 이런 변화를 이해하고 분석하는 일종의 사유 틀로 이해되고 있다. 민족과 국가를 넘어선 지점에서 민족의 경계를 교란시키는 디아스포라의 위치성에 주목하는 탈민족적 디아스포라 개념은 반드시 세계화 맥락만이 아니라 세대 문제와도 관련되어 있다. 예컨대 2세대 이후의 디아스포라가 모국지향의 민족정체성을 상실하고 거주국 지향의 새로운 정체성, 나아가 집단정체성보다 인류 보편적 가치를 지향하고 있는 디아스포라의 현실을 반영하고 있다.

그러나 디아스포라의 탈민족적 의의를 강조하는 다문화 모델은 편협한 민족주의를 경계하고 세계화 시대의 복합적 정체성을 일깨우는 긍정성에도 불구하고, 코리언 디아스포라의 역사적 특수성을 간과하는 한계가 있다. 기존 민족과 민족주의 담론에 대한 근본적 성찰을 촉구하는 측면에도 불구하고, 제국주의 침략과 억압이 남긴 역사적 체험과 상처의 실존적 무게를 간과하고, 디아스포라성을 지나치게 이념화하고 있기 때문이다. 식민과 분단을 경험한 우리 민족에게 디아스포라는 강요된 이산의 성격을 지니며, 다문화 범주적 시각만으로는 이해될 수 없다. 20세기 한(조선)반도의 역사적 수난을 생각할 때 보다 나은 노동조건과 교육기회를 찾아 월경하는 이주와는 달리, 식민의 폭력과 착취를 피해 내쳐진 트라우마적 체험은 코리언 디아스포라 이해에서 필수적으로 고려되어야 한다. 코리언 디아스포라는 식민지배, 한국전쟁, 분단과 독재정권의 억압 때문에 강제적으로 한(조선)반도를 떠나 이산한 가운데 형성된 내쳐진 이산의 성격을 일차적으로 지닌다.

2) 통합적 사유의 필요성

한마디로 디아스포라가 지닌 복합적 정체성의 긍정적 가능성과 더불어 20세기 한민족의 상처를 통합적으로 이해하는 균형 있는 사유가 필요하다. 디아스포라의 경험을 종족적 정체성의 범주 안에서 전유하려는 위험성에 대해서도 경계해야 마땅하지만, 민족적 상처를 과소평가하는 탈민족적 디아스포라 이해의 관념성도 한계를 지닌다. 디아스포라가 민족담론을 조망하고 해체할 수 있는 비판적 위치를 지니는가, 아니면 정반대로 혈연적 문화적 뿌리가 동일한 한민족이 세계 각지에서 그 외연을 확대한 동포인가 라는 이분법적 물음이 아니라, 디아스포라의 이중정체성과 20세기 한민족의 역사적 상처의 분리될 수 없는 연관을 사유할 필요가 있다. 디아스포라의 이중적 정체성에는 민족적 상처가 이미 투영되어 있기 때문이다. 이를테면 연해주, 연변, 일본, 그리고 남과 북에 거주하던 사람들은 일제 식민기 시기에 일본이라는 같은 국적을 지니고 있었지만, 일본이 패전하고 남북이 분단됨에 따라, 같은 민족임에도 불구하고 국적이 서로 나누어졌다. 디아스포라의 경계적 위치성과 민족적 억압과 차별의 상처를 통합적으로 사유하는 노력은 남북한 지식인보다 정체성 때문에 실존적 고민과 갈등을 겪은 디아스포라 지식인에게서 오히려 잘 나타난다. 김태영과 서경식, 두 재일 지식인의 사유를 통해 이 점을 살펴보자.

김태영은 이전에는 부정적인 정체성으로 여겨져 왔던 혼혈성 혹은 디아스포라성이 타자에게 열려 있는 복합적 정체성의 가능성으로서 적극적 의미를 갖게 된 점을 긍정적으로 보면서도, 이런 디아스포라 정체성이 이산의 강요받은 식민주의의 역사적 체험을 버리고 대도시에 사는 지식인에게만 허락된 월경성과 디아스포라성을 이념화하거나, 거꾸로 구식민지 문화의 크레올성을 이상으로 삼아 식민주의의 공범이 된다는 지적 또한 수긍한다. 그리고 디아스포라에 대한 이런 이중적 관점을 재일 조선인에게도 그대로 적용한다. 그는 복합성과 혼혈성을 구체적 형태로 보여 주고 있는 최근 증가하고 있는 다부루(혼혈인)와 일본 국적을 가진 재일 조선인의 존재가 지니는 긍정적 가능성을 주목하는 동시에, 민족의 억압 현실에서 민족으로 맞대응하지 않으면 실천적 해결로 연결되지 않는다는 반론 역시 수긍한다. 그가 디아스포라에 대한 상호대립적 견해를 수용하는 방식은 이론적이 아닌 실천적 필요성이다. 그에 따르면 지금까지의 민족 정체성은 집단 내부의 다양한 개인들을 억압하는 기능뿐만 아니라 자이니치의 차별에 대항하는 무기라는 양면적 기능을 했다. 이런 집단 정체성을 필연적인 것으로 생각하는 견해는 부정되어야 하지만 그 필요성까지 부정할 수는 없다.21)

요컨대 김태영은 민족이라는 집단 정체성을 본질주의적이거나 필연적인 것으로 보는 입장은 거부하지만 일본에 의한 민족 차별과 억압의 현실을 극복하기 위한 무기로서의 실천적 필요성을 인정한다. 그는 개인을 억압하는 민족정체성을 거부하면서도 그것에 의존할 수밖에 없는 딜레마를 이론적으로 해결하기보다는 개개인의 실천적인 (유연하고 탄력적인) 선택에 맡겨두고 있다. 왜냐하면 그 선택은 본질주의인가 비본질주의인가라는 이론적인 문제가 아니라 절박한 생존이라는 실천적 문제이기 때문이다. 거부해야 하는 것에 의존할 수밖에 없는 딜레마를 이론적으로 해소하려기보다 나날의 생존문제에 부딪친 개개인의 유연한 선택으로 남겨두는 김태영의 사유는 위에서 살펴본 바와 같은 디아스포라에 대한 일면적 관점으로는 이해할 수 없는 재일 조선인의 상황을 잘 보여 주고 있다. 그러나 그는 민족 정체성이 개인을 억압할 수밖에 없는 집단 정체성이라는 명제를 고

---

21) 김태영, 강석진 옮김, 『저항과 극복의 갈림길에서』, 지식산업사, 2005. 90~96쪽. 결론적으로 그는 복수의 일상적 세계를 살아가고 있는 재일 조선인들에게 본질주의인가, 비본질주의인가라는 이항정립적인 선택이 아니라, 생존을 위한 전술로서 유연하고 탄력적이 선택이 중요하다고 본다(260쪽).

수하고 있기 때문에 민족에 대한 사유를 더 이상 진척시키지 않는다. 그에 비해 서경식은 새로운 민족관을 적극 제시하고 있다.

서경식 역시 디아스포라가 지닌 복합적 정체성의 긍정적 가능성과 더불어 20세기 한민족의 상처를 통합하는 균형 있는 사유를 보여 주고 있다. 그는 종족적 민족관념을 벗어난 새로운 민족관을 과감하게 제시하고 있다. 그는 재일 조선인 사회의 '조국지향'과 '재일지향'에 공통적으로 놓인 민족에 대한 고정관념을 비판한다. 지역이나 혈연 혹은 문화적 소속에 따라 민족 구성원의 자격 유무를 따지는 고정관념대로라면 지역과 혈연 그리고 문화 등 모든 자격으로부터 분리된 재일 조선인은 조선민족이 아니게 된다. 그러나 그는 재일 조선인이 민족의 자격을 박탈당하고 민족적 차별을 받은 사실이야말로 조선인이라는 증거라고 말한다. "식민화라는 비극적인 형태로 근대를 경험한 우리, 냉전에 의한 분단체제에 끌려 억지로 갈린 우리, 그 때문에 조선반도의 남북과 일본을 비롯한 세계 각국에 이산해 있는 우리, 이런 우리야말로 그 공통의 역사적 경험 때문에 같은 조선인인 것이다."22) 서경식은 민족 정체성을 전통적 종족개념이 아니라 오히려 그로부터 분리를 강요한 식민주의의 억압과 차별에서 찾고 있다. 혈통과 언어 그리고 국적과 관계없이 20세기 한(조선)반도의 역사적 상처를 공유하는 고난의 경험이야말로 민족정체성의 핵심이라는 것이다.

또한 민족은 식민지배와 분단모순 등 고난을 공유하는 집단일 뿐만 아니라 그 고난에서 해방되기를 지향함으로써 서로 연대하는 집단을 가리키는 개념이기도 하다. "디아스포라에게 '조국'은 향수 속에 있는 것이 아니다. '조국'이란 국경에 둘러싸인 영역이 아니다. 혈통과 문화의 연속성이란 관념으로 굳어버린 공동체가 아니다. 그것은 식민지배와 인종차별이 강요하는 모든 부조리가 일어나서는 안

---

22) 서경식, 『난민과 국민 사이』, 돌베개, 2006, 142쪽.

되는 곳을 의미한다. 우리 디아스포라들은 근대 국민국가를 넘어서 저편에서 진정한 조국을 찾고 있는 것이다."23) 20세기 민족의 수난사는 민족주의를 강화시킬 수도 있지만 서경식은 오히려 수난을 받았기에 편협한 민족주의에 빠지지 않고, 근대국민국가가 유발한 식민적, 폭력적 수난 너머로 해방 공동체의 상을 그릴 수 있다고 본다.

서경식이 제안하는 새로운 민족관은 일본 내 소수민족으로서의 정체성이나 남북이 공유하는 종족적 정체성이 아니라, 국적과 언어, 문화가 다르지만 역사적 고난을 공유하는 다양한 집단들을 같은 민족으로 묶는 다문화적 도덕공동체에 가깝다. 남북과 디아스포라가 겪은 20세기의 동일한 역사적 고난을 공통의 정체성으로 삼자는 그의 제안은 민족 정체성을 한(조선)반도와 과거의 전통문화에 국한시키지 않고 그 외연을 확대하려는 민족공통성 사유에 시사하는 바가 크다.

그러나 서경식의 사유는 남과 북 그리고 디아스포라 전반이 처한 구체적 현실상황을 포괄하기에는 일정한 한계를 지닌다. 그것은 그의 새로운 민족관이 오직 20세기의 역사적 경험에만 국한되어 있는 점과 관련되어 있다. 수천 년 동안 한(조선)반도에서 이루어져 온 언어와 역사, 문화적 전통이 비록 선택적으로 재구성되기는 했지만, 남북 주민들의 일상적 삶 속에 체화되어 있는 현실에서 20세기의 역사적 경험에만 근거를 둔 민족관으로는 남북 주민들에게 현실적 설득력을 지닐 수 없기 때문이다. 또한 남북 주민들과는 다른 처지에 있는 재일 조선인의 상황을 감안하더라도, 그들이 민족적 차별과 억압에 맞서 저항과 해방의 수단으로서 민족의 언어와 생활문화를 고수하기 위해 분투해 온 1세의 유산으로부터 자유롭다고 할 수 없기 때문이다. 우리의 민족정체성이 근현대사의 과정을 거치면서 다언어, 다문화적으로 변용되었다고는 하지만 전근대의 역사 속에서 형성된,

---

23) 서경식, 『디아스포라 기행』, 돌베개, 2006, 7쪽.

타민족과 구별되는 일정한 특성이 현실적 영향력을 행사하고 있는 한, 이를 전적으로 외면한 채 아이덴티티를 논할 수는 없을 것이다. 그러나 이러한 지적은 디아스포라적 체험이 결여된 남한 지식인의 문제제기일 뿐, 다문화적 민족관을 제안할 수밖에 없는 재일 조선인의 사정을 헤아리는 일이 우선되어야 할 것이다. 식민과 분단이라는 20세기 한(조선)반도의 역사적 수난을 공유하고 이를 극복하려는 연대의식 속에서 디아스포라를 이해하는 동시에 거주국의 특수한 환경 속에서 발화되는 고민의 소리에 귀 기울이고 그로부터 배우려는 노력이 선행되어야 할 것이다. 민족적 공통성이란 일방적인 것이 아니라 서로 배우면서 변용되는 가운데 형성될 수밖에 없기 때문이다.

5. 민족공통성의 개념 구상의 의미

민족 혹은 민족주의 개념에 대해 철학도들의 개입이 거의 전무한 데다, 방대한 사회과학적 연구물을 제대로 소화하지 못한 탓에 비빌 언덕 없이 좌충우돌 논의를 전개한 느낌을 지울 수 없다. 그러나 민족개념은 남한 내 주민 생존권 차원뿐만 아니라 분단 극복, 나아가 새로운 공동체 모색에서 생략할 수 없는 거대한 사유과제이기에 시론적 수준에서 과감하게 문제를 제기해 보았다.

이 글의 핵심은 '민족동질성'이 아닌 '민족공통성'을 통해 민족개념의 외연을 새롭게 사유해 본 데 있다. 민족동질성 테제의 한계에도 불구하고 그에 전제되어 있는 종족적 민족관의 긍정성과 현실성을 수용하는 한편, 이를 통시적 공시적으로 외연을 확대하여 민족공통성 개념으로 표현해 보았다. 이런 표현은 비록 들뢰즈의 스피노자 철학 해석에서 힌트를 얻은 것이지만, 민족개념이 '동질성과 이질성' 대신 '공통성과 차이'라는 틀로 사유될 것을 제안하는 뜻으로 이해해도 큰 무리가 없을 것이다.

참고문헌

권혁범, 『민족주의는 죄악인가』, 생각의 나무, 2009.

김광억 외 지음, 『종족과 민족』, 아카넷, 2005,

김태영 지음, 강석진 옮김, 『저항과 극복의 갈림길에서』, 지식산업사, 2005.

박경환, 「디아스포라 주체의 비판적 위치성과 민족 서사의 해체」, 『문화 역사 지리』, 한국문화역사지리학회, 2007.

박명규, 「한국 내셔널 담론의 의미구조와 정치적 지향」, 『韓國文化』, 서울대학교 규장각 한국학연구원, 2008.

서경식, 『난민과 국민 사이』, 돌베개, 2006,

서경식, 『디아스포라 기행』, 돌베개, 2006, 7쪽.

성경륭·이재열, 『민족통합과 민족통일』, 한림대출판부, 1998.

신기욱 저, 이진욱 옮김, 『한국민족주의의 계보와 정치』, 창비, 2009.

양운덕, 「기쁨을 산출하는 신체들의 만남」, 『시대와 철학』 21권 2호, 한국철학 사상연구회, 2010,

이만우, 「남북한 민족사회공동체 수립방향」, 『분단 반세기 남북한의 정치와 경제』, 경남대학교 극동문제연구소, 1996.

이병창, 「사회과학적 통일논의에 대한 비판적 고찰」, 『분단을 보는 철학의 눈』, 2010년 철학연구회 추계 학술대회.

정영훈, 「민족통일운동의 제4국면」, 『단군학 연구』 13호, 2005.

진태원, 『스피노자 철학에 대한 관계론적 해석』, 서울대학교 박사논문, 2006.

질 들뢰즈 저, 박기순 옮김, 『스피노자의 철학』, 민음사, 1999.

최협 외 지음, 『한국의 소수자, 실태와 전망』, 한울아카데미, 2004.

제2부

민족공통성과
코리언 디아스포라

분단 극복의 민족적 과제와 코리언 디아스포라

김성민·박영균

1. 코리언 디아스포라를 보는 두 가지의 눈

오늘날 코리언 디아스포라를 보는 눈은 두 가지이다. 그것은 '민족 대 탈민족'으로 대립시킬 수 있다. 근대적 관점에서 '민족'은 동일한 혈연, 또는 언어-문화를 공유한 인종적 집단을 지칭하는 개념으로 사용된다. 따라서 근대적 민족주의의 관점에서 '코리언 디아스포라'에 대한 연구는 '코리언'에 방점이 있으며 철학적 개념으로 '동일성'의 패러다임을 따른다. 그러나 이런 '동일성'의 패러다임은 그들 모두를 묶는 하나의 잣대-지표를 찾고 이에 따라 민족적 동질성의 정도를 분류한다는 점에서 이질적인 것, 또는 나와 다른 차이들을 배제하는 '독단의 논리'를 동반한다.

반면 1980년대 신자유주의 지구화가 전개된 이후, '세계화'에 따른 '이산'에 주목하는 사람들은 '탈국가', '탈민족'을 주장하면서 '코리언 디아스포라'의 '이종성, 혼종성'에 주목하면서 '디아스포라'에 방점을 둔다. 따라서 이들은 철학적 개념으로 근대의 동일성 패러다임을 해체하는 탈근대적 패러다임을 따른다. 그들은 근대적 민족 개념이 전제하고 있는 '민족적 고유성'을 해체하고 '상상의 공동체'와 같은 '사회적 구성'의 논리를 제시하면서 '잡종성과 혼종성'을 생성의 역동적인 힘이라고 찬양한다.

그러나 이런 두 가지의 대립적인 관점은 '코리언 디아스포라'가 지니고 있는 진정한 역할과 의미를 제대로 평가하거나 진단하는 데 한계가 있다. '동일성의 패러다임'은 '디아스포라'가 가지고 있는 민족 문화의 변용 능력과 창발적인 생성 능력을 배제하는 반면 '해체의 패러다임'은 '이산'과 '변질'에 대한 관념적 찬양만을 늘어놓기 때문이다. 그리하여 양자는 '코리언'과 '디아스포라'의 분열만을 생산한다. 왜냐하면 '디아스포라에 대한 찬양'은 '코리언 디아스포라'에서 '코리언'을 '디아스포라의 일반이론' 속으로 용해시킨다면 '코리언의 민족적 동질성'은 '코리언'을 디아스포라로부터 분리시키고 '코리언'이라는 특수성을 개별화해 버리기 때문이다.

게다가 이런 두 가지 관점은 서구적 관점을 반복할 뿐이다. 특히, '탈민족'은 그의 의도와 무관하게 역설적으로 '오리엔탈리즘'을 재생산하는 효과를 가지고 있다. '디아스포라'에 대한 일방적인 찬양은 이산의 상처(trauma)와 혼종적 정체성이 지닌 욕망의 뒤틀림을 보지 않는다. 그들은 마치 도시인이 농촌을 낭만적 전원으로 바라보는 것처럼 제1세계 사람들(서구인)이 가지고 있는 시선을 통해 제3세계 디아스포라들을 바라본다. 반면 '코리언'의 동질성에 대한 강박증적 집착은 서구에 대한 대립을 통해서 '민족고유성'에 대한 신비화와 숭배를 낳고 서구적 합리성이 이해할 수 없는 것들을 비합리적인 것으로 규정했던 오리엔탈리즘과 동일하게 마치 그것이 동양의 고유한 문화인 것처럼 자신의 정체성을 생산한다.

이런 점에서 오늘날 코리언 디아스포라의 존재와 가치를 제대로 이해하기 위해서는 '민족 대 탈민족'의 대립적 쌍을 벗어나야 하며

'코리언'도, '디아스포라'도 아닌, '코리언 디아스포라의 특수한 역사 존재론적인 성격'이 무엇인지를 먼저 규명해야 한다. 그리고 만일 이와 같은 특수한 코리언 디아스포라의 성격이 드러난다면 '탈분단'을 주장하든 '통일'을 주장하든 간에 분단 극복의 과제를 수행해 가는데 코리언 디아스포라의 의미와 역할이 드러나게 될 것이다. 따라서 이 글은 ① 코리언 디아스포라의 지정학적 분포와 위치의 독특성과 ② 역사-존재론적 독특성이 무엇인지를 밝힘으로써 ③ 이런 독특성에 근거하여 코리언 디아스포라가 가지고 있는 의미와 역할, 분단 극복의 과제와의 연관성을 드러낼 것이다.

2. 코리언 디아스포라의 지정학적 분포와 위치의 독특성

오늘날 코리언 디아스포라의 문제를 제대로 다루기 위해서는 먼저 코리언 디아스포라의 현상적 분포의 특징들을 세밀하게 분석할 필요가 있다. 첫째, 한(조선)민족에게서 코리언 디아스포라의 사회적 비중, 강도를 제대로 인식할 필요가 있다. 일반적으로 사람들은 한(조선)민족이 얼마나 많은 디아스포라를 가진 민족인지를 잘 인식하지 못한다. 현재 한(조선)민족의 해외 거주 인구는 700백만 명을 넘어서고 있다. 이것은 중국-이스라엘-이탈리아를 이어 전 세계에서 네 번째로 많은 숫자이다. 그러나 이런 절대적인 숫자는 매우 중요한 진실을 감추고 있다. 그것은 본국 거주민의 크기를 고려하지 않기 때문이다. 예를 들어 다음 〈표 1〉에서 중국은 가장 해외거주민을 가진 나라지만 본국거주민 대비 비율은 2% 정도에 불과하기 때문이다. 따라서 보다 중요한 지표는 절대 숫자가 아니라 본국 거주민 대비 해외 거주민의 비율이다.

<표 1> 국가별 디아스포라의 분포현황과 비교[1]

순위	국별	인원수	본국 거주민 대비 해외 거주민 비율
1	중국(화교)	34,200,800	약 2%
2	이스라엘(유태인)	8,500,000	약 118%
3	이탈리아	7,580,000	약 7.7%
4	코리아(한국/조선)	7,268,771	약 10%
5	영국	4,000,320	
6	러시아	3,210,000	

그런데 이와 같은 본국 거주민 대비 해외 거주민의 비율을 따져본다면 우리가 상상하는 것 이상의 결과가 나온다. 왜냐하면 위의 표 1에서 보듯이 남과 북의 총인구 숫자가 약 7천 2백만 명(남: 4천 8백만 명+북: 2천 4백만 명, 2009년 통계청 자료)이라고 할 때, 그 비율은 약 10%로, 이스라엘을 이어 세계 2위가 되기 때문이다. 그러나 이것도 진실의 전부는 아니다. 왜냐하면 세계 1위를 차지한 유태인의 경우와 우리는 다르기 때문이다. 유태인들은 2천여 년 동안 국가 없이 떠돌아다니다가 2차 세계대전의 수혜국으로, 서방의 지원을 받아 팔레스타인 지방의 땅에 이스라엘이라는 나라를 건국했다. 따라서 유태인들은 본래 해외에 흩어져 거주하다가 역으로 나라가 건국되면서 현재의 이스라엘 국가로 다시 이주해 들어갔다.

그러나 한(조선)민족은 고려 이후로 한 지역에서 하나의 나라를 구성하고 살아온 민족이다. 그렇다면 던져야 할 질문은 이스라엘에 비해 적다는 것이 아니라 오히려 '유태인과 전혀 다른 역사를 가진 우리 민족이 이렇게 많이 해외로 나가게 되었는가?' 하는 점이다. 우리보다 더 비극적인 역사를 가진 민족도 있지만 우리 민족은 세계에서 가장 많은 디아스포라를 가지고 있다는 점에서 이것은 오늘날 진행되는 세계화에 따른 자발적 이주와 같이 자연스러운 현상이라고 할

---

1) 〈표 1〉에 집계된 중국, 이스라엘, 이탈리아인들의 통계수치는 2009년도의 것이며 한(조선)민족의 수치는 외교통상부, 「국가별 재외동포 현황」, 2011, 30쪽의 수치임.

수는 없다. 그렇다면 여기에는 다른 나라의 이주와 전혀 다른 어떤 역사적 성격이 있는 것은 아닐까? 따라서 2천 년 동안 유랑을 했던 유태인과 동일선상에서 한(조선)민족의 해외 거주를 단순 비교할 수 없을 뿐만 아니라 그 성격도 본질적으로 다를 것이라고 가정해 볼 수 있다.

또한, 오늘날 국내에서 가장 주목받는 디아스포라들인 국내 체류 이주민은 2011년 3월말 130만 8천 743명(법무부 출입국·외국인정책본부 통계)으로 한국(남) 전체 인구 대비 2.7%라는 점을 감안한다면 해외에 나가서 살고 있는 이주민의 비율, 10%는 본국에 거주하는 한(조선)민족 중 대략 10명 당 1명꼴로 해외에 거주한다는 것을 의미한다. 그런데도 현재 한국(남)에서 다문화주의의 관점으로 해외 동포를 다루거나 한국(남) 내 거주 이주민들을 다룬 연구들은 많이 있으나 코리언 디아스포라를 우리 역사의 특수성과 관련하여 다루는 경우는 거의 없다. 이것은 최근 세계화와 관련하여 진행되고 있는 노동-결혼이주가 한국(남) 내에서 사회적인 문제가 되고 있기 때문이기도 하지만 보다 근본적인 원인은 한(조선)반도의 굴곡된 역사, 특히 이데올로기적 대립-전쟁-냉전으로 이어지는 역사 속에서 상대 진영에 대한 인식을 극도로 제한했기 때문이다.

그런데 둘째, 이런 코리언 디아스포라의 높은 비율뿐만 아니라 그것이 분포하고 있는 지정학적 특징 또한 주목할 필요가 있다. 일반적으로 사람들은 코리언 디아스포라가 세계 각국에 넓게 분포한다고 생각한다. 그러나 이와 같은 생각은 코리언 디아스포라의 지정학적 위치의 집중성이 보여 주는 특징을 보지 못하게 한다. 물론 코리언 디아스포라는 175개국으로, 전 세계 모든 대륙에 걸쳐 분포한다. 하지만 코리언 디아스포라는 대부분 특정 국가, 그것도 한(조선)반도를 중심으로 대립하고 있는 미-일 남방 삼각과 중-러 북방삼각의 국가들에 집중적으로 분포하고 있다. 다음 〈표 2〉가 보여 주듯이 중국(1위, 2,704,994명), 미국(2위, 2,176,998명), 일본(3위, 904,806명), 독립국가연합(4위, 535,679명)에 거주하는 코리언 디아스포라는 전체 코리언 디아스포라 중 약 87.98%를 차지하며 그중 미국을 제외한 한(조선)반도 주변에 인접해 있는 중국, 일본, 독립국가연합의 거주자 비율은 57%를 차지하고 있다.[2]

<표 2> 코리언 디아스포라의 분포 현황[3]

순위	국가명	동포수	전체에서 차지하는 비율
1	중국	2,704,994	37.21%
2	미국	2,176,998	29.95%
3	일본	904,806	12.45%
4	독립국가연합	535,679	7.37%
인접국	중국+일본+독립국가연합	4,145,479	57.00%
4대 열강	중국+일본+독립국가연합+미국	6,322,477	87.98%
총계	175개국	7,268,771	100%

그렇다면 두 번째로 던져야 할 질문은 '왜 코리언 디아스포라들은 중-소, 미-일에 집중적으로 거주하게 되었는가?'이다. 그리고 이런 지정학적 분포의 특징으로부터 한(조선)민족의 이주가 지닌 역사적 독특성을 잡아내고 이로부터 그들의 존재론적 특징을 찾아내야 한다. 따라서 코리언 디아스포라의 지정학적 독특성이 제기하는 문제는 코리언 디아스포라가 형성되어 온 역사적 독특성의 문제로 나아갈 수밖에 없다. 게다가 코리언 디아스포라의 지정학적 분포가 보여

---

2) 장윤수는 재외동포를 600만 명으로 추산하고 이중 2/3가 한(조선)반도 주변국인 중국, 일본, 러시아에 거주하고 미국을 포함하면 94%가 거주하는 것으로 추산하고 있다(장윤수, 『코리언 디아스포라와 문화네트워크』, 북코리아, 2010, 67쪽). 그러나 이 글에서는 외교통상부의 통계에 근거하여 추정하였다. 이런 점에서 일부 적절하지 못할 수 있다. 왜냐하면 일각에서는 외교통상부의 통계자료가 각국의 특성을 반영하지 못하여 실질적인 코리언 디아스포라를 측정하지 못하고 있다고 불신을 제기하기도 하기 때문이다.

3) <표 2>의 수치는 외교통상부 2011년 조사 자료에 근거하여 추산한 것임(외교통상부, 「국가별 재외동포 현황」, 2011, 3쪽). 물론 이런 수치가 최근 세계화에 따른 이주자의 숫자를 고려하지 않고 있다고 비판할 수 있다. 그러나 미국을 제외한다면 이들 대부분은 그 전부터 거주해 온 사람이라고 할 수 있다. 예를 들어 중국의 경우, 2000년도 중국 전국인구조사 상의 조선족 총수를 1,923,329명으로 밝히고 있다. 게다가 재일 조선인의 경우, 일본으로 귀화한 경우가 최근 들어 늘어나고 있다는 점도 감안해야 한다.

주듯이 그들 대부분이 한(조선)반도의 분단과 직접적인 관련을 맺고 있는 북방삼각(북-중-러)와 남방삼각(한-미-일) 지역에 거주하고 있다는 점에서 분단 극복의 차원에서 이들을 다룰 필요가 있다.

3. 코리언 디아스포라의 역사: 존재론적 독특성

위의 두 번째 질문과 관련하여 실제로, 이런 지정학적 분포가 보여주는 독특성은 역사적으로 그들이 형성되어 온 역사-존재론적 위치성과 분리되어 있지 않다는 점이다. 역사적으로 미국의 코리언 디아스포라를 제외하고 이들 나라에 거주하는 코리언 디아스포라 대부분은 일제 식민지의 역사와 관련되어 있다. 미국을 제외한 중국, 일본, 구소련 국가들에 거주하는 코리언 디아스포라는 약 414만 명으로, 전체 코리언 디아스포라 중 약 57%를 차지하고 있다. 그런데 이들 대부분은 일제 식민통치의 산물이다. 이들은 대략 3가지의 유형, 즉 일제 식민 통치 시기에 정치적 탄압을 피해 망명한 경우와 1920년대 일제의 수탈(예, 토지조사사업)로 토지와 생산수단을 빼앗긴 농민과 노동자들이 이주한 경우, 그리고 1930년대 '국가총동원법'과 같은 일제의 팽창정책을 따라 이루어진 경우들이다.

이 기간 동안 해외로 끌려간 동포의 숫자는 대략 400~500만 명에 이를 것으로 추산되고 있다. 그러나 이들 중 약 177만 5천여 명이 일제의 패망, 8·15해방으로 이어지는, 혼란스런 정국과 경제적 이유 등으로 돌아오지 못하고 타국에 남아 있을 수밖에 없었다. 1945년 당시 이들의 숫자는 해방 직후 중국 170만 명, 일본 210만 명, 구소련 17만 5천여 명 등 약 397만 5천여 명이었으며 이들 중 고국으로 돌아온 한(조선)인은 중국 70만 명, 일본 150만 명 등으로 약 220만 명이었다. 따라서 코리언 디아스포라는 동아시아에서의 '제국주의의 역사'와 한(조선)반도의 분단이라는 비극적 역사를 그대로 반영하고 있는 존재라고 할 수 있다.

그런데 코헨은 이주를 '박해-도피형'(유대인), '제국-식민형'(유럽 열강의 제국주의적 팽창), '노동형'(영국 신민지 시기 인도인들의 이동, 북아프리카 건설을 위한 프랑스인의 이동, 일본인의 하와이 사탕수수농장 이동), '상업형'(베니스, 레바논, 중국인들의 상업적 이동), '문화적 이민' 등으로 구분하면서 '제국-식민형'은 디아스포라에서 제외시키고 있다.4) 하지만 이런 식의 이주 구분에는 문제가 있다. 왜냐하면 유대인의 이주를 '박해-도피형'으로 분류하면서 유럽열강의 제국주의적 팽창 시기에 이루어진 '제국-식민형'만을 보게 된다면 제국주의 국가에서의 식민지 이주만을 주요하게 다루게 되고 식민지 국가에서의 이주를 보지 않기 때문이다. 예를 들어 구소련 지역에 거주하는 고려인들은 대부분 1905~1937년 사이에 이루어진 정치적 박해를 피해 이주한 '망명이민'과 1937~1938년에 이루어진 '강제이주'에 그 기원을 두고 있으며5) 중국의 조선족은 1910~1931년 사이에 이루어진 약 40만 명의 이주와 1931~1945년 사이에 이루어진 약 100만 명에 기원을 두고 있다.6) 하지만 이런 경우의 이주는 '제국-식민형'과 다른, 비자발적이고 강제적인 이주의 성격을 가지고 있다.

게다가 일제 식민지시기에 이루어진 '경제적 이주' 또한 일반적으로 유럽, 특히 남부유럽에서의 이주와 다르다. 일제 식민지 치하에서 한(조선)민족은 많은 부분 중국, 일본, 러시아 지역으로 먹고 살기 위해 이주하였다. 그리고 이 경우, 자기 스스로 선택한 자발적인 이주라는 형식을 가지고 있다. 하지만 이런 경제적이고 자발적인 이주 또한 그 내막을 들여다보면 결코 자발적인 이주라고 할 수 없다. 왜냐하면 일제가 토지조사사업을 통해서 농민들의 토지를 **빼**앗거나 각종 제국주의적 팽창정책을 통해서 이주를 정책적으로 만들어냈기 때

---

4) 임채완·전형권, 『재외 한인과 글로벌 네트워크』, 한울, 2006, 35~36쪽.
5) 이광규·전경수, 『재소한인: 인류학적 연구』, 집문당, 1993, 172~184쪽.
6) 김강일·허명철, 『중국조선족 사회의 문화우세와 발전전략』, 연변인민출판사, 2001, 47쪽.

문이다. 특히, 이런 참혹한 역사를 보여 주는 것은 2차 대전 중 노동력 공급을 위해 1938년 일제가 '국가총동원법'을 제정 공포하고 강제로 인력을 동원했던 사례이다. 이 '공포'를 통해 일본 제국주의가 강제로 동원한 인력은 국외로의 징용 약 200만 명(국내 동원 600만 명), 징병 20만 명, 준병력(군속) 동원 약 36만 명, 여성동원(종군위안부) 약 20만 명이었다.[7]

그러므로 중-일-러로의 코리언 디아스포라의 이주는 제국-식민형과 다를 뿐만 아니라 경제적이고 자발적인 이주라고 할 수 없다. 제국-식민형에서의 이주나 제국주의 시대에서 이루어진 제국주의국가에서 식민지로의 이주는 고국 내부의 요인, 즉 '과잉인구', '잉여인구'를 처리하는 방식으로 이루어졌다면 식민지에서의 타국으로의 이주는 제국주의 국가에 의한 지배와 약탈을 피해 이루어진 이주로, 고국 내부의 요인 때문이 아니라 고국 외적 요인, 즉 제국주의 국가의 강제성에 바탕을 두고 있다. 이런 점에서 이들의 이주는 현상적으로 '경제적'이고 '자발적'이지만 심층적으로 보면 제국주의의 정치적 강압에 의해 이루어진 '박해적'이고 '강제적'이라고 할 수 있으며, 일반적 의미에서의 경제적 이주와 다른, "일제의 박해를 피한 박해·도피형"이라고 할 수 있다.

이런 점에서 아리프 딜릭은 다음과 같은 비판은 새겨들을 필요가 있다. "'탈식민'은 모두 다 식민 이후에 적용 가능한 것이 아니라 오로지 식민주의 이후 특히 그 결과에 대한 망각이 일어나기 시작한 시기에만 적용가능하다."[8] 그런데도 코리언 디아스포라의 박해·도피형 특성을 제대로 주목하지 않는 것은 '홀로코스트의 과잉상징화' 때문이다. 오늘날 서구에서 뿐만 아니라 동아시아에서도 '디아스포라'의 문제를 '박해'의 문제로 접근하는 것은 '유태인 문제'뿐이라고 할 수

---

7) 한일민족문제학회 편, 『재일 조선인 그들은 누구인가』, 삼인, 2003, 102~111쪽.

8) Arif Dirlik, The Postcolonial Aura: Third World Criticism in the Age of Global Capitalism, *Critical Inquiry* 20, Winter 1994, p. 339.

있다. 그러나 이와 같은 유태인 박해에 대한 광범위한 합의는 서구 일각에서 반성적으로 제기되고 있듯이 서구 정치 지형 속에서 만들어진 '홀로코스트'의 과잉 상징화일 수도 있다. 현재 유태인 디아스포라 850만 명 중 미국에 거주하는 유태인은 약 6백만 명에 이른다. 게다가 서구에서 유태인 학살은 나치즘이라는 서구가 자신의 역사에서 가장 치욕스럽게 생각하는 사건의 일부이기도 하다. 따라서 독일은 매년마다 이에 대해 사죄를 하는 공식행사를 진행하고 있다. 물론 이것이 지닌 반성과 성찰의 힘이 있으며 이것은 지속되어야 한다.

하지만 문제는 서구가 '홀로코스트의 과잉 상징화'를 통해서 서구의 인륜적 보편성을 만들어 내지만 역으로 그들은 자신이 자행해 온 그보다 훨씬 거대하고 참혹했던 폭력, 아예 종 자체를 절멸시켰던 폭력, 아메리카와 오스트레일리아의 원주민, 그리고 흑인에게 저지른 제국주의적 폭력을 은폐하고 있다는 점이다. 게다가 서구의 중동 정치는 지속적인 오리엔탈리즘 속에서 진행되어 왔다. 서구는 십자군 전쟁 이후 중동에 대한 막연한 공포를 가지고 있었다. 그런데 이제 그들은 '홀로코스트'를 통해서 팔레스타인에 대한 이스라엘의 폭력을 은폐하고 '회교도'에 대한 막연한 공포와 적대감을 생산하면서 자신들의 기독교적 세계관을 전파하고 있다. 오늘날 이스라엘이 팔레스타인에게 행하는 폭력은 서구, 특히 미국의 후원 없이 이루어질 수 없다. 따라서 문제는 유태인 학살에 대한 반성 그 자체가 아니며 오히려 그 반성의 보편성과 일관성을 유지하면서 보다 더 철저하게 진행시켜야 한다는 점이다. 그것은 곧 제국주의적 폭력 그 자체, '문명과 야만'을 잣대로 근대화와 계몽을 강요하면서 제국주의에 의한 지배를 정당화해 왔던 그 시대 자체를 전면적으로 비판하고 성찰하면서 극복하는 것이다.

이런 점에서 동아시아에서의 디아스포라의 문제, 특히 코리언 디아스포라의 문제는 제국주의 그 자체의 반인륜적 범죄를 성찰하고 극복하는 계기를 제공할 수 있을 것이다. 강상중이 말하고 있듯이

"인구에 회자되는 '동양' 내지 아시아가 지정학적으로 정의할 수 있는 질서로서 확립된 것은 청일전쟁 이후 식민지 제국 일본의 침략에 의해서"이며 "일본의 대만 통치 그리고 한(조선)반도 침략과 식민지화, 또는 대륙으로의 팽창과 '남진'은 아시아를 단숨에 국제관계에서 한데 묶인 존재로 끌어올리고" "분산된 지역과 나라들이 아시아 속에서 자신의 정체성을 발견하게 되었다."9) 따라서 코리언 디아스포라의 문제는 단순히 한(조선)민족의 문제로만 환원될 수 있는 것이 아니다. 그것은 동아시아의 불행했던 역사, 서구를 극복하겠다면서 내 놓은 '탈아입구', '대동아공영권'이라는 이데올로기가 오히려 서구 제국주의를 복제하는 결과를 낳았던 일본 제국주의를 근본적으로 극복하는 계기일 수 있기 때문이다. 여기서 동아시아의 3국, 한국/조선, 중국, 일본이 함께 해야 한다. 그리고 이 관점에서 3국은 공동협력해서 '남경대학살', '731부대'와 같은 반인륜적 범죄에 대한 고발뿐만 아니라 일본 제국주의에 의한 반강제적인 이주와 정치적 박해를 피해서 이루어진 망명으로서10) 코리언 디아스포라의 문제를 '반인륜적 범죄'와 '제국주의적 폭력'의 문제로 다루어야 한다.

4. 코리언 디아스포라가 가진 위치와 역할

코리언 디아스포라는 일제 식민지-분단체제라는 역사적 과정이 낳은 박해와 수난의 상징이자 자기 스스로 '분단된 존재'이다. 그러나 이런 분단된 존재의 특징은 단지 일본과 본국 사이의 분단, 남과 북의 분단만을 의미하지 않는다. 남/북의 분열과 상호 적대성은 중국-일본 등 코리언 디아스포라에 대한 분단체제의 폭력성을 각인시켰

---

9) 강상중, 이경덕·임성모 옮김, 『오리엔탈리즘을 넘어서』, 이산, 2002, 132~133쪽.
10) 심헌용, 「러시아 한인의 연해주 이주와 정착」, 최협 외 편, 『한국의 소수자, 실태와 전망』, 한울, 2004, 119쪽.

다. 그런 대표적인 예가 한-일국교정상화와 그에 따른 조치들이다. 남과 북의 권력은 '코리언 디아스포라'를 이용하면서 이들에게 가해지는 제국주의적 폭력에 동조하거나 심지어 영합하면서 재일 조선인을 '국민과 난민 사이'에 존재하는 '무국적자', '반(半)난민'으로 만들어버렸다. 이런 점에서 코리언 디아스포라는 분단체제의 피해자이기도 하다.[11]

하지만 역으로 이런 역경을 이겨낸 코리언 디아스포라는 분단을 극복하는 민족적 과제에 그들만이 가진 역할과 통일의 관점을 제공한다. 코리언 디아스포라는 미-일 대 중-소라는 두 개의 대립적 축에 속한 국가들이자 체제 대립의 최전선에서 살면서도 한(조선)민족이 가지고 있는 문화들을 나름대로 변용하여 재창조하여 왔다. 게다가 그들은 남/북의 직접적인 적대성이 작동하는 분단체제를 벗어나 제3국에 거주하면서 외부자의 입장에서 남/북을 볼 수 있기 때문에 비교적 중립적 위치에서 상호 중재할 수 있을 뿐만 아니라 그들의 다중정체성이 형성해 온 문화적 변용들을 통해서 남과 북이라는 한(조선)반도의 분단문화를 넘어설 수 있는 문화적 자산과 지혜를 제공할 수 있다. 이런 점에서 장윤수를 비롯한 국내 학자들뿐만 아니라 서경식과 같은 재일 조선인 학자, 그리고 재중 조선족 학자인 허명철, 김강일 또한 분단 극복에서 그들의 역할을 강조하고 있다.

"재외한인은 남북한의 통합과 한민족 공동체의 구축에 있어서 중매자 내지 촉매자의 역할을 할 수 있을 것이다. 남북한의 직접 교류가 곤란할 경우, 미국과 일본 그리고 중국과 러시아 및 중앙아시아

---

11) 여기서 '분단된 존재'라는 개념과 '반(半)난민'은 서경식이 사용하는 개념이다. 서경식은 재일 조선인이 남/북 대립 속에서 어떻게 코리언 디아스포라의 사회가 분열되는지를 보여주고 있다. 일반적으로 해외 이민사의 5대 비극은 다음과 같다. ① 1923년 9월 일본 동경에서 있었던 관동대지진, ② 1920년 4월 블라디보스토크의 신한촌사건, ③ 1921년 러시아 자유시사건, ④ 1937년 스탈린에 의한 연해주 한인들의 중앙아시아로의 강제이주, ⑤ 1992년 5월 미국 로스엔젤레스에서의 LA폭동사건, 여기에 청산리전투의 보복인 '경신년참사'를 덧붙이기도 한다(이광규, 「해외교포와 한민족 공동체」, 서대숙 외, 『민족통합과 민족통일』, 한림대학교 민족통합연구소, 1999, 161쪽).

여러 국가 등에 거주하는 재외한인들은 흡수통일의 혐의를 면치 못하는 남한에 비하여 훨씬 더 자유로울 것으로 사료된다. 세계적인 탈냉전의 질서 속에서 사회주의 내지 자본주의 사이의 체제경쟁적인 의혹을 덜 사는 해외거주 한인들의 남북한 사이 중재는 남북통합을 추진하는 데 용이한 역할을 수행할 수 있을 것이다. 특히, 상호이질감과 적대감으로부터 동질감을 느끼게 하는 데 문화적인 촉매자의 역할을 충분히 수행할 수 있을 것이다. 과거 사회주의 체제에 속했던 중국과 러시아의 조선족과 고려인들은 북한과의 화해 및 교류협력에 있어서 보다 능동적인 역할을 할 것이다."[12]

그러나 코리언 디아스포라의 독특한 위치에서 비롯되는 역할은 여기에 멈추는 것이 아니다. 이보다 더 중요한 것은 코리언 디아스포라가 평화로운 동아시아 공동체의 구축과 남/북의 분단 극복을 하나의 과제로 만들어 가는 핵심 주체가 될 것이라는 점이다. 현재 동북아시아는 중동과 발칸에 이어 지구상에서 가장 불안정한 지역이다. 북의 핵개발을 비롯하여 일본의 군국주의화, 미-일 동맹의 강화, 서해와 동해에서 주기적으로 열리는 한-미 군사훈련 등, 동북아의 질서는 극히 유동적이며 불안정하다. 그러나 이런 동북아의 냉전은 겉으로 '한(조선)반도의 분단', 특히 '북'을 중심으로 전개되고 있다. 하지만 속으로 보면 이것은 미국이 지역맹주 또는 차기패권의 주자로 중국을 경계하면서 한-미-일 간의 정치-군사적 동맹을 강화하고 있기 때문이다. 여기서 한(조선)반도의 분단은 매우 중요한 동북아시아의 냉전질서를 복원하는 주요한 기제이다. 이런 점에서 백낙청이 말하고 있듯이 "한(조선)반도의 분단이 한(조선)반도만의 문제가 아니듯이 분단체제는 그 자체로서 완결된 체제가 아니며 현존 자본주의 세계체제가 한(조선)반도를 중심으로 작동하는 구체적인 양상임을 기억할 필요가 있다."[13]

---

12) 장윤수, 『코리언 디아스포라와 문화네트워크』, 북코리아, 2010, 274쪽.

이것은 곧 남/북 분단의 극복과 동아시아의 평화공존체제의 구축은 서로 분리되어 있지 않을 뿐만 아니라 분단 극복은 남과 북을 포함하여 한(조선)반도의 주변국들, 중국-러시아-일본의 공통과제라고 점을 보여 준다. 왜냐하면 이와 같은 주변 강대국들의 역학적 부딪힘을 적절하게 제어하면서 동아시아의 평화와 공존체제를 만들어 가는 작업 없이 평화로운 분단 극복이 가능하지 않으며 역으로 동아시아에서의 평화와 공존은 냉전을 재생시키는 남과 북의 적대성을 해체하는 길 없이 찾아질 수 없기 때문이다. 그렇다면 문제는 이 두 개의 과제를 함께 수행할 수 있는 집단을 찾아내는 것이다. 그런데 코리언 디아스포라는 한(조선)민족이면서도 미국, 중국, 일본, 러시아의 문화를 가지고 있으며 나름의 문화적 변용을 만들어냈다. 따라서 이들은 양자를 매개하면서 분단 극복의 과제를 동아시아 각국의 문제로 만들어 내면서 동아시아 각국들의 소통과 연대, 그리고 문화적 교류와 생산적인 만남의 가교역할을 수행할 수 있다. 게다가 중국-러시아-일본에 거주하는 코리언 디아스포라는 그 스스로를 '조선족', '고려인', '자이니츠'라고 부르는 것처럼 '하나의 핏줄, 하나의 문화, 하나의 민족'이라는 동질성을 벗어나 있으며 이들에게 국가와 민족은 하나로 합치하지 않는다.14) 따라서 국가주의적 전통이 강한 한(조선)민족과 일본 등의 폐쇄성을 벗어나서 동아시아라는 보다 큰 틀에서 연대와 협력을 만드는 데 기여할 수 있다.

그렇다면 코리언 디아스포라는 동아시아의 평화와 공생이라는 구상 하에 첫째, 일본 제국주의의 극복이라는 관점으로, 둘째, 한(조선)

---

13) 백낙청, 『한(조선)반도식 통일, 현재진행형』, 창비, 2006, 45~46쪽.

14) 이런 정체성에 대한 갈등은 재중 조선족학자인 박태걸의 다음 이야기에서 명확하게 표현되어 있다. "나는 한국인들로부터 '당신은 중국인입니까, 한국인입니까? 중국을 더 사랑합니까, 한국을 더 사랑합니까?'라는 질문을 받은 적이 몇 번 있다. 그때마다 나는 '국적으로 보아서는 중국인이고, 핏줄로 보아서는 조선인입니다. 물론 분열되기 이전의 조선을 의미합니다. 말하자면 분열 전의 조선은 저를 낳은 친부모이고, 지금의 중국은 저를 길러 준 양부모인 셈입니다'라고 대답한다."(박태걸, 『중국에서 본 한국』, 아름다운 사람들, 2010, 23쪽)

반도의 분단 극복이라는 관점으로 다루어져야 한다. 첫째, 일본 제국주의의 극복이라는 관점으로 코리언 디아스포라를 다루어야 하는 이유는 ① 코리언 디아스포라가 일본 제국주의의 한(조선)반도 침략과 강점의 산물이라는 점에서 이 문제를 다루는 것이 비극적이었던 동아시아의 과거를 극복하는 것이자 새로운 협력적 상생관계를 구축하는 초석이 될 것이기 때문이며 ② 그들의 이런 이산과 분포가 낳은 '이중정체성' 또는 '다중정체성'이 중국-러시아-조선-한국-일본-미국을 잇는 동아시아의 평화체제를 구축하는 데 기여할 수 있는 문화적 역량을 제공하기 때문이다. 둘째, 분단 극복의 관점에서 이 문제가 다루어져야 하는 것은 ① 코리언 디아스포라의 이산 자체가 일제 식민지-분단이라는 한(조선)반도의 비극적 역사와 관련되어 있기 때문이며 ② 코리언 디아스포라의 분포가 보여 주듯이 코리언 디아스포라의 거주지가 모두 다 한(조선)반도의 분단과 관련된 국가들에 분포하고 있기 때문이다.

게다가 이들의 다중정체성은 독일의 통일이 보여 주듯이 '민족 없는 통일'이라는 '서구적 민족주의'와 다른 통일의 지향점을 보여 준다. 유럽에서의 민족국가는 근대정치의 산물이라면 한(조선)반도에서 '민족주의'는 적어도 고려시대 이후 한 지역에서 하나의 정체를 형성하고 살아온 '역사적 국가(historical states)'15)이다. 따라서 '단일민족의 신화'와 같은 '단일 정체성'이 지닌 함정에도 불구하고 한(조선)민족의 정체성은 일제 식민지-분단이라는 역사적 과정 속에서 보다 강렬하고 깊은 상처를 남겼다. 코리언 디아스포라의 아픔 또한 이런 비극적 과정의 산물이며 그만큼 강한 단일민족국가를 향한 열

---

15) 홉스봄은 '상상된 공동체'라는 개념에 동의하면서도 중국, 일본과 함께 한(조선)반도는 이런 것에 속하지 않는 예외적인 것으로 다루면서 "역사적 국가의 희귀한 사례"라고 주장하고 있다(Eric John Hobsbawm, 강명세 옮김, 『1780년 이후의 민족과 민족주의』, 창작과비평사, 1998, 94쪽). 그러나 한(조선)반도는 중국, 일본과도 다르다. 중국은 여러 민족들이 본토를 점령하고 동화되면서 하나의 국가를 이루었다면 한(조선)반도는 그런 정치적 국가를 가지지 않았으며 일본은 북방계와 남방계의 소수민족들을 가지고 있지만 한(조선)반도는 그렇지 않기 때문이다.

망을 가지고 있다. 남/북의 적대적 분단체제가 그들을 이용했던 것 또한 이런 상황을 반영한다. 이런 점에서 코리언 디아스포라, 특히 중국, 러시아, 일본에 거주하는 코리언 디아스포라는 단순한 해외 이주자일 수 없으며 남/북 분단 극복의 주체가 될 수밖에 없다.

그러므로 서경식은 '우리민족의 문제'가 첫째, '민족분단'이며 둘째, '민족성원의 전 세계적 이산'이라고 하면서 이 둘의 과제를 묶는 공통성을 '고난'이라고 말했다.16) 그것은 곧 '코리언 디아스포라'가 겪은 일제 식민지–분단이라는 '사회–역사적 독특성'이 '지정학적 위치의 독특성'과 결합하여 한(조선)반도의 분단 극복과 동아시아의 평화공존에 매우 중요한 위치를 차지하고 있다는 것을 보여 준다. 게다가 바로 그렇기 때문에 백낙청이 말했듯이 한(조선)반도의 분단문제는 민족문제만이 아니라 인류의 문제이며 이런 점에서 분단 극복의 문제는 디아스포라의 현실을 공유하면서 "'우리 민족끼리'라는 자주적인 자세와 '세계와 함께' 나누는 가치들을 지혜롭게 결합하는 한(조선)반도 통일운동"이 되어야 한다.17)

그러나 이 경우 코리언 디아스포라의 역할은 단순히 분단 극복과 통일의 과제에서 이들이 도움을 주는 '수단적 차원'에 있다는 것을 의미하지 않는다. 그것은 통일을 남과 북의 통합만이 아니라 더 나아가 일제 식민지를 극복하고 서구적 근대화를 넘어서 동아시아의 상생을 만들면서 코리언 디아스포라까지를 포함하는 민족공동체 또는 한(조선)민족 네트워크를 만드는 것이라는 점에서 그들 또한 통합의 주체라는 것을 의미한다. 따라서 백낙청은 다음과 같이 말하고 있다. "1민족=1국가라는 공식은 한(조선)반도의 사정에 국한된 특수명제임을 먼저 인정하고 한(조선)반도에서도 단일형 국민국가보다는 다민족사회를 향해 개방된 복합국가(compound state)가 민중의 이익에 더

---

16) 서경식, 임성모·이규수 옮김, 『난민과 국민 사이』, 돌베개, 2006, 115쪽.
17) 백낙청, 『어디가 중도며 어째서 변혁인가』, 창비, 2009, 118쪽.

욱 충실한 국가형태일 수 있음을 인정할 때, 국적과 거주 지역을 달리하는 느슨한 범세계적 민족공동체(ethnic community) 내지 네트워크로서의 한인공동체를 유지 또는 건설하는 작업이 현 세계체제 속에서 어떻게 가능하고 더 나은 세계를 위해 얼마나 바람직한가를 진지하게 검토할 길이 열리는 것이다."[18)

5. 코리언 디아스포라와 통일 패러다임의 전환

일반적으로 사람들은 분단 극복 또는 한(조선)반도에서의 통일을 남과 북의 체제가 하나로 합쳐지는 것이라고 생각한다. 그러나 오늘날 통일담론은 더 이상 이런 민족동일성−단일민족국가 건설의 문제로 환원되지 않는다. 강만길의 '분단국가주의', 백낙청의 '분단체제론', 그리고 송두율의 '제3의', '경계인의 철학'이 제시하는 통일담론은 바로 이런 사유를 대표한다. 그들은 통일을 더 이상 단일민족국가 건설로 생각하지 않는다. 그들이 보기에 단일민족국가 건설이라는 동일성의 패러다임은 오히려 분단체제를 극복하는 것이 아니라 오히려 강화하기 때문이다. 여기서 남/북이라는 두 개의 결손국가가 지닌 "'정상적인 국가'의 결여"라는 결핍은 "대부분의 한(조선)반도 주민들 사이에 단일형 국민국가에 대한 집착을" 낳는다. 그리고 이 집착은 분단체제에서 오히려 상대에 대한 적대성을 생산하면서 "다시 분단과 대치상태를 극복하기보다는 유지하는데 기여"한다.[19)

그리하여 최근 통일담론은 동일성−단일민족국가 건설이라는 틀을 벗어나고 있다. 그런데 이런 동일성 패러다임의 전복과 전환은 적어도 통일론에서 두 가지의 전복적 사유를 수반한다. 첫째, 한(조선)반

---

18) 백낙청, 『한(조선)반도식 통일, 현재진행형』, 창비, 2006, 83쪽.
19) 백낙청, 「한(조선)반도에서의 식민성 문제와 근대 한국의 이중과제」, 이남주 엮음, 『이중과제론: 근대적응과 근대극복의 이중과제』, 창비, 2009, 38쪽.

도의 통일은 더 이상 1민족=1국가라는 단일형 민족국가건설의 과제로 환원될 수 없다는 것이며 둘째, 통일은 더 이상 일회적인 사건으로서 통일이 아니라 '과정으로서의 통일'이라는 점이다. 이런 점에서 송두율은 '다름의 공존'과 '과정으로서의 통일'을 주장하며[20] 백낙청은 "통일을 하기는 하되 너무 서두르지 않"으며 "어떤 형태의 통일인지를 미리 못 박지 않고 지금 가능한 통일작업부터 진행"해야 한다고 말하고 있다.[21] 하지만 여기에 즉각적인 반론이 제기될 수 있다. 통일은 어쨌든 하나의 공동체로서 민족의 통합인데, 이런 동일성으로서의 민족 정체성이 없는 '코리언 디아스포라'를 포함하는 통일이 어떻게 가능한가라는 반론 말이다. 따라서 그들은 '다민족사회를 향한 개방된 복합국가'라는 백낙청의 통일 방향을 낭만적이고 환상적이라고 비판할 수 있다. 그러나 이런 비판은 코리언 디아스포라의 존재론적 성격과 지정학적 위치가 가지고 있는 독특성을 간과하고 있을 뿐만 아니라 근대적인 동일성의 패러다임을 반복하고 있을 뿐이다.

오늘날 통일은 더 이상 근대적인 서구의 '민족주의'가 낳은 '민족의 통일'일 수는 없다. 그것은 또다른 국가폭력과 제국주의의 역사를 낳았다. 이런 점에서 오히려 근대성(modernity)을 넘어선 통일의 방향과 가치가 새롭게 고안되어야 한다. 여기서 코리언 디아스포라는 매우 중요한 역할을 수행할 것이다. 왜냐하면 그들은 자신들을 각각 '조선족'(중국), '조선인'(일본), '고려인'(러시아)라고 부르는 것처럼 기본적으로 이중정체성, 다중정체성을 가지고 있기 때문이다. 하지만 이런 다중정체성은 오늘날 이주의 역사가 보여 주듯이 국가성원과 민족성원을 달리하는 상황에서 새로운 국가와 민족의 개념을 창안해 내고 있다. 이런 점에서 코리언 디아스포라의 다중정체성은 오히려 근대적 민족주의를 넘어서는 새로운 통일한(조선)반도의 상을 만드

---

20) 송두율, 『전환기의 세계와 민족지성』, 한길사, 1991, 42~43쪽.
21) 백낙청, 『한(조선)반도식 통일, 현재진행형』, 창비, 2006, 19쪽.

는 데 소중한 자산이 될 것이다. 게다가 서경식이 말하듯이 '분단된 존재'는 역으로 '민족'이라는 공동체가 상상적이라고 할지라도 작동 되고 있음을 보여 준다. "나는 재일 조선인을, '일제 식민지배의 역사 적 결과로 구종주국인 일본에 거주하게 된 조선인과 그 자손'이라고 규정한다. 재일 조선인이 ① '에스니시티' 일반과는 달리, 본국을 가 진 정주외국인이라는 점, ② '이민과 그 자손' 일반과는 달리, 그 정주 지가 다름 아닌 구종주국이라는 점, … 덧붙여 재일 조선인은 ③ 본국 이 남북으로 분단되어 있고, ④ 그 본국(특히 북한)과 일본이 분단되 어 있는, 횡적으로도 종적으로도 분단된 존재이며, 그러한 분단선을 개개인의 내부에까지 보듬어 안아야 했던 존재라고 할 수 있을 것이 다."22)

'분단'은 '통합'이라는 상을 전제한다. 만일 이런 '민족적 통합'의 열정이 없다면 '분단'이라는 정서와 가치는 생겨날 수 없다. 이런 점 에서 코리언 디아스포라를 분단 극복과 통일의 주체로 사유하는 것 은 기존의 남/북 중심의 체제통합이나 통일을 말하는 동일성패러다 임으로서 통일담론을 획기적으로 바꾸어 놓을 수밖에 없다. 이런 패 러다임의 전환은 무엇보다도 코리언 디아스포라가 가지고 있는 다중 정체성을 포용하는 통일담론으로의 전환이다. 그것은 코리언 디아스 포라의 민족정체성을 '동일성'의 관점에서 보는 것이 아니라 '다중성' 에서, '혈통, 언어, 풍습'과 같은 어떤 하나의 잣대가 아니라 '닮았지 만 어느 하나의 닮음'으로 환원할 수 없는 가족유사성의 관점에서 보는 것이다. 이런 점에서 서경식의 다음 이야기에 귀기울일 필요가 있다. "한국 국적을 가진 내가 이 책에서 '조선인'이라는 말을 쓰는 것은, 돌아가신 부모님이 그 말을 너무나 자연스럽게 쓰셨기 때문이 고 일본인들이 그 말을 가장 차별적으로 사용하기 때문이다. 그리고 분단된 두 '국가'의 어느 한쪽이 아닌, 분단을 넘어선 하나의 '민족'에

---

22) 서경식, 임성모·이규수 옮김, 『난민과 국민 사이』, 돌베개, 2006, 150쪽.

속하는 자가 되고자 하기 때문이다. 하지만 여기서 내가 말하는 '민족'은 '혈통'이나 '문화'나 '민족혼'처럼 소위 '민족성'이라는 실체를 독점적으로 공유하는 집단이 아니다. 내가 말하는 '민족'은 고통과 고뇌를 공유하면서 그 고통에서 해방되기를 지향함으로써 서로 연대하는 집단을 가리킨다. 말하자면 나는 '민족'이라는 개념을, '민족성'이라는 관념에서가 아니라 역사와 정치상황이라는 하부구조에서 이해하려는 것이다."[23]

따라서 민족동질성의 회복이라는 통일이라는 관점 대 탈민족, 심지어 통일무용론까지 나아가는 탈식민주의의 관점을 넘어설 필요가 있다. 분단 이전부터 공유해 온 생활양식, 가치관, 언어 등 전통 문화적 요소의 동질성이 여전히 남아 있으며, 이러한 동질성이 이념대립과 체제 차이를 극복하는 문화적 자원으로 기능할 수 있다고 생각하는 동일성의 패러다임은 분단 극복의 보편적 규범이 되기에 적합하지 않은 전근대적 가치를 통합의 이념으로 내세우는 민족특수성론이나 문화본질주의에 빠지기 쉽다. 이런 점에서 사이드의 '오리엔탈리즘' 이래로 전개되어 온 '탈식민주의론'이 지닌 역할이 있다. 하지만 이와 같은 입장은 서구 지형 내에서의 성찰일 뿐이며 오히려 한(조선)민족의 역사, 동/서양과 제국주의/식민지의 경계를 만들어 내고 대립해 왔던 반제투쟁의 역사를 해체하는 효과를 가지고 있다. 따라서 다음과 같은 비판이 의미를 가지고 있다. "비본질주의로 일관하면서, 억압적인 본질주의를 피하기 위해, 다원적인 '이종혼효성'이나 '크레올성', '디아스포라성'을 적극적으로 평가하면서 민족적 정체성이 의지에 따라 구성되고 다뤄질 수 있다는 점을 강조함으로써 민족적 정체성을 고정시키려는 정체성의 정치역학을 비판하는 주장이 지지를 얻어 왔다. 그러나 이러한 전략은 월경성과 디아스포라성을 이념화해 버린다거나 혹은 거꾸로 구식민지 문화의 크레올성을 실체적인

---

23) 위의 책, 2006, 10~11쪽.

이상으로 삼게 됨으로써 '식민지주의의 공범'이라는 비난을 면하기 어렵게 된다.”24)

그렇다면 우리는 어디에서 출발해야 하는가? 그것은 다음의 두 가지 지점에서 사유될 필요가 있다. 첫째, 민족을 '하나로서의 정체성(identity as oneness)', '동질성으로서의 정체성(identity as homogeneity)'이라는 패러다임이 아니라 '공통성(commonality)'이라는 패러다임으로 사유하는 것이다. 일반적으로 사람들은 '공통성(community)'을 특정한 집단이나 공동체가 소속되어 있는 개체들이면 누구나 다 가지고 있는 특정한 속성으로 생각하는 경향이 있다. 그러나 'community'와 'commonality'는 다르다. 'commonality'는 '몸(body)'와 '몸'이 만나면서 생성되는 '공통감각(common sense)'으로부터 형성되는, 생성적인 것이다. 따라서 민족공통성(national commonality)은 민족공동체에 내재적인 어떤 것이 아니라 신체적 활동과 마주침을 통해서 '생성'되는 것으로, 미래적으로 생성되어야 할 '공통의 가치, 정서, 문화'이다. 예를 들어 분단은 정치경제적 체제 및 이데올로기 간의 이질화뿐만 생활습성이나 가치-정서-언어 등, 인문학 자체에도 이질화를 가져 왔다. 그러나 한(조선)반도의 통일은 인문학적인 측면에서 '한국어'와 '조선어', '한국학'과 '조선학' 양자의 차이를 극복하고 온전한 의미에서 '국어'와 '국학'을 만드는 과정일 수밖에 없다. 또한, 그런 의미에서 통일은 남/북으로 분단된 이질화를 극복하고 공통의 정치-경제-문화적 삶을 만들어 가는 것, 즉 민족공통성을 만들어 가는 것이라고 할 수 있다.

그리고 바로 이런 점에서 둘째, 코리언 디아스포라의 '이중정체성', '다중정체성'을 승인하면서도 그 차이와 문화적 변용을 '한(조선)민족의 미래적 역량'으로 연결-배치하는 미래-기획적 자세가 필요하다. 사람들은 일반적으로 통일을 일제 식민지와 연결시켜 사유하지

---

24) 김태영, 강석진 옮김, 『저항과 극복의 갈림길에서』, 지식산업사, 2005, 181쪽.

않는 경향이 있다. 그러나 코리언 디아스포라의 이산이 보여 주듯이 분단은 남과 북의 분단만이 아니라 조선족, 조선인, 고려인 사이에도 있다. 이런 분단은 모두다 일제 식민지가 남긴 것으로, 이 상처의 핵심은 근대민족국가의 건설이라는 민족적 리비도의 좌절과 억압에 있다. 따라서 '통일'은 '근대민족국가'의 건설은 민족적 리비도의 좌절과 억압을 벗어나 '민족적 합력'이 되어 다시 흐르게 하는 것으로서, 미완의 근대적 과제를 성취하는 것이자 서구적 근대화가 낳은 '식민화'를 극복하여 탈현대적인 보편성을 성취하는 길이기도 하다. 따라서 서경식은 민족문화의 가치는 우리가 과거에 어떤 가치와 정서, 문화를 가지고 있는가에 있지 않고 "오히려 그 재생과 창조의 역동성, '보편'을 지향하는 역동성 그 자체"에 있다고 말하며[25] 재중 조선족 학자 김강일은 '민족의 분단'이란 '문화적인 분리의 위기'이며 '통일'은 '문화의 융합'이라고 하면서 재중 조선족의 '문화전환계통'은 통일에 매우 소중한 자산이 될 것이라고 주장하고 있다.[26]

그러므로 남/북의 분단체제를 극복하고 통일한(조선)반도 건설하는 과제는 코리언 디아스포라를 포함하여 '차이를 배제하는 동일성'이나 단순한 차이의 인정이라는 다원주의적 논리를 넘어서 '차이를 민족적 활력으로 바꾸면서 민족공통성'을 창출하는 미래기획적 작업일 수밖에 없다. 그리고 이런 점에서 통일의 새로운 패러다임은 다음의 세 가지의 관점으로 정리될 수 있다. ① '분단 극복'이라는 민족사적 과업이 주어져 있는 한(조선)민족에게 '민족정체성'에 대한 재정립은, '국가 대 탈국가', '민족 대 탈민족'의 이분법적 대립을 벗어나 '민족공통성'에 근거한 새로운 민족정체성을 미래 기획적으로 생산하는 것이 되어야 한다. ② 그와 같은 '분단 극복'과 통일의 과제가 바로

---

25) 서경식, 임성모·이규수 옮김, 『난민과 국민 사이』, 돌베개, 2006, 27~28쪽.

26) 이에 대한 논의는 김강일, 「남북통일에 있어서 중국조선족의 역할」, 『중앙아시아 한인연구』, 전남대학교 사회과학연구소, 1999; 김강일, 「문화적 통일의 철학적 원리」, 『철학연구』 제60집, 한국철학연구회, 1999를 참조할 것.

일제하 식민지와 분단을 경험한 우리 민족의 '수난'과 '고통', 그리고 '트라우마'를 치유하면서 민족적 리비도의 합력을 창출할 수 있는 길을 여는 것이기 때문에 남/북만의 문제가 아니라 코리언 디아스포라 전체를 포함하는 민족공통성을 창출하는 과제이다. ③ 게다가 통일은 공통의 생활문화와 가치, 삶의 양식을 창출하는 것이기 때문에 '민족공통성' 연구는 남과 북으로 분열된 한국학과 조선학을 포괄할 뿐만 아니라 식민지 치하에서 고국을 떠나야 했던 재외동포들이 그들의 삶에서 변용시킨 다양한 가치와 문화적 자산들에 대한 연구를 통해서 근대화가 낳은 '위험사회'의 문제들까지를 넘어서는 '통일한 (조선)반도'의 인류 보편적 가치를 생산하는 것이라고 할 수 있다.

참고문헌

강상중, 이경덕·임성모 옮김, 『오리엔탈리즘을 넘어서』, 이산, 2002.

김강일, 「남북통일에 있어서 중국조선족의 역할」, 『중앙아시아 한인연구』, 전
　　　남대학교 사회과학연구소, 1999.

_____, 「문화적 통일의 철학적 원리」, 『철학연구』 제60집, 한국철학연구회,
　　　1999.

김강일·허명철, 『중국조선족 사회의 문화우세와 발전전략』, 연변인민출판사,
　　　2001.

김태영, 강석진 옮김, 『저항과 극복의 갈림길에서』, 지식산업사, 2005.

박태걸, 『중국에서 본 한국』, 아름다운 사람들, 2010.

백낙청, 『어디가 중도며 어째서 변혁인가』, 창비, 2009.

_____, 「한(조선)반도에서의 식민성 문제와 근대 한국의 이중과제」, 이남주
　　　엮음, 『이중과제론: 근대적응과 근대극복의 이중과제』, 창비, 2009.

_____, 『한(조선)반도식 통일, 현재진행형』, 창비, 2006.

서경식, 임성모·이규수 옮김, 『난민과 국민 사이』, 돌베개, 2006.

송두율, 『전환기의 세계와 민족지성』, 한길사, 1991.

심헌용, 「러시아 한인의 연해주 이주와 정착」, 최협 외 편, 『한국의 소수자,
　　　실태와 전망』, 한울, 2004.

외교통상부, 「국가별 재외동포 현황」, 2011.

이광규, 「해외교포와 한민족 공동체」, 서대숙 외, 『민족통합과 민족통일』, 한림
　　　대학교 민족통합연구소, 1999.

이광규·전경수, 『재소한인: 인류학적 연구』, 집문당, 1993.

임채완·전형권, 『재외 한인과 글로벌 네트워크』, 한울, 2006.

장윤수, 『코리언 디아스포라와 문화네트워크』, 북코리아, 2010; 강상중, 이경
　　　덕·임성모 옮김, 『오리엔탈리즘을 넘어서』, 이산, 2002.

한일민족문제학회 편, 『재일 조선인 그들은 누구인가』, 삼인, 2003.

Dirlik, Arif, The Postcolonial Aura: Third World Criticism in the Age of Global
    Capitalism, *Critical Inquiry* 20, Winter 1994.
Hobsbawm, Eric John, 강명세 옮김, 『1780년 이후의 민족과 민족주의』, 창작과
    비평사, 1998.

코리언 디아스포라의 민족공통성 연구방법론

박영균

1. 코리언 디아스포라 연구 현황과 과제

　코리언 디아스포라[1]에 관한 연구는 1990년대 초반 본격화되었으며 2000년대에 성황을 이루었다. 이는 국제적으로 신자유주의 지구화와 함께 국제이주가 늘어나고 현실사회주의권의 해체와 더불어 중국이나 구소련 국가와의 교류가 증가했기 때문이며 국내적으로는 1988년 노태우정권이 제시한 '민족자존과 통일번영을 위한 특별선언'(7·7선언)과 함께 본격적으로 논의되기 시작한 '한민족 공동체 통일방안'이 해외 동포에 대한 관심을 불러일으켰기 때문이다. 그리하여 현재까지 중국, 미국, 일본 및 구소련지역과 남미까지 전 세계적

---

1) 이 글에서는 한(조선)민족이라는 용어 대신에 '코리언 디아스포라'라는 개념을 사용할 것이다. 이것은 전 세계에 퍼져 있는 한(조선)민족 전체를 일컫는 데 '코리아'는 영어가 국제통용어로 비교적 중립적이기 때문이며 '동포'나 '민족'이 아니라 '디아스포라'를 굳이 사용하는 이유는 '박해·도피'적 특성과 '다중-혼종성'을 강조하기 위함이다.

으로 흩어져 있는 코리언 디아스포라에 관한 연구가 지속적으로 이루어지고 있다.

그러나 이와 같은 코리언 디아스포라에 관한 연구의 급증이 기이하다고는 할 수는 없으며 오히려 때늦은 감이 없지 않다. 현재 한(조선)민족 중 해외에 이주해 살고 있는 사람은 2009년 5월 1일 현재 176개국 6,822,606명(외교통상부 통계)으로, 본국 거주인 대비 약 10%, 전 세계적으로 이스라엘에 이어 세계 2위이기 때문이다. 하지만 이스라엘이 원래 나라 없이 2천년 동안 떠돌아다닌 민족으로, 2차 세계대전 이후 서방의 도움을 받아 새로운 국가를 만들었다는 점을 감안한다면 세계에서 가장 높은 비율을 가진 민족은 '한(조선)민족'이라고 할 수 있다.

그런데도 이에 대한 연구가 지체되었던 것은 남/북 분단이라는 한(조선)반도의 상황과 무관하지 않다. 예를 들어 중국이나 구소련 지역, 재일 조선인에 대한 연구는 접근 자체가 어려울 뿐만 아니라 국가보안법 상 처벌 대상이 될 수도 있었다. 하지만 1990년대의 현실사회주의권의 해체와 '한민족 공동체 통일방안', 그리고 남북관계의 개선은 이와 같은 금기로부터 상대적으로 자유로운 환경을 연출하였다. 이들의 연구 경향을 보면 대략 ① 코리언 디아스포라를 '한민족 공동체'의 일원으로 간주하면서 '민족통합'의 입장에서 다룬 연구들, ② 세계화와 더불어 코리언 디아스포라가 '글로벌 경쟁'에서 주요한 자원이 될 수 있다는 관점에서 다룬 연구들, ③ '탈식민'-'탈경계'-'다문화주의'적 관점에서 다루는 연구들로 구분할 수 있다.

그러나 이들 연구 중 코리언 디아스포라를 유태인과 같은 '박해·도피형'으로 명료하게 규정하는 경우는 많지 않다. 이것은 코리언 디아스포라에 관한 연구들 중에 일제식민지의 이산 경험과 관련한 민족의식이나 분단-통일에 관한 의식조사 사업이 거의 없다는 점에서도 드러난다. 예외가 있다면 재일 조선인에 관한 연구들과 통일에 관한 여론조사 정도이다. 하지만 이것은 부분적 관심이나 지역적인 특성의 반영으로, 코리언 디아스포라의 '박해·도피형' 특성을 기본으로 하는 연구라고 할 수 없다. 또한, 이들 연구들은 서구의 관점과 방법론을 그대로 도입한, 실증적이거나 인류학적인 방법들로 구성되어 있다.

하지만 이런 실증연구나 인류학적 방법에는 매우 다른 관점의 차이, 심지어 적대적이거나 화합할 수 없는 관점들의 차이가 내재되어 있다. 예를 들어 특정지역을 중심으로 하여 그 지역의 코리언 디아스포라가 가진 민족 정체성이나 문화를 다루는 연구들이 많이 있는데, 이 경우 서로 대립적인 두 관점, '민족동일성' 대 '탈민족적 혼종성'이 서로 충돌하고 있다. 또한, 최근에야 비로소 나오고 있는, 많지 않은 비교조사의 경우, 몇 개의 공통문항을 중심으로 하여 비교연구가 이루어져 1차원적 평면성을 벗어나지 못하고 있다. 게다가 더 큰 문제는 무수한 실증조사연구에도 불구하고 이들 조사에 관한 방법론을 검토하고 있는 논문은 전무하기 때문에 이런 혼란들이 반성이나 정리 없이 무한 복제되고 있다는 점이다.

그러므로 이 글은 이전의 연구경향들을 검토하면서 새로운 연구 방법론을 제안하고자 한다. 첫째, '관찰의 이론의존성' 테제에 근거하여 '실증 연구' 그 자체에 대한 재해석과 객관화, 이론적 성찰이 필요하다는 점을 주장하면서 둘째, 서구적인 탈식민주의론이 제기하는 디아스포라의 위치성(정체성의 해체와 혼종성)이라는 관점을 수용하면서도 '민족사적 특수성', '일제식민지와 분단이라는 민족적 리비도(national libido)의 좌절과 억압, 전치'[2] 속에서 이루어진 이산의 경험을 고려하는 '위치의 독특성'을 주장할 것이다. 또한, 이런 점에서 셋째, 근대국민국가에서의 '민족-민족정체성'과 다른 한(조선)민족의

---

2) "특정한 시대의 정신을 만드는 원초적인 질료, 토양은 집단적인 리비도이며 이 리비도의 흐름이 사회적 성격이다. 마찬가지로 민족적 단위에서의 리비도적 흐름이 있으며 이것을 '민족적 리비도'라고 규정할 수 있다."(김성민·박영균, 「인문학적 통일담론과 통일인문학: 통일패러다임에 관한 시론적 모색」, 『철학연구』 92집, 2011, 158쪽)

독특성을 근거로 한, 새로운 패러다임으로서 '민족공통성'과 이에 근거한 연구방법을 제안할 것이다. 마지막으로 이 글은 '이산'과 '통일'은 동일한 과제, 한(조선)민족의 리비도적 흐름을 창출하는 과제의 두 측면으로, 코리언 디아스포라는 '문화적 변용'이자 '민족적 역량'으로서, '통일'의 한 주체라고 주장할 것이다.

2. 실증 연구 비판: 관찰의 이론의존성 테제와 '참여적 객관화'

일반적으로 사회학적 연구방법은 '실증적 연구방법'을 선호한다. 실증적 연구방법은 경험적으로 확인될 수 있는 데이터에 근거한다는 점에서 장점을 가지고 있다. 양적 단위로 수치화되는 설문-통계방식은 누구에게나 동일하게 적용될 수 있는 일반성과 '경험적 데이터'의 가치중립적인 순수성이라는 객관성을 가지고 있다. 하지만 이런 '실증적 연구방법'의 일반화된 객관성은 그것을 양화된 단위로 환원하기 위해서 불가피하게 지불해야 하는 대가, 즉 연구 대상의 질적 차이들을 하나의 기준이나 표준 속에서 사상-제거(추상)하는 과정을 겪을 수밖에 없다. 따라서 "관찰이 항상 선택적이며 이론 의존적"이라는 핸슨의 테제[3]가 제기된 이래로 쿤의 패러다임, 라카토스의 연구전통 등에 의해 차례대로 논파되어 왔다.

논리실증주의가 내세우는 '데이터의 순수성'과 '관찰의 객관성'은 얻어진 '데이터', '관찰들'의 순수성에 근거한다. 하지만 이들 데이터와 관찰들은 그것을 얻기 이전에 이미 특정한 방식으로 조작된다. '실험실의 환경과 초기조건', '실험대상', '설문지'와 '질문지', 그리고 '설문 대상자'가 미리 선택되어지는데, 이는 그것을 조작하거나 선택하는 '특정한 가설'을 전제한다. 따라서 면담대상자와 화자가 조사자

---

3) N. R. Hanson, *Patterns of Discovery*, Cambridge: Cambridge Univ. Press, 1958, p. 19.

의 간섭 없이 자유롭게 자신의 경험들을 이야기하는 자유구술이나 청자의 간섭을 최대한 배제하는 방식들이 고안되었다.

하지만 이 경우에도 그들이 얻는 데이터의 순수성은 유지될 수 없다. 첫째, 그들이 선택한 조사대상자 자체가 여러 대상자 중에서 선택되었다는 점에서 이미 순수하지 않을 뿐만 아니라 자료 또한 제한적이며 둘째, 그렇게 얻어진 자료 자체도 있는 그대로 '진실'한 것이 있는 것이 아니라 분석자에 의해 취사선택된다는 점에서 핸슨의 테제가 주장하듯이 '항상 해석'될 수밖에 없다. 그런데 많은 사람들은 여전히 이런 주장에 극단적인 거부 반응을 보이는데, 이것은 '순수하게 가치중립적인 데이터'가 없다면 과학이 무너질 것이라고 생각하기 때문이다.

실증주의가 자꾸만 '체험'과 '이해'를 중시하는 인류학적 연구방법에서도 되살아나는 것은 이것 때문이다. 따라서 문제는 올바른 연구는 순수하게 중립적인 관찰은 없으며 모든 연구는 '오염된 것'이라는 점을 인정하는 것이다. 왜냐하면 데이터에 대한 무조건적인 믿음이나 연구자의 주관성 배제는 그 의도와 달리 역으로 '과학'을 '사이비과학'으로 바꾸어 놓기 때문이다. '원초적 자료의 순수성'이란 사고는 자신들이 확보한 데이터에 대한 무조건적인 신뢰와 확신을 낳으며 그것에 관계하는 은밀한 간섭과 전제들을 은폐한다. 따라서 불가피하게 연루되어 있는 '은밀한 간섭과 전제들'은 부정되고 자신들이 취득한 자료에 대한 '신앙'을 낳으며 그것이 내재하고 있는 가치 관련성은 '객관적인 것'으로 전화된다. 사이비과학은 바로 이런 '원초적인 것들'에 대한 신앙 속에 숨어 있다.

이런 점에서 역으로 우리는 그것들에 연루되어 있는 오염들을 끊임없이 반성적으로 성찰하면서 우리 자신의 이론-가치 편향을 극복해 가는 길을 찾아야 한다. 부르디외는 "실제적 이론과 학문적 이론 사이의 거리를 이론에 포함시키면서 이 실제적 논리를 이론적으로 재구축하는 것"4), '참여적 객관화(objectivation participate)'가 필요하다고 말한다. 왜냐하면 연구자 또한 특정한 사회역사적 전통 속에서 생산되기 때문이다. 연구자라고 해서 제3의, 객관적 위치를 특권적으로 점유하는 것은 아니다. 연구자가 다른 사람들보다 '객관적'일 수 있는 것은 '객관적 위치' 때문이 아니라 오히려 자신의 위치를 그 스스로 반성적으로 성찰할 수 있기 때문이다. 그러므로 '사이비과학'은 '가치 관련성'을 인정하는 데 있는 것이 아니라 오히려 '가치 관련성'을 부정하는 '특권적 위치'를 점유할 때 나타난다.

과학은 '사이비과학'의 대척적 극에 위치하는 것이 아니라 '사이비과학'을 내재하면서 그것이 유발하는 위험들, 연구자 자신의 무의식적인 개입, 이론과 관찰의 오염성을 끊임없이 객관화하고 성찰하는 데 있다. 그렇다면 코리언 디아스포라 연구에서 우선적으로 자신을 객관화하는데 제기되어야 할 문제는 무엇인가? 그것은 바로 '디아스포라'에 관한 서구의 일반이론으로 환원될 수 없는, 코리언 디아스포라의 특성을 찾아내고 이 속에서 디아스포라에 관한 연구 자체를 다시 반성적으로 성찰하는 것이다. 예를 들어 현재 코리언 디아스포라 연구에서 가장 핵심적인 쟁점이 되고 있는 '민족 대 탈민족'은 '식민주의 대 탈식민주의'의 대립을 반복하며 '동일성 대 혼종성'의 대립을 반복한다.

한편에서는 '민족정체성'을 동일한 '혈통과 문화, 언어'를 가진 역사적으로 형성된 집단이라고 보는, 전통적인 민족 관념(민족, 식민주의, 동일성)이 지배하는 반면 다른 한편에서는 이와 같은 '민족'을 근대의 산물로서, 이제는 해체될 수밖에 없는 것(탈민족, 탈식민주의, 혼종성)으로 보고 이를 찬양하고 있다. 그러나 '민족-식민지주의-동일성'으로서의 코리언 디아스포라 연구는 민족주의적 독단과 폐쇄성을 낳을 수밖에 없다. 왜냐하면 코리언 디아스포라 또한 서구의 탈식민지론이나 민속지학(ethnographic)에 관한 연구들이 보여 주듯이 '단일

---

4) Pierre Bourdieu, 김웅권 옮김, 『파스칼적 명상』, 동문선, 2001, 81쪽.

정체성(동일성)'이 아니라 '혼종성'을 가지고 있기 때문이다. 이런 의미에서 유대민족의 이산을 의미했던 대문자 디아스포라가 가지고 있었던 '박해·도피성'이라는 특징을 벗어나 문화적 혼종성을 통해 민족 간 경계를 허무는 디아스포라의 위치성에 주목하는 탈식민지론이나 다문화주의적 관점이 가진 의의가 있다.

그러나 이 또한 문제가 없는 것은 아니다. 아리프 딜릭은, "'탈식민'이 모두 다 식민 이후에 적용 가능한 것이 아니라 오로지 식민주의 이후 특히 그 결과에 대한 망각이 일어나기 시작한 시기에만 적용가능하다."[5]고 비판하고 있다. 즉, 탈식민주의는 '식민주의'의 내적 폭력을 드러내고 동일성으로의 환원들을 해체하는 효과를 가지고 있는 반면 동/서양과 제국주의/식민지의 경계를 만들어 내고 대립해 왔던 반제식민지해방투쟁의 역사를 해체하는 효과를 가지고 있다는 것이다. 그러므로 탈식민-탈민족의 관점에서 '탈경계적인 디아스포라의 위치성'을 일방적으로 찬양하거나 전통적인 민족의 특수성만을 고집하는 태도를 벗어나 한(조선)민족의 역사 속에서 형성된 코리언 디아스포라의 위치성이 가지고 있는 일반적 특징과 독특한 특징을 함께 볼 필요가 있다.[6]

---

5) Arif Dirlik, "The Postcolonial Aura: Third World Criticism in the Age of Global Capitalism", *Critical Inquiry* 20, Winter 1994, p. 339.

6) 이 점에서 '집단적 정체성은 허구'라는 주장에 대한 재일 조선인 학자인 김태영의 비판을 주목할 필요가 있다. "비본질주의로 일관하면서, 억압적인 본질주의를 피하기 위해, 다원적인 '이종혼효성'이나 '크레올성', '디아스포라성'을 적극적으로 평가하면서 민족적 정체성이 의지에 따라 구성되고 다뤄질 수 있다는 점을 강조함으로써 민족적 정체성을 고정시키려는 정체성의 정치역학을 비판하는 주장이 지지를 얻어 왔다. 그러나 이러한 전략은 월경성과 디아스포라성을 이념화해 버린다거나 혹은 거꾸로 구식민지 문화의 크레올성을 실체적인 이상으로 삼게 됨으로써 '식민지주의의 공범'이라는 비난을 면하기 어렵게 된다." 이에 그는 "부정해야 하는 것은 필연적 정체성일 뿐, 필요에 따른 '전술적 정체성'은 오히려 적극적으로 옹호해야 하는 것이 아닐까"라고 결론을 내리고 있다(김태영, 강석진 옮김, 『저항과 극복의 갈림길에서』, 지식산업사, 2005, 181~182쪽).

3. 연구의 출발점: 코리언 디아스포라의 지정학적, 역사-존재론적 독특성

디아스포라의 일반 이론으로 환원될 수 없는, 코리언 디아스포라의 독특성은 지정학적 위치와 역사적으로 형성된 역사-존재론적 위치성에서 드러난다. 첫째, 코리언 디아스포라는 176개국으로, 전 세계 모든 대륙에 걸쳐 분포하는 반면 다수의 거주자들은 특정 국가, 그것도 한(조선)반도를 중심으로 대립하고 있는 한-미-일 남방 삼각과 북-중-러 북방삼각의 국가들에 집중적으로 위치해 있다. 중국(1위, 2,336,771명), 미국(2위, 2,102,283명), 일본(3위, 912,655명), 구소련 국가들(4위, 533,729명)에 거주하는 코리언 디아스포라는 전체 코리언 디아스포라 중 약 86.3%를 차지한다.[7] 따라서 이 지정학적 위치가 보여 주는 것은 코리언 디아스포라가 한(조선)반도의 분단과 밀접한 관계를 가지고 있다는 점이다. 하지만 이런 지정학적 위치가 보여 주는 독특성은 역사적으로 그들이 형성되어 온 역사-존재론적 위치성과 분리되어 있는 것이 아니다.

둘째, 역사적으로 미국의 해외동포들을 제외하고 이들 나라에 거주하는 해외동포들 대부분은 일제 식민지 지배와 관련되어 있다. 미국을 제외한 중국, 일본, 구소련 국가들에 거주하는 코리언 디아스포라는 약 378만 명으로, 전체 코리언 디아스포라 중 약 55.5%를 차지하고 있다. 역사적으로 이들 중 압도적 다수는 정치적 탄압을 피해 망명한 경우와 1920년대 일제의 수탈(예, 토지조사사업)로 토지와 생산수단을 빼앗긴 농민과 노동자들의 이주, 그리고 1930년대 '국가총동원법'과 같은 일제의 팽창정책을 따라 이루어졌다. 이 기간 동안

---

7) 장윤수는 재외동포를 600만 명으로 추산하고 이중 2/3가 한(조선)반도 주변국인 중국, 일본, 러시아에 거주하고 미국을 포함하면 94%가 거주하는 것으로 추산하고 있다(장윤수, 『코리언 디아스포라와 문화네트워크』, 북코리아, 2010, 67쪽). 그러나 여기서 사용된 외교통상부 2009년 조사 자료에 대한 불신도 많다.

해외로 끌려간 동포의 숫자는 대략 400~500만 명에 이를 것으로 추산되고 있다.

그런데 이들 중 177만 5천여 명이 일제의 패망과 8·15해방 이후, 혼란스런 정국과 경제적 이유 등으로 돌아오지 못하고 타국에 남을 수밖에 없었다. 1945년 이들의 숫자는 해방 직후 397만 5천여 명(중국 170만 명, 일본 210만 명, 구소련 17만 5천여 명)이었으며 이들 중 고국으로 돌아온 한(조선)인은 220만 명(중국 70만 명, 일본 150만 명)이었다. 이들은 고국 내부 요인 때문에 아니라 제국주의라는 외적 요인에 의해 이주한 사람들이다. 따라서 셋째, 이 당시의 이주는 비록 그것이 경제적인 이유라 하더라도 국내적 요인이 아니라 외적 강제와 억압에 의해 발생한 것으로, 일반적 의미에서 경제적 이주와 다른, "일제의 박해를 피한 박해·도피형"이라고 할 수 있다.

그러나 이와 같은 점을 주목하지 않는 것은 서구 이론을 그대로 수용하기 때문이다. 일반적으로 서구에서는 제국주의에 의해 이루어진 '박해·도피형 디아스포라'를 잘 다루지 않는다. 이것은 '제국·식민형'처럼 제국주의의 식민지 건설 이주만을 보기 때문이다. 하지만 제국주의의 역사에서 이루어진 이주에는 제국주의 본국에서 이루어진 팽창 이주뿐만 아니라 흑인이나 한(조선)민족처럼 제국주의 국가에 의해 이루어진 이주도 있다.[8] 이 경우, 이주는 겉으로 '노동형'이고 '경제적'이며 '자발적인 이주'로 보인다하더라도 본질적으로는 '박해·도피형'이라고 할 수 있다. 또한, 이런 경우에, 디아스포라는 오늘

---

[8] 이런 점에서 코헨의 분류에도 불구하고 이것을 넘어서 동아시아, 또는 동양이라는 오리엔탈리즘에 대한 서구적 반성이 아니라 아시아 내부에서의 반성이 필요하다. 왜냐하면 강상중이 말하고 있듯이 "인구에 회자되는 '동양' 내지 아시아가 지정학적으로 정의할 수 있는 질서로서 확립된 것은 청일전쟁 이후 식민지 제국 일본의 침략에 의해서"이며 "일본의 대만 통치 그리고 한(조선)반도 침략과 식민지화, 또는 대륙으로의 팽창과 '남진'은 아시아를 단숨에 국제관계에서 한데 묶인 존재로 끌어올리고" "분산된 지역과 나라들이 아시아 속에서 자신의 정체성을 발견하게 되었"기 때문이다. 그런데도 현재까지 이런 '일본의 동양'은 바뀌지 않고 있다. 왜냐하면 미국 주도로 지역주의로 형태만 바뀌었을 뿐 지역질서는 그대로이기 때문이다(강상중, 이경덕·임성모 옮김, 『오리엔탈리즘을 넘어서』, 이산, 2002, 132~133쪽).

날 세계화와 더불어 나타나고 있는 '초국가적(transnational)'인 뿌리 없는 코즈모폴리턴(cosmopolitan)의 이주와 근본적으로 다르다.

그러므로 코리언 디아스포라의 역사-존재론적 위치의 독특성은 식민과 분단 속에서 '강요된 이산'으로서 '박해·도피형'이자 제국주의적 침탈과 분단으로 인한 폭력과 착취, '고난'9)을 겪은 '역사적 트라우마'를 가진 존재라는 점이다. 하지만 이와 같은 서구이론의 직수입과 우리 자신에 대한 성찰의 결여로, 이제까지 이루어진 코리언 디아스포라 연구에서는 이와 같은 '상처'나 '분단' 문제들을 거의 다루지 않고 있으며 다루고 있다고 하더라도 '뿌리 없는 코즈모폴리턴'의 혼종성이 불러일으키는 정체성의 혼란과 같은 '상처들'만을 다룰 뿐 '코리언 디아스포라'가 지닌 역사-존재론적 독특성과 관련된 상처들'을 다루고 있지 않다.

하지만 이런 성찰의 결여는 두 가지 상반된 대립, 즉 ① '이론과 실증의 대립', ② '보편(=서구)과 특수(=동양)의 대립', ③ '민족 대 탈민족의 대립'을 생산하며 코리언 디아스포라 연구에 대한 편향을 생산하고 있다. 예를 들어 '거주국과 한국이 축구를 한다면 누구를 응원하겠는가?'라고 묻고는 곧장 이것을 '민족정체성'의 지표로 간주해 버리는 것이 그와 같은 사례이다. 따라서 위의 두 가지 상반된 대립은 반복되는 데, 왜냐하면 전통적인 '민족정체성'을 고수하는 사람들은 이를 민족정체성의 지표로 해석하는 반면 '다중적 정체성'을 고수하는 사람들은 '민족정체성의 해체'로 해석하기 때문이다. 이런 점에서 코리언 디아스포라 연구는 서구적 디아스포라의 일반적 '위치성'

---

9) 해외 이민사의 5대 비극은 다음과 같다. ① 1923년 9월 일본 동경에서 있었던 관동대지진, ② 1920년 4월 블라디보스토크의 신한촌사건, ③ 1921년 러시아 자유시사건, ④ 1937년 스탈린에 의한 연해주 한인들의 중앙아시아로의 강제이주, ⑤ 1992년 5월 미국 로스엔젤레스에서의 LA폭동사건, 여기에 청산리전투의 보복인 '경신년참사'를 덧붙이기도 한다(이광규, 「해외교포와 한민족 공동체」, 서대숙 외, 『민족통합과 민족통일』, 한림대학교 민족통합연구소, 1999, 161쪽). 그러나 이런 극단적인 비극 이외에도 서경식이 이야기하는 '半난민'의 위치에 처해 있는 재일 조선인이 보여 주듯이 남/북 대립은 코리언 디아스포라의 사회조차 분단사회로 만들면서 '트라우마'를 생산하고 있다.

을 넘어서 코리언 디아스포라의 독특한 '위치성'으로부터 출발해서 민족에 대한 '동일성 대 다중성'이라는 대립을 벗어나 한(조선)반도의 역사적 특수성에 근거한 연구 패러다임으로 전환해야 한다.

4. 코리언 디아스포라의 연구 패러다임: 한(조선)민족의 역사-특수적 정체성과 민족공통성

1) 민족: '정치적 정체성' 또는 '인종적 정체성'

오늘날 일부 극단적인 민족주의자들을 제외한다면 민족이 '사회적 구성물'이라는 점을 부인하는 사람은 없음에도 불구하고 '동질성 대 이질성', '민족 대 탈민족'이라는 대립적 틀은 지속적으로 재생산되고 있다. 이것은 한편에서 근대국민국가의 탄생 속에서 만들어지는 '민족'이라는 개념에 대한 몰이해가 있는 반면 다른 한편에서는 한(조선)민족의 역사적 독특성을 배제하면서 서구적 이론들을 가지고 이를 보편화하고 있기 때문이다. 따라서 양자는 서로를 지지대로 하여 코리언 디아스포라가 가지고 있는 '이중정체성(duel identity)', 또는 '다중정체성(multiple identity)'를 '탈민족적 현상 대 민족정체성의 위기'로 해석하고 있다.

그러나 코리언 디아스포라는 다른 디아스포라들과 공유되는 특성을 가지고 있으면서도 그것으로 환원될 수 없는 독특성을 가지고 있다. 이것은 '조선족', '짜이니치', '고려인'이라는 그들의 호칭에서도 드러난다. 한(조선)민족의 역사-존재론적 독특성을 가장 잘 보여 주는 것은 재일 조선인이다. 재일 조선인 1~2세대는 코리언 디아스포라가 가지고 있는 '박해·도피형'의 성격과 일제식민지-분단이라는 한(조선)반도의 비극적 역사를 가장 극적으로 보여 준다.[10] 이들은 자신의 국적을 분단과 일제 식민화 이전의 국가인 '조선'에 두고 무국적자로 남아 일본의 국가주의에 저항해 왔다. 따라서 이들은 '인종=국가=민족'이 일치하는 '민족정체성'의 독특함을 보여 주고 있다.

그러나 이런 극단적 사례를 보편적인 것으로 간주할 수는 없다. 왜냐하면 일제 식민지와 분단 속에서 이루어졌던 한(조선)반도와 일본의 독특한 역사적 관계, 특히 한·일국교정상화와 같은 역사적 상황이 낳는 예외적 경우에 속하기 때문이다. 특히, 일본은 한국과 더불어 세계적으로 매우 강력한 국가=민족이라는 순혈주의 또는 국가주의가 존재하는 나라이다. 따라서 일본의 탄압과 일제 식민지라는 특수한 경험이 1~2세대에서의 강력한 저항, 조선민족=조선국가라는 의식을 만들었다. 그렇다고 역으로 이 사례를 단순히 보편에 대한 예외로 간주하는 태도는, 이런 극단적 사례가 보편성의 폭력이 배제하는 독특성을 보여 준다는 점을 망각하는 것이다.

물론 장기적으로 볼 때, 재일 조선인들의 '동일성 또는 동질성으로서의 민족정체성' 또한 해체되어 갈 것이다. 재일 조선인 3~4세대의 경우, '일본' 국적을 취득하거나 '일본인과 결혼'을 하는 경우가 증가하고 있다.11) 따라서 코리언 디아스포라 또한 다른 디아스포라들과 동일하게 '다중성'과 '혼종성'을 특징으로 한다. 그러나 재일 조선인 1~2세대가 지닌 극단적 사례는 이런 코리언 디아스포라의 존재론적

---

10) 이런 재일 조선인의 독특성은 서경식의 다음과 같은 말에서 극명하게 드러난다. "나는 재일 조선인을, '일제 식민지배의 역사적 결과로 구종주국인 일본에 거주하게 된 조선인과 그 자손'이라고 규정한다. 재일 조선인이 ① '에스니시티' 일반과는 달리, 본국을 가진 정주외국인이라는 점, ② '이민과 그 자손' 일반과는 달리, 그 정주지가 다름 아닌 구종주국이라는 점, (···중략···) 덧붙여 재일 조선인은 ③ 본국이 남북으로 분단되어 있고, ④ 그 본국(특히 북한)과 일본이 분리되어 있는, 횡적으로도 종적으로도 분단된 존재이며, 그러한 분단선을 개개인의 내부까지 보듬어 안아야 했던 존재라고 할 수 있을 것이다."(서경식, 임성모·이규수 옮김, 『난민과 국민 사이』, 돌베개, 2006, 150쪽)

11) 이것은 재일 조선인에게만 나타나는 현상은 아니다. 일반적으로 재외동포의 민족정체성은 ① 세대가 낮을수록 약화되지만 재외동포들 스스로 한민족의 일원으로 생각하는 민족의식과 애착심이 여전히 강하지만 ② 세대가 낮을수록 현지사회의 언어와 문화 동화정도가 높아지고 있으며 ③ 언어와 문화적 동화가 혈연적 혼혈로까지 이어지고 있다(박창규, 「새로운 국제환경과 한민족 공동체: 화교와 유태인 사례에서 본 재외한인 네트워크의 현황과 과제」, 강성학 편, 『동북아의 평화사상과 평화체제』, 리북, 2004, 363쪽).

위치성이 '탈민족'으로 환원될 수 없다는 점 또한 보여 주고 있다. 왜냐하면 그들의 민족적 정서는 한(조선)반도 본국에서의 민족적 정서와 일치하는 경향을 보이고 있기 때문이다.

예를 들어 영어로 'nation'은 '국민'에 가까운 개념으로 '정치적 정체성'이라면 우리말의 '민족'은 '국민'과 전혀 다른 질과 성격을 가진 것으로, '문화·관습의 공통성을 가진 특정한 인종적 집단'을 의미하는 'race', 'ethnic group'으로 사용되는 경향이 있다. 이것은 한(조선)민족이 오랜 세월 동안 하나의 종족(ethnic)이 하나의 국가(state)를 형성해 온 '역사적 국가(historical state)'이기 때문이다. 게다가 조선시대에는 각 지방의 고을까지 관료적 집행기구와 서원, 향약 등 정신문화적 기구들이 작동하면서 일상의 의식들까지 지배함으로써 가치-정서-문화에서 다른 어떤 민족보다 더 넓고 강력한 동질성을 만들어 왔다.

그런데 이런 역사적 특성에도 불구하고 한(조선)민족은 일제식민지-분단을 겪으면서 온전한 의미에서 근대국민국가를 건설하지 못하는, '민족적 리비도'의 좌절을 경험해야 했다. 따라서 한(조선)민족의 '민족정체성'이 서구적 의미에서 '정치적 정체성(political identity)'으로 환원될 수 없는 독특한 '인종적 정체성(ethnic identity)'을 가지고 있는 것은 역사적 특수성을 반영한 것이기도 하다. 그리하여 다른 일각에서는 베네딕트 앤더슨이 이야기하는 '상상된 공동체'로서 민족 개념은 오류이며 우리 '민족'의 정체성은 근대 이전의 고조선이나 삼국시대부터 형성된 것이라는 주장[12]하기도 한다. 하지만 이것은 오류이다. 왜냐하면 국가인 'state'와 민족인 'nation'은 다르며 근대

---

12) 이에 대한 가장 완고한 입장을 취하는 사람은 정수일, 「민족과 민족주의, 그 재생의 담론」과 강철구, 「민족주의 이론과 유럽중심주의」, 정수일 외, 『21세기 민족주의』, 통일뉴스, 2010)가 있다. 여기서 정수일은 "민족이 근대화의 산물"이 아니고 "그 맹아기는 선민족시기로, 형성기는 전근대문명 시기로 잡는 것이 합리적"이라고 주장(같은 책, 46쪽)하고 있으며 강철구는 민족과 민족주의 형성에서 본질적인 요소를 "종족성"이라고 주장(같은 책, 99쪽)하고 있다. 그러나 이것은 '한(조선)민족의 특수성'을 역으로 보편화하면서 우리 역사가 형성해 온 '한(조선)민족의 정체성'을 일반화하는 것에 불과하다.

국민국가에서 '민족'의 탄생은 '인신적 구속으로부터 해방'되어 구성원 모두가 하나의 국가를 구성하는 '정치혁명'을 통해서 이루어졌기 때문이다. 이 점에서 오히려 규명해야 할 것은 '상상된 공동체'의 한(조선)민족의 특수성이다.

2) 한(조선)민족의 '상상된 공동체'와 역사적 특수성

앤더슨을 비판하는 사람들이 범하는 오류는 '정치적으로 평등한 국민'의 탄생 없이 존재하는 '국가'는 근대적인 '민족국가'가 아니라는 점이다. '상상된 공동체'는 바로 이런 국민의 탄생이 지닌 틈새, 공백, 모순으로부터 출현한다. '자본'-'화폐'는 양화된 평등적 개체들을 만들어 낸다. 반면 국가는 이들을 공동체로 묶고자 한다. 따라서 고진은 '자본'과 '국가'라는 두 개의 이질적 요소를 결합시키는 요소가 'nation'이라고 말한다. 즉, 자본주의와 세계화폐의 발전이 가져오는 공동체의 파괴와 자유-평등의 결여를 메우는 것이 '상상된 공동체'로서 'nation'이며 이것이 서로 이질적인 '자본'과 '국가'를 묶었다는 것이다.[13] 이런 점에서 근대국민국가에 의해 만들어진 '민족정체성'은 '국가' 내부의 분열, 결핍, 갈등을 감추기 위해서 국민국가에 의해 생산된 '상상된 공동체'이라고 할 수 있다.

그런데 앤더슨의 이론을 한(조선)반도에 적용할 때 문제가 되는 것은 바로 이런 논의를 보편화해서 곧바로 적용하는 것이다. 왜냐하면 한(조선)반도에서 '상상된 공동체'를 만들어 내는 데에는 나름의 역사적 특수성이 있기 때문이다. 특히, 한(조선)반도에 건립된 국가는 두 개의 국가로서, 역사적 국가이면서도 좌절된 '민족적 리비도'를 가진 '결손국가'이자 '분단국가'였다. 따라서 '상상된 공동체'를 만들어 내는 방식과 강도가 서구적 근대국민국가와 다르다. 첫째, '좌절된 근

---

13) 柄谷行人, 조영일 옮김, 『세계공화국으로』, 도서출판b, 2007, 171쪽.

대국민국가'의 욕망이 '결손국가'로서 자신의 틈새를 감추기 위해서
보다 더 강력한, '상상된 공동체'로서 '민족'이라는 '정체성', '동일성
으로서의 정체성'을 생산할 필요가 있었다. 서구에서 근대국민국가
는 자본주의에서의 계급이라는 분열과 국가 자체의 분열, 'civil(자기
통치자로서 시민)'이면서도 'subject(복종하는 자로서 신민)'이라는 분열
을 감추기 위해서 '민족'을 생산했다. 그러나 '한(조선)민족'은 국가
자체가 남과 북으로 갈라진, 분단국가이기 때문에 이 결핍을 감추기
위해 '국가'와 달리 '민족'의 이름으로 호명되는 주체들을 생산했다.

둘째, 이 분열은 단순히 국가로 표상되는 공동체 내부에서의 분열
이 아니라 민족으로 표상되는 공동체 내부, 즉 분단된 두 국가 간의
분열이며 '민족적 리비도'의 좌절, 억압이 가져다 준 '트라우마'를 전
치시킨 분열이었다.14) 한(조선)민족의 정체성은 '국가=민족의 정체
성'이 아니라 '국가≠민족의 정체성'이다. 그런데 '국가=민족의 정체
성' 없이 국민국가는 작동할 수 없다. 따라서 '국가=민족의 정체성'은
서구와 달리 다음과 같은 욕망의 변증법적 전화를 통해서 다시 부활
했다. 남(한국)과 북(조선)이 자신의 결핍을 감추기 위해 서로에 대해
'좌절된 욕망'의 트라우마를 전치시키면서 타나토스(죽음충동)를 작
동시키고 이것에 기초하여 상대에 대한 철저한 부정과 남(한국) 또는
북(조선)과 자신을 일치시키는 '국가=민족의 정체성'을 생산한 것이
다.

예를 들어 남과 북은 동일하게 '민족'을 그 스스로 호명하면서도
남(한국)의 민족정체성은 북에 대한 철저한 부정과 남의 민족적 특성
을 유일한 정체성으로 환원하는 '국가정체성'으로, 북(조선)의 민족정
체성은 남에 대한 철저한 부정과 북의 민족적 특성을 유일한 정체성
으로 환원하는 '국가정체성'으로 표현한 것이다. 바로 이 점에서 코

---

14) 이에 대한 구체적인 논의는 김성민·박영균, 「분단의 트라우마에 관한 시론적 성찰」, 『시
대와 철학』 21-2, 한국철학사상연구회, 2010를 참조할 것.

리언 디아스포라 연구에서 나타나는 각종의 편향들과 오류들이 나타
난다. 왜냐하면 이런 민족정체성은 자신의 국가 집단이 가지고 있는
문화나 혈통, 관습 등의 '문화적 동질성'을 통해서 코리아 디아스포
라의 다중정체성을 보기 때문이다.15) 게다가 남/북의 적대적 구조는
이념 대립과 체제 차이를 이데올로기적으로 전도시키면서 특정한 코
리언 디아스포라에 대한 편견을 낳았다. 그러므로 코리언 디아스포
라 연구는 '동일성', '동질성 대 이질성'이라는 틀을 공유하는 '민족
대 탈민족'의 대립을 벗어나 '민족공통성(national commonality)'이라는
패러다임으로 전환할 필요가 있다.

3) 코리언 디아스포라의 연구 패러다임으로서 민족공통성

민족공통성을 이해할 때 가장 극복하기 어려운 것은 공통성을 여
러 집단이나 개체가 공유하고 있는 특정한 속성으로서, 교집합과 같
은 것으로 생각하는 경향이다. 민족공통성은 교집합이나 하나의 지
표로 환원될 수 있는, 모두가 공유하는 속성이 아니다. 예를 들어 사
람들은 가족이 닮았다고 믿는다. 그러나 그 가족 구성원 모두에게
적용되는 닮음의 공통적인 지표는 없다. 누구와 누구는 코가 닮았지
만 누구와 누구는 닮지 않았으며 눈도 마찬가지이다. 이처럼 비트겐
슈타인의 '가족유사성(family resemblance)'은 서로 닮았지만 어느 하
나의 지표, 즉 눈, 코, 입, 얼굴 등의 단일한 속성으로 그 닮음을 규정
할 수 없는 가족처럼 '교집합'이나 '공통분모'를 가지고 있지 않지만
닮은, 그런 유사성이다. 코리언 디아스포라 또한 마찬가지이다.

---

15) 이런 대표적인 편향이 중국조선족이 가지고 있는 '공민'과 '소수민족'이라는 점을 인식하
지 못하는 것이다. 허명철은 다음과 같이 권고하고 있다. "한국사회와 조선족사회간의 문
화교류에 있어서 한국사회는 항상 중국조선족이 중국공민의 신분을 갖고 있다는 사실을
명기하고 양자간의 교류는 단순한 동족간의 교류일 뿐만 아니라 중국공민과 교류하고 있
다는 점을 망각해서는 안 된다."(허명철, 『전환기의 연변조선족』, 료녕민족출판사, 2003,
190쪽)

예를 들어 고조선 시기나 고려 시대에 중국으로 가서 산 사람들이나 만주족처럼 '핏줄'은 한(조선)민족, 또는 만주족이라고 할지라도 동화된 다음에는 자신을 '한족'으로 인식할 뿐만 아니라 '핏줄' 자체도 인지하지 못한다. 또한, 언어의 경우에도 한(조선)어16)를 구사하지 못하지만 대부분 그들은 현지인과 다르다는 것을 느낀다. 따라서 혈통, 언어, 문화 중 어느 하나로 '민족정체성'을 규정할 수는 없다. 이런 점에서 민족공통성은 'national community'가 아니라 'national commonality'이다. 'community'는 특정한 지역에서 사는 사람들이 내적으로 공유하고 있는 공통성으로, 이미 거기에 속하는 개체들은 모두 다 가지고 있는 속성이다. 반면 'commonality'는 둘 이상의 개체가 서로 마주치거나 협력을 맺는 'common'에 의해 만들어지는 속성이다. 따라서 양자는 다음과 같이 다르다.17)

	national community	national commonality
시간성	과거형	미래형
속성	전통문화	변형문화
실체성	동일성	차이-공통성
정체성	인지적 의식(의식적 규정)	비인지적 요소(비의식-무의식적 공통감)
연구방향	고유문화 복원 및 정체성 확인	차이의 공감과 연대-생성적 정체성

---

16) 서용달은 국호에 '-어'를 붙이는 경우는 한국어밖에 없다고 하면서 '조선'은 단군조선, 한씨조선, 위씨조선 등 발상지인 아사달 한역이며 조선조까지 사용된 단어이고 '한'은 마한, 변한, 진한에서 시작되어 정한론까지 사용되는 단어라고 주장하고 있다. 또한, 그는 함석헌이 했던 말, 즉 "한이던 조선이던, 모두 예로부터 우리나라를 부를 때 사용된 이름이다." "내가 보기에는 한은 사람을 가리켜 말하는 말이고 조선은 생활을 함께 하는 그 조직체에 대한 이름 같은 것이다. 즉, 조선은 국명이고 한은 민족의 이름이다." "조선을 잃은 한은 한이 아니다. 한이 없는 조선은 참된 조선이 아니다."를 인용하고 있다. 그러면서 그는 "한국·조선학", "한조선어"라는 용어를 사용하길 권하고 있다(서용달, 서윤순 옮김, 『다문화공생 지향의 재일 한조선인』, 문, 2010, 208~211쪽).

17) '차이와 공통성', '공감과 공통감각' 등의 개념은 스피노자주의로부터 가져온 것이다. '동질성 대 이질성'에서 '차이와 공통성'으로의 전환이라는 통일담론에 대한 패러다임의 전환에 대한 구체적인 논의는 박영균, 「통일론에 대한 스피노자적 성찰」, 건국대학교 인문학연구원 통일인문학연구단 엮음, 『분단 극복을 위한 인문학적 성찰』, 2009를 참조할 것.

'동일성으로서 민족정체성'은 한(조선)민족이면 누구나 가지고 있다고 생각되는 혈연, 언어, 관습 등 특정한 문화적 요인들을 가지고 재중, 재일, 재러, 재미 등 코리언 디아스포라의 민족정체성을 상호 비교 연구한다. 그러나 '민족공통성을 통한 코리언 디아스포라 연구'는 그런 표준화될 수 있거나 단일화될 수 있는 지표를 거부하며 오히려 그들의 차이와 문화변용을 이후 생성되어야 할 한(조선)민족의 공통성의 자원이자 토양으로 파악한다. 뿐만 아니라 연구에서도 민족정체성이 자의식적인 '인지적 정체성'보다는 '심리적이고 정서적인 정체성'에 더 깊은 뿌리를 내리고 있을 수 있기 때문에 인지적 정체성만이 아니라 환경과의 상호작용, 비의식적이고 무의식적인 심리적 요소들까지를 포함하여 연구되어야 한다.

　예를 들어 재중 조선족은 한(조선)어를 다른 어떤 코리언 디아스포라보다 많이, 잘 구사하지만 국가와 민족을 구분하기 때문에 '중국'이라는 국가에 귀속감이 강하며 재일 조선인은 재중 조선족보다 한(조선)어를 훨씬 적은 사람들이 구사하지만 국가/민족정체성의 이중성보다는 강한 민족적 귀속의식을 가지고 있다. 이것은 이산되어 살고 있는 나라의 정치-경제-문화적 환경에 따른 차이(사회주의체제와 자본주의체제, 중국과 소련의 소수민족에 대한 정책 차이, 일본의 단일 민족주의적 성향 등)와 분단으로 인한 남(한국)과 북(조선)의 관계(체제의 대립과 외교관계, 남/북의 재외동포정책과 친화성 등) 등으로 인한 영향 때문으로, 그것이 가치-정서-문화적인 심리에 작동하고 있기 때문이다.

　이런 점에서 무엇보다도 중요한 것은 그들의 관점에서 '내재적으로' 해석될 수 있는 방법을 고안하는 것이며 자신이 위치하고 있는 장이 부여하는 아비투스, 즉 남(한국)의 관점을 비판적으로 극복하려는 자세이다.[18] 분단은 특정 코리언 디아스포라, 재일'조선인'이나

---

18) 이런 식의 관점에 대한 불편한 심경을 재중 조선족 학자인 박태걸은 다음과 같이 토로하고 있다. "나는 한국인들로부터 '당신은 중국인입니까, 한국인입니까? 중국을 더 사랑합니까, 한국을 더 사랑합니까?'라는 질문을 받은 적이 몇 번 있다. 그때마다 나는 '국적으로

재중'조선족', 구소련의 '고려인'에 대한 이데올로기적 편견을 생산한다. 특히 재일'조선인'의 경우, '조선'이라는 국적을 고집하는 것은 '분단 이전의 한(조선)반도'를 자신의 모국적 정체성으로 인식했기 때문이고[19] '고려인'은 스탈린으로부터 강제이주를 당하기 이전의 거주지를 자신의 고향으로 인식하는 특수한 역사적 환경으로부터 나온 것임에도 불구하고 '정체성' 자체의 문제로 환원하는 경우가 많았다. 따라서 재일 조선인 학자 서경식의 다음과 말을 새겨들을 필요가 있다.

"한국 국적을 가진 내가 이 책에서 '조선인'이라는 말을 쓰는 것은, 돌아가신 부모님이 그 말을 너무나 자연스럽게 쓰셨기 때문이고 일본인들이 그 말을 가장 차별적으로 사용하기 때문이다. 그리고 분단된 두 '국가'의 어느 한쪽이 아닌, 분단을 넘어선 하나의 '민족'에 속하는 자가 되고자 하기 때문이다. 하지만 여기서 내가 말하는 '민족'은 '혈통'이나 '문화'나 '민족혼'처럼 소위 '민족성'이라는 실체를 독점적으로 공유하는 집단이 아니다. 내가 말하는 '민족'은 고통과 고뇌를 공유하면서 그 고통에서 해방되기를 지향함으로써 서로 연대하는 집단을 가리킨다. 말하자면 나는 '민족'이라는 개념을, '민족성'이라는 관념에서가 아니라 역사와 정치상황이라는 하부구조에서 이해하려는 것이다."[20]

보아서는 중국인이고, 핏줄로 보아서는 조선인입니다. 물론 분열되기 이전의 조선을 의미합니다. 말하자면 분열 전의 조선은 저를 낳은 친부모이고, 지금의 중국은 저를 길러 준 양부모인 셈입니다'라고 대답한다."(박태걸, 『중국에서 본 한국』, 아름다운 사람들, 2010, 23쪽)

19) "재일동포 가운데 민단계는 '재일한국인', 총련계는 '재일 조선인'이라고 부르지만, 여기서 조선이라는 의미는 북한을 지칭하는 국적 개념이 아니라 한(조선)반도 출신임을 나타내는 단순한 표기라는 것이다. 또한, 조선을 국적으로 택하고 있는 재일동포들의 경우 다수는 한(조선)반도의 남부(경상도, 전라도, 제주도) 출신이 다수인 데서 굳이 재일동포의 고향 또는 출신지역을 의미하는 것이 아님을 알 수 있다."(장윤수, 『코리언 디아스포라와 문화네트워크』, 북코리아, 2010, 71쪽)

20) 서경식, 임성모·이규수 옮김, 『난민과 국민 사이』, 돌베개, 2006, 10~11쪽.

5. 코리언 디아스포라의 연구 내용 및 방법
: 민족정체성, 트라우마, 통일

1) 코리언 디아스포라의 연구 내용

'민족공통성'에 기초한 연구방법은 한(조선)민족의 문화가 고유하게 내재하고 있는 것이 아니라 코리언 디아스포라와 같은 문화접촉과 문화변동을 통해서 새롭게 만들어지는 '문화변용'이라고 보기 때문에 '미래기획적'이며 '진보적'이다. 여기서 문화는 서로 다른 차이들이 만들어 내는 '생성'이며 그 차이를 통해서 보편성을 만들어 내는 것이다. 민족공통성에서 공통성이 'community'가 아니라 'common'에서 나온 'commonality'인 이유는 '몸(body)과 몸'의 마주침과 그 마주침이 불러일으키는 공감을 통해서 '생성'되는 것이기 때문이다. 따라서 민족공통성은 통일한(조선)반도의 건설이 남/북을 포함하여 코리언 디아스포라 전체가 미래기획적으로 창조하고 함께 만들어 가는 '민족문화'라는 관점을 함축하고 있다.

둘째, 바로 이런 관점에서 '민족공통성에 근거한 코리언 디아스포라 연구'는 근대 이후 식민지와 분단의 역사적 경험을 포괄함으로써 민족 개념의 내포와 외연을 확장할 뿐만 아니라 코리언 디아스포라의 분단-통일의 가치와 정서에 대한 연구를 통해 '사람의 통일'이라는 분단 극복의 지혜와 통일한(조선)반도의 가치를 형성하고자 하는 관점에서 수행된다. 이것은 재중 조선족 학자 김강일이 밝히고 있듯이 '민족의 분단'이란 '문화적인 분리의 위기'이며 '통일'은 '문화의 융합'이라고 할 때, 이 통일의 과정에서 재중 조선족사회가 지닌 '문화전환계통'은 매우 소중한 자산이 되기 때문이며 재중 조선족은 남/북 양쪽의 문화, 즉 사회주의적인 문화와 자본주의적인 문화에 익숙하며 양자의 교류에서 상대적으로 자유롭기 때문이다.21)

그런데도 이제까지 코리언 디아스포라에 관한 선행 연구에서는 이런 과제 설정이 명확하지 않았다. 따라서 분단과 통일 관련 조사들이 있기는 하지만 그것 자체를 연구한 연구조사는 별로 없으며 매우 단편적이고 피상적인 항목에서의 비교조사에 그치고 있다. 또한, 식민지-분단의 역사가 낳은 트라우마를 포함하여 비의식적인 심리적 상처들을 포함한 연구조사가 없다. 그러나 서경식이 말했듯이 '우리민족의 문제'는 첫째, 민족분단이라는 상황의 지속과 둘째, 민족성원이 세계적 규모로 이산하게 된 것이며 양자의 공통성은 이 시대가 우리에게 강요한 "고난"에 있다.[22] 따라서 '민족공통성'에 근거한 코리언 디아스포라의 연구는 인지적인 측면만이 아니라 비인지적 요소들까지를 포함하는 입체적인 구성을 통해서 다음의 3가지를 조사하는 방식으로 이루어져야 한다.

① '민족적 공통성'이라는 패러다임 하에서의 '민족정체성' 비교연구(민족정체성에서 국가/민족의 인지여부, 민족적 귀속의식과 정서-심리적 유대감), ② 코리언 디아스포라의 공통적 트라우마와 정서적 유대감 비교연구(일제 식민지와 분단의 고통들에 대한 트라우마와 정서적 반응들, 거주국 및 모국의 차별로 인한 상처들), ③ 코리언 디아스포라의 분단-통일에 관한 비교조사(남과 북에 대한 선호도 차이와 분단의 책임에 대한 의견 및 정서적 차이들, 분단이 제공하고 있는 상처들, 통일에 대한 가치-정서-문화적 선호도 및 통일한(조선)반도의 가치-문화).

2) 연구 방법

'한민족 공동체론'은 해외에 거주하는 코리언 디아스포라에 대한 연구관심을 불러일으키기는 했지만 '민족적 리비도'의 합력을 창출

---

21) 이에 대한 논의는 김강일, 「남북통일에 있어서 중국조선족의 역할」, 『중앙아시아 한인연구』, 전남대학교 사회과학연구소, 1999; 김강일, 「문화적 통일의 철학적 원리」, 『철학연구』 제60집, 한국철학연구회, 1999를 참조할 것. 또한, 이런 식의 코리언 디아스포라의 역할은 많은 국내 학자들도 인정하는 바이다.
22) 서경식, 임성모·이규수 옮김, 앞의 책, 돌베개, 2006, 115쪽.

하는 통일이 아니라 해외동포를 활용한 통일이라는 관점 속에 머물러 있었기 때문에 '분단국가의 민족정체성=남(한국)의 국가정체성' 속에 머물러 있었으며 코리언 디아스포라의 문화적 잠재력과 활력을 제대로 보지 못하고 오히려 분단체제의 유지에 이들을 활용하는 데 기여하는 역설적 결과를 낳았다. 이에 '한민족 공동체' 대신에 '한민족 네트워크'란 개념이 사용하면서 코리언 디아스포라의 문화적 역량과 활력을 있는 그대로 수용하고자 하는 입장이 전개되었다. 하지만 이 또한 '민족문화의 동질성'을 전제한다는 점에서 '코리언 디아스포라의 문화변용이 가지고 있는 활력'을 '통일한(조선)반도의 자산'으로까지 발전시키키지 못했다.23) 따라서 무엇보다도 먼저 '동질성 대 이질성', 또는 '민족정체성'이나 민족문화의 전통적 요소'를 확인하려는, 단순비교식의 문화 연구를 벗어나 '혼종성'과 '독특성'이 결합 속에서 '민족공통성'을 미래지향적으로 구성하려는 새로운 연구방법론이 시도되어야 한다.

① '미래지향적 구성의 방법': 그렇다면 미래지향적 구성의 방법이라는 무엇인가? 그것은 서경식이 윤이상의 음악을 가지고 이야기하듯이 '보편'을 지향하는 역동성을 코리언 디아스포라의 문화변용으로부터 찾아내는 것이다. 그는 윤이상의 음악이 자신을 감동시키는 이유가 "아득한 문화의 파편"이나 "조선의 전통적 음악을 유럽의 근대가 이룬 수준까지 끌어"올렸기 때문이 아니라 오히려 "근대 속에

---

23) '동질성 대 이질성'이라는 태도는 '한민족 네트워크'를 만드는 데에도 오히려 역효과만을 낳을 뿐만 아니라 코리언 디아스포라에 대한 올바른 자세도 아니다. "한국통일부에서 작성한 중국조선족에 관한 자료를 보면 중국조선족문화는 한국문화의 하위문화로 규정되어 있다. 이것은 중국조선족사회의 백여 년 역사행정에 대한 바람직하지 못한 자세이며 자체 민족문화에 대한 불존중인 것이다."(김강일, 허명철, 『중국조선족 사회의 문화우세와 발전전략』, 연변인민출판사, 2001, 497쪽) 그러나 이런 관점은 코리언 디아스포라의 역할에 주목하면서 한민족 네트워크를 지지하는 논자들에게 여전히 남아 있다. "민족구성원들 간에 국경을 넘어 존재하는 혈연, 지연, 학연, 업연, 교연 등 다종다양한 관계로 이어지는 민족 네트워크"(장윤수, 『코리언 디아스포라와 문화네트워크』, 북코리아, 2010, 276쪽)라든가 "한민족의 혈통과 문화적 공통성(언어, 전통, 역사, 관습)을 기초로"(성경륭, 이재열, 「민족통합에 대한 네트워크 접근」, 서대숙 외, 『민족통합과 민족통일』, 한림대학교 민족통합연구소, 1999, 131~132쪽) 한민족 네트워크 공동체 건설을 주장하는 관점이 그러하다.

서 문제가 된 인간의 조건을 응시하며 이 근대 자체를 묻기 위해서"였다는 점에 있다고 말하고 있다. 여기서 그가 보는 것은 '민족문화의 전통이나 가치'를 지키려는 노력이 아니라 오히려 "식민지 출신 예술가가 지배문화와의 격렬한 대결을 통해서 '보편'에 이르고자 하는 끊임없는 운동의 표출"이다. 따라서 그는 민족문화의 가치 또한, 우리가 과거에 어떤 가치와 정서, 문화를 가지고 있는가에 있지 않고 "오히려 그 재생과 창조의 역동성, '보편'을 지향하는 역동성 그 자체"에 있다고 말한다.[24]

② '이중의 객관화'와 '변증법적 연구 방법': 그러나 그렇게 하기 위해서는 "객관화의 장소 그 자체를 객관화"해야 하며 이때 객관화는 이중의 장소에서 일어난다. "객관화의 장소란, 보이는 관점, 모든 이론의 맹점, 즉 지식인의 장과 이해(또는 관심)의 투쟁이지만 (…중략…) 우발적 사건에 의해 진실에 대한 관심이 생기는 일"도 있기 때문에[25] "수집된 데이터만이 과학적 구축작업에 개입할 수 있다는 암묵의 규칙을, 조금씩 침범하는 것을 배우는"[26] 과정이며 "상징질서의 유지에 대해 갖는 여러 가지 미묘한 기여를, (…중략…) 지배분업에 따라 이 장에 할당되는 완전히 상징적인 의미에서 전복의 의도에 대한 기여까지 포함하여 객관화"[27]되어야 한다. 왜냐하면 "사회과학이 극복해야 하는 인식론적 장애는 무엇보다도 사회적 장애"[28]이기 때문이다.

따라서 일반론적 수준에서 우리가 '가설'이라는 이론적 개입을 피할 수 없다면 단순한 실증 연구를 벗어나서 이미 조사된 실증자료들을 반성적으로 성찰하면서 '객관화'하는 '이론과 관찰의 결합'을 더욱 확고히 하는 것과 '양적 연구와 질적 연구'의 결합을 강화하기 위

---

24) 서경식, 임성모·이규수 옮김, 앞의 책, 돌베개, 2006, 27~28쪽.
25) Pierre Bourdieu, 최종철 옮김, 『구별짓기: 문화와 취향의 사회학』 下, 새물결, 2006, 919쪽.
26) 위의 책, 915쪽.
27) 위의 책, 920쪽.
28) 위의 책, 921쪽.

해 '평면적 관찰'을 벗어난 조사 대상자의 '체험'에의 접근을 고안해야 한다. 그러나 이것은 일반론적인 이야기로, 누구나 하는 주장이기도 하다. 오히려 더 중요한 것은 이론→관찰→이론, 양적 연구→질적 연구→양적 연구로 끊임없이 반복되는 이 변증법적 결합을 매개하는 과정이 조사 자료나 화자의 이야기에 대한 '정합적 읽기'에 구성되어 있다는 점에 있다. '민족공통성에 근거한 연구'가 진행되기 위해서는 오히려 이런 읽기의 방식을 전복해야 한다.

③ '해체적 독법'을 통한 변증법적 매개: 양적 조사이든 질적 조사이든 간에 실증적인 조사에서 가장 어려운 점은 "실제로 응답자들의 정치적 입장의 차이는 객관적 구조에 관한 (실천적) 지식이 아니라 그 구조의 승인방식에 관계"29)된다는 점이다. 조사 대상자는 의식적으로 진실을 회피하기도 하고 무의식적으로 진실을 회피하기도 한다. 예를 들어 고프만이 말하는 '표상의 영역화'처럼 모든 표상들이 언제 어디서나 표현될 수 있는 것이 아니라 다소 견고하게 서열화된 영역들로 구조화되기 때문에 시간대나 장소, 예를 들어 침실인가 사무실인가에 따라 답변은 달라질 수 있으며 "심리적 억압과정보다는 체면을 잃지 않으려는 욕망에 훨씬 더 연결"되어 있기도 하다.30) 하지만 이보다 더 파악하기 힘든 것은 '심리적 억압'과 관련되어 조작된 기억이나 무의식적인 답변 회피이다. 이 경우에는 조사 대상자 자신조차 자신이 거짓말을 하고 있다는 것을 모른다.

이 점에서 실증적 조사에서의 어려움은 이중적으로 배가되는데, '의식된 것들'에 대한 조사는 조사자 자신의 의도적인 답변 조작뿐만 아니라 사회적으로 구조화된 의식을 그대로 체현한 상태에서 재현하는 문제가 있으며 여기에 덧붙여 무의식적 억압의 문제까지 있다. 따라서 조사 자료에 대한 '신봉'이나 '정합적인 텍스트 독해' 방식은

---

29) 위의 책, 972쪽.
30) Alain Blonchet, Anne Gotman, 최정아 옮김, 『조사와 방법론』, 동문선, 2006, 35쪽.

오히려 '진실'을 은폐하고 조사 대상자의 '거짓'을 반복하는 결과를 낳을 수도 있다. 그러나 '억압된 것은 반드시 돌아온다'는 프로이트주의의 모토처럼 이런 것들은 비정합적인 분열과 틈새, 어긋남으로 귀환한다. 따라서 이 목소리를 듣기 위해서는 그들의 발언이나 통계자료 속에 존재하는 모순과 분열, 갈등을 읽어내는 '해체적 독법'이 필요하다. 해체적 독법은 주어진 발언이나 자료들을 '정합적으로 구성'하는 것이 아니라 오히려 '해체하며 그 속에서의 분열'을 찾아낸다. 따라서 이런 •주어진 통계자료 내부의 어긋남과, •화자 발언 사이의 어긋남, 그리고 •관찰과 이론 사이의 어긋남, •양적 연구와 질적 연구 사이의 어긋남을 '해체적 독법'으로 읽어내면서 변증법적 과정을 매개해가야 한다.

④ '차이-접속-공명의 생성적 연구': 마찬가지로 남과 북, 재중 조선족과 재일 조선인, 그리고 구소련의 고려인 등 코리언 디아스포라의 문화변용에 대한 연구 방법 또한, 민족고유문화의 동질성을 찾아내어 민족정체성의 정도-지표를 밝히는 방식이 아니라 오히려 우리가 민족고유문화라고 생각되는 것에서 빗겨져 나가는 것들, 그리고 그들 사이에서 서로 어긋나는 것들의 '차이'가 무엇인지를 찾아냄으로써 그 독특성을 평가하고 그 '차이'와의 접속을 통해서 '공명'을 불러일으키는 문화적 요소들(각각의 가치-정서-문화적 형태들)을 찾아내고 그런 차이들의 공명을 통해서 생성될 수 있는, 그리하여 미래기획적으로 보편성을 가진 민족문화의 형태들을 생성할 수 있는 문화형태들이 무엇인지를 연구하는 방법을 적용해야 한다.

6. 코리언 디아스포라의 문화역량과 통일한(조선)반도

중국의 본토는 끊임없이 그들이 오랑캐라고 부르는 이민족에 의해 통치되었다. 하지만 그들을 통치한 몽고족도, 만주족도 이제 그 정체성을 상실하고 '한족화'되었다. 중국의 92%가 한족이라는 사실은 놀랍다. 이것은 바로 한 민족의 생존을 결정하는 궁극적인 힘이 문화라는 것을 보여 주고 있다. 하지만 이런 문화적 힘은 집단적 동질성에 있는 것이 아니다. 중국 문명의 힘이 그토록 강력할 수 있었던 것은 이민족들의 문화를 흡수하면서 자신의 문화를 끊임없이 생성해 가는 '다양성'과 '개방성'에 근거한 '문화변용능력'을 가지고 있었기 때문이다. 이런 점에서 역사적으로 압록강과 두만강 이남에서 하나의 정치-문화적 공동체를 형성하고 살아온 한(조선)민족에게 코리언 디아스포라는 축복이라고 할 수 있다. 왜냐하면 이런 역사적 국가의 동질화가 역으로 문화의 다양성과 개방성을 억압하는 반면 코리언 디아스포라의 '혼종성'은 문화의 다양성과 개방성을 제공하기 때문이다.

코리언 디아스포라는 자본주의와 사회주의체제라는 이질적 문화나 관습들과 접촉·갈등·융합하면서 변용된 역동적인 문화적 자산을 만들어 왔다. 오늘날 연변에서 "조선족의 김치, 장국, 냉면 등은 … 딱히 어느 민족의 음식문화인지를 분간하기 어려울 정도 여러 민족의 가정 식탁에 없어서는 안 될 공동한 음식문화"가 되었다. 그러나 이것은 한(조선)민족의 문화만 그런 것이 아니다. 역으로 "한족의 복음요리, 만족의 신배추, 당면" 등도 함께 뒤섞여 들어 왔다.[31] 그렇지만 이들은 '중국 내의 소수민족'으로서, 조선족이라는 정체성을 가지고 있으며 한(조선)민족을 세계화하고 있다.

'문화본질주의라는 덫'을 근본적으로 벗어날 수 있는 길을 찾아야

---

31) 김강일·허명철, 『중국조선족 사회의 문화우세와 발전전략』, 연변인민출판사, 2001, 150쪽.

한다. 문화본질주의는 "문화에 의해 민족을 인정하는 것과 문화로부터의 단절을 가지고 개인의 민족적 소속을 부인하는 것"으로, "사실 똑같은 하나의 고정관념에서 비롯된다. 양자는 모두 문화를 정태적이고 선험적인 것으로 파악하는 전형적인 오류"에서 나온다.[32] 그러나 이것은 극복하기에 정말 어렵다. 왜냐하면 공유하는 문화가 없다면 그들의 정체성을 확인할 방법이 없다고 생각하기 때문이다. 하지만 민족정체성은 어떤 하나의 문화가 아니라 그들을 씨줄-날줄로 묶는 다양한 가치-정서-문화적 형태들 속에 존재한다.

게다가 코리언 디아스포라의 지정학적 위치와 역사-존재론적 위치에서 드러나듯이 '분단'과 '이산'은 일제 식민지의 역사가 남긴 가장 큰 잔재라는 점에서 한(조선)민족에게 두 개의 과제는 하나로 연결되어 있을 뿐만 아니라 코리언 디아스포라는 '식민'과 '분단'이라는 20세기 한(조선)반도의 역사적 수난을 남/북과 더불어 공유하고 있다. 따라서 이 아픔과 고통을 극복하는 길은 통일한(조선)반도를 건설하는 것이며 이를 통해서 민족적 리비도의 좌절과 억압을 벗어나 '민족적 합력'이 되어 다시 흐르게 하는 데 있다. 그리고 이 점에서 '코리언 디아스포라를 포함한 통일한(조선)반도의 민족공통성'을 생성시켜가는 것은 미완의 근대적 과제를 성취하는 것이자 서구적 근대화가 낳은 '식민화'를 극복하여 탈현대적인 보편성을 성취하는 것이기도 하다.

---

32) 서경식, 임성모·이규수 옮김, 『난민과 국민 사이』, 돌베개, 2006, 29쪽.

참고문헌

김강일, 「남북통일에 있어서 중국조선족의 역할」, 『중앙아시아 한인연구』, 전남대학교 사회과학연구소, 1999.

_____, 「문화적 통일의 철학적 원리」, 『철학연구』 제60집, 한국철학연구회, 1999.

김강일·허명철, 『중국조선족 사회의 문화우세와 발전전략』, 연변인민출판사, 2001.

김성민·박영균, 「인문학적 통일담론과 통일인문학: 통일패러다임에 관한 시론적 모색」, 『철학연구』 92집, 2011.

_____, 「분단의 트라우마에 관한 시론적 성찰」, 『시대와 철학』 21-2, 한국철학사상연구회, 2010.

김태영, 강석진 옮김, 『저항과 극복의 갈림길에서』, 지식산업사, 2005.

박영균, 「통일론에 대한 스피노자적 성찰」, 건국대학교 인문학연구원 통일인문학연구단 엮음, 『분단 극복을 위한 인문학적 성찰』, 2009.

박창규, 「새로운 국제환경과 한민족 공동체: 화교와 유태인 사례에서 본 재외한인 네트워크의 현황과 과제」, 강성학 편, 『동북아의 평화사상과 평화체제』, 리북, 2004.

박태결, 『중국에서 본 한국』, 아름다운 사람들, 2010.

서경식, 임성모·이규수 옮김, 『난민과 국민 사이』, 돌베개, 2006.

서용달, 서윤순 옮김, 『다문화공생 지향의 재일 한조선인』, 문, 2010.

성경륭, 이재열, 「민족통합에 대한 네트워크 접근」, 서대숙 외, 『민족통합과 민족통일』, 한림대학교 민족통합연구소, 1999.

이광규, 「해외교포와 한민족 공동체」, 서대숙 외, 『민족통합과 민족통일』, 한림대학교 민족통합연구소, 1999.

장윤수, 『코리언 디아스포라와 문화네트워크』, 북코리아, 2010; 강상중, 이경덕·임성모 옮김, 『오리엔탈리즘을 넘어서』, 이산, 2002.

정수일, 「민족과 민족주의, 그 재생의 담론」, 강철구, 「민족주의 이론과 유럽중심주의」, 정수일 외, 『21세기 민족주의』, 통일뉴스, 2010.

허명철, 『전환기의 연변조선족』, 료녕민족출판사, 2003.

Blonchet, Alain & Gotman, Anne, 최정아 옮김, 『조사와 방법론』, 동문선, 2006.

Bourdieu, Pierre, 최종철 옮김, 『구별짓기: 문화와 취향의 사회학』 下, 새물결, 2006.

_____, 김웅권 옮김, 『파스칼적 명상』, 동문선, 2001.

Dirlik, Arif, "The Postcolonial Aura: Third World Criticism in the Age of Global Capitalism", *Critical Inquiry* 20, Winter 1994.

Hanson, N. R., *Patterns of Discovery*, Cambridge: Cambridge Univ. Press, 1958.

柄谷行人, 조영일 옮김, 『세계공화국으로』, 도서출판b, 2007.

민족정체성 연구의 양적·질적 대립과 해체 -소통적 연구방법론

박영균

1. 양적·질적 연구방법과 연구전통

일반적으로 양적 연구에 따른 조사는 다수의 표본을 '얇게 조사'하는 '외연적 방식'이라고 한다면 질적 연구에 따른 조사는 소수의 표본을 '두텁게 조사'하는 '내포적 방식'이라고 할 수 있다. 양적 연구는 설문-통계와 같이 더 많은 표본을 확보하여 이를 계량화하는 방식을 취한다. 반면 질적 연구는 표본의 수적 다수성이 아니라 조사 대상자의 깊이 있는 내적 맥락과 탐구를 선호한다. 따라서 양적 연구는 표본의 숫자가 많은 대신에 객관식 설문조사 항목과 같이 수적으로 계량화가 쉬운 조사방식을 선호하는 반면 질적 연구는 구술면접 및 현장조사와 같이 하나의 표본을 조사하는 데 보다 많은 시간과 노력을 투자하는 조사방식을 선호한다.

물론 이런 대립에는 나름대로 합리적이고 객관적인 근거가 있다. 그러나 이런 대립이 극복하기 어려운 것은, 그것이 인문학과 사회과학이라는 근대 분과학문체계의 연구전통과 연결되어 있으며 오랜 세월 동안 축적된 역사적인 연구전통을 반영하고 있기 때문이다. 양적 연구는 전통적인 실증주의적 경향을 따라 연구를 진행한다면 질적 연구는 이와는 대립적인 해석학적 경향을 따라 연구를 진행하는 전통이 있다. 따라서 계량적 수치화와 이에 대한 설명을 선호했던 사회과학적 전통에 속한 연구자들은 양적 연구를 선호하는 반면 전통적으로 의미와 이해, 해석을 중시하는 인문학적 전통에 속한 연구자들은 질적 연구를 선호한다.

오랫동안 사회과학 내부에서 진행되었던 '설명과 이해, 구조와 행위 등'은 바로 이런 연구의 내적 대립과 무관하지 않다. 따라서 이런 대립을 벗어나기 위해서는 무엇보다도 먼저 연구자 자신이 속한 연구전통이 체현하고 있는 아비투스 자체를 반성적으로 성찰할 필요가 있다. 연구자는 중립적이지 않다. 연구자는 자신이 속한 학문의 장이 자신의 학문 연구 경향과 관점들을 체현함으로써 특정한 아비투스를 생산한다. 하지만 자신에게 내면화된 연구전통은 그들의 성찰을 가로막는다. 게다가 사람들은 자신에게 익숙한 것을 자명한 것으로 설정하고 이에 근거하여 상대의 약점을 물고 늘어지는 경향이 있다.

그러나 이런 대립에 의한 정당화는 정작 그 자신이 수행하고 있는 연구 방법론의 내적 결함을 성찰하지 못함으로써 연구방법론 그 자체에 대한 정당화를 도외시하는 결과를 낳기도 한다. 이것은 민족정체성 연구에서도 동일하게 반복되고 있다. 기존에 이루어진 민족정체성 연구는 '민족 대 탈민족'이라는 대립적 문제틀[1]과 양적·질적

---

1) '문제틀(Problematic)'은 가스통 바슐라르 이후, 캉길렘-알뛰세-푸코로 이어지면서 사용한 개념이다. 알뛰세는 "주어진 텍스트 내에서 요소들을 실제적으로 사유하는 데 있어 출발점이 되는 문제틀의 본질에 관한 문제"를 제기하면서 "한 사유의 문제틀은 총체로서의 사유의 추상이 아니라 한 사유의 그리고 그 사유의 가능한 모든 사유들의 구체적이고 결정된 구조"라고 말하면서 "하나의 이데올로기는 당연히 그 이데올로기 자체의 문제틀이 그것 자체를 의식하지 않고 있다는 사실에 의해 특징지워진다"고 말하고 있다(Louis Althusser, 고길환·이화숙 옮김, 『마르크스를 위하여』, 백의, 1990, 80~81쪽). 여기서는 이런 개념을 차용하여 기존 연구들의 내재적 경향에 대한 징후적 독해를 시도하였다. 그러나

연구방법론이 서로 착종되면서 상호간의 소통과 협력을 방해하고 있다. 따라서 양적 연구와 질적 연구 간의 대립과 갈등을 벗어나 '협력적 연구'로 전환시키기 위해서는 무엇보다도 먼저 상호 연구가 가지고 있는 장점과 단점을 상호 성찰적으로 드러내면서 협력적인 관계를 모색할 수 있는 새로운 연구방법론의 방향을 잡아가는 것이라고 할 수 있다.

그러나 그렇게 하기 위해서는 연구방법론에 대한 검토가 방법론 일반에 대한 논의로 나아가서는 안 된다. 왜냐하면 이런 방법론에 대한 일반론적 쟁점이나 논쟁들에 대해 검토가 중요함에도 불구하고 이런 식의 논의가 구체적인 조사연구의 결과들을 활용하지 않는다는 점에서 추상적으로 흐르거나 아니면 연구 대상에 따라 두 가지의 방법론 중에 어느 것이 적절한 지는 각각의 경우에 따라 다르다는 식의 절충으로 나아가기 쉽기 때문이다. 따라서 양적 연구와 질적 연구라는 방법론 일반의 차원에서가 아니라 그것을 구체적으로 적용할 수 있는 사례 및 그런 결과들을 가지고 논의를 전개할 필요가 있다.[2]

바로 이런 점에서 이 글은 이미 제출된 민족공통성 연구방법론[3]

여기서의 징후적 독해는 문제를 제기하는 이론적 조건들에 대한 것으로, 본래의 의미와 약간 다르다. 그럼에도 불구하고 문제틀이라는 개념을 차용한 것은 코리언에 대한 기존 연구 방법들이 출발하는 문제의식과 그에 따른 분석 방식이 달라지기 때문이다. 따라서 여기서는 문제틀이라는 개념을 '주어진 대상을 연구하는데 그것의 얼개를 주는 틀(framework)이면서 그것들을 그렇게 인식하도록 하는 조건들(conditions)'이라는 의미로 사용하였다.

2) '연구방법론'이라고 하면 일반적으로 사람들은 연구조사의 실질적인 기법이나 절차를 다루는 것이라고 생각한다. 그러나 노먼 블래키는 다음과 같이 말하고 있다. "연구의 방법들은 어떤 연구 문제나 가설과 관련된 자료를 수집하고 분석하기 위해 사용되는 실질적인 기법이나 절차이다. (…중략…) 반면 방법론은 연구가 어떻게 진행 되는가 또는 진행되어야 하는가에 대한 분석이다." 따라서 연구방법론에 대한 검토는 '실질적인 기법이나 절차'가 아니라 '연구가 어떻게 진행 되는가 또는 진행되어야 하는가'에 대한 것이라고 할 수 있다(Norman Blaikie, 이기홍·최대용 옮김, 『사회이론과 방법론에 다가서기』, 한울, 2010, 22쪽).

3) 박영균, 「코리언 디아스포라의 민족공통성 연구방법론」, 『시대와 철학』 22-2, 2011; 이병수·김종군, 「코리언 정체성 연구의 방법론」, 건국대학교 통일인문학연구단, 『코리언의 민족정체성』, 선인, 2012. 민족공통성 개념에 대한 논의는 이병수, 「민족공통성 개념에 대한 고찰」, 『시대와 철학』 22-3, 2011을 참조.

에 따른 조사 결과인 '코리언의 민족정체성 연구' 결과4)인 실증적이고 경험적인 자료들을 가지고 양적 연구와 질적 연구 각각이 가지고 있는 장점과 한계를 검토하고자 하고자 한다. 특히, 이런 검토 과정은 기존의 학계에서 이루어져 왔던 민족정체성 연구경향인 '민족 대 탈민족'이라는 대립적 문제틀과 관련하여 '양적 연구'와 '질적 연구'가 어떤 장단점을 가지고 있는지를 실증적으로 드러내는 과정이 될 것이다. 따라서 이 글은 양적 연구와 질적 연구가 가지고 있는 각각의 한계를 극복하는 소통적 연구방법의 방향을 제안하고자 한다.

2. 양적·질적 연구방법론의 핵심 쟁점: 객관성의 신화와 해석의 과소·과잉

설문-통계와 같은 '다수의 대표성'을 주장하는 사람들은 연구 대상 및 표본에 대한 '깊이'를 결여하고 있을 뿐만 아니라 데이터 자체를 객관적인 것으로 신뢰하면서 그것에 대한 해석이나 이해를 요구하는 '깊이 읽기'를 회피하는 경향을 가지고 있다. 그러나 그렇기 때문에 질적 연구를 선호하는 사람들은 양적 연구에 따른 조사방식이 조사대상자를 특정한 양적 단위로 분할하여 동등화하고 이를 계량화함으로써 그 대상자들이 가지고 있는 질적 고유성을 배제하는 '수의 폭력'을 저지르고 있다고 비판하고 있다. 따라서 양적 연구에 대한 질적 연구의 비판에서 핵심은 첫째, '수의 폭력'과 둘째, 표본에 대한 '얇은 읽기라는 해석의 배제'이다.

반면 '구술'이나 '면접' 등 '질적 깊이'를 주장하는 사람들은 '수의

---

4) 건국대학교 통일인문학연구단의 코리언들에 대한 설문-통계조사결과'를 연구한 결과가 '한국인', '탈북자', '재중 조선족', '재러 고려인', '재일 조선인' 순으로 담겨 있다. 민족공통성 시리즈 4권은 다음과 같다. 건국대학교 통일인문학연구단, 『코리언의 민족정체성』, 『코리언의 역사적 트라우마』, 『코리언의 생활문화』, 『코리언의 분단-통일의식』, 선인, 2012.

폭력'을 벗어나서 조사 대상자들 각각이 가지고 있는 내면적 깊이와 고유성을 볼 수 있는 조사방식을 선호하며 이를 위해 표본의 다수성 이 아니라 개별적 표본의 독특성을 내밀하게 천착하면서 그것을 통해서 '수의 폭력'을 해체하면서 자신의 조사방식을 더 보편적인 것으로 내세운다. 그러나 그렇기 때문에 이번에는 반대로 양적 연구를 선호하는 연구자들은 질적 연구가 매우 빈약한 표본으로, 그것이 마치 보편적인 것처럼 주장하는 오류를 범하고 있다고 비판한다. 따라서 질적 연구에 대한 양적 연구의 비판에서 핵심은 첫째, '빈약한 표본'과 둘째, '자의적 해석이라는 해석의 과잉'이라고 할 수 있다.

그러나 이런 양자에 대한 상호 비판은 그 자체로 정당한 요소를 가지고 있지만 첫째, 본질적으로 그것이 자신의 연구전통에 대한 대표성을 자임한다는 점에서 '객관성의 신화'에 기초한 '대표성 경쟁'에 빠져 있다. '수의 폭력'과 '빈약한 표본'이라는 상호 비판은, 그것이 서로 각기 자신의 연구가 보다 객관적인 데이터라는 주장을 전제로 하지 않는 한 성립할 수 없으며 '얇은 읽기'와 '자의적 해석' 또한 자신의 설명이나 해석이 연구 대상에 대한 보다 객관적이라는 주장을 정당화하는 한에서 사용되고 있다. 물론 근대분과학문이 자연과학적이고 실증적인 연구에 의해 지배되어 왔다는 점에서 인문학적 전통에 근거한 질적 연구는 이에 대한 저항과 극복을 함축한다.

그러나 그렇다고 '질적 연구방법'이 이런 '객관성의 신화'를 벗어나 있는 것은 아니다. 질적 연구자들은 '실증성=객관화'라는 신화를 비판하기 때문에 개인의 심층을 파고드는 구술 및 현장 조사를 기획한다. 하지만 그들 또한 '원초적 데이터는 가치중립적인 객관성'을 대표한다는 실증주의의 기본적 전제를 공유한다. 이윤석과 김영희는 인문학적이고 질적인 조사방식을 선호하는 민속지학 연구방법에서조차 가장 훌륭한 조사자를 '투명인간'과 같은 존재로 만드는 방식을 추구한다고 비판하고 있다. 즉, 조사자의 개입이 없는, 순수하게 자연적인 연행 환경조성을 만들어 자기 자신의 존재를 무화시키고자 한다는 것이다.5) 따라서 여기에 작동하는 신화는 여전히 '가치중립적인 데이터'에 대한 실증주의적 믿음이다.

사실, 실증주의적 전통에 서 있는 '양적 연구'도 '순수한 데이터'를 얻기 위해 노력하지 않는 것은 아니다. 양적 연구와 질적 연구에서의 '객관주의'는 전혀 다른 방식으로 등장한다. 양적 연구는 연구 설계-기획-조사에서의 연구자 개입을 최소화하고자 하지만 그것을 벗어날 수 없다. 따라서 그들은 조사 결과 얻어진 '데이터'의 순수성을 보존하기 위해 그 결과에 대한 해석을 최소화하고 있는 그대로의 수치를 보여 주고자 한다. 반면 질적 연구는 연구 설계-기획-조사에서의 연구자 개입을 최소화함으로써 보다 순수한 데이터를 얻는 반면 그것에 대한 보다 깊이 있는 조사를 통해서 조사 대상자의 '내적 맥락'을 드러내고자 한다.

그러나 문제는 데이터의 오염은 그것이 양적 연구든 질적 연구든 상관없이 그렇게 얻어진 데이터에 주어질 수밖에 없는 운명에 처해 있다는 것이다. 설문-통계 조사가 연구의 설계에서 질적 연구에 비해 연구자의 더 많은 개입을 불가피하게 만드는 것은 사실이다. 하지만 그렇다고 '연구자'를 최대한 배제한 '구술'이 데이터의 순수성을 높이는 것은 아니다. 왜냐하면 구술자가 구술하는 역사 또한 그 개인의 성향과 가치관에 의해, 그리고 그 자신의 욕망에 의해 채록된 기억일 뿐이기 때문이다. 그것은 결코 객관적인 기억이 아니다. 거기에도 지배이데올로기가 작동하며 그가 살아온 과정 속에서 착종되거나 왜곡된 기억들이 존재한다.

"모든 인식과 인식 내용의 텍스트화에는 오인과 오역의 구조가 존재"한다. "이미지는 현실의 반영이 아니라 인식의 양태에 의해 창조되는 것이기에 현장은 연구자에 의해 텍스트로 옮겨지는 순간 연구자가 바라본 현장이 된다."6) 또한, 조사대상자들도 그들이 살아온 공

---

5) 이윤석·김영희, 『구전이야기의 현장』, 이회, 2006, 99쪽.

간 속에서 자신의 역사적 기억을 재조정하며 재인식한다. 부로디외가 말했듯이 "실제로 응답자들의 정치적 입장의 차이는 객관적 구조에 관한 (실천적) 지식이 아니라 그 구조의 승인방식에 관계"[7]된다. 따라서 응답자들의 기억이나 서사는 그 스스로 주어진 구조 하에서 왜곡되거나 착종된다.

그러므로 양적 연구든 질적 연구든 '객관성의 신화'를 벗어나야 한다. '관찰의 이론의존성'이라는 테제는 사회과학만이 아니라 인문학 내부에서도 작동하고 있다. 적어도 우리가 얻는 데이터는 두 번의 여과기를 거치게 되어 있다. 그것은 첫째, 구술자의 기억이며 둘째, 연구자의 해석 또는 기록일 뿐이다. 따라서 앤드루 세이어는 내포적 연구를 선호하는 연구자들이 내포적 연구의 "결과가 전체 모집단의 '대표'가 아니라는 것을 깨달아야 한다."[8]고 말하고 있다. 바로 이런 점에서 극복되어야 할 것은 '실증주의적 믿음=가치중립적 데이터라는 신화' 그 자체이며 '인문학과 사회과학이라는 분과체계'라는 연구전통 그 자체이다.

둘째, '해석의 배제/과잉의 문제'에서 양적 연구도, 질적 연구도 그 어떤 우위를 점할 수 없다는 점이다. 이전에 수행된 코리언의 민족정체성에 대한 연구는, 그것이 양적 연구든 질적 연구든 간에 주로 '코리언'과 '디아스포라'의 대립이라는 문제틀로 환원될 수 있다. 하지만 코리언들이 가지고 있는 민족정체성은 민족동일성으로도, 디아스포라의 탈민족적 혼종성으로 환원되지 않는다. 인지적 정체성의 측면에서 보면 재일 조선인→재러 고려인→재중 조선족 순으로 높다. 그러나 신체적 정체성의 측면에서 보면 재중 조선족→재러 고려인→재일 조선인 순으로 높으며 정서적 정체성의 측면에서 보면 재중 조선족→재일 조선인→재러 고려인 순으로 높다.[9]

---

6) 위의 책, 105쪽.

7) Pierre Bourdieu, 최종철 옮김, 『구별짓기: 문화와 취향의 사회학』 下, 새물결, 2006, 972쪽.

8) Andrew Sayer, 이기홍 옮김, 『사회과학방법론』, 한울아카데미, 2011, 357쪽.

물론 이런 양적 연구는 1, 2, 3위라는 순위화가 보여 주듯이, 질적 연구자들이 비판하는 '얇은 서술(thin description)'이라는 결정적인 문제를 안고 있다. 그러나 그렇다고 이와 같은 양화가 우리에게 아무것도 제공하지 않는 것은 아니다. 그것은 고도의 추상화로 인한 분석의 명료함을 줄 뿐만 아니라 기존의 연구가 가지고 있었던 연구 경향의 오류가 무엇인지를 보여줌으로써 새로운 연구 방향을 열어 주기 때문이다. 게다가 이런 분석의 명료함은 '추상=사상'이라는, 미시적인 것들에 대한 배제라는 대가 없이 얻을 수 있는 것이 아니다. 따라서 '얇은 서술'은 '분석의 명료함' 대신에 떠안아야 할 대가라고 할 수 있다.

그런데도 이런 분석의 장단점을 보지 않은 채, 질적 연구자들은 양적 조사연구가 가지고 있는 '수적 다수성에 의한 추상화' 때문에 표본의 대표성이나 '표피적 조사방식', '추상화의 폭력'을 제기하면서 '질적 연구의 우위성'을 주장하고 있다. 하지만 양적 연구가 '수의 폭력'을 저지르는 만큼 질적 연구도 '빈약한 표본의 폭력'을 동반한다. 질적 연구는 '두터운 서술(thick description)'을 주장하면서 적은 표본을 매우 오랫동안 많은 시간과 공을 들여 관찰하고 기록하며 최대한 그들의 구술을 그대로 채록하고자 한다. 하지만 구술자를 선택할 때부터 이미 연구자의 개입이 이루어진다. 따라서 그의 채록이 아무리 자신을 무화하는 '투명인간'에 의거한다고 하더라도 그것은 이미 '선택'을 함축하며 이에 따라 '미시적인 것'을 일반화하는 '질의 폭력'을 동반할 수밖에 없다. 예를 들어 역사적 트라우마에 대한 민족공통성 연구조사 결과가 이를 보여 주고 있다.

사람들은 강제 이주의 체험을 가지고 있는 재러 고려인들에 대한 구술조사결과를 보면 우리는 재러 고려인들이 러시아에 대한 매우 강한 반감과 역사적 트라우마를 가지고 있을 것이라고 생각한다. 또

---

9) 건국대학교 통일인문학연구단, 『코리언의 민족정체성』, 선인, 2012, 310~311쪽.

한, 재일 조선인의 경우, 식민지 본국이었던 일본의 배제정책으로 인해 온갖 수난을 겪었으며 이에 저항해서 싸워 온 처절한 역사를 가지고 있다. 따라서 이들에 대한 구술-면접-현장조사를 실시해 온 연구자들은 이런 '차별 경험'이나 '수난사'를 가지고 있는 사람들을 구술자로 선택하는 경우가 많으며 이런 종류의 채록담을 보다보면 그들이 대단한 민족의식과 거주국에 대한 저항의식을 가지고 있는 것처럼 여겨진다.

그러나 민족공통성 연구 결과를 보면 이런 식의 구술담에서 나타나 있는 의식이나 정서가 그들이 가지고 있는 일반적인 경향이 아니라는 점이 드러나고 있다. 강제 이주 경험이 있는 재러 고려인들이 느끼는 차별 경험은 재중 조선족의 차별 경험과 별 차이가 없었으며 러시아중심의 민족주의에 대해서도 재중 조선족의 한족중심의 민족주의나 재일 조선인의 일본중심의 민족주의보다 현저하게 낮은 수치를 보이고 있다. 게다가 재러 고려인들은 '조국 선택'에 대한 물음에서 재중 조선족 다음으로 높은 86.8%가 러시아를 선택하고 있다.10) 따라서 이 결과는 질적 연구자들이 수행한 구술담과 전혀 다르다.

그렇다면 이와 같은 상반된 결과가 나오는 것은 무엇 때문일까? 그것은 질적 연구들이 다수를 조사할 수 없는 표본의 한계와 질적 연구에서 수반되는 '역전이 현상', 즉 조사 대상자의 아픔이 조사자 및 그것을 읽는 사람에게 전이-동화됨으로써 마치 그들 전체가 그

---

10) 위의 조사 결과를 보면 '나는 한민족이라는 이유로 차별받아 본 적이 있다.'는 질문에 대한 '있다'/'없다'의 수치는 각각 재중 조선족 40.7%, 59.3%, 재러 고려인, 42.3%, 55.8%이며 재일 조선인 70.7%,, 27.7%로 재일 조선인, 재중 조선족, 재러 고려인 순이었고, '거주국은 00중심의 민족주의가 강하다고 생각하십니까?'에 대한 '매우 그렇다', '약간 그렇다', '그렇지 않다', '전혀 그렇지 않다'는 각각 재중 조선족 37.4%, 44.8%, 12.8%, 5.1%인 반면 재러 고려인은 15.0%, 52.8%, 30.4%, 1.5%이고 재일 조선인은 22.3%, 40.1%, 31.5%, 4.1%로, 재중 조선족이 가장 높았다. 게다가 '거주국 내 기타 민족과 다르다는 것을 느끼는가?'는 질문에 대한 '항상 느낀다', '가끔 느낀다', '느끼지 못한다'는 답변 비율을 보면 재중 조선족 40.1%, 44.4%, 15.5%로, 재일 조선인 22.3%, 61.1%, 16.2%보다 강도가 세며 재러 고려인은 22.3%, 61.1%, 16.2%로 상대적으로 다른 집단에 비해 낮았다. 이것은 앞의 책, 308쪽과 건국대학교 통일인문학연구단, 『코리언의 역사적 트라우마』, 선인, 2012, 338쪽의 내용을 간추려 논의 맥락에 맞게 재편성한 것이다.

럴 것이라고 생각하기 때문이다. 그러나 구술자의 기억과 아픔 또한 그가 누구인가에 따라 다르며 그가 느끼는 아픔과 고통, 정서가 곧 그들 전체의 아픔과 고통, 정서라고 할 수는 없다. 게다가 구술자의 구술담은 '사실'에 관한 문제가 아니라 '기억'과 '정서'에 관한 문제일 뿐이다. 따라서 이것은 실제로 재러 고려인들이 강제이주라는 역사적 상처를 경험했다는 역사적 사실과는 무관함에도 불구하고 '역전이'에 빠진 연구자들은 이것을 마치 '역사적 사실'에 관한 것인 것처럼 연구 결과에 반감을 가지는 것이다.

물론 질적 연구가 양적 연구에 비해 가지고 있는 장점은 있다. 그 것은 '질적 연구자'들이 주장하듯이 '지배'와 '다수'의 기억 속에서 은폐되거나 억압되어 있는 것들을 들추어내는 데 있어서 양적 연구보다 우월하다고 할 수 있다. 왜냐하면 질적 연구는 미시적인 개인의 심층적 체험과 기억들을 추적하기 때문이다. 그러나 그렇다고 '양적 연구'가 '질적 연구'처럼 지배적인 문법과 기억들, 주류적 담론과 이데올로기를 해체하는 기능을 가지고 있지 못한 것은 아니다. 인지적-정서적-신체적 차원에서 본 민족공통성 연구는 민족정체성이 혈연, 언어, 문화 등과 같은 특정한 하나의 잣대로 환원되지 않을 뿐만 아니라 그들이 공유하고 있는 공통분모 또는 교집합으로서의 민족정체성을 가지고 있지 않다는 점을 보여 준다.

재중 조선족은 정서 및 신체적 정체성에서 우위를 보이지만 재일 조선인은 인지적 정체성에서 우위를 보이고 있으며 재러 고려인과 재미 한인은 특정 부문에 대한 우위를 가지고 있지 않지만 평균적 수준에서 민족적 유대성을 가지고 있다. 따라서 그것은 '동일성으로서 민족정체성'이라는 테제를 기각하면서도 '탈민족'이라는 테제 또한 기각하면서 새로운 연구 방향을 열어준다. 그것은 곧 민족정체성이 그들의 역사-사회적 맥락과 관련하여 인지-정서-신체의 복합적이면서도 중층적 구성된다는 것이다.

또한, 양적 연구는 질적 연구의 통념들을 교정하는 효과도 가지고 있다. 양적 연구 결과가 실제 차별이나 탄압 정도에 따라 다른 민족과의 관계에서 느끼는 '다름'이나 거주국의 주류종족 중심의 민족주의에 대해 느끼는 정도가 달라질 것이라는 통념을 부정하기 때문이다. 재중 조선족은 '문화혁명' 시기를 제외하고는 조선족 자치주를 형성하고 살았기 때문에 '재일 조선인'이나 '재러 고려인'들이 역사적으로 거주국에서 겪어 온 역사적 트라우마와 비교할 때, 현저하게 적다고 할 수 있다. 그럼에도 불구하고 재중 조선족은 재러 고려인이나 재일 조선인에 비해 '거주국의 주류 종족 중심의 민족주의'를 가장 많이 느끼며 '다름'의 정서도 가장 많이 느끼고 있다. 따라서 기존 담론이나 지배적 통념들을 해체하는 것은 '질적 연구'만이 아니라 '양적 연구'에서도 가능하다.

바로 이런 점에서 다음의 주장에 귀를 기우릴 필요가 있다. "연구 방법이나 데이터의 측면에서 질적인 것과 양적인 것의 목표와 능력 간에는 근본적인 갈등이 없다. 갈등이 있다면 검증이나 이론 생성의 우위를 결정하는 일인데, 질적 데이터와 양적 데이터에 대한 열띤 논의는 역사적으로 연관되어 있다. 우리는 무엇을 우위에 놓는가에 관계없이 두 가지 형태의 데이터 모두 증명과 이론 생성에 각각 유용하다고 믿는다. 우위성은 오로지 연구 환경, 연구자의 흥미와 훈련, 이론에 필요한 자료의 종류에만 달려 있다. 많은 경우에 두 가지 형태의 데이터가 모두 필요하다."11)

---

11) Barney G. Glaser, Anselm L. Strauss, 이병식·박상욱·김사훈 공역, 『근거이론의 발견』, 학지사, 2011, 35쪽.

3. 질적-양적 연구의 변증법 결합: 생성적 연구 방법과 해체적 기획

양적 연구와 질적 연구의 결합을 말하는 것은 쉽다. 그러나 문제는 어떻게 둘을 결합시킬 것인가이다. 게다가 이런 둘의 결합은 다양한 방식의 절충과 편견 속에서 지속적으로 은폐된 채 재생산되기도 한다. 예를 들어 연구자들은 '통일-분단의식'과 같이 의식적으로 확인 가능한 연구 주제이거나 한국인처럼 상대적으로 동질적인 집단에 대한 연구로는 '설문-통계'처럼 '외연적이고 양적인 연구'가 적절하고 '트라우마'처럼 비의식적이면서 정서적인 연구 주제이거나 디아스포라처럼 상대적으로 비동질적 집단에 대한 연구는 '내포적이고 질적인 방식'이 적절하다는 식으로 생각한다. 그러나 그렇게 되었을 때 이 두 가지 연구방법은 연구 주제 및 대상에 따라 다시 분리될 수밖에 없다.

게다가 이렇게 연구주제나 대상에 따라 '양적 연구'와 '질적 연구'를 선택하게 되면, 설문-통계방식과 같은 방식이 가지고 있는 장단점과 면접 구술 및 현장조사와 같은 방식이 가지고 있는 장단점을 각기 자신의 내적 논리에 대한 반성과 성찰에 기초하여 서로를 흡수하면서 지양해 가는 '소통'이 이루어질 수 없을 뿐만 아니라 심지어 더 나아가 서로의 장점만을 내세우는 대립을 재생산하는 경우도 있다. 예를 들어 재러 고려인이나 재일 조선인의 '수난'에도 불구하고 그들의 느끼는 '차별 경험'이나 '다름의 정서'가 낮을 때 이것을 '역사의 망각'으로 보면서 그들을 훈계하거나 연구 결과 자체를 부정하는 태도가 그러하다.

그러므로 양적 연구와 질적 연구 각각의 데이터의 객관성의 우위라는 특권화된 관점을 버리고 오히려 양자의 연구가 지닌 한계를 승인하고 그로부터 발생하는 내적 균열들을 근거로 하여 양자를 결합시키는, 새로운 연구의 생성방법으로 연구방법론을 전환시킬 필요가 있다. 그러나 그렇게 하기 위해서는 글레이저와 스트라우스가 말했듯이 "질적 데이터를 테스트하는 데 양적 데이터를 활용하는 것이 아니라 두 가지 모두 보충물 및 상호 검증으로 활용"하는 변증법적 결합이 필요하다. 그리고 이때 "가장 중요한 점은 같은 연구에서 사용되는 다른 형태의 데이터로서 서로 비교되어 각각 이론을 생성해낼 수 있다는 점"이다.[12] 이것은 양적 연구와 질적 연구의 대립적 경쟁, 또는 상호 대립적 활용이 아니라 양자의 상호 보충적이면서도 상호 검증적 방식, 새로운 이론의 생성 방법으로서의 연구방법을 고안해야 한다는 것을 의미한다.

하지만 그럼에도 불구하고 이들이 주장하는 '양적 연구'와 '질적 연구'의 결합에도 문제가 없는 것은 아니다. 그것은 그들이 양적 연구는 '새로운 이론을 발견하기 위한 노력'으로 정의하는 반면 질적 연구는 '사실상의 결론적 분석'이라고 본다는 점에서 드러난다. 즉, 그들은 "연구를 보존하기 위해서 이미 알려져 있는 가설을 테스트하는 양적 연구를 그 데이터에서 새로운 실질적 사실과 이론을 발견하기 위한 노력으로 바꾸어야만 한다."[13]고 말하면서도 곧 이어 "질적 데이터는 예비적 분석보다는 사실상의 결론적 분석을 야기하는 경우가 많다."고 주장하고 있다. 따라서 이들은 상호 변증법적 검증과 소통이 아니라 '양적 연구'에서 '질적 연구'로 나아가는 기계적 결합에 빠져드는 경향을 가지고 있다.

하지만 양적 연구만이 '새로운 이론을 발견'하는 것도 아니며, 질적 연구가 결론적 분석을 야기하는 것도 아니다. 양자는 모두 다 새로운 이론을 발견하는 연구방법이 될 수 있으며 나름의 연구방법을 따라 결론을 내릴 수도 있다. 양자는 그 어떤 것에 대해서 상호 우위성이 없다. 게다가 양적 연구에도, 질적 연구에서도 최종적인 결론은

---

12) 위의 책, 36쪽.
13) 위의 책, 323쪽.

존재하지 않는다. 왜냐하면 양자의 상호 검증이나 보완은 하나의 소통 과정으로, 끊임없는 변증법적인 운동의 상호적 상승을 만들어 가는 한 축일 뿐이기 때문이다. 그렇다면 문제는 '양적 연구'와 '질적 연구'가 각각 '예비적 분석'에 적합한지, 또는 '결론적 분석'에 적합한지를 따질 것이 아니라 양자의 결합이 '새로운 이론을 발견'하는 '생성적 연구방법'을 고안하는 것이다.

그러나 이렇게 되면 '생성적 연구방법'은 더 이상 '최종적 결론', 또는 '검증의 더 올바름'을 주장하지 않는 것이 되어야 한다. '생성적 연구방법'에서 그 연구방법의 정당성은 보다 많은 이론들을 발견하거나 열어놓을 수 있는 '생산가능성'에 있다. 새로운 이론들을 발견하기 위해서는 우리 자신의 습성이나 통념, 또는 기존 연구 결과들이 놓치거나 봉쇄하고 있는 지점을 우선적으로 해체해야 한다. '해체'는 새로운 각도와 시각에서 새로운 연구방향을 열어놓는다. 따라서 연구방법론의 우월성은 오직 이런 '해체'가 열어놓는 '개방'과 '새로운 이론의 가능성'에 있을 뿐이다.

그렇다면 이런 개방성과 '생산성'은 어디에서 주어지는가? '질적 연구'도, '양적 연구'도 이에 대해서 상대적인 우월성을 가지고 있지 않다. 그것은 연구의 '기획과 설계'에 있다. 예를 들어 이전의 연구들은 '조국(모국)이 어디라고 생각하는가'라는 질문 하나만 묻고 나서 이에 대한 답변 수치로 그들의 민족정체성 정도를 계량화해 왔다. 그러나 그렇게 되었을 때, 조국, 모국이라는 기표는 그들의 언어사용 맥락이 아니라 우리의 언어사용 맥락에 의해 고정된 의미에 따라 설계되고 해석된다. 따라서 그들의 연구기획과 설계는 애초부터 한국인 중심주의를 벗어나지 못하며 거주국 국민이면서도 한(조선)민족이기도 한 그들의 독특한 민족정체성을 볼 수 없게 만든다. 그들에게 있어서 '국민=민족'이 아니다.

우리에게 '나의 고향'은 '조상의 고향'이지만 그들 대부분은 '나의 고향'과 '조상의 고향'이 다르다. 게다가 그 기표가 '조국'이든 '모국'

이든 간에, 그들이 그 기표의 의미를 '태어난 곳'이나 '현재 살고 있는 곳'이라는 의미로 받아들일 경우, 그것은 '민족정체성'이 아니라 오히려 거주국의 국가와 관련된 '국민정체성'이라고 할 수 있다. 따라서 '조국(모국)이 어디라고 생각하는가'와 같은 단 하나의 질문으로 그들의 민족정체성을 판단할 수 없다. 그렇다면 문제는 이 양자의 간극을 확인할 수 있는 질문지를 구성하는 것이지 양적 연구라는 방법론에 있는 것은 아니다.

그러나 여기에서의 난점은 그들이 구별하는 '나의 고향'과 '조상의 고향'을 어떻게 구별할 것인가이다. 이런 점에서 민족공통성 연구는 '조국'과 '모국'이라는 기표를 잠정적으로 사용14)하면서 오히려 그들에게 그가 그렇게 선택한 이유를 물어보는 역의 방식을 취할 수 있다. 이것은 기존의 연구기획이나 설계와 전혀 다르다. 왜냐하면 '조국'이든 '모국'이든 '기표'를 그들의 언어 사용 맥락 속에서 그들이 위치시키고 의미들을 찾아내면서 그 속에 위치시키는 것이기 때문이다. 여기서 우리가 사용하는 기표, '조국'과 '모국'은 잠정적이고 편의적인 기표이며 우리가 일상적인 언어사용 맥락에서 그렇다고 믿는 '조국' 또는 '모국'의 사전적이거나 본래적 의미는 이미 해체된 채 비어 있는 것일 뿐이다. 오히려 그것이 의미를 획득하는 것은 이어지는 질문인 '위처럼 대답한 이유는 무엇입니까?(조국 및 모국 선택의 이유)'라는 질문을 통해서이다.

그런데 이렇게 조사를 진행해 보면 그들이 선택한 이유에서 각 집단의 사회-역사적 맥락에서 주어지는 '조국'과 '모국'이라는 기표가 어떤 의미로 수렴되는 경향을 보인다는 점을 알 수 있다. 재중 조선

---

14) 우리말로 특별히 국민정체성과 민족정체성을 구별해 주는 개념이 없기 때문에 일단 '조국'과 '모국'으로 구별하고 한글을 아는 사람들에게는 '조국', '모국'으로, 한글을 모르는 경우에는 각기 현지어로 번역하여 재일 조선인은 '祖國', '祖先の国(母国)'으로, 재러 고려인은 'свое родиной(나의 고향)', 'родиной предков(조상의 고향)'으로 물어보았다. 또한, 재미 한인은 조사 대상자 대부분이 한국에서 태어난 이후 미국으로 건너갔기 때문에 'faterland(조국)'만 물어보았다.

족이나 재러 고려인들은 '조국'과 '모국'을 정확하게 '태어나서 현재 살고 있는 곳'과 '내 선조의 뿌리가 있는 곳'으로 구별하고 있다.15) 반면 재일 조선인들은 둘 다를 '선조의 뿌리가 있는 곳'이라는 의미로 다수가 이해하고 있다.16) 그런데 여기서 드러나는 특징적인 점은 재일 조선인들 또한 '조국' 선택보다 '모국 선택'에서 보다 많은 사람들이 '내 선조의 뿌리가 있는 곳'을 선택하고 있다는 것이다. 이것은 결국 재일 조선인들이 재중 조선족이나 재러 고려인들보다 '국민정체성'이 약하다는 것을 보여 준다.

게다가 재일 조선인들은 재중 조선족이나 재러 고려인들에 비해 훨씬 많은 사람들이 조국이나 모국을 선택한 이유로 '내 정신과 문화가 그러하기 때문에'를 들고 있다. 이것은 재일 조선인들이 일본이라는 국가에 의해 배제된 자들이라는 역사성을 반영하고 있다. 바로 이런 점에서 이전의 조사연구에서 주로 사용되었던 '조국'과 '모국'에 대한 답변을 그대로 수치화하고 있지만 그것은 이전과 전혀 다른 맥락에서 수치화되고 있다고 할 수 있다. 그것은 특정 단어의 기표와

---

15) 재중 조선족은 조국으로 중국 91.9%, 나머지는 한국, 조선, 한(조선)반도 등 7.7%만이 한(조선)반도와 관련된 곳을 선택했다. 이것을 보면 재중 조선족은 '인지적인 민족정체성'이 매우 약하다고 할 수 있다. 그러나 모국 선택을 보면 이와 아예 다르다. 모국으로 중국 24.9%만 선택하고 나머지 75.1%는 한(조선)반도와 관련된 곳을 선택했다. 이것은 그들이 조국과 모국의 의미를 다르게 받아들이기 때문이다. 재중 조선족은 조국 선택 이유로 58.9%가 '태어난 곳이기 때문에'를 선택한 반면 모국 선택 이유로는 64.9%가 '내 선조의 뿌리가 있는 곳이기 때문에'를 선택했기 때문이다(건국대학교 통일인문학연구단, 『코리언의 민족정체성』, 선인, 2012, 169~171쪽). 또한, 재러 고려인은 조국으로 러시아 86.8%를 선택한 반면 모국으로는 21.8%만이 러시아를 선택했으며 나머지는 한(조선)반도와 관련된 곳을 선택했다. 따라서 이들 또한 조국과 모국을 다르게 받아들이고 있다. 이것은 조국 선택 이유로 50.3%가 '태어난 곳이기 때문에'를 선택한 반면 모국 선택 이유로는 66.3%가 '내 선조의 뿌리가 있는 곳이기 때문에'를 선택한 점에서도 드러나고 있다(같은 책, 236~238쪽). 이것은 그들이 '나의 고향'과 '조상의 고향'을 구분하는 것을 의미한다.

16) 재일 조선인은 매우 독특하다. 그들은 조국으로 일본을 선택한 수치가 16.9%이며 모국으로 일본을 선택한 수치는 3.2%에 불과하다. 그 외의 사람들은 한(조선)반도와 관련된 곳을 선택했다. 또한, 조국으로 일본을 선택한 사람들 중 60.4%가 '태어난 곳이기 때문에'라고 답했으며 모국이나 조국으로 한(조선)반도와 관련된 곳을 선택한 사람들 대부분이 '내 선조의 뿌리가 있는 곳이기 때문에'와 '내 정신과 문화가 그러하기 때문에'를 선택했다(위의 책, 277~279쪽).

기의가 통일적이라는 전제를 벗어나서 오히려 기표와 기의는 통일되어 있지 않으며 기의는 기표들 상호 간의 미끄러짐을 통해서, 즉 콘텍스트 안에서 주어진다는 점에서 출발해야 한다는 것을 의미한다.

그리고 그렇게 되었을 때, 그들이 '태어나서 자란 곳'과 '선조의 뿌리가 있는 곳'을 구별함으로써 각각의 사회–역사적 맥락에서 '민족정체성'이라는 모호하지만 분명히 존재하는 유대의 끈을 부여잡으려고 한다는 점[17]이 드러나게 된다. 따라서 생성적 연구방법에서의 기획–설계는 무엇보다도 기존의 문제틀을 벗어난 '해체적 과정'을 동반하는 기획–설계라고 할 수 있다. 그러나 이런 해체적 기획은 아무런 토대 없이 진행되는 것이 아니다. 그것은 무엇보다도 기존의 연구가 지닌 맹점, '민족 대 탈민족'이라는 문제틀은 그런 연구들이 연구자 자신의 몸에 체현된 아비투스를 스스로 해체하지 않고 있다는 점에 근거하여 이를 해체하는 데에서 출발한다.

4. 질적-양적 연구의 변증법 결합: 해체적 독법과 소통적 연구방법

이전의 연구들을 보면 민족정체성을 '실체론' 또는 '본질론'의 관점에서 접근하는 경향이 있었다. 이들은 민족정체성을 혈통, 언어, 문화와 같은 특정한 지표들로 환원 가능한 질문들, 예를 들어 '조국이 어디라고 생각하는가'와 같은 자기 민족성에 대한 인지적 관점이나 '풍속이나 제례 등'에 대한 신체적 관점에서 접근하여 그들을 수

---

17) "'한국인'과 '탈북자', '재중 조선족', '재러 고려인', '재일 조선인'이 한(조선)민족이라는 유대성을 발견하는 지점은 각기 다르다. 그러나 그럼에도 불구하고 서로서로가 공유하는 지점들이 있다. 예를 들어 한국인과 탈북자, 재중 조선족은 '같은 언어'를 공유하며 한국인과 재러 고려인, 재일 조선인은 '같은 핏줄'을 공유한다. 또한, 탈북자와 재중 조선족은 '비슷한 생활풍습'을 공유한다. 따라서 각자가 독특하게 가지고 있는 특징들, 예를 들어 한국인은 '정서적인 공감대', 탈북자와 재중 조선족은 '비슷한 생활풍습', 재러 고려인들은 '타민족과의 만남을 통해 차이를 느껴서'와 같은 특징들이 있음에도 불구하고 이들은 민족이라는 하나의 '가족'을 형성하고 있는 것이다."(위의 책, 319쪽)

치화하거나 조사하는 경향이 강했다. 그러나 이런 연구가 '수의 폭력'을 동반하는 것은 양적 연구라는 방법에 있지 않다. 오히려 그것은 애초 기획된 그 연구가 가지고 있는 '문제틀'에 있다. 이런 문제틀은 대표적으로 우리가 사용하는 언어 습관이나 연구 전통으로부터 온다.

예를 들어 '정체성(正體性)'은 우리말의 사전적 정의인 '어떤 존재가 본질적으로 가지고 있는 특성 또는 그 특성을 가진 존재'라는 의미에서 이미 '동일성(同一性, identity, Identität)라는 의미계열을 함축한다. 따라서 사람들은 민족정체성 하면 민족의 동일성을 떠올리게 된다. 그리고 이것을 그대로 지닌 채, 연구를 기획하게 되면 연구자는 '동일성-동질성'으로부터 미끄러질 수밖에 없는 의미들을 배제하는 폭력과 자신의 위치에서 타자를 보는, '위치 선점의 오류'에 빠져들 수밖에 없다. 코리언 디아스포라 연구에 나타나는, 이런 대표적 사례가 '한국인중심주의', 또는 '자문화중심주의'이다. 한국에 살고 있는 한국인에게서 '민족과 국가'는 일치한다.

한국인들에게 '민족정체성(national identity)'은 '국가정체성(states identity)'과 동일하다. 따라서 여기서의 정체성은 '동일성'이며 '국가(states)'와 '민족(nation)'은 구별되지 않는다. 그런데 기존 연구는 국민정체성과 민족정체성을 구별하지 않고 조국과 모국이라는 물음 중 어느 하나를 물음으로써 민족정체성을 확인하고자 했던 것이다. 그러나 이런 우리 자신의 아비투스를 해체하는 기획을 통해서 연구를 진행하게 되면 그 연구는 더 나아가 이전의 많은 연구들이 빠지고 있는 오류들, 특히 민족정체성 연구의 경우, '대한민국 중심주의'라는 아비투스를 해체하는 결과를 우리에게 보여 준다.

"대한민국 국가중심주의는 '민족'과 '국민'을 대립적인 것으로 여기며 대한민국 정체성을 중심으로 민족을 사유하려는 경향"[18]이다.

---

18) 이병수·김종군, 「코리언 정체성 연구의 방법론」, 건국대학교 통일인문학연구단, 『코리언의 민족정체성』, 2012, 99쪽.

따라서 대부분의 사람들은 일반적으로 민족정체성과 국민정체성이 서로 '부(-)의 관계'를 가지고 있다고 생각한다. 그러나 재중 조선족이나 재러 고려인들은 국민정체성과 민족정체성을 구별함으로써 양자의 어긋남을 자신의 정체성으로 포함시켜 낼 뿐만 아니라 '정(+)의 관계'를 형성해 낸다는 점을 볼 수 있다. 따라서 이런 대한민국 국가 중심주의, 또는 국가주의적 틀을 벗어나기 위해서는 해체적 기획만이 아니라 그런 통계결과를 해체적으로 읽는 독법도 필요하다.

'해체적 독법'은 주어진 연구대상이나 데이터를 일관성과 통일성이라는 관점에서 읽어내는 것이 아니라 오히려 " · 주어진 통계자료 내부의 어긋남과 · 화자 발언 사이의 어긋남, 그리고 · 관찰과 이론 사이의 어긋남, · 양적 연구와 질적 연구 사이의 어긋남을 '해체적으로' 읽어내면서 변증법적 과정을 매개해" 가는 것이다.[19] 즉, 이 연구가 주목해야 할 것은 '어긋남'이지 일관성이 아니다. 또한, 이 어긋남에 해석을 주고 그 해석을 통해서 우리 자신의 아비투스를 해체해가는 읽기를 수반해야 한다. 예를 들어 재중 조선족이나 재러 고려인들의 높은 국민정체성에도 불구하고 민족정체성을 가지고 있음을 보기 위해서는 그들의 이런 이중정체성이 어떻게 서로 공존하는가를 읽어낼 수 있어야 한다. 그들에게 '태어난 곳'과 '조상의 뿌리'라는 의미는 상호 공존한다.

마찬가지로 우리말과 문화를 많이 보존하고 있는 재중 조선족이 가장 약한 인지적인 민족정체성을 가지고 있으며 재일 조선인들이 가장 낮은 민족문화와 언어를 가지고 있으면서도 가장 강력한 인지적인 민족정체성을 가지고 있는 것은 사실상 우리를 당혹하게 만드는 결과인 것처럼 보이지만 그것을 읽어낼 수 있는 '이해와 해석'을 필요로 한다. 그렇게 되면 '일본'의 순혈주의에 의해 배제된 자들이 취하는 강력한 인지적 정체성의 고수와 자치주를 형성하고 살아온

---

19) 박영균, 「코리언 디아스포라의 민족공통성 연구방법론」, 『시대와 철학』 22-2, 2011, 130쪽.

재중 조선족의 국민정체성과 민족문화의 보존, 그리고 소비에트인의 길을 강요당하면서 말과 글을 잃은 대신에 다른 전통적인 민족문화를 지켜 온 재러 고려인들의 특징이 각각 드러나게 되는 것이다.

그러나 '양적 연구'가 그런 개방성을 가지기 위해서는 그들의 역사적 삶의 조건들을 가지고 들어와 그들의 삶이란 콘텍스트 안에서 이루어지는 '이해와 해석'이 덧붙여져야 한다. 일반적으로 양적 연구에서 고수하는 실증적인 데이터에 대한 객관적 제공이라는 '설명'의 방식은 그 자체로 이런 모순들이 지니고 있는 의미와 연구 맥락을 우리에게 제공하지 못한다. 바로 이때 참조되어야 할 것들은 자기 자신이 가지고 있는 아비투스에 대한 해체적 독법이며 양적 연구든 질적 연구든 간에 상관없이 그 안에는 일정한 오인과 환상의 구조를 가지고 있다는 점을 받아들이고 양자 간의 소통을 만들어 가는 것이다.

그렇다고 질적 연구가 양적 연구에 비해 가지고 있는 장점이 없는 것은 아니다. 쥬디스 허먼은 '서사적 기억'과 '트라우마적 기억'을 구분하면서 '서사적 기억'은 '국민 되기'의 과정에서 형성되는 질서정연한 통사적 서사이기 때문에 기억은 박제되고 특정한 기억들은 망각된다고 말한다. "국민적 기억은 죽은 자가 어떤 국민으로 죽었는가를 말한다. 그리하여 죽은 자를 대신하여 말하는 발화주체로서의 국가는 무엇을 기억하고 망각할지를 지시한다."[20] 따라서 질적 연구는 모든 것을 양화하는 양적 연구가 보지 못하는 '트라우마적 기억'을 복원하는 데 장점을 가지고 있다. 그것은 '국가=민족'이라는 국가주의적 담론과 기억들에 의해 억압되거나 유폐된 목소리를 복원하며 그 과정을 통해서 우리 자신을 치유한다.

하지만 이 복원과 치유의 과정은 조사자의 특권적 연구 위치에도, 그것을 발화하는 조사대상자의 위치에도 존재하지 않는다. 재일 조선인, 재중 조선족, 재러 고려인, 재미 한인 등 그 어떤 위치가 특권화

---

20) 김철, 『국민이라는 노예: 한국 문학의 기억과 망각』, 삼인, 2005, 8쪽.

될 수 없으며 구술자의 관점과 기억이 특권화될 수도 없다. 그렇다면 세이어가 말했듯이 내포적 연구는 "그 결과가 전체 모집단의 '대표'가 아니라는 것을 깨달아야 한다." 그리고 그렇게 "전체 모집단이 '대표된다'고 허세를 부리지 않는다면 특정의 주제에 관하여 내포적 연구가 외연적 연구보다 더 '객관적'이어야 할 이유는 없다."[21] 왜냐하면 질적 연구는 양적 연구의 거시적이고 공시적인 구조의 폭력성에 갇혀 있는 미시적 맥락을 드러냄으로써 어떤 경우, 예외적이고 비대표적인 국면이 일반적인 과정과 구조에 관하여 통상적인 것보다 더 많은 것을 드러내는 데 장점을 가지고 있기 때문이다.

그러나 그런 장점을 가지고 있기 때문에 이번에는 반대로 앤드루 세이어가 말했듯이 서사는 그것의 방법론적 문제를 가지고 있다. "서사는 그것이 서술하는 과정에 담긴 인과성을 밝혀내지 못하는 경향을 약점으로 갖는다. 서사도 일부의 사건들을 인과적으로 설명하기는 하지만, 사회구조의 성질과 조건과 함의를 설명하는 데 1차적으로 관심을 가진 것은 아니다. 둘째, 서사는 사건의 연쇄에 대해서 이야기하기에 몰두함으로써 단순한 시간적 연속과 인과관계 사이의 차이를 얼버무리는 경향이 있으며 그 결과 단지 충분히 검토되지 않은 암묵적인 원인론들 만을 제시하게 된다."[22] 따라서 문제는 양자의 단점이 곧 장점이 되고 장점이 곧 단점이 된다는 점이다.

바로 이 점에서 양적 연구와 질적 연구는 주어진 데이터에 대한 객관적 우위성을 주장하면서 서로 대립하는 것이 아니라 양적 연구를 통해서 질적 연구에서 나타나는 문제들을 드러내고 조정하며 양적 연구가 가지고 있는 장점, 즉 표본의 양적 외연을 받아들이면서 그 안에서 질적 연구의 장점, 즉 의미의 미끄러짐과 조사자 대 조사대상자의 이분법을 극복하는 '소통'을 만들어 갈 필요가 있다. 여기

---

21) Andrew Sayer, 이기홍 옮김, 『사회과학방법론』, 한울아카데미, 2011, 357쪽.
22) 위의 책, 372쪽.

서 '소통'을 만들어 내는 것은 첫째, '인식론적 장애'에 대한 해체와 극복이다. 부르디외가 말했듯이 사회과학이 극복해야 하는 "인식론적 장애는 무엇보다도 사회적 장애"23)이며 조사자와 조사대상자 양자 모두에 대한 이중의 객관화가 필요하다.

"객관화의 장소란, 보이는 관점, 모든 이론의 맹점, 즉 지식인의 장과 이해(또는 관심)의 투쟁이지만 (…중략…) 우발적 사건에 의해 진실에 대한 관심이 생기는 일"도 있기 때문에24) "수집된 데이터만이 과학적 구축작업에 개입할 수 있다는 암묵의 규칙을, 조금씩 침범하는 것을 배우는"25) 과정이 되어야 한다. 따라서 둘째, 민족정체성에 대한 질적 연구는 '양적 조사' 결과에서 나타난 '해체적 독법'에 기초하여, 조사자를 투명하게 만드는 심층조사보다 오히려 조사자의 개입 지점과 위치를 명료히 하는 것이 보다 '생산적'일 수 있다. 일반적으로 조사를 수행하고자 하는 사람들은 최대한 오염되지 않은 순수한 데이터를 얻기 위해 조사자 자신의 위치를 최대한 지우고자 한다. 그러나 이런 '투명인간'에 대한 욕구는 '순수한 데이터'를 얻게 하기보다 오히려 개입의 지점을 무화시키는 효과, 그리하여 그 지점을 객관화할 수 있는 대상을 없애버리는 결과만을 낳을 뿐이다.

반면 양자 모두의 위치를 투명하게 드러낸다면 오히려 그 사이에서 '소통'이 만들어질 수 있다. 왜냐하면 그 위치가 투명하게 드러나면 "연구 주체와 연행 주체 사이, 연행 주체들 사이의 분열된 시각"과 "연구자와 연행자, 혹은 연행집단 내부의 서로 다른 지평이 갈등하고 충돌하는 양상" 그 자체를 드러내면서 그것 자체를 "중요한 연구 대상으로" 삼는 것이 가능해지기 때문이다.26) 따라서 질적 연구는 "연행 현장을 '실상'에 가깝게 재현하기 위해 노력"하는 것이 아니라 "자

---

23) Pierre Bourdieu, 최종철 옮김, 『구별짓기: 문화와 취향의 사회학』 下, 새물결, 2006, 921쪽.
24) 위의 책, 919쪽.
25) 위의 책, 915쪽.
26) 이윤석·김영희, 『구전이야기의 현장』, 이회, 2006, 101쪽.

신이 보고 듣고 느낀 것을 중심으로 연행자와의 관계와 상호작용 양상을 성실하게" 드러내는 것이 되어야 한다.27)

바로 이런 점에서 질적 연구가 가장 먼저 피해야 하는 것은, '전이', 또는 '역전이'이다. 구술 및 대담은 그것 자체가 '치유(healing)'의 효과를 가지고 있다. 그러나 '치유'는 '치료(therapy)'가 아니다. 치유는 생명의 흐름, 힘을 복원하고 거기에 활력을 부여하는 것이다. 트라우마는 치료될 수 없다. 그러나 치유될 수는 있다. 그런데도 구술-면접-현장과 같은 실사를 수행하는 연구자들은 감정이입에 의해 '역전이'되고 그들의 '트라우마'에 빠져들어 '외상 후 스트레스 장애'를 앓는 경향이 있다. 예를 들어 재러 고려인의 강제 이주나 재일 조선인들의 국가폭력을 연구하는 연구자들은 '설문-조사'에서 나타나는 '폭력경험에 대한 기억', 또는 '다름의 정서' 등 데이터의 결과를 '민족정체성의 훼손'이거나 그들의 '역사적 트라우마에 대한 망각'이라고 생각하는 경향이 있다.

그러나 이것은 서로를 치유하는 효과를 낳는 것이 아니며 오히려 '트라우마'에 사로잡히는 결과를 낳을 뿐이다. 트라우마는 현실적인 삶을 살아가는 사람에게 살기 위해서 은폐되거나 억압되어야 하는 '상처'로서, 살아가기 위한 다양한 방어기제를 동반할 수밖에 없다. 그런데 이를 두고 어떤 사람이 그것은 '망각이라고 하면서 그들에게 그것을 기억해 내라고 말하는 것은 외부자의 시각에서 우리의 정서와 감정을 그들에게 강요하면서 그들의 상처를 덧나게 만드는 것이다. 따라서 심층적인 질적 연구에서 연구자가 취해야 할 자세는 셋째, 조사대상자와의 완전한 공감, 일치가 아니라 라카프라가 말하는 '공감적 불안정(empathetic unsettlement)', 카이야 실버맨이 말하는 '이종요법적 동일시(heteropathic identification)'이다.

그것은 일정한 '거리두기'를 필요로 한다. 우리가 그들과의 소통에

---

27) 위의 책, 103쪽.

서 무언가를 줄 수 있다면 그것은 이런 적절한 '거리' 때문이다. 만일 우리가 그 거리를 상실한다면 우리는 그들과 동일한 상태로 빠져들 것이며 그렇게 되었을 때, '치유'뿐만 아니라 '방어기제'가 감추는 진실도 볼 수 없게 될 것이다. 바로 이런 점에서 민족공통성이라는 패러다임 위에서 진행되는 연구의 독특함이 있다. 민족정체성에 대한 민족공통성 연구방법론은 코리언 디아스포라에 대한 연구를 "차이-접속-공명"을 통해서 새로운 한(조선)민족의 민족정체성을 만들어 가는 소통으로 바꾸는 생성적 연구이자 미래의 한(조선)반도의 규칙을 공통을 창출해 가는 미래기획적인 연구로 바꾸어 놓기 때문이다.

다시 말해, 민족공통성은 "민족고유문화의 동질성을 찾아내어 민족정체성의 정도를 밝히는 방식이 아니라 오히려 우리가 민족고유문화라고 생각되는 것에서 빗겨져 나가는 것들, 그리고 그들 사이에서 서로 어긋나는 것들의 '차이'가 무엇인지를 찾아냄으로써 그 독특성을 평가하고 그 '차이'와의 접속을 통해서 '공명'을 불러일으키는 문화적 요소들(각각의 가치-정서-문화적 형태들)을 찾아내고 그런 차이들의 공명을 통해서 생성될 수 있는, 그리하여 미래기획적으로 보편성을 가진 민족문화의 형태들을 생성할 수 있는 문화형태들이 무엇인지를 연구하는" 것이다.[28]

5. 민족정체성의 미래기획적인 소통적 연구방법론

해외 거주 코리언들은 이산으로 인해 '거주국가≠민족', '한국≠민족', '조선≠민족'이라는 삼중의 어긋남을 가지고 있다. 그러나 만일 이것을 한국인의 관점에서 접근한다면 그것은 애초 기획될 수 없을 뿐만 아니라 그것이 보여 주는 결과를 읽어낼 수 없다. 왜냐하면 한

---

28) 박영균, 「코리언 디아스포라의 민족공통성 연구방법론」, 『시대와 철학』 22-2, 2011, 130쪽.

국에서 살아온 연구자에게 민족정체성은 한국국가와 다르지 않기 때문이다. 한국인에게 '한국=민족'은 너무나 당연하며 국민정체성과 민족정체성은 구별되지 않을 뿐만 아니라 조국이나 모국 물음에 별다른 차이를 가지고 있지 않다. 따라서 연구기획과 설계 자체가 이전의 연구방식이 지닌 맹점을 해체 또는 성찰할 수 있는 방향에서 고안되어야 한다.

서구의 근대 민족국가가 국가를 통해서 이와 같은 '상상의 공동체'를 만들어냈다면 오늘날 한(조선)반도의 민족국가는 상징적인 상상의 지리적 공간이 아니라 그것에서 배제되고 억압된 채, 퇴화된 미래의 욕망으로 존재하는 것이다. 서구에서 '국민'은 '민족'이다. 여기서 민족=국민, 즉 'nation'이다. 하지만 한(조선)반도에서 국민은 민족이 아니다. 여기서 국민은 분단국가의 신민(subject)이며 '국가'는 국민(nation)이 아니라 'states'이다. 따라서 코리언 디아스포라에 대한 심층 조사연구는 첫째, '이산'과 '분단'으로 인해 억압된 목소리를 복원하면서 우리의 이런 전치된 구조를 해체하는 작업이 될 수밖에 없다.

그리고 바로 이 지점에서 양적·질적 연구를 변증법적으로 결합시키는 매개 역할을 수행하는 것은 '해체적 기획'에 따른 '해체적 읽기'이며 설문-통계조사의 결과에서 드러나는 각 양태들을 그들의 관점에서 '내재적으로' 해석하면서 '타자의 타자성'과 '소통'하는 연구방법이라고 할 수 있다. 사람들은 일반적으로 '소통'을 단순한 상호 대화 정도나 차이에 대한 관용과 이해, 그리고 인정 정도로 생각하는 경향이 있다. 그래서 사람들은 타인의 말을 잘 듣고 이해하면 이를 '소통'이라고 생각한다. 그러나 가라타니 고진이 보기에 진정한 대화는 '타자'가 아니라 '타자의 타자성'과 대화하는 것이다.

타자의 타자성은 자기가 가지고 있는 기존의 언어규칙이나 문법으로 이해할 수 있는 것이 아니다. 그것은 나와 전혀 다른 문법과 규칙을 가지고 있다. 따라서 고진은 자신이 기존에 가지고 있는 언어로 이해하고 대화하는 것은 결국 자신의 언어로 말하는 것이기 때문에

'자기 대화'이며 '독백'이라고 단언하고 있다.[29] "대화란 언어게임을 공유하지 않는 자와의 사이에만 있다. 그리고 타자란 자신과 언어게임을 공유하지 않는 자가 아니지 않으면 안 된다." 따라서 고진은 "가르치고-배우는 비대칭적 관계가 커뮤니케이션의 기본적인 상태"[30]라고 단언하고 있다.

그렇다면 '소통'은 내가 미리 가지고 있는 문법과 규칙을 가지고 하는 것이 아니다. 오히려 소통은 이 둘 사이에서 만들어져야 할 '규칙'을 생산하는 과정이라고 할 수 있다. 따라서 민족공통성에 따른 연구방법은 우선적으로 '가르치고 배우는 과정'을 통해서 타자의 타자성으로 우리 내부에 있는 아비투스 자체를 반성적으로 해체하면서 공통의 규칙을 생성하는 연구라고 할 수 있다. 이것은 '소통(communication)'이 라틴어 커먼(common)과 그 동사형 코뮤니카레(communicare)에서 나온 말로, '공통으로 만들다'는 뜻을 가지고 있다는 데에서도 드러난다.

그러므로 소통으로서 연구방법은 민족정체성을 미리 고정된 어떤 의미나 틀 속에서 보는 것이 아니다. 오히려 그것은 민족적 유대의 끈들을 확인하면서 그들의 차이를 통해서 '소통'을 만들어 가면서 민족의 정체성을 미래기획적으로 만들어 가는 연구방법이다. 따라서 소통으로서 연구방법은 첫째, 연구자 자신의 아비투스를 해체함으로써 나와 다른 '타자의 타자성'을 발견할 뿐만 아니라 둘째, 타자의 특권화된 위치나 트라우마의 역전에서 벗어나 연구자와 연구대상자의 위치를 드러냄으로써 그들 사이의 사회역사적 맥락에 따른 상호 소통을 만들어 가면서 셋째, 연구자와 연구대상자, 그리고 연구자 사이의 삼중적 소통을 통해서 더 많은 생산적 연구와 공통의 규칙, 새로운 민족정체성의 미래적 상을 만들어 가는 것이라고 할 수 있다.

---

29) 柄谷行人, 송태욱 옮김, 『탐구1』, 새물결, 1998, 82쪽.
30) 위의 책, 14~16쪽.

참고문헌

건국대학교 통일인문학연구단, 『코리언의 민족정체성』, 선인, 2012.

_____, 『코리언의 역사적 트라우마』, 선인, 2012.

_____, 『코리언의 생활문화』, 선인, 2012.

_____, 『코리언의 분단-통일의식』, 선인, 2012.

김철, 『국민이라는 노예: 한국 문학의 기억과 망각』, 삼인, 2005.

박영균, 「코리언 디아스포라의 민족공통성 연구방법론」, 『시대와 철학』 22-2, 2011.

이병수, 「민족공통성 개념에 대한 고찰」, 『시대와 철학』 22-3, 2011.

이윤석·김영희, 『구전이야기의 현장』, 이회, 2006.

허명철, 「조선공동체와 정체의식」, 『통일인문학논총』 52, 2011.

Althusser, Louis, 고길환·이화숙 옮김, 『마르크스를 위하여』, 백의, 1990.

Blaikie, Norman, 이기홍·최대용 옮김, 『사회이론과 방법론에 다가서기』, 한울, 2010

Bourdieu, Pierre, 최종철 옮김, 『구별짓기: 문화와 취향의 사회학』 下, 새물결, 2006.

Glaser, Barney G. & Strauss, Anselm L., 이병식·박상욱·김사훈 공역, 『근거이론의 발견』, 학지사, 2011.

Sayer, Andrew, 이기홍 옮김, 『사회과학방법론』, 한울아카데미, 2011.

柄谷行人, 송태욱 옮김, 『탐구1』, 새물결, 1998.

제3부

남북통합과
통일학의 모색

민족통일의 토대로서 공정사회

김기봉

1. 국가이성 결핍인가, 사회정의 부재인가[1]

'공정사회' 담론의 시작은 미미했다. 이명박 대통령이 2010년 8·
15 경축사에서 '공정한 사회'를 처음 언급했을 때 그 말은 '통일세'에
비해 주목을 받지 못했다. 그러나 국무총리 지명자와 2명의 장관 지
명자가 낙마하고, 연이어 터진 외무부 장관 딸 특채 사건을 계기로
공정사회 담론은 일파만파 사회적 파장을 일으켜 2010년 한국사회
화두가 되었다. 이명박 대통령은 집권 전반기에 목표로 삼은 경제
성장의 동력이 이제는 본 궤도에 도달했다고 보고, 집권 후반기에는
사회통합을 추구할 목적으로 '공정한 사회'를 국정 철학으로 제시했
다. 선진화의 초석을 놓기 위해서는 이제는 사회적 통합이 필요조건

---

[1] 아래 내용은 「한국인의 국가감정에 대한 병리학적 진단: 대한민국 국가이성 비판을 위하
여」, 『철학과 현실』 87호, 2010을 확대 보완하여 다시 썼음.

이 된다고 본 이 대통령의 판단은 시대정신과 부합하여 사회적 반향을 일으켰다.[2]

하지만 공정사회 담론이 한국사회를 지배하는 것에 대해 우파의 시선은 곱지 않았다. 대표적 우파 지식인인 이문열은 2010년 9월 한 일간지와의 인터뷰에서 마이클 샌델의 『정의란 무엇인가』가 신드롬을 일으키는 이유를 묻는 질문에 대해 이렇게 대답했다. "책은 못 봤고 기사는 읽었다. 그 책을 특히 좌파들이 좋아한다고. 아마도 우리 사회를 향해 '정의가 있는가?'라고 묻고 싶어서겠지. 그런데 지금 내가 묻고 싶은 것은 '대한민국이란 무엇인가?'이다. 즉, 대한민국은 있는가 하고 묻고 싶다. 내 생각부터 말하자면 대한민국은 없거나 있다 해도 절명 직전에 놓여 있다. 대한민국을 나서서 지키려는 사람이 없는데 어떻게 그 나라가 온전히 존속될 수 있겠는가?"[3]

국가안보가 사회정의는 물론 어느 무엇보다도 중요하다는 이문열의 생각은 16세기 초 피렌체공화국이 외세의 침략에 시달리면서도 내부적으로는 파벌간의 정권 찬탈로 이어지는 위기상황을 지켜보면서 가졌던 마키아벨리의 문제의식과 유사하다. 마키아벨리는 국가의 존재이유는 개인과는 다르다는 전제 아래, 로마공화국처럼 수호해야 할 충분한 가치를 가진 국가가 중대한 위협에 처했을 때 공화국 시민은 국가의 방어를 첫 번째 의무로 삼아야 함을 다음과 같이 역설했다. "절대적으로 자기 조국의 안전이 걸린 문제일 때, 정당한가 정당하지 않은가, 자비로운가 잔혹한가, 칭찬받을 가치가 있는가 치욕스러운가는 전적으로 고려할 필요가 없기 때문이다. 그 대신 모든 양심의 가책을 제쳐놓고 인간은 모름지기 어떤 계획이든, 조국의 생존과 조국의 자유를 유지하는 계획을 최대한 따라야 한다."[4]

---

2) 신중섭, 「'공정한 사회'의 공정이란 무엇인가」, 『시민인문학』 20호, 경기대학교인문과학 연구소, 2011.
3) 이문열, "내게 오는 젊은이 대부분 천안함 발표 안 믿어… 이런 판에 정의 논할 수 있나", 『조선일보』 2010.9.6.

마키아벨리가 이 같은 맥락에서 제시한 것이 국가이성이다. 국가이성이란 국가가 인민에 대한 확고한 지배권을 세우고 보존하고 확장하기 위해 요구되는 적절한 수단에 대한 인식을 의미한다.5) 이문열의 좌파에 대한 비판의 초점은 그들에게는 국가이성이 결핍돼 있다는 것이다. 국가이성의 중요성은 무엇보다도 국가가 존망의 위급상황에 처하면 그 국가에 살고 있는 국민의 생명과 재산이 심각한 위협을 받는다는 위기의식에 근거한다.

6·25 전쟁이래로 한(조선)반도에서 전쟁은 끝난 것이 아니라 휴전상태에 있다. 세계사적으로는 탈냉전시대에 접어들었지만 한(조선)반도는 여전히 냉전에서 벗어나지 못하고 있다. 지금 우리는 세계에서 가장 호전적이며 폐쇄적인 독재국가인 북한과 휴전선을 사이에 두고 군사적으로 대치하는 상태를 두 세대 이상 지속하고 있다. 분단체제의 장기지속은 냉전의 일상화를 가져 왔다. 이는 세계사적 냉전시대에서 반공이데올로기를 규율권력으로 내면화시키는 효과를 발휘했다. 하지만 1989~90년 현실사회주의 국가들의 몰락으로 북한과의 체제경쟁이 사실상 종결된 이후 냉전의 일상화는 국가안보 의식을 마비시키는 역효과를 낳고 있다.

천안함 침몰사태와 북한에 의한 연평도 포격은 우리에게 북한은 무엇인가에 대한 무의식적으로 억압했던 문제를 의식화해서 정면으로 대면하는 것이 이제는 더 이상 피할 수 없는 현실임을 각성시키는 계기가 되었다. 북한은 우리와 같은 민족이면서도 우리 국가의 안보를 위협하는 가장 큰 적이라는 이중적 존재다. 우리사회에서 북한을 보는 시각이 극단적으로 양분됨으로써 민족과 국가 사이에서 정체성의 혼란이 일어나고 있다. 현실적으로는 대한민국에 살면서 민족을 꿈꾸기 때문에 나타나는 민족의식의 과잉과 국가이성의 결핍이 점점

---

4) 니콜로 마키아벨리, 강정인·안선재 옮김, 『로마사 논고』, 한길사, 2003, 563쪽.
5) 마키아벨리 국가이성 개념의 기원에 대해서는, 곽차섭, 『마키아벨리즘과 근대 국가의 이념』 머리말과 제 1장, 현상과 인식, 1996, 13~24쪽.

더 심각한 문제로 다가오고 있다.

천안함 침몰 사태를 보는 시각차가 민족의식과 국가이성의 모순을 단적으로 보여 주는 사례다. 대한민국 국민인 어느 개신교 목사가 당국의 허가도 받지 않고 북한에 들어가 현 정부를 비판하고 북한을 옹호하는 발언을 했다. 하지만 그는 귀국 후 구속되어 조사를 받을 때 "북한에서 살고 싶지는 않다"고 말했다고 한다. "북한에 살기 싫다면서 왜 북한 체제를 찬양했느냐"는 수사관의 물음에 대해 그는 "하나님의 계시에 따른 통일운동"이라는 취지의 대답을 했다는 것이다. 그에게 민족통일은 하나의 신앙이다. 오늘날 대한민국 국가의 위기는 민족통일이라는 신앙과 국가이성이 충돌함으로써 발생하고 있다고 말할 수 있다. 국가의식을 토대로 한 민족통일이 아니라 민족통일이라는 당위로 국가현실을 부정하는 것은 대한민국의 안보를 위협하는 자기부정이다. 따라서 현실적으로는 대한민국 국민으로 살면서 다른 정치공동체를 꿈꾸는 사람들의 자아분열증을 치유하지 않고는 21세기 대한민국이 어디로 가야하며, 또 무엇을 위해 어떤 방식으로 통일을 할 것인지에 대한 사회적 합의를 이끌어내는 것은 불가능하다.

그렇다면 이 같은 자아분열증을 어떻게 치유할 것인가? 치유를 위해서는 일차적으로 병의 원인부터 밝히는 것이 필요하다. 문제는 왜 자기가 살고 있는 대한민국 국가를 부정하는가이다. 나는 자아분열증의 일차적 원인이 국가이성보다는 국가감정에 있다고 진단한다. 부정적인 국가감정을 해소해야만 국가이성의 결핍이 극복될 수 있다.

주로 좌파들이 갖고 있는 부정적인 국가의식은 대한민국은 잘못 태어난 국가라는 원죄의식에서 기인한다. 이 같은 국가감정을 대변하는 대표적인 발언이 대한민국은 "정의가 패배하고 불의가 승리한 부끄럽고 불행한 역사"라는 노무현 전 대통령이 2006년 6월 현충일 추념사에서 했던 연설이다. 이 같은 시각에 따르면 질문이 달라져야 한다. 지금 우리사회 가장 큰 문제는 국가이성의 결핍인가, 정의의 부재인가? 이문열은 국가이성 없이는 정의가 실현될 수 없다고 주장했다. 그는 이 같은 주장의 전거로 플라톤의 『국가』를 제시했다. 플라톤은 정의와 국가는 함께 가는 사안이라고 주장했다는 것이다. 하지만 플라톤의 주장이 과연 그러한가? 플라톤이 『국가』 제1권에서 제기한 문제는 "정의로운 인간이란 어떤 인간인가"이다.[6] 소크라테스는 정의란 강자의 편익이 돼서는 안 된다고 주장했다. 그의 주장은 오늘날에도 진리로 인정된다. 하지만 그는 그런 생각을 갖고 아테네 정치체제를 부정하는 발언을 했기 때문에 사형을 당했다. 민주주의 발상지인 아테네 공화국의 시민들이 인류 최고의 성인을 죽였다는 것이 민주공화국의 치명적인 모순이다. 왜 이 같은 모순이 생겨났는가?

플라톤은 문제는 국가라고 생각했다. 그는 오직 정의로운 국가에서만 정의로운 인간이 존재할 수 있으며, 개인의 정의로운 삶은 가장 정의로운 인간인 철학자가 통치하는 국가에서만 실현될 수 있다는 결론을 내렸다. 그렇다면 국가와 정의는 동전의 양면이라는 이문열의 말은 반쪽 진리만을 대변할 뿐이다. 왜냐면 국가가 없이는 정의가 실현될 수 없다는 말은 맞지만, 먼저 그 국가가 정의롭다는 전제하에서만 인간은 정의로운 삶을 영위할 수 있기 때문이다. 대한민국 국가이성의 결핍이 일어난 근본 원인은 이문열이 걱정하듯이 노무현 전 대통령은 물론 많은 사람들이 대한민국은 정의로운 국가가 아니라고 생각하기 때문이다.

이 같은 진단에 의거하면 우리의 부정적인 국가감정을 해소해야만 대한민국의 국가이성이 회복될 수 있다는 결론에 도달한다. 그렇다면 우리는 왜 부정적인 국가감정을 갖게 됐는가? 이 문제의 해명을 위해서는 먼저 우리의 부정적인 국가관이 언제 어떻게 만들어졌는지에 대한 역사적 기원부터 해명할 필요가 있다. 우리가 경험한 국가가 정의롭지 못했기 때문에 국가이성을 각성하지 못하고 부정적인 국가

---

6) 플라톤, 박종현 역주, 『국가·政體』, 서광사, 1997, 50~120쪽.

감정을 갖게 됐다는 것이 필자의 가설이다. 이 같은 가설에 입각해서 필자는 한국인의 근대국가에 대한 병리학적 진단을 통한 대한민국 국가이성비판을 시도한다.

2. 민족의식과 국가이성의 분열

지난 20세기 우리 역사를 되돌아보면, 우리의 근대국가 경험은 대체로 부정적이다. 전반부에는 조선총독부로 상징되는 일제의 군국주의 국가에 의해 수탈을 당했고, 해방되어 대한민국 정부를 수립한 후반부에는 국가의 폭력에 대항해서 민주화 운동을 전개해야 했다. 이 같은 부정적인 국가경험이 국가이성의 성립을 어렵게 만드는 일차적 요인이다.[7]

국가에 대한 가장 유명한 정의는 막스 베버의 "주어진 영토 내에서 물리적 폭력의 정당한 사용의 독점을 주장하는 인간 공동체"라는 것이다.[8] 근대 이전에는 물리적 폭력이 다양한 단체와 집단에 의해 행사됐지만 국가의 수립 이후에는 오직 국가만이 정당한 폭력을 행사하는 주체가 됐다. 따라서 국가의 역사란 정당한 폭력이 조직화되는 과정을 해명하는 것을 의미한다.[9]

한국사에서 이것이 어떻게 이뤄졌는가? 한국사에서 근대국가 이전에는 왕조국가가 있었다. 왕조국가란 국가와 왕의 분리가 아직 일어나지 않은 시대다. 왕조시대에서는 왕에 대한 반역이 곧 국가에 대한 대역죄로 인식됐다. 왕과 국가의 등식이 깨져서 왕도 국가의

---

7) 한국철학회 편, 「우리에게 국가란 무엇인가: 하나의 역사학적인 성찰」, 『한국철학회 창립 50주년 기념 학술논문집: 철학과 인접학문의 대화』, 철학과 현실사, 2004, 165~194쪽.

8) Weber, M., *Politik als Beruf*, Gesammelte Politische Schriften, Tübingen, 1921, 5. Aufl. 1988, p. 506.

9) 카이노 도시히토, 김은주 옮김, 『국가란 무엇인가: 국가의 본질에 대한 역사적 고찰』, 산눈, 2010, 36쪽.

반역자가 될 수 있다는 인식을 하게 만드는 것이 국가이성이다. 서구 역사에서 영국혁명에서는 찰스 1세가 1649년에, 그리고 프랑스혁명 에서는 루이 16세가 1793년에 국가의 반역자로 처형됐다. 그렇다면 한국사에서 이 같은 국가이성의 각성이 언제 어떻게 일어났는가?

루이 14세의 "짐이 곧 국가다"라는 말로 상징되는 서구에서의 왕 과 국가의 일체가 왕권신수설로 정당화됐다면, 조선시대 왕은 천명 (天命)을 대변한다는 천명사상에 근거해서 왕권의 정당성을 확보했 다. 유교에서 천(天)이란 구체적인 대상이 아니라 우주의 이법이기 때문에 천명은 유덕한 왕에 의해서만이 구현될 수 있다고 믿었다. 윤리와 도덕을 세우는 근거로서 추상적 이념으로 작동하는 천명은 양날의 칼로 작동했다. 이는 한편에서는 왕권을 신성화했지만, 다른 한편으로는 왕권의 자의적 행사를 제약하는 규제이념의 효과를 발휘 했다. 이 같은 규제이념 덕분에 조선왕조는 500년이나 지속할 수 있 었다. 동아시아 전통시대에서 천명사상은 왕조의 정통성을 옹호하는 국가이성으로 기능했을 뿐만 아니라 왕에 대한 반란을 혁명으로 정 당화하고 왕조교체를 옹호하는 논리였다.

서구의 왕권신수설처럼 왕권의 정당성을 정치적 공동체 내에서가 아니라 그 밖에서 찾는 천명사상은 '세계의 탈주술화'가 일어나기 전 의 전통시대에서나 작동할 수 있는 허구였다. 국가 주권의 절대성은 공동체의 구성원들, 곧 국민들 사이의 인간관계의 내재적 논리에 입 각해야 한다고 믿을 때 베버가 근대적 지배의 특징으로 구분한 합리 적 지배를 하는 근대국가가 성립할 수 있었다. 물론 조선시대에도 정치의 근본은 민(民)이라는 민본사상이 있었지만, 여기서 민이란 정 치적 주체로서의 국민이 아니라 왕의 지배 대상으로서의 신민이었다.

실질적으로 조선왕조의 정치는 군주와 사대부를 중심으로 왕권과 신권 사이의 헤게모니 투쟁으로 전개됐다고 말해도 과언은 아니다. 이 같은 국가체제를 군주와 민 중심으로 바꾸려고 시도했던 왕이 조 선의 실질적인 마지막 왕인 고종이다. 그는 군민일체론(君民一體論)

에 의거해서 민과 왕을 직접 연결하는 방식으로 종래 왕권을 제약했던 사대부의 위치를 약화시키고, 민의 왕이 주권자가 되는 '민국(民國)'을 건설하고자 했다. 고종이 추구했던 정치체제는 결국 왕이 곧 국가가 되는 절대주의 국가였다. 고종은 1897년 황제로 환구단에서 황제로 즉위하는 의식을 거행하고 국호를 '대한'으로 정함으로써 대한제국이 자주독립국가임을 국내외에 천명했다. 그리고 1899년에는 대한제국의 헌법에 해당하는 『대한국 국제(大韓國 國制)』를 선포했다. 이는 대한제국을 전제국가로 규정하고, 황제는 통수권, 입법권, 행정권, 사법권, 외교권 등 모든 권력을 장악하는 절대군주임을 명시했다.[10]

고종의 이러한 왕조국가의 절대국가로의 전환은 대외적으로는 제국주의 열강간의 세력균형을 이용해서 자주독립국가의 기틀을 마련하기 위해서였고, 대내적으로는 갑오개혁을 추진했던 개화파의 입헌군주정에 대항해서 500년 동안 유지해 온 조선왕조의 종묘사직을 보전해야 한다는 위기의식에서 비롯했다. 하지만 러시아, 영국, 미국, 독일, 일본과 같은 제국주의 열강이 각축을 벌이는 상황에서 고종의 꿈은 실현 불가능한 백일몽이었다.[11] 봉건국가를 절대주의 국가로 재편성하기 위해서는 폭력의 독점을 가능케 하는 상비군과 전국적으로 행정력을 장악할 수 있는 중앙 관료조직 그리고 앞의 둘을 유지시킬 수 있는 국가재정이라는 적어도 세 가지 필요조건이 충족돼야 했다. 메이지 유신을 모방해서 구본신참(舊本新參)의 논리로 보수적인 개혁을 감행했던 고종의 시도는 일제 침략으로 실패함으로써, 서구에서처럼 절대주의 국가를 경유하는 근대국가 만들기 기획은 좌절됐다.[12]

---

10) 고종의 '대한국 국제' 제정과 황제권의 절대화에 대해서는 왕종현, 「대한제국기 고종의 황제권 강화와 개혁논리」, 『역사학보』 208집, 2010, 15~19쪽.

11) 세계사적 관점에서 고종시대를 고찰할 것을 역설하는 연구로는 최문형, 『한국 근대의 세계사적 이해』, 지식산업사, 2010을 참조.

한국인의 근대국가 경험이 고종의 제국적 국가 만들기 기획을 좌절시킨 일제에 의해 시작됐다는 것이 우리의 부정적인 국가감정의 기원이며 국가이성의 미성숙을 초래한 근본원인이다. 하지만 모든 책임을 일제에게만 돌리는 것은 비역사적인 발상이다. 조선인들을 황국신민으로 만드는 일본의 국민화 전략은 고종의 대한제국과의 연속선상에서 이뤄진 것이며, 단지 충성의 대상인 국가가 대한제국에서 일본제국으로 바뀌었다는 측면에서만 불연속적이다. 일제시대 '국민'은 황국신민의 약자(略字)로 사용됐다. 이 같은 맥락에서 '국민'에 대한 안티테제로 민족이 우리의 정체성을 지칭하는 말로 정착됐다.

같은 정치공동체에 사는 주민을 신민에서 국민으로 전환하는 한국인의 근대국가 만들기 기획이 일제의 침탈로 좌절되면서 국민 대신에 민족이 한국 사회의 구성원리가 됐다. 독립국가의 부재로 한국인들이 핍박을 당하면 당할수록 민족이라는 상상의 공동체에 대한 열망은 커졌다. 국가의 결핍을 민족으로 보상받고자하는 기대와 함께 민족주의가 가장 강력한 이데올로기로 자리를 잡았다. 민족주의 사학자 단재 신채호는 국가를 "민족정신으로 구성된 유기체"로 정의하고, "국가는 형체요, 역사는 멸하지 않는 신"이라고 했다. 이러한 역사라는 신은 결국 민족으로 구현된다. 국가는 없어도 민족은 영원하다는 생각은 민족을 하나의 종교적 숭배의 대상으로 승화시켰다. 민족주의는 종교적인 것을 민족적인 것으로 세속화했으며, 세속적인 민족에 신성성을 부여하는 정치종교로 기능했다.

한국사에서 민족주의는 신분질서로 유지됐던 전근대 사회를 해체하고 한국사회의 근대적 구성을 하는 원리로 기능했다.13) 민족주의가 한국 근현대사에서 우리 삶을 지배하는 장기지속의 구조로 작동

---

12) 고종시대에 대한 역사적 평가에 대해서는 장영숙, 『고종 44년의 비원』, 너머북스, 2010을 참조.

13) 민족주의를 근대 한국사회의 구성 원리로서 세계사적 근대의 보편성 속에 한국사적 근대의 특수성을 파악하는 시각에 대해서는 신기욱, 「Korea's Path to Modernity」, 『한국의 근대와 근대 경험』, 이화여대 한국문연구원 봄 학술대회 발표문, 2003년, 5~21쪽을 참조.

함으로써 국가이성의 결핍이 초래됐다. 민족의식과 국가이성의 분열과 모순을 단적으로 보여 주는 것이 국민과 민족 사이의 불일치와 틈새다. 그렇다면 서구에서는 'nation'이라는 하나의 말로 쓰임으로써 분리되지 않는 국민과 민족이 한국사에서는 갈등을 일으키는 이유는 무엇인가? 이에 대한 2가지 설명이 가능하다.

첫째, 우리는 일제 식민지배하에서 세계사적으로는 더 진보적인 것이라 할 수 있는 국민 개념을 민족 개념보다 오히려 더 반동적인 것으로 경험했기 때문이다. 일제의 강제병합 2년 전에 쓰여진 신문의 논설을 보면, 당대의 지식인들은 민족과 국민의 차이를 명확히 인식했음을 알 수 있다.

> 국민이라는 명사는 민족 두 글자와 구별이 있거늘 그것을 모르는 자들이 왕왕 이 두 용어를 혼칭하니 이는 불가한 일이라. (…중략…) 민족이란 것은 단지 동일한 혈통에 속하며 동일한 토지에 거주하며 동일한 역사를 가지며 동일한 종교를 받들며 동일한 언어를 사용하면 동일한 민족이라 가히 칭하는 바이거니와 국민 두 글자는 이처럼 해석하면 불가할지라. 대저 혈통, 역사, 거주, 종교, 언어의 동일함이 국민 되는 요소가 아님은 아니나 단지 이것만이 동일하다고 꼭 국민이라 말함은 불가능하나니 (…중략…) 민족을 가리켜 국민이라 칭함이 어떻게 가능하리요.
>
> 국민이란 것은 그 혈통, 역사, 거주, 종교, 언어의 동일한 것밖에 또한 필연적으로 동일한 정신을 가지며 동일한 이해(利害)를 느끼며 동일한 행동을 하여 그 내부의 조직이 한 몸의 골격과 흡사하며 그 대외(對外)의 정신이 한 병영의 군대와 흡사해야 이를 국민이라 말하나니. 오호라 고대에는 국민 자격이 없는 민족이라도 가히 한 구석에서 기반을 두어 토지를 경작하며 자손을 기르며 (…중략…) 생활을 했거니와 금일에 이르러서는 만일 국민 자격이 없는 민족이면 대지 위에 눌러 앉을 땅이 없을지라.14)

---

14) 「민족과 국민의 구별」, 『대한매일신보』 1908년 7월 8일.

이 논설의 필자는 미국의 인디언이나 호주의 원주민은 처음에는 번창한 민족이었지만 국민의 자격을 갖추지 못했기 때문에, 20세기 우승열패(優勝劣敗)의 시대를 만나서 쇠퇴했다고 주장했다. 우리 민족 또한 약육강식의 제국주의 시대에서 국민의 자격을 상실함으로써 같은 운명에 처했다. 일제는 조선인을 황국신민화하는 방식으로 국민으로 만들었고, 이런 일제에 대항해서 독립투쟁을 벌였던 사람들에게 민족은 그 대안적 정치공동체를 구현하는 이념이며, 그것을 기반으로 한 독립국가 형성이 역사의 목표였다.

둘째, 해방 후 성립한 분단체제가 제2차 세계대전 이후 서구에서는 역사의 무대에서 퇴장했던 민족주의를 한국사회의 구성 원리로 계속 유효하게 만들었다. 분단 상황에서 한국사회의 구성 원리로서 민족주의는 상반된 효과를 발휘했다. 1948년 남한 단독정부는 민족분단을 전제로 하여 되었고, 이승만 대통령은 민족국가의 미완성과 국가 정통성의 결핍을 은폐할 목적으로 그에게 적대적인 세력을 '비국민'으로 타자화하여 억압하는 수단으로 민족주의를 이용했다.

이에 반대해서 분단체제의 극복을 지상과제로 설정했던 사람들에게 민족주의는 그 같은 국가주의에 대항하는 논리가 되었다. 이승만과 박정희 대통령은 독재정권에 저항하는 반정부 세력을 억압하는 부정적 통합을 위한 코드로 '반공'을 국시(國是)로 내세웠다. 이에 반대해서 통일을 지상과제로 설정했던 사람들은 '반공'이라는 코드를 무력화 시킬 수 있는 대항담론으로 민족을 역설했다. 서구에서는 우파의 전유물인 민족주의가 남한에서는 좌파운동의 에너지를 결집하는 담론으로 사용됐다는 것이 한국 근현대사의 특이성이다.

좌와 우의 이념갈등과 민족과 국가 사이의 정체성 코드의 충돌이 중첩해서 문제로 나타난 현상이 천안함 침몰을 둘러싸고 벌어진 국론분열이다. 천안함 사태는 민족의식과 국가이성 사이의 불일치와 충돌을 해소하지 않고 그대로 방치하는 것이 이제는 한계상황에 도달했음을 보여 준 사건이다. 그렇다면 우리는 둘 사이의 불일치와 충돌을 어떻게 해소할 수 있는가?

3. 국가이성과 공정사회

천안함 사태는 우리가 목숨 바쳐 지켜야 할 조국에 대한 정의를 민족과 국가 가운데 무엇을 기준으로 해야 하는가의 문제를 새삼 제기했다. 이 문제는 결코 새로운 문제가 아니다. 하지만 우리는 1948년 남한과 북한에 각기 다른 정부가 수립되어 대립하다가 1950년 6·25 전쟁으로 3년간 동족상잔을 벌이다 휴전을 맺고 반세기 동안 냉전을 지속하는 사이에 이 문제를 의식적으로 제기하는 것을 억압했다. 그 결과 실질적으로는 대한민국 국민으로 살면서 민족통일이라는 꿈으로 국가현실을 부정하는 자아분열증이 발생했다.

60년 이상 동안 남한과 북한은 자유와 평등 가운데 무엇을 중심으로 정치공동체의 시민종교를 형성하느냐로 체제경쟁을 벌였다. 결과적으로 자유가 평등에 승리했다. 하지만 오늘날 남한사회는 평등을 희생시키는 자유란 정의롭지 못하기 때문에 심각한 갈등에 직면해 있다. 최근에 발생한 심각한 갈등이 2009년 1월 말에 일어난 용산 참사다. 기본적으로 용산 참사는 국가 권력(power)과 철거민 무력(force) 사이의 충돌로 발생했다고 볼 수 있다. 국민이 주권자인 민주사회에서 이 같은 비극이 일어나는 모순을 브레히트는 〈바이마르 헌법 제2조〉에서 이렇게 노래했다.

　　〈조항 1〉
　　1.
　　국가의 권력은 국민으로부터 나온다
　　　- 그런데 나와서 어디로 가지?
　　그래 도대체 어디로 가는 거지?

아무튼 어딘가로 가기는 가겠지?
경찰이 건물에서 줄줄이 나온다
  - 그런데 나와서 어디로 가지?
그래 도대체 어디로 가는 거지?
아무튼 어딘가로 가기는 가겠지!
(…중략…)

3.
갑자기 국가의 권력이 멈춘다
뭔가 나란히 서 있다
  - 무엇이지 그곳에 나란히 서 있는 것이?
글쎄 뭔가 나란히 서 있기는 서 있다
그러자 갑자기 국가의 권력이 고함친다
고함친다 즉각해산이다!
어째서 즉각해산이지?
닥쳐 즉각해산이다!
(…중략…)

5.
뭔가가 누워 있다 진흙탕투성이가 되어
진흙탕투성이가 되어 누워 있다!
무엇이 무엇이 누워 있는가?
무엇인가가 누워 있다
그곳에 무엇인가가 누워 있다 숨이 끊어진 채
그러나 그것이야말로 국민!
진짜로 그것이 국민?
그렇다 진짜로 국민이다.15)

그렇다면 정의롭지 못한 국가 권력에 맞서는 국민의 저항권을 인정해야 하는가? 베버는 권력(Macht)을 "한 사람 또는 다수가 한 공동체의 행위에서 거기에 속해 있는 다른 사람들의 저항에 반해서 자신의 의지를 관철시킬 수 있는 기회"라고 정의했다.16) 근대 국가는 정당한 물리적 폭력의 행사를 독점하고 그밖의 다른 집단이나 개인이 사용하는 모든 폭력을 비합법적으로 금지할 수 있는 권력을 획득함으로써 성립했다. 만약 국가가 이 같은 물리적 폭력을 독점적으로 행사할 수 있는 권한을 상실할 때 만인의 만인에 대한 투쟁이 벌어진다. 그런 자연상태에서는 권력이 무력으로 대체됨으로써 공동체의 질서가 붕괴되는 것은 물론 궁극적으로는 개인의 자유까지도 위협을 받기 때문에 국가라는 리바이어던이 요청된다는 것이 홉스의 테제다.

결국 문제는 국가이성과 사회정의의 모순을 어떻게 지양할 것인가이다. 이 문제에 직면해서 한나 아렌트는 『폭력에 관하여: 공화국의 위기』에서 폭력과 권력을 구별할 것을 제안했다. "권력과 폭력은 동일하지 않다고 말하는 정도로는 충분하지 않다. 권력과 폭력은 대립한다. 한편이 절대적으로 지배하는 곳이라면, 다른 한편은 존재하지 않는다. 폭력은 권력이 위태로워지면 나타나지만, 폭력을 발현하는 대로 방치하면 마지막에는 권력을 없애 버린다. 폭력은 권력을 파괴할 수 있으나, 결코 권력을 창조할 수는 없다."17)

국가 권력의 정당성은 법 규정적 폭력을 행사한다는 것에 근거한다. 하지만 그 같은 합법적 폭력은 그 스스로가 합법적이라고 주장함으로써만 실행가능한 자기 준거적 구조를 가지므로 데리다의 지적대로 동어반복의 딜레마에 빠진다.18) 이 같은 딜레마는 용사 참사에서

---

15) 하이네·브레히트·네루다, 김남주 옮김, 『아침저녁으로 읽기 위하여』, 남풍출판사, 1991, 126~128쪽.

16) Weber, M., *Wirtschaft als Gesellschaft*, Tübingen, 1921, 5. Aufl. 1980, p.531.

17) 카야노 도시히토, 『국가란 무엇인가』, 49쪽 재인용.

18) 위의 책, 27쪽.

처럼 합법적인 국가의 폭력이 정의롭게 행사되지 못할 경우 더욱 심각하게 나타난다. 이 문제를 해소하기 위해서는, 에르네스트 르낭이 민족을 '날마다의 국민투표'라고 정의했듯이, 근대 국민국가는 폭력 행사의 독점을 요구하는 집단과 이를 강요당하는 주민이 하나의 의지공동체를 결성한다는 전제로 성립해야 한다.

홉스는 주권자가 권력을 잡는 방식은 우월한 힘에 의지해서 강제적으로 굴종하게 만드는 것과 주민들 사이에 협정을 맺어 협의체를 구성하여 자발적으로 복종시키는 2가지 길이 있다고 말했다. 전자가 '획득에 의한 국가(Common-wealth by Acquisition)'라면, 후자는 '제도에 의한 국가(Common-wealth by Institution)'다.[19] 지난 반세기 한국의 민주화운동은 전자에서 후자로 주권을 전유하는 방식이 바뀌는 과정이라고 말할 수 있다. 이는 구체적으로 절차적 민주화를 성취한 이후의 실질적 민주화, 곧 '민주화 이후의 민주주의'를 의미한다. 전세계적으로 대한민국만큼 산업화와 민주화라는 근대혁명의 목표를 단시간 내에 성공적으로 달성한 국가는 별로 없다. 이제는 압축성장의 열매를 공정하게 나누는 사회정의의 실현이 대한민국 국가이성의 화두가 돼야 한다. 위로부터의 근대화를 추진했던 권위적 국가에서 벗어나 한국적 모델의 공정국가를 만들어야 한다.[20]

이명박 대통령 자신도 2010년 광복절 경축사에서 제시했던 '공정한 사회'라는 국정철학이 한국사회의 화두가 되는 사회적 아젠다로 급부승하리라는 예상을 하지 않았을 것이다. 하지만 결국 모든 것은 시간 속에서 사라지는가? 계속해서 새로운 대형사건이 터지는 한국사회에서 2011년 공정사회 담론은 잠잠해지고 있다. 그렇다면 2010년의 공정사회 열풍은 '찻잔 속의 태풍'으로 끝나고 말 것인가? 사회적 양극화와 부조리라는 국론분열을 일으키는 한국사회의 구조적 문

---

19) Thomas Hobbes, Leviathan, *Introduction by A*, D. Lindsay, Dent: London, Everyman's Library, Dutton: New York, 1970, p. 90.
20) 남기업, 『공정국가: 대한민국의 새로운 국가모델』, 개마고원, 2010.

제가 해결되지 않고 있는 한, 사회 정의에 대한 열망은 식지 않을 것이므로 공정사회 담론은 재부상할 것이다. "미네르바는 밤이 돼서야 난다."는 말처럼 이제는 차분하게 공정사회 담론에 대한 성찰을 할 때이다.

학자는 세계를 새로운 방식으로 인식하는 개념을 만들어 내는 걸 꿈꾼다면, 정치가는 권력투쟁의 주도권을 잡을 수 있는 담론의 생산에 주력한다. 담론이란 현실을 언어적으로 표현하고 문제를 인식하는 방식이다. 이명박 대통령이 던진 '공정한 사회'라는 화두가 이 같은 담론에 해당한다. 문제는 현실로서의 '공정한 사회'는 없고, 그에 대한 담론만이 존재한다는 사실이다. 이 대통령은 '공정한 사회'를 "출발과 과정에서 공평한 기회를 주되 결과에 대해선 스스로 책임지는 사회"라고 정의했다. 결과가 아닌 기회의 평등이 '공정한 사회'의 제 1원칙인 것처럼 보인다. 그렇다면 기회의 평등이 어떻게 보장될 수 있는가?

마르크스는 『자본론』에서 자본주의사회에서 자본가는 아무리 착하게 살고자해도 좋은 사람이 될 수 없다고 말했다. 왜냐면 자본주의사회에서 자본가는 노동자를 착취해야만 존립할 수 있는 구조적 위치에 놓여 있기 때문이다. 사회구조적으로 생성된 불평등을 개인의 노력으로는 극복할 수 없기에 계급 없는 사회주의사회에서만 평등이 실현될 수 있다는 것이다. 하지만 마르크스의 전망은 틀렸다. 역사적으로 자본주의는 부익부 빈익빈을 심화시키는 사회구조적 문제를 복지정책을 통해 해소하는 사회국가를 출현시켰다. 대부분의 선진 자본주의국가들은 모든 사람에게 공평한 기회를 주고 사회경제적 불평등을 구조적으로 극복할 수 있는 제도적 장치를 마련하는 사회국가를 지향한다. 오늘날 국가는 더 이상 특정 계급과 계층의 이해관계를 대변할 목적으로 합법적인 폭력을 독점적으로 행사하는 도구가 아니라 사회정의 실현을 존재이유로 삼는다.

2010년 하반기 마이클 샌델의 『정의란 무엇인가』라는 철학서가 이

례적으로 오랫동안 인문학 베스트셀러 1위를 기록했다는 것은 우리 사회가 정의에 매우 목말라 있음을 방증한다. 사회적 정의를 바탕으로 하지 않은 성장이 유발하는 상대적 박탈감은 사회적으로는 만인의 만인에 대한 투쟁을 촉발하고 국가의 정체성을 해치는 암적인 요인이 될 수 있다. 사회적 통합을 이룩하고 국론분열을 극복할 수 있는 새로운 지도이념이 필요한 시점에서 이명박 대통령은 '공정한 사회'라는 담론을 만들어 내 사회적 반향을 일으켰지만, 결국은 그 스스로가 그 담론의 포로가 되어 정치를 해야 할 운명에 처할 것이다. 역사에서 혁명은 현실이 가장 열악할 때가 아니라, 프랑스의 역사가 샤르티에가 프랑스혁명의 문화적 기원으로 말했듯이, 담론과 현실의 불일치를 민중이 더 이상 참을 수 없는 상황에서 발발한다.21) 결국 공정사회라는 이명박 대통령이 만든 담론은 현 정부에게 공정국가라는 부메랑으로 되돌아 와 현실을 변화시키는 이념이 될 것이다. 역사는 이처럼 우연적 필연으로 발전한다. 초기조건은 우연적으로 발생하는 사건이지만 그것이 만들어 내는 '나비효과'는 한국사회 전체를 변화시키는 태풍이 될 수 있다. 이 같은 믿음으로 나는 공정사회 담론이 일으킬 수 있는 '나비효과'에 대해 생각해 보고자 한다.

4. 공정사회와 민족통일

지금 남한 주민의 국론분열은 국가이성, 사회정의, 민족통일이라는 3차원의 문제가 서로 얽혀서 소통장애를 일으킴으로써 나타난 현상이다. 이렇게 3차 방정식으로 복잡하게 얽혀 있는 문제를 어떻게 풀 것인가? 공정사회라는 담론을 통해 공정국가의 현실을 만들고,

---

21) Chartier, R., *The Cultural Origins of The French Revolution*(London: Duke Uni, 1991), 백인호 옮김, 『프랑스 혁명의 문화적 기원』, 일월서각, 1998.

그 기반 위에서 통일국가를 형성하려는 노력을 기울이는 것이 순차적인 방안이라고 생각한다. 이 같은 전제 하에 먼저 공정사회 담론을 통한 공정국가의 실현이 어떻게 가능한지를 살펴보고, 다음으로 공정국가이성에 의거한 민족통일의 길을 모색해 보고자 한다.

인간은 불평등하게 태어난다는 것이 불공정성의 기원이다. 선천적으로 주어진 불평등의 조건을 후천적으로 교정할 수 있는 제도적 장치가 마련돼 있는 인간 집단이 공정사회이고, 그 같은 공정사회를 이룩하는 것을 목표로 삼는 정치공동체가 공정국가라고 말할 수 있다. 전근대 신분사회에서는 그가 어느 가문에 속해 있느냐로 출세가 좌우됐다. 명목상 조선왕조에서 입신양명을 하기 위한 자격은 과거시험에 합격한 모든 양민에게 주어졌지만, 실질적으로는 종족 출신배경에 대한 검증을 받은 합격자만이 관직에 등용될 수 있었기에 과거란 그들 끼리만의 리그였다. 이에 반해 근대 자본주의에서는 선천적인 신분이 아닌 후천적인 개인의 능력에 따라 사회적 상승을 할 수 있는 기회가 열렸다. 따라서 전근대 신분사회에서 근대 계급사회로의 이행은 개인에게 사회적 상승의 사다리가 주어졌다는 점에서 역사의 진보임에 틀림없다.

그렇다면 신분이 아닌 능력에 따라 출세가 보장되는 근대사회에서 모든 개인에게 동등한 자유와 공평한 기회를 준다면 공정사회가 이룩될 것인가? 그렇게 될 수 없는 이유는 신분뿐 아니라 소질과 능력 또한 선천적으로 결정되는 불평등의 원천이 되기 때문이다. 존 롤스 말대로, "능력 위주의 사회가 사회적 우연을 완전히 제거한들, 타고난 능력과 재능에 따라 부와 소득의 재분배가 결정되는 상황은 여전히 허용돼 있다."[22] 자유시장의 '보이지 않은 손'은 인간 불평등을 해소하기보다는 심화시킬 뿐이므로 자본주의는 유산자와 무산자 사

---

22) John Rawls, *A Theory of Justice*(Cambridge, Mass.: The Belknap Press of Harvard University Press, 1971, sec. 12), 황경식 역, 『정의론』, 이학사, 2003.

이의 계급갈등을 절대로 해소할 수 없다고 마르크스는 보았다. 하지만 후기 자본주의에서 국가는 계급의 차이로부터 발생하는 불공정성을 조정하는 사회국가로 탈바꿈함으로써 적대적 계급모순을 해소하는 주체가 됐다. 사회국가란 사회적 약자를 배려하는 '공정성으로서의 정의'를 실현한다는 의미에서 공정국가라고 부를 수 있다.

공정성(fairness)과 정의(justice)를 개인의 품성이 아니라 제도의 특성과 그 제도를 만드는 과정의 문제로 파악하여 '공정성의 정의'를 논의한 가장 유명한 철학자가 존 롤스다. 그는 정의란 태어날 때부터 불평등하게 주어진 재능의 차이를 인위적으로 평등하게 만드는 것이 아니라, 재능 있는 사람을 그의 재능을 최대한 발휘할 수 있도록 격려하여 그로부터 발생한 부를 공동체 전체에게 돌아가게 만드는 것이라고 규정했다. 그는 "우연히 주어진 선천적이거나 사회적인 환경을 이용하려는 행위는 반드시 공동의 이익에 도움이 되어야 한다."고 썼다.23) 이 같은 정의 개념에 입각해서 그가 능력 위주의 시장사회를 교정할 수 있는 방안으로 제시한 것이 차등원칙이다. "차등원칙은 사람들의 타고난 재능을 공동 자산으로 여기고, 그 재능을 활용하여 생산한 이익을 공유하는 데 동의하는 것을 의미한다. 태어나면서부터 혜택을 받은 사람은 그들이 누구든, 그런 혜택을 받지 못한 사람들의 상황을 개선한다는 전제하에서만 자신의 행운을 이용해 이익을 얻을 수 있다."24)

차이는 출생 가정이든 타고난 재능이든 나의 의지와 관계없이 우연적으로 주어진 것이다. 이 점에 착안해서 롤스는 사람들이 자신의 지위나 계층, 천부적 재능과 체력을 어떻게 타고날지 자기의 운수를 모르는 '원초적 상황'에서 자기가 살아갈 집단의 삶을 지배할 원칙을 정하는 가언계약을 맺는 것을 상상한다. 그는 자신의 운명을 모르는

---

23) John Rawls, *A Theory of Justice*, sec. 17.
24) 위의 책.

'무지의 베일' 속에서 사람들은 우연적 차이로부터 발생한 부를 불평등하게 태어난 사람들의 이익을 위해 쓰도록 허용하는 차등원칙에 모두가 동의할 것이라고 믿는다. 이 같은 차등원칙을 구체적으로 실현하는 방안 가운데 하나가 고용과 입학에서 흑인과 같은 사회적 소수자에게 가산점을 주는 '소수집단우대정책(Affirmative Action)'이다. 우리나라의 경우는 농어촌 학생 특례입학이 그런 불평등한 경쟁을 통한 사회적 정의를 실현하는 방안이다. 그런데 문제는 '소수집단우대정책'과 특례입학이 논란이 되듯이, 실제로는 모든 사람이 차등원칙에 동의하지는 않는다는 점이다. 롤스가 상정한 원초적으로 평등한 상황에서 이뤄진 가언합의란 허구이며, 허구적으로 맺어진 계약에 의거해서 사회적 약자에게 재분배를 하는 것이 과연 현실적으로 올바른 것일까? 결국 문제는 차등원칙이 지향하는 불평등의 공정성에 대한 실질적인 사회적 합의를 어떻게 하느냐에 달려 있다.

이 문제에 직면하여 샌델은 개인적 선택의 자유에 입각한 롤스의 자유주의 정의론에 대한 대안으로 공화주의 정의론을 주장한다.[25] 그는 시민들이 사회 전체에 대해 걱정하고 공동선을 위해 헌신하려는 시민의 덕성이 없이는 정의로운 사회가 구현될 수 없다고 보았다. 그는 우리가 가족, 국가, 민족의 구성원이자 그 역사를 떠안은 사람으로 산다는 것, 곧 인간이 공동체에 대해 감당해야 할 특별한 도덕적 책임을 고려하지 않고 무엇이 사회적 정의인지를 규정한 것을 자유주의 정의론의 한계로 지적했다.[26] 실제로 주민들의 국가, 민족, 지역 또는 공화국에 대한 헌신은 개인들 사이의 합의를 넘어선 역사를 공유하는 존재가 갖는 역사의식에 근거하며, 그 공동체의 역사가 '우리는 누구인가'의 집단정체성을 결정하고 '우리는 무엇을 위해 살아야 하는가'의 삶의 오리엔테이션을 담당한다.

---

25) 마이클 샌델, 이창신 옮김, 『정의란 무엇인가』, 김영사, 2010.
26) 위의 책, 313~314쪽.

압축성장을 통해 천민자본주의와 가족주의가 팽배하여 공동체 의식은 희박해지고 이기주의가 난무하고 있는 우리사회를 위해 샌델의 공화주의적 정의론은 중요한 의미를 가진다. 서구 선진국들이 300년 동안 이룩한 근대화를 단지 30년 만에 달성하는 '돌진적 근대화'가 가치관의 아노미 현상을 초래하여 사회병리현상이 일어나는 것은 당연한 결과다. 따라서 이제는 돌진적 근대화에서 성찰적 근대화로 패러다임 전환을 할 때이다. 이 같은 패러다임 전환의 위기상황에서 발생하는 사회적 갈등과 불화가 소통장애를 일으키기 마련이다. 하지만 긴 안목으로 보면, 이 같은 진통은 새로운 질서를 낳기 위한 카오스의 시간이다. 이 같은 카오스의 시간을 경과하면서 우리는 국가이성, 사회정의, 민족통일의 3차 방정식 문제를 풀 수 있는 해법을 모색해야 한다.

그 해법을 모색하는 가운데 떠오른 담론이 "대한민국은 민주공화국이다"라는 구호다. 결국 현재 남한사회에서 일어나고 있는 사회적 갈등과 불화를 긍정적으로 해석하면, 민주공화국으로서 대한민국의 사회적 정의를 구현해나가기 위한 진통의 과정이라고 말할 수 있다.[27] 앞서 예로 든 용산 참사에서 희생당한 사람들이 우리사회 전형적인 약자에 속하는 사람들이다. 이들에게 가진 자의 부를 재분배하는 한국적 모형의 차등원칙에 대한 사회적 합의를 할 때, 대한민국은 진정한 의미에서 민주공화국이 될 수 있다.

이 같은 사회적 합의를 이룩하는 데 결정적인 역할을 하는 것이 공동체의 서사, 곧 역사다. 인간은 자신이 누구인지를 이야기하는 서사적 탐색을 하는 가운데 자기 정체성을 인식하는 서사적 존재다. 인간은 이야기를 매개로 해서 시공간을 넘어서 경험과 지식을 축적하고 소통함으로써 다른 동물과는 다르게 문명을 건설하는 존재가 될 수 있었다. 자기 존재의 유한성을 자각한 인간이 '참을 수 없는

---

27) 김기봉, 「우리사회 소통장애에 대한 철학적 성찰」, 『철학과 현실』 85, 2010 여름, 39~48A쪽.

존재의 가벼움'을 극복하기 위해 만든 서사가 바로 역사다. 역사란
"나는 어디서 왔고 어디로 가는가"의 문제를 해결하기 위해 인간이
만든 서사다. 이 같은 맥락에서 롤스의 자유주의 정의론에 반대하여
공동체주의 정의론을 주창한 알래스데어 매킨타이어는 인간은 "'나
는 무엇을 해야 하는가?'라는 물음에 답을 하기 위해서는 먼저 '나는
어떤 이야기의 일부인가?'에 대한 답을 할 수 있어야 한다."고 말했
다.28) 결국 공동체의 서사를 어떻게 구성하느냐로 나의 집단 정체성
뿐 아니라 과거의 '그들' 가운데 누가 현재의 '우리'와 같은 민족을
이루는지를 결정한다.

　　모든 국가는 그 주민의 집단 정체성을 주입할 목적으로 자국사를
구성하려는 노력을 기울인다. 우리의 자국사는 한국사라고 불린다.
한국사란 기본적으로 한국인은 누구인가를 이야기하는 서사이며, 이
서사를 어떻게 구성하느냐로 한국인 정체성이 규정된다. 최근 남한
사회는 안으로는 다문화사회, 밖으로는 북한과의 관계 속에서 한국
사를 재구성해야 할 필요성에 직면해 있다. 전자의 서사구성을 할
때는 국가이성과 사회정의 사이의 불일치가 발생한다면, 후자의 분
단모순에 직면해서는 국가이성과 민족통일 사이의 갈등이 생겨난다.
이 두 문제 가운데 시한폭탄의 뇌관처럼 지금 우리의 안보를 직접적
으로 위협하는 불씨는 후자다. 우리에게 북한주민은 누구인가? 같은
민족이지만 다른 공화국의 주민이다. 결국 한국인 정체성을 결정하
는 코드가 국가인가 민족인가의 문제는 한국사의 사서구성을 어떻게
하느냐로 결정된다. 이 같은 사실로부터 한국 근·현대사 교과서를
둘러싼 역사의 담론투쟁은 불가피하게 일어날 수밖에 없었다.

　　세속화된 근대에서 역사교과서는 집단기억을 형성하는 역사의 정
전(canon) 역할을 한다. 우리는 누구인가의 집단정체성과 우리는 무

---

28) Alasdair MacIntyre, *After Virtue*(Notre Dame, Ind.: University of Notre Dame Press, 1981,
　　 p. 201), 이진우 옮김, 『덕의 상실』, 문예출판사, 1997.

엇을 위해 살아야 하는가의 공동체적 삶의 방향정립에 대한 공식적인 이야기를 만들어 내는 것을 통해 학생들에게 한국인으로서의 역사적 소명의식을 고취하려는 목적으로 서술된 것이 한국사교과서다. 한국사서술이란 결국 한국인이란 누구인가의 이야기를 쓰는 것이라면, 그 같은 이야기를 구성하는 필요불가결한 3요소는 이야기의 주인공과 플롯 그리고 목표다.

역사교과서 내전의 한복판에 있었던 것이 금성출판사 발행 교과서 『한국 근·현대사』와 뉴라이트의 역사관을 대변하는 『대안교과서 한국 근·현대사』다.[29] 먼저 전자는 민족을 주어로 설정하고 통일을 역사의 목표로 설정함으로써 분단현실의 비극을 강조하는 플롯으로 서술됐다. 이에 반해 민족 대신에 국가를 주어로 하여 선진화를 역사의 목표로 설정하는 후자는 대한민국의 성공을 강조하는 희극의 플롯으로 구성됐다.[30] 현재 한국사의 목표는 민족통일인가 국가선진화인가를 둘러싸고 계속 역사의 담론투쟁이 벌어질 전망이다. 하지만 과연 이 둘은 양자택일해야만 하는 모순인가?

북한 핵 문제와 천안함 침몰사태를 통해서 명확히 드러났듯이, 대한민국의 안보와 번영은 분단체제를 해소하지 않고는 사상누각이 될 수 있다. 따라서 21세기 한국 역사학은 국가이성과 민족통일을 모순으로 파악하게 만들었던 분단체제를 극복할 수 있는 민족공동체 서사 만들기를 제1과제로 삼아야 한다. 이를 위해서는 먼저 "우리의 소원은 통일"이라는 선험적 방식으로 민족통일을 주창하는 방식을 이제는 탈피하고, 무엇을 위해 통일을 해야 하며 통일 후에 어떤 국가를 지향할 것인지에 대한 사회적 합의를 해야 한다. 이 같은 사회적 합의를 해나가는 일환으로 한국사의 서사구성을 어떻게 할 것인지를 둘러싸고 역사논쟁을 벌여야 한다.

---

29) 교과서포럼, 『대안교과서 한국 근·현대사』, 기파랑, 2007.
30) 교과서논쟁에 대해서는 김기봉, 「역사교과서 논쟁 어떻게 할 것인가: '역사의 정치화'에서 '정치의 역사화'로의 전환을 위하여」, 『역사학보』 198집, 2008.

종래 이 같은 역사논쟁이 생산적으로 전개되지 못한 이유는 합리적 의사소통의 장이 마련되지 못했기 때문이다. 합리적 의사소통의 장을 열기 위한 전제는 자유와 평등 사이의 담론투쟁으로 전개된 남북한의 체제경쟁에서 남한의 자유가 북한의 평등에 승리했다는 것을 이제는 기정사실로 인정해야만 한다는 사실이다. 자유 없는 평등은 절대 빈곤의 문제를 해결하지 못함으로써 북한체제는 핵무기 개발로 동북아평화를 위협하는 벼랑 끝 전술로 체제를 연명하고 있다. 이에 비해 평등을 희생시키는 자유는 정의롭지 못하기 때문에 남한은 심각한 갈등과 분열에 직면해 있다. 따라서 지금 우리에게 민족통일이란 자유와 평등의 모순의 극복을 의미한다. 이 같은 변증법을 성취하는 화두가 공정사회가 될 수 있다. 따라서 지금 우리에게 민족통일이란 자유와 평등의 모순의 극복을 의미한다. 이 같은 변증법을 성취하는 화두가 공정사회가 될 수 있다. 우선 남한부터가 공정사회를 이룩할 때, 대한민국은 국가이성을 가진 국가로 권력의 정당성을 획득할 수 있으며 민족통일과의 모순을 극복할 수 있는 주체가 될 수 있다.

참고문헌

\<자료\>

「민족과 국민의 구별」, 『대한매일신보』 1908년 7월 8일.

\<논문 및 단행본\>

곽차섭, 『마키아벨리즘과 근대 국가의 이념』, 현상과 인식, 1996.

교과서포럼, 『대안교과서 한국 근·현대사』, 기파랑, 2007.

김기봉, 「역사교과서 논쟁 어떻게 할 것인가: '역사의 정치화'에서 '정치의 역사화'로의 전환을 위하여」, 『역사학보』 198집, 2008, 379~406쪽.

김기봉, 「우리사회 소통장애에 대한 철학적 성찰」, 『철학과 현실』 85, 2010 여름, 39~48쪽.

하이네·브레히트·네루다, 김남주 편역, 『아침저녁으로 읽기 위하여』, 남풍출판사, 1991.

남기업, 『공정국가: 대한민국의 새로운 국가모델』, 개마고원, 2010.

신기욱, 「Korea's Path to Modernity」, 『한국의 근대와 근대 경험』, 2003년 이화여대 한국문연구원 봄 학술대회 발표문.

신중섭, 「'공정한 사회'의 공정이란 무엇인가」, 『시민인문학』 20호, 경기대학교 인문과학연구소, 2011, 9~37쪽.

왕종현, 「대한제국기 고종의 황제권 강화와 개혁논리」, 『역사학보』 208집, 2010, 1~34쪽.

이문열, 「내게 오는 젊은이 대부분 천안함 발표 안 믿어… 이런 판에 정의 논할 수 있나」, 『조선일보』, 2010.9.6.

장영숙, 『고종 44년의 비원』, 너머북스, 2010.

카이노 도시히토, 김은주 옮김, 『국가란 무엇인가: 국가의 본질에 대한 역사적 고찰』, 산눈, 2010.

최문형, 『한국 근대의 세계사적 이해』, 지식산업사, 2010.

한국철학회 편, 「우리에게 국가란 무엇인가: 하나의 역사학적인 성찰」, 『한국철
　　　학회 창립 50주년 기념 학술논문집: 철학과 인접학문의 대화』, 철학과
　　　현실사, 2004.

Chartier, R., *The Cultural Origins of The French Revolution*(London: Duke Uni,
　　　1991), 백인호 옮김, 『프랑스 혁명의 문화적 기원』, 일월서각, 1998.

Machiaveli, N., 강정인·안선재 옮김, 『로마사 논고』, 한길사, 2003.

Hobbes, Th., Leviathan, *Introduction by A*, D. Lindsay, Dent: London, Everyman's
　　　Library, Dutton: New York, 1970.

MacIntyre, A., *After Virtue*(Notre Dame, Ind.: University of Notre Dame Press,
　　　1981), 이진우 옮김, 『덕의 상실』, 문예출판사, 1997.

Platon, 박종현 역주, 『국가·政體』, 서광사, 1997.

Rawls, J., *A Theory of Justice*(Cambridge, Mass.: The Belknap Press of Harvard
　　　University Press, 1971, sec. 12), 황경식 역, 『정의론』, 이학사, 2003.

Sandel, M., 이창신 옮김, 『정의란 무엇인가』, 김영사, 2010.

Weber, M., *Wirtschaft als Gesellschaft*, Tübingen, 1921, 5. Aufl. 1980.

＿＿＿＿＿, *Politik als Beruf*, Gesammelte Politische Schriften, Tübingen, 1921,
　　　5. Aufl. 1988.

통일학의 정초를 위한 인문적 비판과 성찰

김성민·박영균

1. 분단체제와 '사람의 통일'

한(조선)반도의 분단체제가 가진 딜레마는 '탈냉전-탈분단'의 정치·경제적 체제통합 노력이 커지면 커질수록 이에 반발하는 반동적인 힘(reactive force) 또한 커진다는 점에 있다. 이것은 2000년에 있었던 '6·15남북공동선언' 이후 한국 내의 주요한 계층별-세대별-지역별 갈등과 분열이 '대북정책'을 중심으로 착종되어 왔다는 점에서도 드러나고 있다. 그렇다면 왜 우리는 어릴 적부터 '우리의 소원은 통일'이라는 노래를 그렇게도 줄기차게 불러 왔음에도 불구하고 한(조선)반도에서 탈분단의 경향이 강해지면 질수록 우리 사회의 다른 한편에서는 그것에 반발하는 세력의 목소리 또한 커지는 것일까?

그것은 바로 한(조선)민족의 분단체제가 단순히 남과 북이라는 두개의 국가권력에 의해 이루어지는 체제 간의 경쟁을 통해서만 작동하는 것이 아니라 분단국가의 '국민 만들기'라는 과정 속에서 만들어진 '분단의 사회적 신체', 즉 '분단 그 자체'를 자신의 몸과 마음에 각인시킨 대중적 토양을 통해서 작동하기 때문이다. 분단을 몸에 각인하고 있는 사람들에게서 남북의 통일이란 불구대천의 원수와 함께 살아야 한다는, 그 자체로 '공포'를 유발하는 것일 수밖에 없다. 따라서 그들에게 '북'은 절멸시켜야 할 대상이자 6·25전쟁을 일으킨 불구대천의 원수일 뿐이다. 여기서 모든 합리적 소통의 가능성, 이해의 가능성은 중단된다.

바로 이런 점에서 한(조선)민족에서 남북분단을 극복하는 문제는 단순한 정치·경제적인 체제통합의 문제가 아니라 분단체제에서 생산된 '분단된 사회적 신체와 마음을 극복하는 문제일 수밖에 없다. 그러나 이제까지 한국에서 진행되어 온 통일담론은 이에 대한 분석이나 대안을 내놓고 있지 못하다. 이것은 무엇보다 이제까지 한국의 통일운동이나 학계에서 다루어지고 있는 통일담론이 두 개의 분단국가를 하나로 합치는, 정치–경제적인 거시적 체제통합의 관점에서 통일 문제를 다룰 뿐, 그 이상을 벗어나서 마음과 몸의 통일이라는 문제를 보지 못하고 있기 때문이다.

게다가 '분단-통일'에 대한 연구를 대표하는 북한학은, 그 명칭이 보여 주듯이 북을 통일의 다른 반쪽의 주체로 사고하는 것이 아니라 통일의 대상으로 사유하는 관점을 벗어나지 못하고 있다. '북한학'은 '통일학'이 아니다. '북한학'은 이미 북을 남이 정치–경제적으로 통합한다는 점을 전제로 하여 통일의 문제를 다룬다. 여기서 북은 대상일 뿐, 통일의 다른 한 주체가 아니다. 따라서 이것은 두 개의 분단국가가 서로 정통성을 내세우면서 적대시하는 분단국가주의를 생산할 뿐이다. 그러나 통일은 현실적이고 실효적으로 한(조선)민족의 반쪽을 지배하고 있는 남과 북이라는 두 개의 분단국가와 분단국가에서 살고 있는 사람들이 존재한다는 사실에서 출발하여 이를 극복하고 통합하는 문제이다.

뿐만 아니라 독일통일이 보여 주듯이, 설사 통일이 무력에 의한 통일이 아니라 평화적으로 이루어진 통일이라고 할지라도 사회문화적인 통합 과정 없이 이루어지는 단순한 체제 통합이 불러올 수 있는 사회적 갈등과 분열로 인해 지불하게 될 사회적 비용은 경제학적으로만 따져보더라도 결코 '경제적'이라고 할 수 있다. 이런 점에서 재독 철학자 송두율은 독일 통일의 과정에서 무엇보다 중요한 것이 '사회·문화적 통일'이며 '마음의 장벽'을 허무는 것이라고 말한 바 있다.1) 그런데 "'마음의 장벽'을 허무는 과제는 단순하게 '경제의 논리'로만 해결할 수 없다." 문제는 오히려 "'사회·문화적인 논리'를 개발"하는 것이다."2) 따라서 이전의 통일담론으로부터 벗어나기 위해서 무엇보다도 먼저 진행되어야 할 것은 남과 북이라는 체제통합을 벗어나 남과 북에서 살고 있는 '사람의 통일'이라는 관점으로 사유의 틀을 전환하는 것이다.

게다가 분단체제는 단순히 남과 북이라는 두 개의 분단국가의 대립만을 낳는 것이 아니다. 그것은 더 나아가 남과 북에 살고 있는 사람들을 분단시킨다. 따라서 이런 남쪽과 북쪽 사람들의 사회문화적 통합 없이 이루어지는 장기적인 과정 없이 이루어진 통일은 오히려 더 큰 상처와 위험을 낳을 수도 있다. 이것은 분단국가였던 예멘이 두 정상 간의 합의를 통해 통일을 했음에도 불구하고 이후 내전을 겪어야 했던 역사적 사례가 보여 주는 바이기도 하다. 따라서 문제는 통일이 남과 북의 두 개의 국가, 두 개의 체제를 통합하는 것을 넘어서 '사람의 통일'로 나아가야 한다는 것이다. 그리고 그렇게 되었을 때, 북한학은 실질적으로 통일학이 될 수 있다. 그렇다면 '사람의 통일'이라는 관점에서 이루어지는 통일학은 어떤 인문적 성찰과 비판 위에서 출발해야 하며 어떤 비전을 가져야 하는가? 여기서 다루고자 하는 근본적 쟁점은 바로 이것이다.

---

1) 송두율, 『통일의 논리를 찾아서』, 한겨레신문사, 1995, 8쪽.
2) 송두율, 『민족은 사라지지 않는다』, 한겨레신문사, 2000, 188쪽.

2. 통일학의 정초를 위한 내재적 비판의 출발점

인문학(humanities)은 공자가 말했듯이 '지인(知人)의 학'으로서, 그 어원인 스투디아 후마니타티스(studia humanitatis)'라는 말이 보여 주듯이 인간다움이나 인간다움의 가치를 다루는 학문이다. 따라서 '사람의 통일'이라는 관점의 전환에서 반드시 필요한 것은 인간의 학이라고 할 수 있는 '인문학'이며 통일담론의 새로운 판형은 인문학이라는 토대 위에 통일에 대한 학적 체계를 세운다는 것을 의미한다. 하지만 이런 주장에 대해 많은 사람들은 인문학적 사유가 근본적이기는 하지만 이상적이며 심지어 공상적이라고 생각하는 경향이 있다. 이것은 그들이 분단 극복의 과정에서 인문학의 필요성을 인정하면서도 결국 통일을 남과 북이라는 두 개의 분단국가의 체제 통합으로 환원하는 것으로, 그것만이 현실적이라고 생각하기 때문이다.

물론 궁극적으로 통일은 두 개의 분단국가가 하나의 국가로 통합되는 것이다. 하지만 문제는 이런 현실주의적 사고가 미래에 지불된 비용이나 위험을 생각하지 않은 채, 현실에 매몰되어 지금부터 준비되거나 시작되어야 할 실천들을 미래로 유예시킨다는 점에 있다. 게다가 정치-경제적 통합 이후 사회문화적 통합을 생각하는 단계론적 사고는 통일을 '목적'과 '결과'의 관점에서만 생각하는 것으로서, 통일 그 자체가 그것을 만들어져 가는 '수단'과 '과정'의 유기적 연속성의 산물이라는 점을 망각하고 있다. 예를 들어 남북의 분단 극복과 통일의 경우에 '무력에 의한 통일'은 민족 전체의 공멸을 가져오는 것으로, '평화로운 분단'보다 결코 낫다고 할 수 없다. 통일을 해야 하는 이유 또한 그것이 원래 하나의 민족이었기 때문이 아니라 분단이 거기에 살고 있는 사람들의 삶을 왜곡시키고 평화를 위협하며 군사적 대립으로 인한 막대한 비용을 지불하기 때문이다.

바로 이런 점에서 무엇보다 먼저 우리는 이 망각의 베일을 거두어내기 위해 분단체제에 의해 연구자 자신의 몸에 체화된 '분단의 아비투스' 그 자체를 반성적으로 성찰하는 데에서 출발해야 한다. 부로디외가 말했듯이 학문의 장은 '스콜레(scole, 여유의 공간)'를 가지고 있기 때문에 성립가능하다. '스콜레'는 한편으로 불편부당한 객관적 위치를 점하고 상대적으로 자율적인 생산의 구조를 유지하는 조건을 제공함으로써 학문의 장을 형성하도록 만든다. 하지만 다른 한편으로 그렇기 때문에 연구자들은 '사유가 이루어지는 세계'와 '삶이 이루어지는 세계' 사이의 경계를 망각하고 주지주의와 같은 학구적 성향에 빠지는 경향을 가지고 있다. 또한, 자신들의 몸과 마음에 체화되어 있는 아비투스가 작동하고 있음에도 불구하고 마치 그것이 객관적인 학문적 탐구의 결과인 것처럼 여기는 경향을 가지고 있다.

그러나 학문의 장에서 다루어지는 상징체계들 또한 "장을 규정하는 규칙들에 따라 기능"하도록 만들며 "이 규칙들은 (…중략…) 전적인 힘으로 그들에게 강제된다."[3] 게다가 "국가는 물리적 힘 혹은 강제도구(군대·경찰)의 자본, 경제적 자본, 문화적 혹은 더 나은 경우 정보적 자본, 상징적 자본과 같은 상이한 여러 종류의 자본들의 집중화 과정이 낳은 결과물"이자 "메타-자본의 보유자"이다.[4] 그런데 학문의 장은 바로 이런 "인간에 대한 담론이 생산되는 장들의 구조와 기능 작용 속에서 존재"한다. 따라서 연구자는 "진정한 자유의 가능성을 사유"하는 "반성"적 실천을 수행해야 한다.[5] 여기서 "반성"은 "객관화의 작업으로부터 임의적으로 배제된 인식적 주체가 지닌 특권을 문제 삼는 일"이며, 학문적 실천을 수행하고 있는 경험적 주체를 사회적인 시·공간에 위치시키면서 그 주체가 가지고 있는 이해관계, 충동, 가정들에 대해 성찰하는 것이다.[6]

예를 들어 통일담론의 인문학적 탐색을 전개했던 강만길은 70년대

---

3) Pierre Bourdieu, 김웅권 옮김, 『파스칼적 명상』, 동문선, 2001, 164쪽.
4) Pierre Bourdieu, 김웅권 옮김, 『실천이성』, 동문선, 2005, 120쪽.
5) Pierre Bourdieu, 앞의 책, 172쪽.
6) 위의 책, 173쪽.

중반, 당시까지 역사학계 주류를 형성하고 있었던 문헌고증사학이 학문의 현재성으로부터 유리된 채, 과거에서 학문적 안식처를 찾고 있다고 비판하면서 시작하였다. 그러나 그는 더 나아가 신채호나 박은식의 민족사학 또는 마르크스주의적 사회경제사학론에서 '식민사학론'의 극복 노력을 발견하면서도 이들의 논의가 5·16쿠데타 이후 유신체제 이후 박정희의 '주체적 민족사관'과 연결됨으로써 분단체제에 흡수되어버렸다는 근본적인 자기비판을 감행하였다. 따라서 한(조선)민족 전체 주민을 하나의 역사공동체·문화공동체로 인식하고 민족의 평화적, 호혜적, 대등적 통일의 길을 열어가는 이념[7]으로 제시된 그의 '통일민족주의론'은 민족통일의 지도 원리로서 민족주의를 수용하면서도 이런 민족주의에 대한 비판을 역사학계 내부의 자기비판과 성찰의 계기로 삼음으로써 획득된 것이었다.[8]

바로 이런 점에서 '분단국가주의'를 벗어나기 위한 성찰과 비판 또한 분단체제와 관련시켜 사유할 필요가 있다. 사실, 분단국가주의는 역사적으로 분단 이후 남/북의 적대적 대치 속에서 '분단국가의 국민'을 생산해 온 역사와 무관하지 않다. '분단국가'는 민족≠국가라는 결핍을 가진 존재이다. 따라서 분단국가는 '민족≠국가'라는 결핍을 감추고 '민족=국가'로 자신을 상징화함으로써 한(조선)민족에서 유일한 민족국가로 자신을 내세울 필요가 있었다. 그러나 그렇게 하기 위해서는 '민족'의 자리에 '국가'를 놓음으로써 '국가와 민족'의 자리를 바꾸는 전치의 과정을 필요로 했다. 따라서 남과 북이라는 분단국가는 '민족=국가'를 '국가=민족'으로 전치시킴으로써 '민족=남/북'이라는 분열과 결핍을 '남=민족' 또는 '북=민족'이라는 상징화를 통해 그 스스로를 민족의 대표자로 내세울 수 있었다.

그러나 그렇게 되었을 때 역으로 남 또는 북이라는 분단국가는 '민

---

7) 강만길, 『우리 통일, 어떻게 할까요』, 당대, 2003, 165쪽.

8) 강만길, 「분단 극복을 위한 실천적 역사학자」, 역사문제연구소 엮음, 『학문의 길, 인생의 길』, 역사비평사, 1999, 214~215쪽.

족'을 부당하게 참칭하거나 월권을 행사하는 위험을 피할 수 없었다. 그리고 바로 이런 점에서 월권과 참칭은 여전히 자신의 공백이나 결핍을 감추는 '무화과 잎사귀'에 불과했다. 1960년 4·19혁명과 1970년 7·4남북공동선언을 경험하면서 한국이라는 분단국가가 부당하게 참칭했던 '민족'은 오히려 독재 정권을 공격하는 화살이 되어 돌아 왔으며 '통일운동'은 정치적 지배 권력에 맞서는 선봉이 되었다. 그러나 '통일운동'의 성장은 분단국가의 공백과 결핍을 드러내는 '금단의 영역'이다. 따라서 독재 정권은 북이라는 타자에 대한 적대성과 공격성을 이용하여 한국사회를 통합하는 '부정적 통합(negative integration)'의 정치공학을 '반공테러리즘'을 통해 작동시켰다.

여기서 북은 동족상잔이라는 '6·25전쟁'을 일으킨 불구대천의 원수이며 민족을 러시아와 중국에 팔아먹은 '괴뢰정권'으로 상징화되었다. 그리고 그들이 만든 상징체계를 따라 독재정권은 자신만을 한(조선)민족의 유일한 민족적 정통성을 가진 정권으로, 따라서 상대는 끊임없이 민족의 평화와 공존으로 가로막는 '적'이자 '공포의 대상'으로, 통일을 위해서는 '화해하거나 우애를 만들어 가야 하는 다른 반쪽의 민족'이 아니라 절멸시켜야 할 대상으로 전환시켰다. 이를 통해서 그는 민족의 유일한 정치적 권력체이자 통일의 주인으로, 한(조선)민족의 이상적 초자아로 자신을 상징화하였다. 여기서 통일의 주체는 한(조선)민족의 역사를 공유하고 있으며 이 땅에서 살아가고 있는 '민족'이 아니라 분단의 산물이자 결실로 탄생한 '남'이거나 아니면 '북'이라는 분단국가였던 셈이다.

그러나 남과 북이라는 분단국가는 분단체제의 수혜자이지 피해자가 아니다. 오늘날 이종석, 손호철, 최장집과 같은 한국의 정치학자들은 이런 분단의 재생산체제를 '공생적 적대(symbiotic antagonism)' 또는 '적대적 의존관계', '거울이미지효과(mirror image effect)' 등으로 설명하고 있다. 여기서 두 개의 분단국가, 남과 북은 적대적이지만 이 적대성을 통통해서 상호 공생하고 있을 뿐만 아니라 분단체제를 재생산하고 있다. 따라서 백낙청은 세계체제의 하위체제이면서도 상대적으로 독립적인 분단의 재생산시스템을 가지고 있는 분단체제를 극복하기 위해 분단 기득권 세력 대 시민 또는 민중을 포함하는 "변혁적 중도주의"9)라는 통일운동의 방향을 제안하였으며 송두율은 민중을 기반으로 한, '체제와 이념을 넘어서' 한(조선)민족을 전체로 사유하는, '남북한 다 살리기'라는 인식의 전환"10)에 기초한 '통일철학'을 제시하고 있다.

3. 통일학의 연구 대상과 방법

이종석이 이야기하듯이 한(조선)민족의 분단은 ① "분열된 두 주권 국가의 존재로 상징되는 지역적 분단", ② "상이한 삶의 양식을 지닌 두 사회구성체의 분열적 존립", ③ "분단에 내재해온 제로섬 게임에 기초한 갈등과 대립으로 상징되는 적대성"으로 구성되어 있다.11) 그러나 이제까지의 연구는 주로 ①에 초점을 맞추어진 '국가 간 체제통합'이 주류를 형성해 왔다. 둘째, 일부 선진적인 연구자들에 의해 ②로의 연구영역을 확대하는 경향이 존재한다는 점에서 이는 고무적이라고 할 수 있다. 그럼에도 불구하고 아직 이들 연구는 여전히 '북'에 맞추어져 있을 뿐, 남과 북의 일반 민중들이 살아가는 생활세계에 대한 차이와 공통성을 밝히는 데에게까지 나아가지 못하고 있다. 셋째, ③의 분단체제의 적대성은 그것이 작동하는 대중의 사회심리적 토양에 대한 분석으로 나아가지 못하고 있다.

물론 ①의 문제를 벗어나 ②와 ③으로 문제의식을 이동시키는 데 공헌한 사람들이 역사적으로 존재했다. 그들은 강만길, 백낙청, 송두

---

9) 백낙청, 『한(조선)민족식 통일, 현재진행형』, 창비, 2006, 31쪽.
10) 송두율, 『통일의 논리를 찾아서』, 한겨레신문사, 1995, 235쪽.
11) 이종석, 『분단시대의 통일학』, 한울아카데미, 1998, 26쪽.

율 등 인문학적 사유를 전개한 사람들이라고 할 수 있다. 강만길, 백낙청, 송두율은 '분단시대', '분단체제', '경계인'이라는 새로운 개념과 방법론을 내세우면서 민족적 감성에 호소하는 낭만적 통일론과 정치·경제적인 체제통합론을 넘어선 인문학적 관점에서 전개되는 통일담론을 만들어 왔다. 이들은 모두 다 기존의 분단국가주의라는 지층 위에서 작동되어 왔던 통일담론을 넘어서 역사학(강만길), 민족문학(백낙청), 철학(송두율)에 대한 자기 비판적인 성찰을 전개하면서 '민중적·민족적 통일'의 새로운 방향을 제시하고자 노력해 왔을 뿐만 아니라 '통일민족주의', '분단체제'와 '변혁적 중도주의', '제3의 통일철학'과 '내재적·비판적 방법론'과 같은 새로운 방법론을 제시해 왔다.12)

그러나 이들은 문제의식을 바꾸는 데에는 기여했지만 그 연구를 구체화하는 데에는 한계를 가지고 있다. 즉, 분단체제가 남과 북에 살고 있는 사람들의 몸과 마음에 남긴 분단의 흔적과 상처들, 그리고 분단체제가 작동하는 사회심리적 토양과 신체적 체화의 메커니즘에 대한 분석으로까지 나아가지 못했다. 예를 들어 송두율은 '마음의 장벽'에 대해 이야기하고 백낙청은 '마음의 병'에 대해 이야기하고 있다. 그러나 송두율은 "이쪽과 저쪽이 모두 숨을 쉴 수 있는 틈을 만드는 사람", "이쪽 안에서 저쪽을 발견하고 저쪽 안에서 이쪽을 발견하는, 쉽지 않은 작업을 해야만"13) 하는 경계인의 위치를 고집할 뿐, 구체적으로 '마음의 장벽'이 무엇인지를 다루지 않고 있다. 백낙청 또한 마음의 병을 고치기 위한 마음의 수양과 '분단체제 변혁의 공부길'을 이야기할 뿐 그것이 어떤 대중의 사회심리적 토양 속에서 작동하는지를 밝히지 않고 있다. 따라서 분단 극복과 통일에 대한 사유는

---

12) 이에 대한 구체적인 논의는 김성민·박영균, 「인문학적 통일담론에 대한 비판적 성찰: 강만길, 백낙청, 송두율의 통일담론에 대한 비판적 검토」, 『범한철학』, 범한철학회, 2010을 참조.

13) 송두율, 『미완의 귀향과 그 이후』, 후마니타스, 2007, 101쪽.

①→ ②→ ③이라는 방향이 아니라 오히려 그 역으로 ③ → ② → ①로 전화시킬 필요가 있다. 그리고 그렇게 되었을 때, '통일학'의 학적 연구대상은 세 가지 차원에서 제기되는 새로운 질문들과 연구영역들을 중심으로 재구성되어야 한다.

첫째, 연구 내용의 측면에서 통일의 주체라고 가정되는 한(조선)민족의 구성원이자 분단으로부터 고통을 받고 있는 한(조선)반도에 거주하는 '시민과 민중이 왜 그들 스스로 오히려 분단체제를 지탱시키고 강화하는 행동을 하거나 그런 행동을 낳은 적대적 심리를 가지고 있는가?'하는 문제이다. 이것은 의식적 차원의 문제가 아니라 맹목적으로 이루어지는 의식 차원 너머의 문제이다. 따라서 이것은 분단체제가 우리의 신체에 체화되어 있는 방식들과 마음에 남겨 놓은 분단의 상처들을 연구해야 한다는 것을 의미할 뿐만 아니라 분단체제가 작동하는 사회 심리적이고 신체적인 메커니즘을 연구함으로써 분단을 극복할 수 있는 사회문화적이고 정신적인 대안들을 발견해야 한다는 것을 의미한다.

둘째, 바로 그렇기 때문에 분단 극복과 통일의 과제는 단순한 체제통합의 문제가 아니라 '민족적인 사회통합'의 문제로, 이전까지 다루어졌던 '연방제', '연합제', '중립화론' 등과 같은 통일 방식에 대한 논의를 넘어서 '통일한(조선)반도의 정신과 가치, 문화의 상' 등을 연구하는 방향으로 전환되어야 한다는 것을 의미한다. 그러나 이런 '통일한(조선)반도의 정신과 가치, 문화의 상'은 남 또는 북 어느 한편에 의해 만들어질 수 없다. 만일 통일한(조선)반도의 정신과 가치, 문화를 남 또는 북의 어느 쪽의 입장에서 구성해 간다면 그것은 분단국가주의와 마찬가지로 상대를 절멸해야 할 대상으로 간주하는 것이다. 이런 점에서 통일 한(조선)민족의 미래적 가치와 정신, 문화를 탐구하기 위해서는 한국학 대 조선학이라는 분단 체제적 대립을 넘어서 한(조선)민족 전체의 정신문화적 가치들을 흡수하면서 통일한(조선)반도의 미래를 열어가는 '통합한국(조선)학'을 정립하는 과정이 될 수밖에 없다.

그러나 이처럼 통일이 '민족적 사회통합'이자 '통합한국(조선)학'의 정립을 통한 통일한(조선)반도의 정신과 가치, 문화의 상을 만들어 가는 것이라고 한다면 그때 연구의 대상이나 범위는 남과 북으로 한정될 수 없다. 현재 한(조선)민족의 해외 거주 인구는 약 720만 명으로, 그 숫자에서 세계 4위를 기록하고 있으며 본국거주민 대비 비율로 보았을 때, 한(조선)민족의 해외 거주 비율은 약 10%로, 유대인을 제외하고 세계에서 가장 높다. 따라서 셋째, 외연적 측면에서 통일의 연구 대상은 단순히 '북의 정치경제적 체제'나 '북한사회'만이 아니라 남쪽을 포함하여 해외에 거주하는 코리언까지를 포괄하는 한(조선)민족에 의해 생산되어 온 학문 전체를 통합하는 연구가 되어야 한다.

게다가 통일한(조선)반도는 단순한 '국가'의 통합이 아니라 '민족'의 통합으로서, 새로운 민족공동체를 창출하는 작업이다. 따라서 분단체제 하에서 생산된 한국학 대 조선학이라는 대립을 벗어나 해외 거주 코리언들까지를 포함하는 한(조선)민족의 학문 전체를 통합하면서 이 속에서 통일의 비전을 찾아가는 작업을 수행해야 한다. 이처럼 통일담론을 인문학의 기초 위에 정초하고자 하는 통일인문학(humanities for unification)은 기존에 제기되었던 인문학적 통일담론의 성과를 흡수하면서 그 기반 위에서 출발하지만 이제는 이것을 넘어서 그것에 대한 내재적 비판을 통해서 이들 담론과 전혀 다른 문제들을 가지고 있는, 고유한 연구 대상과 학적 체계를 가진 '통일학'으로 발전시키는 길을 모색할 필요가 있다.[14]

통일학이 하나의 학문으로 성립하기 위해서는 자기 자신을 정립할 수 있는 고유한 학적 체계를 가져야 한다. 물론 이런 학적 체계가

---

14) 인문학적 통일담론과 통일인문학의 차이에 대한 논의는 김성민·박영균, 「인문학적 통일 담론과 통일인문학: 통일패러다임에 관한 시론적 모색」, 『철학연구』, 철학연구회, 2011을 참조.

무엇이 되어야 하는가는 논란의 여지가 있을 수 있다. 하지만 통일학이 학적 체계로 발전하는데, 그것은 인간을 다루는 인문학적 토대 위에서 기존의 통일담론들에 대한 내재적 비판을 수행하고 이를 통해서 새롭게 도출된 연구 방향과 대상을 중심으로 고유한 연구 대상과 방법을 기초해 내야 한다. 바로 이런 점에서 북한학이라는 분단국가주의적 아비투스를 벗어나 진정으로 통일 그 자체를 다루는 통일학이 정립되기 위해서 제출되어야 할 고유한 연구 대상은 다음의 세 가지이다.

첫째, 분단체제를 작동시키는 '분단된 사회적 신체'에 체화되어 있는 '내면화된 습성들', 분단체제를 '구조화하면서 구조화된 구조'인 '분단의 아비투스'를 연구 대상으로 삼는다. 오늘날 분단의 적대성은 단순한 지배이데올로기도, 주입된 의식도 아니다. 그것은 이미 우리 신체에 아로새겨져 있는 내면화된 믿음의 체계이다. 따라서 북이라는 타자는 이미 우리의 믿음체계 안에서 이해 불가능하며 기괴한, 어떤 것으로 정립되어 있다. 부르디외의 아비투스 개념을 차용·변용시킨 '분단의 아비투스'[15)에 대한 연구는 '타자의 타자성'에 대한 우리의 이해를 가로막는 '성향과 믿음들의 체계'가 무엇인지를 보여줌으로써 '분단된 사회적 신체'에 대한 분석과 진단을 통해서 그것을 극복하면서 '통일의 사회적 신체'를 만들어갈 수 있는 대안적 방향을 제시할 수 있을 것이다.

그러나 '분단의 아비투스'는 분단체제를 작동시키는, 우리 몸에 내면화되어 있는 양식들을 파악하는 장점을 가지고 있음에도 불구하고 그것이 어떤 민족의 사회심리적 토양을 기반으로 하여 작동하는지를 보여 주지는 못한다. 사실, 한국인들에게 분단체제는 '상기하자. 6·25', 또는 '아아 어찌 잊으리 그 날을. 조국의 원수들이 짓밟아 오던 그

---

15) 이에 대한 구체적인 논의는 박영균, 「분단의 아비투스에 관한 철학적 성찰」, 『시대와 철학』, 한국철학사상연구회, 2010을 참조.

날을.'과 같이 끊임없이 과거의 기억을 환기시키는 분단체제의 생산 적대적 생산 메커니즘을 통해서 작동한다. 그것도 '행복했던 과거'가 아니라 '불행했던 과거', '생각하기도 싫은 끔찍했던 과거'를 불러내어 현재화함으로써 작동한다. 따라서 '분단의 아비투스'는 '분단의 트라우마'[16]라는 리비도의 좌절-억압이라는 무의식적 토양 위에서 작동한다고 할 수 있다.

바로 이런 점에서 통일인문학의 두 번째 연구대상은 분단의 피해자인 한(조선)민족 스스로 적대와 증오감을 유발함으로써 분단체제를 오히려 강화하는 전치의 구조를 분석함으로써 그것을 치유하고 남과 북의 통합서사를 만들어냄으로써 불행했던 과거를 통일한(조선)반도라는 미래지향적 욕망으로 바꾸어가는 '역사적 트라우마'와 '분단트라우마'에 관한 연구라고 할 수 있다. 여기서 '분단트라우마'는 분단의 상처가 오히려 그 상처를 덧나게 하면서 적대성을 키워가는 '토양'으로 작동하는 사회심리적 전이의 체계와 전치의 구조를 분석함으로써 한(조선)민족이 가진 민족적 욕망이 무엇인지를 파악하고 이를 치유할 수 있는 다양한 프로그램들을 개발하는 분석 도구가 될 것이다.

일반적으로 '성폭행, 전쟁, 살인' 등과 같은 경험을 한 이후 '외상후 스트레스 증후군'을 앓고 있는 환자들은 과거에 그가 겪었던 기억으로부터 벗어나지 못하면서도 역으로 그 시간을 자신의 역사 속에서 지우려는 충동에 시달린다. 여기서 '주체'는 이중의 야누스적 얼굴을 가지고 있다. 한편에서 그는 자신의 서사 안에서 그 시간을 지우고자 하는, '망각하고자 하는 주체'인데 반해 다른 한편에서 그는 그것을 '말하고자 하는 주체'이다. 따라서 분단의 트라우마가 낳은 이런 분열적 양상은 남과 북의 적대적 심리 안에서 작동하는데, '6·

---

16) 김성민· 박영균, 「분단의 트라우마에 관한 시론적 성찰」, 『시대와 철학』 21-2, 한국철학 사상연구회, 2010.

25전쟁'은 바로 이와 같은 분열을 극단적인 적대감으로 바꾸어 놓은 계기가 되었다. 여기서 북은 남에, 남은 북에 '동족상잔의 비극'이라는 불편한 진실을 감추는 대상이 되며 양쪽 모두에게서 반쪽의 자기서사는 상대를 배제한 역사로 재편되었다.

바로 이런 점에서 분단을 극복하는 치유의 과정은 남과 북을 모두 다 자신의 역사로 만들어 가는 통합서사의 구축 없이 진행될 수 없다. 통일인문학의 세 번째 연구 대상은 바로 이것이다. 그리고 그것은 '남과 북, 그리고 해외에 거주하는 코리언'들을 포함하여 그들이 일제 식민지 이후 겪어 온 삶 속에서 얻은 '역사적 트라우마'들을 치유하면서 민족적 정신문화와 물질문화적 차이와 공통성을 추출하고 그들의 역사적 자산들을 한(조선)민족 공통의 자신이자 서사로 만들어 가고 민족적 합력을 창출하는, '통합한국(조선)학'을 만들어 가는 과정일 수밖에 없다. 그러나 이와 같은 '민족적 합력'을 창출하는 작업으로의 통일학이라는 학문의 정립은 다른 한편으로 기존의 통일패러다임에 대한 우리의 관점을 근본적으로 전환시키는 과정 없이 이루어질 수 없다.

4. 통일패러다임의 전환과 '민족공통성'의 생산으로서 통일

일반적으로 '통일'은 'unification', 또는 'reunification', '統一'이라는 말로, '하나' 또는 '한 줄기'로 합쳐진다는 것을 의미한다. 따라서 이와 같은 통일의 언어적 용법은 통일을 '핏줄'이든 '영토'이든 '문화'이든 간에 근본적으로 '하나'라는 의미에서 그 집단의 이질성을 극복하고 '동질성(homogeneity)'을 회복하거나 민족의 원형이라고 상정되는 것으로 되돌아감을 내포하고 있다. 그러나 이와 같은 관념은 애초의 의도와 달리 분단국가주의를 반복하는 결과를 낳는다. 왜냐하면 그것은 훼손되지 않은 하나의 핏줄로서 '단일민족의 신화'나 '순수한 민족문화'를 전제하면서 자신이 생각하는 '전통'을 기준으로 하여, 상대가 가진 차이들을 '이질성(heterogeneity)' 또는 '변질(deterioration)'로 단죄하는 배제와 폭력을 낳는 관념적 원천이 되기 때문이다.

게다가 한(조선)민족의 특수한 역사와 식민화의 경험은 이와 같은 민족적 동일성이라는 관념을 강화하는 경향이 있다. 에릭 홉스봄이 말했듯이 한(조선)민족은 적어도 고려시대 이후 지금의 반도 땅에서 하나의 국가를 이루고 살아온, "역사적 국가(historical states)"17)라는 전통을 가지고 있다. 이것은 서구의 민족국가가 근대의 산물이라는 점에서, 그와 다른 한(조선)민족만이 가지고 있는 특성이라고 할 수 있다. 또한, 그렇기 때문에 한(조선)민족이 가지고 있는 한(조선)민족의 내적 응집력, 동질성이나 동일성을 향한 욕망이 강력하며 이것이 한(조선)민족의 강한 결집력과 통일을 향한 '민족적 리비도(national libido)'18)를 만들어 낸다. 하지만 일제 식민화 이후 한(조선)민족의 이런 정치공동체로서의 민족국가에 대한 열망은 일본 제국주의 지배와 8·15 이후 분단으로 인해 좌절됨으로써 '민족적 리비도'의 좌절이 야기한 억압의 상처는 더욱 클 수밖에 없었다. 한(조선)반도의 분단이 동·서 냉전의 산물인 독일과 달리 '전쟁'이라는 참화를 향해 나아갔던 것도, 냉전체제 해체 이후에도 쉽게 이를 벗어나기 어려운 이유도 이와 같은 한(조선)민족의 독특한 역사성을 반영하고 있다고 할 수 있다.

하지만 바로 그렇기 때문에 민족적 리비도의 좌절이 만들어 내는 '에로스와 타나토스의 변증법'은, 역으로 두 개의 전혀 상반된 욕망에 근거하고 있는, '민족은 하나다'와 같은 구호로 표현되는 민족 동질성과 원형으로의 회귀를 생산하는 '퇴행적 민족주의', '원초적 민

---

17) Eric John Hobsbawm, 강명세 옮김, 『1780년 이후의 민족과 민족주의』, 창작과 비평사, 1998, 94쪽.

18) 이에 대한 자세한 논의는 박영균, 「분단의 사회적 신체와 심리 분석에서 제기되는 이론적 쟁점」, 『시대와 철학』 21-2, 한국철학사상연구회, 2012를 참조.

족주의'를 한편으로 하면서도 다른 한편에서는 그것을 북에 대한 증오와 적대감으로 바꾸어 놓는 네오 파시즘적 '반북주의', '호전적 국가주의'를 생산하면서 남쪽 내부 사회의 분열을 가속화하기도 한다. 바로 이런 점에서 동일성의 신화, 동질성 대 이질성이라는 이원적 대립의 프레임을 벗어나서 통일 한(조선)민족의 건설 과정에 민족적 구성원 전체가 참여하는, 새로운 관점에서의 통일의 비전을 창출해 갈 필요가 있다.

또한, 이제까지의 통일담론들은 해외에 거주하는 코리언들에 주목하지 않았다. 그러나 이것은 한(조선)민족의 독특한 역사가 낳은 '이산'의 문제를 우리가 망각하고 있었기 때문이다. 앞에서 말한 바와 같이 우리 민족은 본국 거주민 대비 가장 높은 비율의 해외 동포를 가지고 있는 민족 중에 하나이다. 게다가 이들 해외동포가 거주하고 있는 지역도, 남북 대립을 중심으로 국제열강의 축이 형성되어 있는 중국(1위, 2,704,994명), 미국(2위, 2,176,998명), 일본(3위, 904,806명), 독립국가연합(4위, 535,679명)에 밀집되어 있다. 이곳에 거주하는 해외동포는 전체 해외동포 중 약 87.98%를 차지하고 있다. 특히, 이 중에서도 미국을 제외한 한(조선)민족 주변 극동지역에 거주하는 거주자 비율은 약 57%이다.

그렇다면 이와 같이 코리언들이 주로 극동지역에 거주하게 된 역사적 배경은 무엇인가? 그것은 바로 그들이 일제 식민지 치하에서 강제 동원되었거나 일제의 식민지 약탈로 인해 삶의 터전을 잃고 다른 나라로 떠날 수밖에 없는 '박해'에 있다는 점이다.[19] 따라서 이들은 라카프라가 말하는 "민족사에는 트라우마적 사건이나 정체성의 기원이 되는 일련의 사건"에서 나오는 '근원적 트라우마'[20]를 공유

---

19) 코리언 디아스포라와 관련하여 이들의 지정학적이고 역사적인 독특성에 대한 논의는 김성민·박영균, 「분단 극복의 민족적 과제와 코리언 디아스포라」, 『대동철학』, 대동철학회, 2012를 참조.

20) Dominick LaCapra, 육영수 엮음, 『치유의 역사학으로: 라카프라의 정신분석학적 역사학』, 푸른역사, 2008, 288쪽.

하고 있다. 한(조선)민족에게 일제는 '민족≠국가'의 어긋남이 시작된 곳이자 민족적 리비도의 좌절과 억압이 시작된 기점이다. 따라서 이들 또한, 남과 북에 사는 코리언들과 마찬가지로 '역사적 트라우마'를 가지고 있다. 다만 그 '역사적 트라우마'의 형태와 위상학적 배치가 다를 뿐이다.[21]

그런데 오늘날 한국인의 민족정체성은 '민족' 정체성이라기보다는 '대한민국 국가중심주의'적 국가정체성으로, 이들과의 관계에서 오히려 부정적 정서를 만들어 내고 있다. 예를 들어 해외 거주 코리언들의 그 나라에 대한 소속감을 표현하는 국민정체성이 강하면 우리는 그들이 같은 민족이라는 정체성을 상실한 것으로 간주한다. 하지만 재중 조선족이 보여 주듯이 '국민정체성'이 강한데도 그와 더불어 '민족정체성'도 강할 수 있다.[22] 이것은 곧 그들이 이산하여 거주하면서 자기 나름의 정체성을 만들어 왔음을 보여 준다.

게다가 이들이 가지고 있는 민족정체성은 남도 북도 아닌 '한(조선)반도'를 향하고 있다는 점에서 오히려 분단 극복이나 통일의 열망이 강하다고 할 수 있다. 이들에게 있어서 '민족공동체'는 남과 북이라는 두 개의 국가가 아니라 상상 속의 민족공동체로서 분단 이전을 바라본다는 점에서 과거지향적이지만 그것이 현재 없으며 이후 생성되어야 할 것이라는 점에서 '미래지향적'이다.[23] 따라서 민족적 합력을 만들기 위해서는 이들은 역사적 트라우마가 향하는 과거로의 회귀성을 치유하면서 미래지향적으로 상호 소통을 만들어 가는 과정이 필요하다.

그러나 그렇게 하기 위해서는 우선 무엇보다도 한(조선)민족의 역

---

21) 박영균·김종군, 「코리언의 역사적 트라우마에 관한 연구방법론」, 『코리언의 역사적 트라우마』, 선인, 2012.
22) 김성민·박영균, 「코리언의 민족정체성과 민족적 합력 창출을 위한 정책 제안」, 『코리언의 민족정체성』, 선인, 2012, 315~316쪽.
23) 위의 책, 322~323쪽.

사적 트라우마를 '우리 모두의 고통과 아픔'으로 받아들이고 한(조선)
민족의 공통서사로 그들의 삶을 통합시켜가는 작업을 수행해야 한
다. 이 삶의 연대성은 삶에 대한 공감으로부터 나온다. 따라서 통일
담론의 새로운 비전은 인문학적 비판과 성찰에 기초한 '인간적이고
인문적인 비전'이 되어야 한다. 그것은 상호 만남이 서로 각자의 환
경 속에서 형성해 온 '아비투스'를 반성적으로 성찰하면서 서로가 서
로를 '가르치고 배우면서' '타자의 타자성'을 이해하고 나누며 '분열
과 적대를 낳은 분단된 사회적 신체'를 '민족적 유대와 연대에 기초
한 우애와 연대의 사회적 신체'로 바꾸어가는 방식으로 통일 과정
전체의 패러다임을 전환하는 것이다.

이런 점에서 새롭게 정립되어야 할 통일학은 통일 한(조선)민족의
인문적 비전을 '동질성의 회복' 또는 '민족적 집단성'이 아니라 '다수
성'을 내포하는 '민족공통성(national commonality)'[24)]이라는 관점에서
찾아야 한다. '민족공통성'은 '공동체주의자'들이 말하는 '모든 민족
적 구성원들이 모두 다 가지고 있거나 내재하고 있다고 여겨지는 '전
통'이나 이들 사이에 공유하고 있는 것의 '교집합'이 아니다. 'national
community'는 어떤 공동체가 내부적으로 보유하고 있는 특정한 가치
나 문화를 그 공동체의 고유한 가치나 문화로 내세운다. 따라서 그런
가치나 문화는 역사적으로 형성되어 온 '과거'에 속하며 속성상 '전통
문화'로서, '실체론적 입장'에서 민족고유문화를 찾고 이를 복원하고
자 한다.

그러나 'national commonality'는 그와 같은 '실체'에서 출발하여 현
재 특정 공동체가 내재하고 있는 것에서 찾는 것이 아니라 생성되어
야 할 미래적인 것으로, 현재와 과거의 대화, 현재의 다수성 속에서
이루어지는 차이의 공감과 소통을 통해서 생성되어야 할 '변형문화'

---

24) 박영균, 「코리언 디아스포라의 민족공통성 연구방법론」, 『시대와 철학』 22-2, 2011,
121~125쪽; 박영균, 「통일론에 대한 스피노자적 성찰」, 『분단 극복을 위한 인문학적 성찰』,
선인, 2009, 13~32쪽.

로 본다. 이런 변형문화의 창조는 한국의 문화를 민족의 대표 문화로 간주하는 것이 아니라 코리언들이 이산되어 살면서 만들어온 문화들 모두를 동등한 한(조선)민족의 산물로 간주하고 이들과의 적극적인 부딪힘을 통해서 서로의 문화를 바꾸어가면서 만들어 가는 것이라는 것이라고 할 수 있다. 이를 위해 재일 조선인 학자 서경식이 다음과 같이 말했던 것을 기억할 필요가 있다.

"여기서 내가 말하는 '민족'은 '혈통'이나 '문화'나 '민족혼'처럼 소위 '민족성'이라는 실체를 독점적으로 공유하는 집단이 아니다. 내가 말하는 '민족'은 고통과 고뇌를 공유하면서 그 고통에서 해방되기를 지향함으로써 서로 연대하는 집단을 가리킨다. 말하자면 나는 '민족'이라는 개념을, '민족성'이라는 관념에서가 아니라 역사와 정치상황이라는 하부구조에서 이해하려는 것이다."[25] 따라서 통일은 남과 북만의 문제가 아니라 코리언 전체의 문제이자 분단의 고통과 고뇌를 이해하고 그 속에서 함께 민족적 연대를 만들어 가는 것이라고 할 수 있다.

통일인문학이 제시하는 소통·치유·통합이라는 인문적 비전은 바로 이로부터 시작한다. 그것은 '남 때문에', '북 때문에'가 아니라 재외동포를 포함하여 한(조선)민족의 비극적 역사에도 불구하고 그 짐을 짊어져야 했던 공통의 상처를 나누고 각기 갈라져 있는 서사를 모으고 '한(조선)민족의 공통서사'를 만들어 가는 것이다. 그러므로 '소통·치유·통합의 통일인문학'이 제안하는 새로운 통일의 비전은 백낙청이나 송두율을 비롯하여 많은 사람들이 이야기하는 '과정으로서 통일'을 '사람의 통일'이라는 인문적 비전 속에서 민족공통의 가치와 생활문화, 서사를 만들어 가는 과정으로 바꾸어 놓는다.

그리고 그와 같은 인문적 비전 속에서 통일인문학은 남과 북을 비롯하여 한(조선)민족의 구성원들이 '서로 가르치고 배우는 소통'과 더

---

25) 서경식, 임성모·이규수 옮김, 『난민과 국민 사이』, 돌베개, 2006, 11쪽.

불어 '분단'과 '이산' 같은 역사적 트라우마를 치유하면서 통합서사를 만들어 가고 이 속에서 '통합한국(조선)학'을 정립할 뿐만 아니라 이런 학적 체계화 속에서 통일 한(조선)민족의 공통가치-공통서사-공통문화를 미래기획적으로 생산하는 통일학의 학적 체계를 만들어 가고자 한다.

5. 통일 한(조선)민족의 건설과 소통·치유·통합의 인문적 비전

라캉이 말했듯이 삶의 운명을 자신의 삶으로 통합시킬 때에만 우리는 끊임없이 현재적 공포로 시간을 역전시키면서 과거에 발목을 잡혀 미래로 나아가지 못하는 현재의 상태를 극복할 수 있다. 이를 위해 무엇보다도 우리는 한(조선)민족의 비극이 너와 나 그 누구의 책임이 아니라 공통의 비극이며 함께 딛고 넘어서야 할 장애라는 점을 깨달을 필요가 있다. 그리고 이런 공통의 공감과 연대 속에서 상호 소통을 만들고 한(조선)민족의 지적·문화적 자산들을 통합시키면서 새로운 민족국가의 보편적 가치를 창출하는, "단순한 혈연 및 언어의 공통성을 넘어서 어떻게 단일한 공통의 내적 삶의 구조를 만들어 갈 것인가"하는, "단순히 혈족결합"을 넘어선 "새로운 민족국가건설 프로젝트"[26]를 시작해야 한다.

여기서 출발점이 되는 것은 남과 북이 가지고 있는 분단국가로서의 결핍과 차이, 모순을 인정하고 그 속에서 서로의 상태를 지양해가려는 의지이다. 모든 통일이 긍정적이기만 한 것은 아니다. 오히려 통일은 더 많은 사회적 불안과 적대를 낳을 수도 있다. 따라서 통일에 대한 당위적 열정이나 의지보다 더 중요한 것은 어떤 자세로 통일

---

26) 이종석, 『분단시대의 통일학』, 한울아카데미, 1998, 20쪽.

을 준비할 것인가이다. 이런 점에서 2000년 두 정상이 만나 합의한 '남북공동선언문'에 나오는 남측의 연합제안과 북측의 낮은 단계의 연방제안 사이에서의 공통성을 찾았던, 통일방안에 대한 합의는 하나의 모범적인 사례라고 할 수 있다. 물론 이것은 그것이 남북 분단을 극복하는 데 출발점이 되기 때문은 아니다. 오히려 여기서 배워야 할 것은 소통과 합의의 정신이다.

여기서 이루어진 소통과 합의는 단순히 서로 다르다는 '차이'의 확인에 머무르지 않고 있다. 사람들은 일반적으로 '차이'에 대한 인정이나 관용을 '다원적 가치'에 대한 인정이나 상호 불간섭으로 이해하는 경향이 있다. 그러나 이것은 공통성을 생산할 수 있는 '차이의 소통'이 아니다. 공통성을 생산하기 위해서는 단순히 나와 다르다는 것을 인정하는 데에서 더 나아가 그 차이를 적극적으로 나누려는 의지가 필요하다. 송두율은 이런 점에서 '역지사지(易地思之)', '화이부동(和而不同)', '화쟁(和諍)'과 같이 서로의 입장을 바꾸어 생각하고, 큰 틀에서 화합하면서도 다르고, 다름을 통해서 같음을 드러내는 "다양성의 비폭력적인 통일"[27]에 대해 말하고 있다.

그러나 문제는 남과 북의 경우, 그 '타자의 타자성'이 기괴하며 이해 불가능할 뿐만 아니라 때론 섬뜩한 것이라는 점이다. 남과 북의 분단체제는 지난 60여 년 동안 적대적 증오심만이 아니라 그 나름의 합리적 규칙들과 가치-정서-문화를 만들어 왔다. 따라서 남과 북의 만남에서 부딪히는 문제는 자기가 이해할 수 있는 한에서 이해하는 합리적 차원에서 이루어질 수 없는, '차이 그 자체'로 드러난다. 예측 불허의 남북관계의 가변성은 바로 이런 '차이 그 자체'에서 나온다. 바로 이 점에서 가라타니 고진이 말하는, 내 안에서 발견되는 타자는 또 다른 자기의식에 불과하며 이 안에서 이루어지는 대화는 '독백'에 불과하다고 점[28]에 주목할 필요가 있다.

---

27) 송두율, 『미완의 귀향과 그 이후』, 후마니타스, 2007, 175쪽.

고진은 진정한 "대화란 언어게임을 공유하지 않는 자와의 사이에만 있다. 그리고 타자란 자신과 언어게임을 공유하지 않는 자가 아니지 않으면 안 된다."[29]고 말한다. 이것은 결국, 남과 북 사이에서의 대화란 이미 우리에게 주어진 공통의 언어규칙이 아니라 소통 속에서 새로운 언어게임의 규칙을 만들어 가는 대화가 되어야 한다는 것을 의미한다. 그러나 이렇게 되었을 때 문제가 제기될 수 있다. 서로 공유하는 소통의 규칙이 없는 상태에서 상호 대화를 한다는 것 자체가 불가능한 것은 아닐까? 바로 이런 점에서 고진은 '가르치고 배우는 비대칭적 커뮤니케이션'에 대해 말하고 있다. 여기서 배우는 자는 남에게 북, 북에게 남이며 가르치는 자 역시 동일하게 북에게 남, 남에게 북이다. 그리고 이 속에서 통일 한(조선)민족의 보편적 가치를 생산하는 것이다.

　　일반적으로 사람들은 보편적 가치를 이미 인간에게 내재하고 있는 고유한 속성 또는 '실체'인 것처럼 간주하는 경향이 있다. 그러나 오늘날 우리가 만들어 온 자유와 평등, 인권의 가치들 또한 근대 자유주의의 역사 속에서 만들어 온 것이다. 따라서 자신이 이해하는 자유와 평등, 인권, 생태적 가치들을 남의 입장에서, 북의 입장에서 일방적으로 규정하려고 한다면 그것은 타자를 배제하는 '독백'으로 돌아가는 것일 수밖에 없다. 이런 점에서 통일 한(조선)민족을 만들어 가는 인문적 비전 속에서 이루어지는 '의사소통'은 그러한 보편적 가치
-공통규칙-언어게임의 새로운 규칙을 상호 소통적으로 만들어 가려는 '의사소통'이다. 여기서 대화의 방식은 각자의 관점이 아니라 타자의 타자성을 배우고 이해하는 과정, 즉 북의 주체사상이 가지고 있는 인본적 가치들을 극대화하고 그 속에서 그들에게 우리의 가치들을 이해시키는 방향으로 이루어져야 한다.

---

28) 柄谷行人, 송태욱 옮김, 『탐구1』, 새물결, 1998, 82쪽.
29) 위의 책, 13~14쪽.

혹자는 이런 대화는 결국 북의 주체사상에 흡수되는 결과를 낳을 것이라고 말할 지도 모른다. 하지만 담론의 힘은 그들이 가지고 있는 문화적 역량과 현실을 보는 눈에 의해 좌우되는 것이다. 게다가 이것은 북의 주체사상을 수용하는 것과 다르다. 일방적으로 북의 주체사상을 받아들이는 것은 '나 또는 타자'를 속이거나 '타자'에 맞추어 일방적으로 자신을 복종시키는 것을 의미할 뿐이다. 따라서 우리가 배워야 할 것은 북의 논리적 문법이며 우리가 가르쳐야 할 것은 우리의 논리적 문법이다. 그리고 이 속에서 이루어져야 하는 대화는 그들의 논리적 문법을 그대로 차용하여 우리의 가치를 이야기하고 그들 또한 우리의 논리적 문법을 가지고 공통의 규칙을 만들어 가는 것이다. 물론 이것은 현재로서는 매우 지난하고 어려운 문제처럼 보인다.

그러나 남과 북을 포함하여 코리언들은 '민족적 유대성'을 가지고 있다. 따라서 이런 소통이 작동하는 공통의 지반이 없는 것이 아니다. 이들 또한, 민족≠국가의 좌절이라는 고통 속에서 '통일 한(조선)민족'를 향한 열망을 가지고 있을 뿐만 아니라 인간에 대한 보편적 열정을 가지고 있다. 뿐만 아니라 여기서의 대화는 다자간에 이루어지는 소통이다. 그것은 남과 북을 포함하여 해외의 거주하는 코리언들이 가지고 있는 각각의 차이들이 서로의 공감과 연대성을 통해 각기 다른 방식으로 연결 짓고 만들어 가는 것이다. 예를 들어 재중 조선족과 같은 경우, 북에 대한 친화성이 높음에도 불구하고 남을 더 선호하고 '핵무기 개발'과 같은 것들에 대해 비판적이다. 따라서 해외동포를 포함하는 소통은 다양한 방식들의 연대성과 노드들을 만들어 낼 것이다.

게다가 이런 소통을 모색해야 하는 현실적인 긴박성도 있다. 일반적으로 사회변동에서 바뀌기 어려운 것은 체제가 아니라 몸과 마음에 배어 있는 가치-정서-문화적인 습성이다. 따라서 통일의 인문적 비전 없이 진행되는 분단 극복의 과정은 체제통합 이후 오히려 더 큰 위험을 내재하고 있을 수도 있다. 바로 이런 점에서 '사회문화적인 사람의 통일'을 정치·경제적인 체제통합 이후로 미루어둔다면 통일 이후의 사회가 겪게 될 혼란 또는 인적·재정적 비용은 불을 보듯이 빤한 일이 될 것이다. 따라서 우리가 고민해야 할 것은 여전히 분단체제의 적대적 심리와 불신에 갇혀 '과연 될 것인가'라고 회의하는 것이 아니라 '민족적인 사회통합을 위한 소통'을 '바로 지금-여기에서' 시작하지 않고 있는 상황을 타개하는 방향을 찾는 것이다.

참고문헌

강만길, 『우리 통일, 어떻게 할까요』, 당대, 2003.

_____, 「분단 극복을 위한 실천적 역사학자」, 역사문제연구소 엮음, 『학문의 길, 인생의 길』, 역사비평사, 1999.

김성민·박영균, 「코리언의 민족정체성과 민족적 합력 창출을 위한 정책 제안」, 『코리언의 민족정체성』, 선인, 2012.

_____, 「분단 극복의 민족적 과제와 코리언 디아스포라」, 『대동철학』, 대동철학회, 2012.

_____, 「인문학적 통일담론과 통일인문학: 통일패러다임에 관한 시론적 모색」, 『철학연구』, 철학연구회, 2011.

_____, 「인문학적 통일담론에 대한 비판적 성찰: 강만길, 백낙청, 송두율의 통일담론에 대한 비판적 검토」, 『범한철학』, 범한철학회, 2010.

_____, 「분단의 트라우마에 관한 시론적 성찰」, 『시대와 철학』 21-2, 한국철학사상연구회, 2010.

박영균, 「분단의 사회적 신체와 심리 분석에서 제기되는 이론적 쟁점」, 『시대와 철학』 21-2, 한국철학사상연구회, 2012.

_____, 「코리언 디아스포라의 민족공통성 연구방법론」, 『시대와 철학』 22-2, 2011.

_____, 「분단의 아비투스에 관한 철학적 성찰」, 『시대와 철학』, 한국철학사상연구회, 2010.

_____, 「통일론에 대한 스피노자적 성찰」, 『분단 극복을 위한 인문학적 성찰』, 선인, 2009.

박영균·김종군, 「코리언의 역사적 트라우마에 관한 연구방법론」, 『코리언의 역사적 트라우마』, 선인, 2012.

백낙청, 『한(조선)민족식 통일, 현재진행형』, 창비, 2006, 31쪽.

서경식, 임성모·이규수 옮김, 『난민과 국민 사이』, 돌베개, 2006.

송두율, 『미완의 귀향과 그 이후』, 후마니타스, 2007.

_____, 『민족은 사라지지 않는다』, 한겨레신문사, 2000.

_____, 『통일의 논리를 찾아서』, 한겨레신문사, 1995.

이종석, 『분단시대의 통일학』, 한울아카데미, 1998.

Bourdieu, Pierre, 김웅권 옮김, 『실천이성』, 동문선, 2005.

_____, 김웅권 옮김, 『파스칼적 명상』, 동문선, 2001.

_____, 현택수 옮김, 『강의에 대한 강의』, 동문선, 1991.

Hobsbawm, Eric John, 강명세 옮김, 『1780년 이후의 민족과 민족주의』, 창작과
　　　비평사, 1998.

LaCapra, Dominick, 육영수 엮음, 『치유의 역사학으로: 라카프라의 정신분석학
　　　적 역사학』, 푸른역사, 2008.

柄谷行人, 송태욱 옮김, 『탐구1』, 새물결, 1998.

남북통일 사상의 '하부구조'에 관한 시론

: 흡수통일론과 통일 민족경제론을 중심으로

손석춘

1. 흡수통일론의 헤게모니

통일담론과 통일운동에 헤게모니(hegemony) 변화 조짐이 나타나고 있다. 한국방송(KBS)의 '국민 통일의식 조사'에 따르면, 2014년 8월 현재 이른바 '통일대박론'을 지지하는 여론이 과반을 넘고, 국민 4명 중 3명은 '김정은 체제'에 반감을 지니고 있다.[1]

김영삼 정부가 1994년 김일성 사망 직후 북이 곧 붕괴되리라는 전망 아래 '흡수통일'을 완곡하게 거론할 때조차 시민사회에서 비판 여론이 거세게 일어났던 상황과 견주면 큰 차이가 아닐 수 없다. 옹근 20년 뒤인 2014년 박근혜 정부가 '통일대박론'에 이어 '드레스덴 선

---

[1] KBS가 2014년 광복절을 맞아 실시한 '국민 통일의식 조사'에서 박근혜 정부의 통일대박론에 응답자의 61.5%가 '공감한다'고 답했다. '현 정부의 대북 정책'에도 68.9%가 찬성했다. 김정은 체제에는 74.7%가 '반감을 느꼈다'고 답했다. 51.2%가 '매우 반감을 느낀다'고 대답해 2013년 조사 때보다 8.9% 포인트 높아졌다(KBS 9시뉴스, 2014년 8월 15일).

언'2)으로 사실상 흡수통일론을 공언해도 비판 여론에 힘이 실리지 않고 있기 때문이다.

1994년 김영삼의 '북한붕괴론'과 2014년 박근혜의 '통일대박론' 사이에 두 차례 남북정상회담이 이뤄졌고 역사적인 6·15공동선언과 10·4공동선언이 나온 사실에 주목하면, 흡수통일론의 헤게모니가 관철되어가는 양상은 철학적 성찰을 요구한다.

남쪽 시민사회에서 줄기차게 전개되어 온 통일운동이 통일담론에서부터 헤게모니를 잃어가며 침체 국면을 맞고 있기에 문제는 더 심각하다. 흡수통일론을 저지하기는커녕 자칫 견제할 주체마저 튼실하게 꾸리지 못할 수 있기 때문이다. 기실 남쪽 학계에서는 이미 1990년대 이후 '역사적 재난과 자연적 재난이 겹친 북의 체제 위기상황'을 지켜보면서 "대부분의 통일 연구가 암묵적으로 남한 주도하의 평화통일을 전제"3)해 왔다.

동독이 서독에 편입되는 방식으로 '평화 통일'되었듯이 남북 사이에도 체제경쟁이 사실상 끝났다는 논리의 연장선에서 흡수통일론이 명시적이든 암묵적이든 자연스럽게 동의를 얻어가고 있는 현실4)을 더는 외면하지 않고 직시해야 할 과제가 우리 시대 철학에 주어져

---

2) 박근혜는 2014년 3월28일 독일 드레스덴에서 남북 주민의 인도적 문제 우선 해결, 남북 공동번영을 위한 민생 인프라 구축, 남북 주민 간 동질성 회복 3가지 구상을 북측에 제안했다. 이에 대해 북측 최고 권력기구인 국방위원회는 4월12일 담화를 통해 드레스덴 선언을 흡수통일 논리이자 황당무계한 궤변으로 비판했다. 국방위는 통일구상을 밝힌 장소로 드레스덴을 택한 데 대해 "도이췰란드(독일)는 '흡수통일'로 이루어진 나라"라며 "바로 그곳에서 박근혜가 자기가 구상하고 있다는 '통일'에 대해 입을 놀렸다는 것만으로도 불순한 속내를 짐작하고도 남음이 있다"고 주장했다(조선중앙통신/연합뉴스, 2014.4.12). 박근혜 정부는 '흡수통일'의 방안이 아니라고 밝혔지만, 남쪽 내부에서도 흡수통일론이라는 분석이 지배적이다.

3) 이병수, 「남북관계에 대한 반성적 고찰」, 통일인문학연구단, 『인문학자의 통일사유』, 선인, 2010. 61~62쪽.

4) 심지어 남북공동선언의 지지자로 알려진 김근식도 "남과 북의 체제통합은 현실적으로 일방의 근본적 변화와 타방으로의 흡수라는 방식을 거쳐야 할 것이다. 평화공존과 북한변화라는 점진적 평화통일 과정을 통해 법제도적 통합의 후유증과 비용을 최소화하려고 노력하지만 '똑같이 사는 통일'로서 통일의 완성단계는 불가불 한쪽의 체제전환과 이를 통한 흡수통일일 수밖에 없기 때문"이라고 주장한다. 김근식, 「북한 급변사태와 남북연합: 통일 과정적 접근」, 북한연구학회, 『북한연구학회보』 13권 2호, 2009, 57~77쪽.

있다. 철학이 통일의 시대사적 과제를 어떻게 사유하고 실천했는가를 짚어보아야 할 이유가 여기 있다.

2. 철학의 직무유기와 통일의 철학

홉수통일론이 헤게모니를 장악해가는 과정에서 여론시장을 독과점 해 온 언론사들은 큰 몫을 했다. 조선·동아·중앙일보는 남북관계와 관련된 모든 사안에서 '자유민주주의적 통일'을 강조하고 그밖의 통일론에는 '주사파' 또는 '종북'의 딱지를 붙이는 프레임(frame)으로 일관해 왔다. 통일운동을 주도해 온 사회단체와 비판적 지식인들이 분단체제를 유지하고 강화해나가는 '분단세력'이 존재하고 그들을 대변하는 '이데올로그'이자 '나팔수'로 조선·동아·중앙일보를 지목해 온 이유다.

하지만 통일운동 세력이 비판해 왔던 '분단세력'은 지난 20년에 걸쳐 서서히 진화해 왔으며 더는 통일에 소극적이지 않다. 분단체제의 유지, 강화가 아니라, 적극적인 흡수통일론으로 스스로를 '재무장'하고 있다. 이를테면 다음의 언술을 보기로 들 수 있다.

"통일로 가는 길엔 수많은 장애물이 있다. 무엇보다 우리는 통일에 대한 무관심과 통일 비용에 대한 과도한 걱정을 극복하지 않으면 안 된다. 분단으로 인한 손실이 통일에 드는 비용보다 훨씬 크다는 것을 깨달을 때가 됐다."

뜻밖에도 이 언술은 시민사회로부터 내내 '반통일 세력'으로 꼽혀 온 조선일보가 광복절 기념으로 낸 사설5)의 결론이다. 6·15공동선언에 대해 '대한민국 정체성'을 훼손했다고 비판해 온 조선일보는 2014

---

5) 조선일보 사설, 「유라시아 1만 5000㎞ 자전거 장정, '통일 한국 꿈' 싣고 오라」, 2014. 8.14.

년 신년특집으로 '통일이 미래다'를 의제로 설정하며 흡수통일을 적극 전개해나가고 있다. 분단세력의 '공세적 변화'는 북이 '고난의 행군'을 겪으며 남과 북의 경제력 차이가 비교할 수 없을 만큼 벌어지고, 김정은으로 3대째 후계가 이어지는 객관적 조건의 변화를 반영하고 있다.

여기서 유의할 것은 흡수통일론을 뒷받침하는 철학적 사유다. 윤평중은 분단과 통일의 문제에 '철학적 문제설정'이 필요하다면서 "이 주제(헌법철학)에 대해 사회과학적 논저는 넘쳐나지만 철학적 탐구는 거의 존재하지 않는다"고 지적한 뒤 "이것은 한국철학자의 중대한 직무유기가 아닐 수 없다"고 비판했다. 이어 "이 주제처럼 한국철학에서의 이론과 실천의 괴리와 자생성의 결여를 생생하게 예증하는 사례도 드물다"고 강조했다.6) 철학의 직무유기를 질타한 윤평중은 자신의 "헌법철학적 문제화 작업이 한(조선)반도의 분단과 전쟁, 그리고 통일에 대한 논의에서 은폐되어 온 철학적 핵심을 짚어줌으로써 가장 긴박하고도 혼란스러운 이 사안에 대한 이해도를 높일 수 있을지도 모른다"고 기대했다.

하지만 철학계가 분단과 통일을 사유하지 못했다고 질타하며 '철학적 핵심'을 짚었다고 자부한 그의 논문은 '기대'를 전혀 충족시켜주지 못하고 있다. 그가 "양산되어 온 통일담론의 설득력과 타당성을 판별하는 하나의 준거 틀이 출현하게 되는 것"이라고 논문에 부여한 의미도 지나치다. 이미 오래 전부터 뿌리 내려 있던 '흡수통일론' 이상의 준거 틀이 될 수 없기 때문이다.7) 그럼에도 여기서 굳이 윤평중의 논문을 분석하는 이유는 내용과 별개로 그가 던진 문제의식의 적

---

6) 윤평중, 「국가와 헌법의 정치철학: 한(조선)반도 분단과 통일시대와 관련하여」, 『급진자유주의 정치철학』, 아카넷, 2009.

7) 윤평중은 자신의 논문에서 흡수통일을 명시적으로 주장하지는 않는다. 하지만 백낙청의 분단체제론을 비롯해 '수렴이론'과 북쪽의 정치체제를 집중 비판함으로써, 그가 의도했든 아니든 남과 북의 헌법철학이 양립불가능하다는 철학적 '논증'은 흡수통일론자들의 주장에 정당성을 주고 있다.

절성에 있다. '분단과 통일의 문제설정에 대한 철학의 직무유기'와 '양산되어온 통일담론의 설득력·타당성을 판별하는 하나의 준거틀'이라는 문제의식은 지금도 유효하기 때문이다.

물론, 윤평중이 논문을 발표할 때와 달리 철학계에서 통일인문학[8]을 개척해가는 또렷한 연구 흐름도 나타나고 있다. 그럼에도 학계에 '분단과 통일의 철학적 문제설정'이 충분하다고 볼 수는 없으며, 흡수통일론이 헤게모니를 갖게 됨에 따라 남북 관계는 무장 악화되고 있다. 이 논문은 통일을 '남에 의한 북의 흡수'로 현시적이든 묵시적이든 전제하는 한국의 정치·경제·언론계 엘리트들이 공유하는 사유방식과 논리에 담긴 사상적·실천적 함의를 분석하고, 그들과의 소통을 위해 남북통일의 사상, 통일의 철학을 우리가 어떻게 형성해가야 옳은가를 탐색한 결과물이다.

3. 통일사상과 하부구조의 관계

1) 남북 헌법의 '양립 불가능'론

윤평중은 남북의 헌법이 불가공약적으로 서로 수렴될 수 없다며 "한국헌법의 자유민주적 성격과 조선민주주의 인민공화국 헌법의 주체사회주의(유일영도체계)적 성격이 철학적으로 양립할 수 없다 (…중략…) 통일을 운위할 때 논리적 가능성은, 통일헌법이 '자유민주적인 것'이 되든지 아니면 '주체사회주의적인 것'이 되든지 두 가지 뿐"이라고 판단근거를 밝혔다. 이어 '헌법철학의 통찰'을 배제한 수렴이론적 통일담론은 원론적으로 튼실한 것이 될 수 없으며, 진보성을

---

8) 통일인문학은 '소통 치유 통합'을 기조로 건국대학교 통일인문학연구단이 선구적으로 개척해나가고 있다. 통일인문학연구단은 2014년부터 대학원에 통일인문학과를 개설했다.

내세운 수렴이론이 무성찰적으로 유통될 때 빚어질 수 있는 맹목성에 대해 주의해야 한다고 강조한다. 그가 '맹목성'의 전형적 사례로 든 것은 뜻밖에도 남과 북이 역사적 합의로 내놓은 '3대 문건', 곧 남북공동성명(1974), 남북 사이의 화해와 불가침 및 교류-협력에 관한 합의서(1992), 남북공동선언(2000년)이다. 세 문건 모두 자주, 평화통일, 민족단결의 원칙을 공유하지만, 내용을 들여다보면 접점을 찾을 수 없다고 주장한다.

그는 "조선민주주의 인민공화국 (…중략…) 활동의 지도적 지침"(북헌법 제3조)인 주체사상은 "사람이 모든 것의 주인이며 모든 것을 결정한다"고 선언하고, 이 명제는 "사람이 자주성과 창조성, 의식성을 가진 사회적 존재"라는 명제와 이어진다고 설명한다. 그런데 주체사상이 자주성을 생명이라고 강조할 때 그것은 '사회정치적 생명'으로, '어버이 수령'이 주기 때문에 남과 북의 사상적 접점은 찾을 수 없다는 논리를 편다. 더구나 '위대한 김일성 수령'에 대한 무조건적이고 절대적인 충성을 선포하는 원칙이 1998년 헌법 서문으로 결정되면서 '자주성은 수령에 대한 절대적 충성과 정확히 동의어'가 됐다고 주장한다. 주체사상이 운위하는 사회정치적 생명체는 개인이 아니라 민족과 계급을 지칭하기 때문에 민족은 수령의 영도를 쫓음으로써 비로소 자주적일 수 있게 되며, 결국 '북한 담론체계 안의 민족은 수령에 절대적으로 충성하는 사람들의 집합'이라고 분석한다.

결국 그에게 "북한이 말하는 민족대단결의 참 뜻"은 "김부자 민족(북한인민+친김부자성향의 남한 주민)과 비김부자 민족 사이의 범주적 구별을 전제"한다. 따라서 이성적 통일담론은 '우리민족끼리'라는, "북한이 제창하고 많은 남한 국민들이 기꺼이 후렴하는 감성적 구호"를 헌법철학적으로 수용할 수 있겠는가라는 중대한 의문에 답해야 한다고 비판한다.

2) '헌법철학'과 흡수통일의 한계

'자유민주적 입헌주의' 사상과 '주체 사회주의' 사상 사이에 접점이 없다는 주장은 비단 철학의 직무유기를 질타한 철학자만의 '독창적' 결론이 아니다. 그렇게 판단하는 사람들이 한국 정치, 경제, 사회의 주류를 이루고 있다. 독과점 언론사의 고위 언론인들과 그 언론에 칼럼을 기고하는 교수들도 유사한 주장을 확대재생산해 왔다. 그 자신 독과점 신문에 줄곧 고정필자로 기고하고 있는 철학교수 윤평중은 그들의 사고를 헌법철학의 이름으로 뒷받침했을 뿐이다.

문제는 철학의 직무유기를 질타하며 전개한 철학자의 접근방식이 기존 사회과학자들의 접근이나 저널리즘적 접근과 다른 차원을 전혀 보여 주지 못했다는 데 있다. 의도했든 아니든 그의 주장은 자유민주주의 사상과 주체사상은 공존이 불가능하다며, 대북 대결주의나 흡수통일을 노골화하는 세력을 대변하거나 적어도 뒷받침한다.

하지만 자유민주주의와 주체사상이라는 헌법철학적 접근은 '배타적 이분법'에 지나지 않는다. 배타적 이분법에 근거한 흡수통일론은 뿌리가 깊다. 그들은 이북에 대한 적대적 담론이 대한민국의 국가적 정체성 확립에 크게 기여했다고 '자부'해 왔다. 자유민주주의의 의미를 민주화의 맥락이 아니라 오직 반공의 맥락에서만 이해하는 것은 "대한민국의 민주화 과정을 대한민국의 역사와 대한민국의 헌법적 이념으로부터 배제"[9]하는 잘못일 뿐만 아니라, "타자의 타자성을 사유"하지 못하는 '분단의 아비투스'에 매몰된 주장이다.[10]

여기서 주목할 것은 실제로 헌법철학이 구현되는 생생한 현실이

---

9) 이병수는 "남한 사회에서 그간 이루어져 온 민주화와 남북의 평화공존의 진전을 누락한 채 이야기되는 대한민국의 정체성이란 결국 반공을 국시로 삼았던 과거 독재정권에 대한 향수와 미화 외에 다른 것이 아니"라며 '차이'를 인정하는 '갈등의 평화적 관리'를 강조한다(이병수, 앞의 글).

10) 박영균, 「분단의 아비투스에 관한 철학적 성찰」, 건국대학교 통일인문학연구단 사상이념팀 엮음, 『통일에 대한 인문학적 패러다임』, 선인, 2011, 126~131쪽.

다. 남쪽의 자유민주주의 헌법철학이 과연 그대로 현실에 구현되고 있는가에 긍정적으로만 대답할 사람은 얼마나 될까. 무엇보다 자유민주주의의 근간인 사상의 자유가 국가보안법으로 제약받고 있으며, 헌법에 명문화된 '행복추구권'이나 '노동기본권' 모두 보장받지 못하고 있다. 헌법 119조의 '경제 민주화'조항도 현실과 전혀 다르다.

북쪽의 헌법철학도 마찬가지다. 윤평중에 따르면 헌법이 수령에 대한 절대적 충성을 밝히는 언사로 일관한다고 판단하기 십상이다. 하지만 사실은 다르다. 수령에 대한 무조건적이고 절대적인 충성을 선포하는 원칙이 헌법 서문으로 결정화되었다고 주장하면서 그것을 근거로 '자주성은 수령에 대한 절대적 충성과 정확히 동의어'라고 강조하지만, 서문 어디에도 수령에 대한 '무조건적이고 절대적인 충성' 따위의 언술은 나오지 않는다. 서문에 "위대한 수령 김일성 동지의 사상과 령도"를 강조하지만, 강조되는 것은 내용이다. "공화국을 인민대중중심의 사회주의 나라로, 자주, 자립, 자위의 사회주의 국가로 강화 발전"했으며 "가장 우월한 국가사회제도와 정치방식, 사회 관리체계와 관리방법을 확립"했다고 주장한다. 물론, 그것이 현실로 구현되었는가는 별개의 문제다. 헌법 서문은 "사회주의 조국의 부강번영과 주체혁명위업의 계승완성을 위한 확고한 토대를 마련"했다고 밝힘으로써, '계승 완성'에 무게를 싣고 있다. 헌법 서문에 통일에 대한 언급도 "조국통일의 근본원칙과 방도를 제시하시고 조국통일운동을 전민족적인 운동으로 발전시키시여 온 민족의 단합된 힘으로 조국통일위업을 성취하기 위한 길을 열어놓으시였다" 수준에서 그치고 있다.

헌법 제9조의 '민족대단결'에 대해 "김부자 민족(북한인민+친김부자 성향의 남한 주민)과 비김부자 민족 사이의 범주적 구별을 전제"한다는 윤평중의 주장도 지나친 해석이다. 과연 '우리민족끼리'를 윤평중의 주장처럼 "북한이 제창하고 많은 남한 국민들이 기꺼이 후렴하는 감성적 구호"로서 '김부자 민족 끼리'라고 받아들일 만큼 비이성적 사람이 남쪽에 얼마나 되겠는가. 더 나아가 북의 인민들 가운데 자신을 실제 '김부자 민족'으로 믿는 사람은 또 얼마나 될까.

헌법철학적 접근이 필요 없는 것은 아니지만, 개념을 고정불변의 실체로 여겨 절대화한다면, 관념론에 매몰될 수 있다. 현실을 고정불변의 대상으로 보지 않고 언제나 변화한다고 보는 철학적 사유는 남과 북의 '헌법 현실'을 보는 데도 타당하다. 실제로 이미 남쪽과 북쪽 모두 수차례에 걸쳐 헌법을 개정해 왔고, 앞으로도 그럴 것이다.

더구나 남과 북의 헌법이 명문화한 조항과 구체적 현실에 차이가 큰 이유가 다름 아닌 '분단 체제'에서 빚어졌다는 데 주목한다면, 자유민주주의 사상과 주체사상을 들어 두 헌법 철학이 양립할 수 없다며 '분단체제론'이나 '남북공동선언'을 비판하는 것은 섣부르다. 풍부한 현실을 새롭게 포착함으로써 분단체제로 왜곡된 '자유민주적 입헌주의'와 '주체 사회주의'를 넘어서는 사상을 얼마든지 창조적으로 구상할 수 있기 때문이다. 창조적 구상은 서로의 차이를 무시하고 억압하는 동일성의 통일을 넘어 "타자성을 인정하면서 공존이라는 새로운 삶의 양식을 새롭게 배우는 과정"[11]에서 가능하다.

어떤 시대든 새로운 사상이 큰 흐름을 형성할 때, 단지 철학적 사유만으로 이뤄지지 않았다. 남과 북의 통일을 이끌어갈 사상도 그 문맥에서 짚어야 옳다.

3) 통일사상의 사회경제적 기반

어떤 사상이 특정시대를 주도해갈 때는 언제나 그럴 만한 사회경제적 조건이 '하부구조'로 자리했다. 예컨대 서유럽이 중세 신분제 사회에서 근대 시민사회로 넘어갈 때, 계몽사상의 확산은 상공업에

---

11) 김성민, 「통일을 위한 인문학의 역할」, 통일인문학연구단, 『소통, 치유, 통합의 통일인문학』, 선인, 2009. 19쪽.

기반을 둔 상공인 세력이 커져가는 상황과 맞물려 있다. 그 과정을 날카롭게 분석한 철학자 마르크스는 물질적 생산 활동이 인간의 생존뿐만 아니라 사회 발전을 위해서도 반드시 요구되는 역사의 기본 전제라고 확신했다. 역사적 유물론을 정식화한 『정치경제학 비판』 서문에서 밝혔듯이 경제적 토대가 변화하면 조만간 거대한 상부구조 전체가 변혁된다. 마르크스는 국가나 법률과 같은 사회 제도가 '물질적 생활 관계'에 근거를 두고 있다고 보았기 때문에 경제적 토대와 그에 대한 분석을 중시했다.12) 마르크스가 보기에 새로운 사회의 경제적 토대가 결정되면 이에 따라 법률이나 정치 제도, 학문과 같은 상부구조의 형태도 자연스럽게 결정된다.

남과 북을 통일하는 사상 또한 지금까지 역사가 발전해 온 흐름에서 크게 벗어날 수 없다. 남과 북의 통일에 사상적 기반은 중요하고, 통일헌법을 만드는 과정에서 공유 또는 공감해야 할 사안임에 틀림없다. 하지만 그 사상이 철학자들의 책상에서 관념적 조합이나 결합만으로 이뤄질 수 있다고 판단한다면—마르크스가 『정치경제학 비판』 서문에서 제시한 명제에 동의하든 하지 않든—착각이다. 남과 북으로 갈라져 서로를 적대시하는 문화가 지배적인 상황에선 더욱 그렇다. 그 말은 철학은 빈곤하다는 뜻이 아니다. 빈곤한 철학을 할 게 아니라 풍부한 현실을 포착하는 철학을 하자는 제안이다.

기실 '자유민주적 입헌주의' 사상과 '주체 사회주의' 사상 사이에 접점을 찾는 게 어렵다는 '언술' 정도는 굳이 철학자가 아니더라도 다 알고 있다. 따라서 철학자의 '직무'는 둘 사이에 접점을 찾기 어렵다는 상식적 주장을 논리적으로 정당화하는 데 있지 않다. 통일을 이룰 사상에 대한 새로운 접근을 모색해야 한다. 사상과 사회경제적 변화는 대체로 조응해 왔기 때문이다.

---

12) 손철성, 「마르크스의 반유토피아주의와 그 원인에 대한 연구」, 한국윤리교육학회, 『윤리교육연구』 12권, 2007, 111~127쪽.

남과 북 체제에 접점을 찾을 수 없다는 주장은 결국 흡수통일론의 정당성과 당위성으로 이어질 수밖에 없지만, 그 또한 하부구조를 갖고 있다. 남쪽에 의한 북쪽의 흡수통일은 '자유민주주의'의 하부구조인 자본주의 시장경제를 전제한다.

문제는 철학이 의식했든 아니든 대한민국 헌법의 경제조항과 달리 실제 경제는 부익부빈익빈을 심화시키는 '수출 대기업 중심의 신자유주의식 체제'라는 데 있다. 결국 그 체제로 북을 흡수하는 주장이 되거나 적어도 그것을 옹호하는 데 '헌법철학적 탐색'이 기여한다면, 과연 그 '철학적 문제설정'은 우리 시대 '철학의 직무유기'를 벗어난 사유일까, 아니면 의도와 달리 역사발전에 더 걸림돌이 될 '철학의 직무유기'일까.

4. 통일대박론과 민족경제론

1) 통일대박론과 경제중심주의

한국의 정치경제체제를 사실상 지배하고 있는 대기업 자본이 세운 연구소들은 오랫동안 '통일 비용'을 강조해 왔다. '천문학적 비용'을 우려하는 그들의 연구 보고서는 통일 논의의 진전을 가로막는 논리적 기반이었다.

그러나 2014년 들어 박근혜 정부의 '통일대박론'과 거의 동시에 시작한 조선일보의 의제설정[13]으로 경제적 이익을 추구하는 흡수통

---

13) 조선일보는 2014년 1월 1일자 1면 톱기사 "남북 하나 될 때, 동아시아 번영의 미래 열린다"를 시작으로 통일 의제를 본격적으로 제기했다. '통일이 미래다. One Korea, New Asia' 기획시리즈에 대해 조선일보 사보(2014.1.24)는 "통일에 대한 관심이 좌·우 진영 모두에서 사그러들고 있는 상황에서 본지의 기획은 통일운동의 새 이정표를 세웠다는 평가를 받고 있다"며 기자협회보와 한겨레신문 등의 기사·칼럼을 인용했다. 흡수통일론의 헤게모니가 관철되는 양상을 볼 수 있다.

일론이 남쪽 정치, 경제, 사회 엘리트들 사이에 큰 흐름을 형성해가고 있다.14) 흡수통일론에는 미국 '투기자본'까지 가세하고 있다. 박근혜 는 통일대박론을 발표하는 자리에서 '미국의 세계적인 투자가' 짐 로저스의 조선일보 인터뷰 기사를 언급하며 "이분이 만약 남북통합이 된다면 자신의 재산을 다 한(조선)반도에 쏟겠다. 그럴 가치가 충분히 있다고 했다. 만약 통일이 된다면 우리 경제는 굉장히 도약할 수 있고 우리 경제가 실제로 대도약 할 수 있는 기회"라고 주장했다. 통일은 대박이라는 대통령과 세계적인 투기꾼의 관점이 정확하게 일치한다. 통일대박론 발표 직후 새누리당 대표는 '통일헌법'을 거론했고 곧이어 새누리당 싱크탱크인 여의도연구소는 통일헌법을 비롯한 통일 관련 연구를 위해 '통일연구센터'를 설치했다. 결국 정치권력과 언론이 국가적 의제로 설정해가고 있는 흡수통일론의 목적은 '경제적 이익 추구'이다.

하지만 경제적 이익추구를 중심에 둔 통일담론의 한계는 뚜렷하다. 이병수는 "통일의 이익 혹은 손실을 말하기보다 우리가 과거와 현재를 통해 겪고 있는 분단의 고통에 더 방점이 놓여져야 한다"면서 "미래의 어떤 도달 상태를 전제로 하는 득실의 계산보다 지금 당장의 고통해소에 초점을 맞추어야 한다"고 강조했다.15)

따라서 경제적 이익 추구 차원이 아닌 경제적 고통을 풀어가는 '윤리적 차원의 사유'가 필요하다. 통일 문제를 경제적 득실로 판단하는 통일대박론의 경제중심주의와 달리 남과 북의 민족구성원 다수가 겪고 있는 경제적 고통을 해소하기 위한 사유는 시대적 요청이다. 앞서

---

14) 대통령이 통일대박론을 발표하기 직전인 2013년 12월 21일 당시 국가정보원장 남재준의 발언에서도 박근혜 정부의 흡수통일론을 확인할 수 있다. 국정원 간부 송년회에서 원장 남재준은 2015년까지 통일을 이루자면서 "우리 조국을 자유민주주의 체제로 통일시키기 위해 다 같이 죽자"고 사뭇 비장한 각오를 다졌다(권순activ철, 「아닌 밤중에 통일대박론」 미스터리」, 경향신문 2014.2.9).

15) 이병수, 「통일의 당위성 담론에 대한 반성적 고찰」, 건국대학교 통일인문학연구단 사상이념팀 엮음, 『통일에 대한 인문학적 패러다임』, 선인, 2011.7.

도 언급했듯이 경제적 생산 활동은 인간의 생존뿐만 아니라 사회 발전을 위해 반드시 요구되며, 우리가 결코 무시할 수 없는, 아니 무시해서는 안 되는 '역사의 기본 전제'이기 때문이다.

철학은 경제를 경시하거나 사회과학자들에게 맡겨둘 게 아니라 고전적인 진보사상가들이 그랬듯이 경제의 윤리적 차원 또는 인간적 차원을 적극 사유해야 한다. 철학적 사유가 하부구조로서 경제를 도외시할 때, 시대를 깊이 있게 포착하지 못하고 시류에 영합하는 경제중심주의 사상이 통일담론의 헤게모니를 장악할 가능성이 높기에 더그렇다. 남북통일 사상의 하부구조로서 '통일 민족경제'를 제안하는 이유가 여기 있다. 통일의 하부구조로서 '통일 민족경제'의 개념은 흡수통일을 전제로 한 경제적 이익추구 통일론의 하나가 아니다. 정반대의 대척점에 있는 통일론이다.

2) 통일 민족경제의 개념

'통일 민족경제'는 흡수통일론의 하부구조인 '신자유주의 정치경제체제'와 다른 새로운 정치경제 체제를 적극적으로 사유하는 개념이다. 그렇기에 현재의 남과 북이라는 '지역경제'를 단순히 '1+1'식으로 합치는 개념이 아니다. 남과 북 각각의 지역경제가 상호 연관을 통해 경제적 효과를 높일 수 있도록 발전해 온 게 전혀 아니기에, 두 지역 경제의 단순 합이 통일경제의 미래상일 수 없다. 통일을 실제로 이루려면 남과 북을 아우르는 경제권에 대한 총체적인 구상이 필요하며 그 비전 아래서 각각의 지역 경제가 재편되고 수렴되는 과정이 필요하다. 그 맥락에서 이 논문은 통일 민족경제를 잠정적으로 '남북통일의 하부구조'로 정의한다.

통일 민족경제는 일찍이 박현채가 제시한 '민족경제론'을 계승할 필요가 있다. 박현채에게 민족경제론이 "민족주의운동의 경제적 기초"[16]라면, 통일 민족경제론은 '통일운동의 경제적 기초'이다. 1978

년에 첫 출간된 『민족경제론』은 정치경제학에 근거한 진보를 한국에 구현하려는 창조적인 지적 산물이었다.[17] 박현채는 『민족경제론』에서 '민중의 생활상의 요구'를 내내 강조하고 '민중적 민족주의'를 경제로 구체화하면서, 진보를 '경제 잉여의 배분에서 민중의 참여의 확대'로 간명하게 정의했다.

박현채가 『민족경제론』을 출간한 뒤 36년이 흐른 오늘날에 그 책의 논리를 그대로 답습하는 것은 무리이고 후학의 도리도 아니다. 한국경제는 그 사이에 '개발독재'를 통해 "종속적 산업혁명, 즉 국가주도, 외자도입, 수출지향, 공업화를 거치면서 만성적 물자부족 상황, 원조에 의존하는 종속 경제의 상황을 벗어"났고, 이미 '글로벌 환경'에 깊숙이 편입됐다.[18] 그 결과, 재벌독점자본의 지배 강화와 외국자본과의 협력 강화, 경제 불안정, 양극화의 심화 등 자본의 과잉에 따른 자본주의의 모순 심화라는 문제를 안고 있기에 '자립경제 민족경제론'의 적용은 한계를 지닐 수밖에 없다. 장상환은 "경제발전 초기처럼 외국자본을 민족자본과 대립되는 것으로 파악하는 것은 '자립경제'를 꾸준히 추구해 온 북한의 경제가 침체하고 큰 곤경에 처해 있는 것으로 볼 때 취할 방향은 아니"라고 주장한다.

박현채의 논리와 달리 세계화, 지구화를 주체적으로 받아들여야 한다는 주장도 진보적 학계 일각에서 나오고 있다. 자본이 주도하는 지구화를 적극적으로 활용하되, 그것이 자본주의 세계체제에서 자본

---

16) 박현채, 『한국경제구조론』, 일월서각, 1986, 서문.
17) 장상환, 「지구화 시대 자립경제·민족경제론의 한계」, 경상대학교사회과학연구원, 『사회과학연구』 제25집, 2007.
18) 장상환, 위의 글. 바로 그 점을 들어 심지어 "민족경제론은 난센스다"라는 극단적인 평가도 나오고 있다(이종태, 프레시안 2007년10월18일자). 하지만 이종태의 주장도 민족경제론의 폐기보다 혁신을 목표로 한다고 볼 수 있다. 정건화는 민족경제론이 "변화된 세계경제 상황과 한(조선)반도를 포함한 동북아시아의 평화와 협력이라는 과제에 부응하기 위해, 밖으로 개방적이고(지역협력) 안으로 포용적인(이주노동, 소수자) 민족경제론, 민족주의의 배타적 경계를 허무는 풍부한 각론들을 발전시켜야 한다"며 민족경제론의 개조를 주장한다. 정건화, 「민족경제론을 위한 변명: 민족경제론의 계승과 극복을 위한 시론」, 한국사회과학연구원, 『동향과 전망』, 통권 72호, 2008, 49~82쪽.

의 이익에만 유리하게 진행되지 못하도록 관리해야 한다는 제안이다.[19)]

'남북통일의 하부구조'로서 '통일 민족경제'는 현실의 변화를 인식하되 박현채의 핵심적 문제의식인 '민중의 생활상의 요구'와 '경제잉여의 배분에서 민중의 참여 확대'를 통일의 지평까지 확대해서 살려내는 개념이다.

박현채의 민족경제론이 남쪽에 머물고 있었던 것과 달리 통일 민족경제론은 남과 북을 모두 대상이자 주체로 사유한다. 그때 일차적으로 주목할 객관적 사실은 분단체제와 확연히 다른 통일 민족경제의 규모다. 양적 차이만이 아니라 질적 차이까지 또렷하다. 분단 이후 남쪽은 4,900만 인구로 세계경제 규모 15위(2012년 기준, 1294조 1,635억 달러)의 경제적 성과를 이뤄냈다. 남과 북이 단일한 민족경제를 형성할 수 있다면, 인구는 7,000만 명을 훌쩍 넘는다. 이는 영국과 프랑스의 6,000만 인구보다 많고 8,200만의 통일 독일과 견주어 조금 작은 규모다. 인구와 경제 규모가 경제 발전에 결정적 요소는 아니지만, 다른 조건이 동일할 경우 규모가 큰 편이 경제 발전에 한결 유리한 것만은 틀림없다.

2014년 들어서면서 흡수통일론의 통일대박론자들도 그 사실을 강조하고 나섰지만, 통일대박론과 달리, 어쩌면 정반대로 통일 민족경제론은 한국경제가 신자유주의식 일방적 세계화를 벗어나는 데 중요한 기반이 된다는 데 주목한다. 경제 발전의 기본 방향을 수출 중심에서 내수 중심으로 전환하려면 내수 시장 규모가 중요하기 때문이다. 경제의 자립성을 높이고 수출대기업 의존도가 높은 남쪽 경제의 구조적 재편을 위해서도 내수 시장 크기는 핵심 문제다. 극심한 경제 봉쇄로 고통받아 온 북이 남과 더불어 민족경제를 구상해가는 '동반자'가 된다면, 통일 민족경제는 7,000만 명으로 늘어난 인구와 그에

---

19) 한(조선)반도사회경제연구회, 『한(조선)반도경제론』, 창비, 2007. 16~18쪽.

기초한 내수 시장의 확대로 수출과 내수산업이 균형을 갖춘 경제체제를 성과 있게 구상할 수 있다.

남과 북이 '정치적 통일' 이전 단계로 통일 민족경제를 구현해나갈 때 남쪽은 '신자유주의적 세계체제'에 맞설 내부 토대가 분단 체제일 때보다 훨씬 튼실해진다. 북쪽 민중 또한 '경제봉쇄'에서 벗어나 남쪽과의 경제협력으로 '개성공단' 수준과는 견줄 수 없는 경제적 이익을 누릴 수 있다. 실제로 북은 외무상 리수용이 미얀마에서 열린 동남아시아국가연합(ASEAN) 지역안보포럼 연설에서 밝혔듯이 '인민들의 복리를 위한 경제개발'을 주요 목표로 삼고 있다.[20]

통일 민족경제론을 구상할 때 북의 풍부한 지하자원은 큰 도움이 될 수 있다. 한(조선)반도(조선반도)에서 대부분의 지하자원은 북에 있으며 그 양은 민족경제 발전에 필요한 원자재 대부분을 자체 조달하기에 부족함이 없을 정도다. 자체 원료에 기초한 공업은 경제의 내포적 발전을 보장하는 기초가 된다.

인구가 7,000만이 넘고 풍부한 지하자원을 활용할 때 통일 민족경제의 내포적 발전은 낙관할 수 있다. 신자유주의적 세계화 시대에 민족경제의 튼실한 성장은 새로운 민주주의를 구현하는 하부구조가 될 게 분명하다. 통일 민족경제가 내포적 발전을 추구한다고 해서 대외무역을 끊는다는 뜻은 전혀 아니다. 그럴 이유가 전혀 없다. 세계 여러 나라들과 적극 수출입을 해나가되, 그 중심을 내포적 발전에 둔다는 의미 이상도 이하도 아니다.

---

20) 조선민주주의인민공화국 리수용 외무상(2014)은 "공화국정부는 지금 경제를 추켜세우고 인민생활을 향상시키는 것을 중요한 목표로 제기하고 여기에 힘을 넣고 있다. (…중략…) 우리에게는 투자가 필요하고 과학기술교류가 필요하다"고 강조했다. 리수용, 「아세안지역연단 상회의 조선대표단 단장 연설」, 조선중앙통신. 2014.8.12.

3) 남북통일의 하부구조 형성

남과 북 전체를 하나의 공동체로 바라보고 경제발전을 구상하는 것은 우리 역사에서 단 한 번도 구현되지 못했던 과제다. 분단 이전에는 농업중심의 왕조체제가 수천 년 이어졌고 일제 강점기를 겪었다.

통일의 하부구조로서 통일 민족경제 형성은 정치적 통일 이전에라도 남북 경제협력의 질적 발전을 통해 얼마든지 가능하다. 남북 전체의 자원 구조를 파악하여 이를 함께 활용하는 방안을 세우고, 남과 북의 잠재된 가능성을 고려했을 때 서로 힘을 모아 집중해야 할 산업을 전략적으로 선택해서 공동으로 육성해가야 한다. 남과 북 전체의 지정학을 고려한 물류나 관광 정책도 구상하고 정책화해나갈 수 있다. 따라서 남북 경제협력을 말하면서도 실제로는 국가 사이의 무역을 염두에 두거나 남쪽 기업의 시장 확대를 위해 북에 진출하려는 전략에선 벗어나야 한다. 그것을 견인할 통일운동이 관건임은 두말할 나위 없다.

통일 민족경제를 추구하는 남과 북 사이의 경제협력은 '특수 관계'라는 말에 걸맞게 대외적으로는 하나의 경제단위로 기능할 만큼 대내적 유기적 연관도를 높여 통일경제 부문을 창출하고 확장해 가야 한다. 경제제도의 점차적 접근도 필요하다. 예컨대 남과 북이 통일경제의 한 부분으로 첨단산업을 공동으로 육성한다면, 그 기업은 어떤 경영 구조와 노동 구조를 가져야 하는지, 남과 북의 농업이 통일농업으로 가려면 어떤 경작 구조와 협업 구조가 필요한지를 결정해나가야 한다. 그것은 남과 북이 각각 개방과 자급자족의 양극단에 있는 신자유주의 체제와 주체경제 체제를 극복하고 새로운 경제체제를 일궈내는 과정이기도 하다.

남쪽의 진보진영에서 새로운 경제체제를 모색하는 담론들은 만족스러운 수준은 아니지만 꾸준히 나왔다. 생전의 박현채는 소련과 동유럽이 무너지는 현상을 목격하면서 국가 기간산업 부문의 계획경제를 기조로 하되 여타 부문에서는 시장경제원리를 도입할 것을 제안했다.[21] 박현채의 대안은 '실현가능한 사회주의(Feasible Socialism)'를 탐색해 온 알렉 노브(Alec Nove)의 문제의식과 맞닿아 있다.[22] 장상환(2005)은 대안 경제전략으로 '사회적 소유의 확대 및 민주적 통제의 강화'[23]를, 정성진은 '케인스주의 복지국가'는 대안이 될 수 없다며 '참여계획경제'[24]를 제안했다.

통일부에 등록된 사단법인 새로운사회를여는연구원은 신자유주의 대안으로 노동자들의 창조성을 성장 동력으로 한 '노동중심 경제'를 제시하며, 한국경제의 대안을 통일의 과제와 유기적으로 결합했다.[25] 더 나아가 통일 민족경제의 성격을 노동주권, 직접경영,[26] 금융주권을 뼈대로 한 '민주경제'로 제안하고 남쪽의 전자기술과 북쪽의 위성기술을 결합함으로써 첨단산업의 공동개발을 제안했다.[27]

미국이 주도하는 지구적 차원의 신자유주의 경제체제를 지금 당장 폐기할 수는 없겠지만, 통일 민족경제라는 새로운 경제 체제를 바탕으로 동북아시아 공동체도 구상할 수 있다.[28] 노동을 중심에 둔 민주

---

21) 박현채, 「사회주의: 자본주의에 후속하는 단계」, 『창작과 비평』, 1992년 봄호.
22) 알렉 노브, 대안체제연구회 옮김, 『실현가능한 사회주의의 미래(The Economics of Feasible Socialism)』, 백의, 2001. 알렉 노브는 책 서문에서 "현실 세계의 모든 악을 '자본주의' 탓으로 돌리고, 소비에트의 역사적 경험을 간단하게 무시하며 사회주의에 대한 진지한 사고를 혁명 이후의 세계에 대한 공상적인 이미지들로 대체하는" 진보적 지식인들을 비판했다.
23) 장상환, 「한국경제의 위기와 민주노동당의 대안」, 『시민과 세계』 제7호, 2005.
24) 정성진, 「한국경제, 어디로 가야 하는가」, 『민교협 창립 20주년 기념 심포지움 '한국사회의 발전방향과 민교협운동' 자료집』, 2007.
25) 새로운사회를여는연구원, 『새로운 사회를 여는 상상력』, 시대의창, 2006.
26) '직접 경영'은 기업 경영에 노동자의 전면 참여를 지칭하는 개념으로 이미 독일은 '노사 공동 결정 제도'로 직접 경영의 첫걸음을 내디뎠다.
27) 손석춘, 『무엇을 할 것인가』, 시대의창, 2014.
28) 미국이 중남미 국가들을 상대로 줄기차게 추진하던 FTA를 좌절시키고 등장한 남미국가들의 '(미주대륙을 위한)볼리바리안 대안(Bolivarian Alternative for the Americans(이하 ALBA))'은 좋은 보기다. 2004년 12월 출범부터 ALBA는 미국의 패권과 IMF, 세계은행, 자유무역, 신자유주의를 비판하고 나섰다. 동아시아에서도 남과 북의 통일경제를 이음새로 새로운 지역 공동체를 모색하는 것은 세계사적 의미를 가질 수 있다.

경제론을 기반으로 남과 북을 아우르는 통일 민족경제를 형성해 감으로써 새로운 경제체제의 토대를 확장하고, 이를 발판으로 동북아시아를 포함해 아시아 대륙으로 눈을 돌려 경제협력을 구상해간다면, 미국 주도의 신자유주의적 세계질서에 맞서는 새로운 세계를 건설해나가는 데 전환점을 마련할 수 있다. 마르크스는 자본주의를 넘어선 사회를 '마땅히 조성되어야 할 하나의 상태, 따라가야 할 하나의 이상(Ideal)'이 아니라 "현 상태를 극복해나가는 현실의 운동"으로 정의했다.29)

남북통일의 하부구조로서 통일 민족경제에 대한 사유는 변혁운동으로 이어질 수 있고, 그 하부구조를 구현해가는 과정에서 남과 북의 '헌법철학'을 넘어선 새로운 정치사상을 일궈낼 수 있다. 바로 그 점에서 흡수통일을 비판하는 대안적 통일을 '대등통일'30)의 개념에 철학적 사유를 더하는 '창조적 통일'로 적극 명명할 필요가 있다.

5. 통일 민족경제론의 과제

지금까지 통일담론의 헤게모니를 장악해가고 있는 '흡수통일론'의 철학적 사유가 현실을 고정불변의 실체적 개념으로 파악하는 한계가 있을 뿐만 아니라, 그 담론의 하부구조에는 결국 남쪽의 신자유주의식 자본주의 체제가 자리하고 있음을 논의했다. 이어 남북통일의 하부구조로서 통일 민족경제론을 제시했다.

이 논문은 남의 자유민주주의 사상과 북의 주체사상이 양립할 수 없다며 결국 흡수통일의 정당성을 주장하는 논리를 비판하고 창조적 통일의 사유를 개념적으로 제시했다는 의미가 있다. 하지만 논문의

---

29) 칼 마르크스, 이대환 옮김, 『독일이데올로기(Die Deutsche Ideologie)』, 연찬, 1987. 54쪽.
30) 강만길, 『21세기사의 서론을 어떻게 쓸 것인가』, 삼인, 1999.

한계도 뚜렷해서 앞으로의 연구과제로 남겨졌다.

첫째, 통일 민족경제론의 논리와 실행방안을 더 구체화 해나가야한다. 남과 북이 통일된 나라의 하부구조로서 '민족경제의 균형적 발전'을 어떻게 일궈갈 것인가라는 이론적 탐색과 함께, 통일 민족경제론을 공적 의제로 설정해가며 통일운동의 새로운 지평을 열어가야한다. 남과 북이 통일 민족경제를 논의하고 실천해나갈 '남북 공동기구'를 만들도록 여론을 모아가고 힘을 결집할 방안도 논의해야 한다. 통일 민족경제를 형성하는 운동은 지구촌의 다른 나라들이 본보기로 삼을 민주경제를 구현하는 운동과 이어져 있다.

둘째, 하부구조를 구체화해가는 과정에서 새로운 정치사상을 모색해가야 한다. 물론, 조급하게 내올 문제는 아니지만, 그렇다고 저절로 숙성하기를 기다려서도 안 된다. 지구촌 모두가 따르고 싶은 가장앞선 민주주의 모델을 구상해야 한다. '민주공화국' 대한민국과 조선'민주주의'인민공화국이 '새로운 민주주의 공화국'으로 창조적 통일을 이룰 때 가능하다. 통일헌법의 기반이 될 사상 또한 갑자기 "하늘에서 내려오는 것"일 수 없다. 남과 북 사이에 '민중의 생활상의 요구'에 바탕을 두고 '민중의 정치경제적 참여'[31]를 위한 소통을 활발하게펼쳐갈 때, 그것을 하부구조로 새로운 정치경제 체제를 사유할 수있고 그때 통일의 사상도 영글어갈 수 있다.

사람과 삶을 중심에 둔 통일인문학의 문제의식은 통일의 새로운정치경제 체제를 구체화해가는 연구에서도 적실하다.[32] 흡수통일론을 비판하는 통일 민족경제론은 근대적 이성과 정신의 철학에 근거한 정치경제 체제 담론을 벗어나 "민족적 역량을 최대화할 수 있는문화적이고 역동적인 공동체"[33]를 건설하는 기반이기도 하다.

---

31) 박현채, 『민족경제론』, 한길사, 1978. 22쪽.
32) 1978년 출간된 박현채의 『민족경제론』 1장도 '인간을 위한 경제학 서설'이다. 통일 민족경제론 또한 사람을 위한 정치경제 체제를 지향한다.
33) 박영균, 「통일론에 대한 스피노자적 성찰」, 통일인문학연구단, 『분단 극복을 위한 인문학

두 연구과제와 더불어 통일 민족경제론은 통일운동을 펼쳐가는 현장에서 '이론적 무기'로 숙성의 과정을 거쳐야 한다. 흡수통일론의 헤게모니를 저지할 뿐만 아니라, 통일운동을 신자유주의 극복운동에 이론과 실천 모두 결합해나가야 할 과제가 통일 민족경제론에 주어져 있다. 흡수통일이 아닌 통일을 '창조적 통일'로 명명하고 소통으로 내용을 채워갈 때, 남북통일의 하부구조를 인문학적으로 사유하는 노동은 그 자체로 새로운 철학이 될 수 있다.

적 성찰』, 선인, 2009, 22쪽.

참고문헌

강만길, 『21세기사의 서론을 어떻게 쓸 것인가』, 삼인, 1999.

김근식, 「북한 급변사태와 남북연합: 통일과정적 접근」, 북한연구학회, 『북한연구학회보』 13권 2호, 2009, 57~77쪽.

김성민, 「통일을 위한 인문학의 역할」, 통일인문학연구단, 『소통, 치유, 통합의 통일인문학찰』, 선인, 2009.

리수용, 「아세안지역연단 상회의 조선대표단 단장 연설」, 조선중앙통신, 2014.8.12.

박영균, 「통일론에 대한 스피노자적 성찰」, 통일인문학연구단, 『분단 극복을 위한 인문학적 성찰』, 선인, 2009.

_____, 「분단의 아비투스에 관한 철학적 성찰」, 건국대학교 통일인문학연구단 사상이념팀 엮음, 『통일에 대한 인문학적 패러다임』, 선인, 2011.

박현채, 『민족경제론』, 한길사, 1978.

_____, 『한국경제구조론』, 일월서각, 1986.

_____, 「사회주의: 자본주의에 후속하는 단계」, 『창작과 비평』, 1992년 봄호.

새로운사회를여는연구원, 『새로운 사회를 여는 상상력』, 시대의창, 2006.

손석춘, 『무엇을 할 것인가』, 시대의 창, 2014.

손철성, 「마르크스의 반유토피아주의와 그 원인에 대한 연구」, 한국윤리교육학회, 『윤리교육 연구』 12권, 111~127쪽, 2007.

알렉 노브, 대안체제연구회 옮김, 『실현가능한 사회주의의 미래(The Economics of Feasible Socialism)』, 백의, 2001.

윤평중, 『급진자유주의 정치철학』, 아카넷, 2009.

이병수, 「남북관계에 대한 반성적 고찰」, 통일인문학연구단, 『인문학자의 통일 사유』, 선인, 2010.

_____, 「통일의 당위성 담론에 대한 반성적 고찰」, 통일인문학연구단 사상이념팀 엮음, 『통일에 대한 인문학적 패러다임』, 선인, 2011.

장상환, 「한국경제의 위기와 민주노동당의 대안」, 『시민과 세계』 제7호, 2005.

_____, 「지구화 시대 자립경제·민족경제론의 한계」, 경상대사회과학연구원, 『사회과학연구』 제25집, 2007, 121~145쪽.

정건화, 「민족경제론을 위한 변명: 민족경제론의 계승과 극복을 위한 시론」, 한국사회과학연구원, 『동향과 전망』 통권 72호, 2008, 49~82쪽.

정성진, 「한국경제, 어디로 가야 하는가」, 『민교협 창립 20주년 기념 심포지움 '한국사회의 발전방향과 민교협운동' 자료집』, 2007.

칼 마르크스, 이대환 옮김, 『독일이데올로기(Die Deutsche Ideologie)』, 연찬, 1987.

한(조선)반도사회경제연구회, 『한(조선)반도경제론』, 창비, 2007.

제4부   통일의 길

한(조선)반도 근대성과 민족전통의 변용

이병수

1. 한(조선)반도 근대성의 이해

근대라는 시대의 역사적 경험과 기본 성격(자본주의, 국민국가, 자율적 개인, 계몽주의 등)을 의미하는 근대성은 흔히 서구적 기원을 지닌다고들 한다. 서구적 기원을 지닌 근대성이 전세계로 퍼져나갔다는 근대성에 대한 '확산론적' 이해는 '서구화=근대화'라는 공식에서 전형적으로 드러난다. 근대성이 서구적 고유성을 지니지만, 시차를 두고 비서구사회로 확산되면서 서구적 근대화과정을 보편적으로 경험한다는 이러한 근대관은 비서구사회의 근대화는 서구의 모범을 충실히 따르기만 하면 된다는 서구중심주의적 함의를 지닌다.

아이젠스타트(Shmuel N. Eisenstadt)는 이러한 서구중심주의적 근대관을 비판하면서, 근대성을 해당 사회의 토착문화 전통과 역사적 경험이 서구 근대와 조우하면서 나타난 다양한 변형들, 즉 복수의 근대 (multiple modernities)로 이해한다. 다시 말해 근대성은 독특한 제도적·

문화적 특징을 가진 독특한 문명으로써, 먼저 서유럽에서 결정화되고 후에 유럽의 다른 지역으로, 미국으로, 그리고 전 세계적으로 확산되어 문화적·제도적 유형의 지속적 변화를 야기했다.[1] 아이젠스타트는 비록 근대성이 서유럽적 기원을 지니지만, 유럽의 경험을 기준으로 비서구사회의 근대성을 평가하지 않고 토착문화와의 조우를 통해 변형된 다양한 근대성들에 주목한다. 다시 말해 서구의 경험을 모델로 삼아 나아가는 단일한 경로를 부정하고 복수의 다양한 근대화 경로를 인정한다. 이런 관점은 비서구 지역의 근대화가 원본으로서의 서구를 단순 복제한 것이 아니라는 점에서 '서구화=근대화'라는 공식이 지닌 서구중심주의적 함의를 어느 정도 극복하고 있다.

그러나 아이젠스타트의 복수의 근대론은 근대성을 서구의 고유한 특성으로 단일화하는 인식에서 벗어나 각국에 구현된 근대성들을 다양하게 이해할 수 있는 장점이 있지만, 근대성의 서구적 '기원'과 '확산'이라는 인식틀을 그대로 유지하고 있을 뿐만 아니라, 무엇보다 자본주의 세계체제의 민족적, 계급적인 위계질서 속에서 근대성이 형성되었다는 점을 충분히 고려하고 있지 못하다. 이에 반해 월러스틴 (Immanual Wallerstein)의 '세계체제론'은 자본주의가 전일화된 오늘의 세계에서 근대가 복수로 설정될 수 없고 단수로만 존재한다는 것을 함축한다. 물론 단수의 근대, 단일한 세계체제라고 해서 그 세계 안의 모든 지역이 동질적인 성격을 갖는 것은 아니다. 오히려 여러 형태의 위계제가 근대 자본주의 세계의 특징이기에 세계는 여러 형태의 내적 분열과 지정학적 분열을 그 안에 담고 있다.[2] 이런 점에서 복수의 근대성이란 말은 유럽 중심의 자본주의 세계체제의 위계질서 속으로 통합되어 가는 과정에서 나라마다 서로 다른 내용의 독특한

---

1) Shmuel N. Eisenstadt, 임현진 외 역, 『다중적 근대성의 탐구』, 나남, 2009, 270쪽.
2) 유재건, 「서구중심주의와 근대성」, 『한국민족문화』 제32호, 2008, 363쪽. 같은 맥락에서 백낙청 역시 복수의 근대개념이 단일한 자본주의 세계체제의 존재를 망각하거나, 부분적 대안 찾기에 국한되는 실천적 한계를 지닌다고 지적한다(『한(조선)반도 통일, 현재진행형』, 창비, 2006, 246~249쪽).

근대성을 형성한 것을 의미한다고 보아야 한다. 또한 서구적 근대성 이란 것도 근대성의 보편적 모델이라기보다, 위계화된 세계체제의 맥락에서 다만 중심부에 자리 잡고 있는 '하나의' 근대성, 정확히 말 하면 영국적 근대성, 프랑스적 근대성 등을 의미할 뿐이다.

발리바르(Étienne Balibar)는 월러스틴이 근대적 민족형성을 자본주 의 세계체제와 연결시키고 그 위계화와 식민화의 산물로 파악한 점 을 중요한 공헌으로 보면서 "어떤 의미에서 모든 근대민족은 식민지 화의 산물이다. 일정정도까지는 항상 식민지를 만들거나 식민화당하 는 처지이며 때로는 둘 다이기도"[3]했다고 말한다. 근대자본주의의 성립과 전개과정 그 자체가 본질적으로 식민지화와 결합되어 있었다 는 월러스틴 혹은 발리바르의 관점은 우리 학계에서 '식민지 근대성 (colonial modernity)'론으로 수용되고 있다. 통상 식민지는 근대성의 왜곡과 파행으로 이해되지만 식민지 근대성 테제에 따르면 식민지는 근대 미달이거나 왜곡된 근대가 아니라 근대 속에 포함된 근대의 작 동기제다. 즉, 식민지는 근대 세계체제의 가장 중요한 축이었으며, 서구와 식민지는 동시적으로 발현한 근대성의 다양한 굴절을 표현하 고 있을 뿐이다.[4]

따라서 식민지 근대성론은 '식민지 근대화(modernization in colony)' 론과는 다르다. 식민지 근대성론이 근대성 자체가 식민지적 성격을 갖는다는 주장이라면, 식민지 근대화론은 서구 근대와 다른 '식민지 에서의 근대'를 설명하는 이론이다. 식민지 근대화론은 식민주의가 근대성을 촉진했다고 보는 점에서는 '식민지 수탈론'과 차이가 있지 만, '수탈론'과 더불어 서구적 근대를 근대의 원형으로 상정하는 근 대주의적 태도를 공유하고 있다. 이에 비해 식민지 근대성론은 근대 성을 완성되어야 할 이상적 기획의 차원(이념의 근대성)이 아니라 역

---

3) Étienne Balibar, 「민족형태: 그 역사와 이데올로기」, 서관모 역, 『이론』, 1993, 112쪽.
4) 윤해동 외, 『근대를 다시 읽는다』. 역사비평사, 2006, 18~20쪽.

사적 현실태, 실정성(positivity)(역사적 현실의 근대성), 이를테면 지난 1세기가 넘는 동안 한국인이 겪어 온 역사적 현실 그 자체를 근대성으로 파악한다.5)

역사적으로 한(조선)반도에서 실제로 구현된 근대성에 주목할 때, 한(조선)반도의 근대성은 전통사회가 제국과 조우(침략)하면서 양자의 상호작용을 통해 형성된 것이며 서구적 근대성의 일방적 이식으로 볼 수 없다. 다시 말해 근대성은 서구라는 단일한 기원에서 발원하면서 비서구 지역으로 확산, 이식되는 현상이 아니라, 서로 다른 문명권에 속한 나라들이 조우하면서 전개되는 현상이다. 따라서 흔히 전근대적인 잔재로 여겨지는 전통문화적 요인들은 근대성에 어긋난다기보다 한(조선)반도 근대성을 구성하는 중요한 요소가 된다. 그러나 제국과 식민지의 조우를 근대성 형성의 보편적 조건으로 본다고 하더라도 전근대와 근대 사이에 작동하는 비대칭적 관계가 존재한다. 조우만을 근대성 형성의 조건으로 보는 것은 근대성 형성이 침략과 식민지 탄압으로 진행된다는 사실을 외면하는 것이다.6)

이러한 맥락에서 한(조선)반도 근대성의 문제, 전통과 근대의 문제는 무엇보다도 식민주의의 극복과 긴밀히 연관되어 있다. 한(조선)반도의 근대성 형성과정에서 '전통과 근대' 관계는 제국을 따라잡으려는 근대화 과제와 제국주의적 침략에 맞서 민족적 정체성을 확립하는 과제 사이를 오가는 분열된 식민지적 자의식에서 특징적으로 드러난다. 근대는 동시에 동경과 저항의 대상이며, 전통은 동시에 부정과 집착(향수)의 대상이기도 했다. 한편에서는 근대를 따라야 할 규범

---

5) 강내희, 「한국의 식민지 근대성과 충격의 번역」, 『문화과학』 제31호, 2002. 74~76쪽. 식민지 근대성론은 아직 확립된 이론이 아니며, 많은 이들(신기욱, 윤해동 등)에 의해 다양한 방식(탈식민주의, 세계체제론 등)으로 논의되고 있지만, 이 글에서는 강내희의 관점을 따른다.

6) 강내희, 「근대성의 '충격'과 한국 근대성 논의의 문제」, 『문화과학』 제25호, 2001, 216~217쪽. 이런 맥락에서 강내희는 탈식민주의 이론가 호비 바바(Homi Bhabha)가 식민지배 하의 창조적 공간, 문화횡단을 이야기하지만 제국과 식민지의 병참능력의 차이에 기초한 지배와 피지배의 틀을 경시하거나 망각한다고 비판한다.

으로 생각하고 전통을 근대의 장애물로 인식하는 근대주의적 태도가, 다른 한편에서는 서구적 근대에 저항하면서 서구와 구분되는 한(조선)반도의 고유한 정체성을 전통에서 찾으려는 복고주의적 태도가 양립했다. 그 어느 쪽이든 근대화 과제와 민족 정체성 확립 과제 사이를 오가는 분열된 자의식의 양상이며, 이는 20세기 역사적 전개 과정에서 교차하면서 한(조선)반도의 특유한 근대성을 구현한 요인들 가운데 하나였다. 한(조선)반도 근대성은 전통적 삶의 문법이 식민지적 근대와 조우하면서 접합된 결과이며 따라서 서구적 근대성을 있는 그대로 수용한 것은 아니었다. 일제하 식민지와 한국전쟁 그리고 냉전과 탈냉전의 역사적 경험을 통해 전통과 근대의 복잡한 접합이 이루어졌고 그 결과 다른 나라에서 볼 수 없는 한(조선)반도의 독특한 근대성이 형성되었다.

2. 전통담론의 근대적 성격과 국가적 전유

1) 전통담론의 근대적 성격

한(조선)반도의 근대성 형성이 근대와 전통의 상호작용을 통해 이루어지는 역사적 과정이라고 할 때, 전통에 대한 논의는 근대성의 틀을 벗어나서 논의될 수 없다. 서구 근대의 제도와 사상이 들어오기 이전까지의 문물을 전통으로 지칭하는 전통에 대한 우리의 시간적 통념은 전통이란 용어 자체가 근대라는 시대의식을 전제로 한다는 점을 잘 보여 준다. 오늘날 동아시아의 언어 속에 넓게 정착되어 있는 '전통'이란 용어는 메이지 시대에 'Tradition'의 번역으로 만들어진 말이다. 즉, '전통'이란 말은 '근대'로 명명된 문화적이고 정신적인 커다란 물결을 동반한, 한 시대를 구분하는 '역사상의 운동'과 함께 등장한 개념인 것이다.[7] 전통이라는 말 자체가 이미 근대라는 "한 시대를 구분하는 '역사상의 운동'"를 전제로 성립가능하다는 것이다. 전통을 전통으로 자각하는 의식은 전통 단절 혹은 계승의 의식이 동반되는 근대적 지평에서만 가능하다. 전통이 근대적 성격을 지니는 이유는 근대 자체가 과거와의 단절 혹은 계승이라는 과거에 대한 시간의식을 동반하기 때문이다.

홉스봄(Eric Hobsbawm)의 유명한 '만들어진 전통(invention of tradition)' 개념은 전통담론의 근대적 성격을 단적으로 드러낸다. 그에 따르면 1870년 이후 유럽 국민국가 형성기에 전통의 발명이 집중적으로 일어난 이유는 국민 정체성 형성과 이를 통한 국민국가에 대한 충성을 유도하려는 정치적 기획 때문이었다. 즉, 만들어진 전통은 국민국가의 대두와 산업화 과정에서 요구되는 국민통합이라는 특정한 사회정치적 기능과 연관되어 있다. 국가 구성원들의 복종과 충성심을 확보하기 위해 구성원들을 통합할 수 있는 국민국가의 의례와 상징이 필요하고 이 때문에 전통은 발명된다는 것이다. 그러므로 낡은 것이라고 주장되는 전통들은 실상 그 기원을 따져보면 극히 최근의 것이지만, 특정한 가치와 행위규준을 반복적으로 주입함으로써 과거와의 연속성을 인위적으로 내세운다.[8]

전통들이 발명될 때 이용된 재료들이 비록 오래된 것이라 할지라도 근대 국민국가 성립의 필요와 결부되어 있기 때문에, 만들어진 전통이 내세우는 과거와의 연속성이란 자연적이 아니라 인위적인 의도의 산물이다. 그러나 만들어졌음에도 불구하고 전통이 지닌 과거와의 연속성이란 통념은 현재의 국민적 정체성 확립에 큰 역할을 한다. 전통은 근대적 시간의식의 지평에서만 성립가능 하지만, 전통이라는 개념 자체는 언제나 과거로부터 현재로 이어지는 시간적 연속성을 포함하고 있다. 따라서 전통에 대한 호소는 전통이 변화 속에서

---

7) 佐藤貢悅, 「유교문화에서 본 일본·중국의 근대화와 전통에 대하여」, 『국학연구』제14집, 2009, 37쪽.

8) Eric Hobsbawm, 박지향·장문석 옮김, 『만들어진 전통』, 휴머니스트, 2004, 19~21쪽.

도 변하지 않는, 과거와 현재의 연속성을 보장하는 정체성 확립에 기여한다. 나아가 전통은 시간적인 연속성뿐만 아니라 서로 다른 개인들을 특정한 규모의 공동체로 묶어주는 공간적인 연장(延長)의 감각을 전달해 준다. 예컨대, 근대적 '민족국가'라는 상상된 공동체는 이러한 전통의 이데올로기를 통해 개인을 '국민 주체'로 호명하면서, 국가의 주권이 미치는 특정한 지역적 경계를 자연화한다. 요컨대 '전통 속에 있다'는 의식은, 개인이 특정한 시간적 연속성과 공간적 연장성 내부의 주체로 구성되는 과정에서 발생한다.9)

이와 같은 전통의 속성으로 인해 전통담론은 다양한 차이를 지닌 주체들을 하나의 공동체 성원으로 통합하는 강력한 수단으로 기능한다. 전통을 발명함으로써 집단적 정체성을 확립하려는 시도는 근대 국민국가의 형성기의 서유럽뿐만 아니라, 20세기 한(조선)반도의 경우에도 확인될 수 있다. 우리의 경우 정체성 확립의 강력한 동기는 무엇보다 식민지 상황에서 주어졌다. 식민 상황에서 언어, 혈통 등의 전통적 동질성을 통해 민족 정체성을 확립하려는 시도는 식민지배에 대한 대응으로서 독자적 근대성을 기획하려는 저항적 민족주의의 노력과 연관된다. 전통논의는 그 출발점에서부터 다른 민족과 구별되는 고유한 한민족의 정체성 확립과 결부되어 있으며, 다른 민족과 구별되는 우리의 고유한 전통을 통해 민족 자주 정신을 고취시키려는 맥락에서 이루어졌던 것이다. 또한 스스로 주체로서 정립코자 특정 전통을 전유하려는 시도는 분단 후 새롭게 탄생한 남북의 두 국가에 의해서도 이루어졌다. 비록 서로 다른 국가체제의 특성상 민족전통이 전유되는 방식은 달랐을지라도 국가적 정체성과 권력의 정당성을 위한 기제로 전통이 활용되기는 마찬가지였다.

그러나 전통은 근대 이후의 정치적이고 경제적 필요에 의해 만들어진 것이지만, 전혀 없거나 무관한 요소들로부터 발명된다고는 볼

---

9) 차승기, 『반근대적 상상력의 임계들』, 푸른 역사, 2009, 38~39쪽.

수 없으며, 오랜 기간을 통해 주어진 문화적 전통들 가운데 전략적으로 재구성하는 것이 대부분이라 할 수 있다. 물론 의례와 의식으로 표현되는 전통은 극히 최근에 고안된 것이지만. 전통 일반은 최근에 만들어진 것만이 아니라 무의식적 삶의 관행을 통해 물려받은 것을 포함하고 있다. 인간관계의 규범이나 오랜 기간 형성된 사고방식 및 관행은 의도적으로 발명되었다고 보기 힘들다. 의도적으로 발명된 전통은 특정 사회가 물려받은 전통 전체의 폭과 깊이에 비하면 극히 적은 부분에 불과하다. 이런 점에서 '만들어진 전통'의 측면 못지않게 전근대로부터 이어져 온 장기지속적 전통의 측면을 동시에 주목할 필요가 있다. 홉스봄의 주장을 따르더라도 전통의 발명 자체는 이러한 문화적 바탕을 활용하여 대중의 호응을 얻어야만 성공가능하기 때문이다.10)

그러나 전근대로부터 이어져 온 전통을 말한다고 해서 전통의 근대적 성격이 부인되는 것은 아니다. 전통의 근대적 변용은 특정 주체의 의식적이고 공식적인 발명의 차원만이 아니라, 서구적 근대성과 접촉, 조우하면서 전통적 인간관계나 다양한 관습 그리고 정서와 사고방식 등 무의식적이고 비공식적인 차원에서도 이루어지기 때문이다. 다시 말해 전통의 근대적 변용은 '만들어진 전통'의 차원뿐만 아니라, 오랜 기간 형성된 대중의 전통적 삶의 방식 차원에서 근대성과 조우하면서 변용되는 과정을 포함한다. 이와 관련하여 이식 자본주의와 전통적인 경제성향이 불일치하는 식민지 알제리 사회에서 전통적 경제성향이 어떻게 자본주의적 아비투스와 상호작용하면서 변용되는 지를 논증한 부르디외(Pierre Bourdieu)의 주장을 참고할 필요가 있다. 그에 따르면 자본주의 이전 사회의 문화적 모델과 가치체계

---

10) 에릭 홉스봄, 앞의 책, 496쪽. 홉스봄에 따르면 전통의 의식적인 발명은 공중이 맞추려는 주파수에 방송이 전파를 내보내는 데 성공하는 정도만큼, 꼭 그만큼 성공을 거두었다. 새로운 공유일, 의례, 영웅, 상징들은 진정한 대중적 호응을 얻지 못한다면 일반 시민들을 동원할 수 없다.

변동은 이식모델과 토착모델의 단순한 논리적 조합의 결과가 아니라 경제적 변동의 '결과'인 동시에 '조건'11)이다. 전통적 경제성향은 '경제적 변동'에도 불구하고 여전히 지속되어 자본주의 경제제도를 변용시키는 조건인 동시에, 그 자신 역시 자본주의 경제질서에 적응하면서 '창조적으로 변용'된다.12)

이를 원용하여 말한다면 전통적 아비투스는 서구 근대성에 대한 선택과 재해석을 동반함으로써 서구와는 다른 형태의 근대성을 한(조선)반도에 형성하는 '조건'인 동시에 근대화 과정에 적응하면서 '결과'적으로 변용된다. 만들어진 전통의 의식적, 공식적 차원에만 주목하면, 무의식적, 비공식적 차원의 전통적 아비투스가 서구와 다른 독특한 한(조선)반도 근대성을 형성하는 데 미친 영향력을 도외시하기 쉽다. 전통적 아비투스는 서구적 근대성을 있는 그대로 수용하지 않고 선택과 재해석을 통해 변용시키는 '조건'이기 때문이다. 물론 전통적 아비투스도 근대화 과정에서 원래 형태가 아니라 "창조적 변용이란 대가", 근대적 변용과정을 겪는다. 이런 점에서 전통과 근대는 밀접한 연관을 통해 상호변용되면서 서구나 기타 지역과는 다른 한(조선)반도의 특유한 근대성을 형성해 왔다고 할 수 있다. 일반화시켜 말한다면 한(조선)반도의 근대성은 "축적된 시간의 작용(전통)과 확장된 공간의 영향(서구)이 상호 작용하는 총체"13)라고 할 수 있다.

따라서 '만들어진 전통'의 개념을 한(조선)반도 전통변용에 적용할 때, 근대 이후 특정 역사적 시기와 특정 주체의 정치적 경제적 의도, 필요의 측면과 아울러 전근대의 전통적 아비투스의 문화적 영향력을 동시에 고려할 필요가 있다. '만들어진 전통'과 '아비투스'의 상호관

---

11) Pierre Bourdieu, 최종철 역, 『자본주의의 아비투스』, 동문선, 1995, 13쪽.
12) 부르디외는 알제리 사회에서 새롭게 발생한 성향체계는 경제적 기반의 소멸 및 분열에서 살아남은 성향을 토대로 구성되며 이것은 창조적 변용이란 대가를 치르고서만 새로운 객관적 성향의 요구에 적용될 수 있다고 보았다(위의 책, 17쪽).
13) 김경일, 『한국의 근대와 근대성』, 백산서당, 2003, 19쪽.

계에 주목할 때, 역사적 각 시기마다 만들어진 전통이 어떻게 대중의 일상적 삶 속에서 관철되거나 혹은 어긋나게 되는지, 그리고 만들어진 전통과는 또 다른 대안적인 전통이 대두되는지 등을 복합적으로 살필 수 있게 된다. 달리 말해 전통과 근대가 만나 서로 변형되고 조응하는 복합적이고 역동적인 메카니즘, 한(조선)반도 근대성 형성의 메카니즘을 해명할 수 있다. 그렇다면 한(조선)반도 근대성 형성에 영향을 미친 전근대의 문화적 전통이란 무엇인가?

2) 유교 전통의 국가적 전유

유교전통은 권위주의, 연고주의 등 한(조선)반도 근대화에 부정적 역할을 한 것으로 간주되거나, 근대화의 문화적 동력으로써 긍정적 역할을 했다는 상반된 평가를 받고 있다. 이를테면 근대화론이나 유교자본주의론이나 자본주의 근대화를 도달해야 할 규범적 이상으로 전제하고 있지만, 유교전통이 근대화 과정에서 수행한 역할에 대해서는 서로 다르게 평가하고 있다. 그동안 근대화라는 지상과제 앞에 전통은 전근대라는 이름으로 타파해야 할 대상으로 여기는 근대화론이 우세했지만, 긍정하든 부정하든 유교전통은 오늘날 남북 주민의 의식세계와 가치관은 깊은 영향을 미치고 있다.

정수복에 따르면 한국인의 고유한 '문화적 문법(cultural grammar)'은 유교전통이다. 한국인의 경우 유교를 믿는다는 사람은 2퍼센트에 불과하지만 유교가 만든 문화적 문법은 거의 모든 한국인에게 공동으로 작용한다.[14] 전태국 역시 유교가 표면적으로는 우세하지 않을지라도 유교예절과 가치관이 일상생활의 규범원리로서 현대 한국인에게 지배적인 영향력을 갖고 있음을 실증적 조사를 통해 보여 주고

---

14) 정수복, 『한국인의 문화적 문법』 생각의 나무, 2007, 74쪽. 문화적 문법이란 거의 의식되지 않은 상태에 있으면서 사회구성원들의 행위에 일정한 방향을 부여하는 문화적 의미체계, 다시 말해 구성원들의 행위의 밑바닥을 가로지르는 공통의 사고방식이다(47~48쪽).

있다. 그에 따르면 대부분의 한국인은 제사를 지내고 있으며, 전통적 유교 예절을 시대에 뒤떨어진 고리타분한 것이라고 생각하는 사람은 극소수에 불과하고 대부분의 한국인은 "여전히 우리 사회의 질서를 유지하기 위한 최소한의 규칙"이라고 인정하고 있으며, 또한 '국가에 대한 충성', '효도', '어른 공경', '민본 사상' 등 유교적 가치를 "미래의 바람직한 사회를 건설하는 데 유용"하다고 생각 하고 있다.15)

남북한을 포함하여 20세기 한(조선)반도의 역사는 의식주, 가치관, 체제 및 제도에 이르기 까지 서양문명의 영향을 받았다. 그러나 정치경제제도적 측면에서 유교전통은 힘을 상실했지만, 생활세계의 관습과 가치관, 인생관의 측면에서 유교전통은 남북주민의 심성 속에 살아 있으며, 가족관계나 인간관계 등의 행동양식에서 깊이 뿌리를 내리고 있다. 물론 불교와 기독교 역시 우리의 가치관과 생활에 깊은 영향을 주고 있으며, 오늘날 많은 불교도와 기독교 신도들이 존재하고 있다. 그러나 유교는 특정 종교의 형태가 아니라 우리의 현실적 삶 속에 하나의 행위지침으로 자리 잡고 있다. 불교, 기독교를 믿는 사람들도 전통적 유교가치를 바람직한 가치로 인정한다는 점에서 유교는 하나의 종교적 신조가 아니라 오늘날 한국인 모두의 생활에 영향을 주고 있는 가치관과 생활양식이라고 할 수 있다. 다시 말해 유교는 다른 종교와 구분되는 특정 종교의 신조라기보다는 남북주민의 일상적 삶과 마음속에 여전히 살아 움직이는 공통의 생활신조라고 할 수 있다.16)

오늘날 우리의 일상적 가치관과 생활양식으로 자리잡은 유교전통은 국가의 상징체계에 의해 완전히 주조되거나 종속되는 것은 아니

---

15) 전태국, 「지구화와 유교전통」, 『사회와 이론』 통권 11집, 한국이론사회학회, 2007, 230쪽.
16) 전태국에 따르면 비록 불교와 기독교의 신자가 인구의 과반수를 차지하고 있고, 급속한 산업화 과정 에서 유교를 사회의 표면에서는 거의 볼 수 없게 되었지만, 오늘의 한국인에게 "행위의 지침으로 지배적인 영향을 미치고 있는 문화는 여전히 유교 문화"다. 그는 유교 가치관이 한국인의 사고와 행동을 지배하고 있다는 점에서 뚜웨이밍의 말을 빌려 한국 사회를 "범주적 유교 사회"라 부르고 있다(위의 글, 273~274쪽).

며, 1980년대 남한의 대항적인 '민중적 전통'의 대두와 1990년대 이후 전통담론의 다양화에서 보듯 국가권력에 의한 '만들어진 전통'을 비켜가는 틈, 어긋남이 가능하다. 국가권력의 정치적 기획은 반드시 그 의도대로 일방적으로 관철되지 않는다. 이런 점에서 전통적 아비투스에 기반하고 있지만, 만들어진 전통과는 다른 여러 대안적인 전통에 대한 논의는 전통담론의 방향과 관련하여 매우 중요한 주제다. 그러나 이 글에서는, 강력한 국가주의적 기획 아래 유교전통이 오랜 기간 반복적으로 재생산되면서 남북 주민의 몸과 마음에 각인된 '만들어진 전통'의 측면에 제한하여 다룰 것이다.

가라타니 고진에 따르면 자본, 민족, 국가는 봉건시대만 하더라도 도시, 농업공동체, 봉건국가로 명료하게 구별되었지만 프랑스 혁명 이후 근대국가에서 이 삼자는 분리할 수 없는 것으로 통합되며, 상호 보완하고 보강한다.[17] 남북은 서로 다른 근대화 전략을 추구했지만 '국가'가 우위에 서서 '민족'과 '자본'을 동원하고, 통제하는 방식에서는 유사했다. 고진의 '자본-민족-국가의 삼위일체설'을 원용할 때, 식민지의 경우 국가형성의 가능성은 철저하게 차단되었고 자본주의의 정상적 발전은 가로막혔으며, 정신적 에너지의 대부분이 민족에 투여되고 있는 상태, 곧 민족이 자본과 국가에 비해 절대 우위를 차지했다. 그러나 해방 후 분단 상황으로 이 관계가 역전되었다. 남북 국가는 민족을 대신해 삼각형의 정점에 오르면서 식민지 시기에 고도로 충전되었던 민족적 파토스는 남북체제의 정당성을 위해 징발되기에 이른다.[18] 민족국가 형성 열망을 좌절시킨 식민지배가 종식됨으로써, 민족국가의 형성은 절체절명의 과제로 떠올랐으나, 해방공간에서 서로 다른 대안이 충돌하였고, 결국 한국전쟁으로 이어졌다. 분단 이후, 남북의 국민국가는 상호적대와 갈등을 통해 형성되었다.

---

17) 柄谷行人, 송태욱 옮김, 『트랜스크리틱』, 한길사, 2005, 44~45쪽.
18) 서영채, 「민족, 전통, 주체: 1950~60년대 전통논의의 의미」, 『민족문학사연구』 제34호, 2007, 28쪽.

식민지 시기로부터 이어진 민족의 서사는 해방 이후 남북 사회에 핵심 담론으로 작용하면서 체제의 정당성과 근대화전략을 위해 동원되었다. 따라서 남북 양쪽에서 민족이 강조될수록 역설적으로 민족분열과 적대가 강화될 수밖에 없었다. 남북은 분단 이후 자신의 국가적 정체성만을 한(조선)반도의 역사적 정통성을 대표하는 것으로 자임했으며, 이를 정당화하기 위해 일제 식민지 체험과 한국전쟁의 경험, 나아가 민족의 역사와 유교전통을 국가주의적 기획 아래 재구성하였고, 이 과정에서 체제에 적합하도록 선택되고 변용된 다양한 '국민적', '인민적' 서사들이 나타났다.

분단 이후 유교전통은 남북의 국가권력에 전유되어 체제와 권력의 정당화에 기여했으며, 교육과 대중매체를 통해 대중의 일상적 삶의 방식에 커다란 영향을 미쳤다. 남북의 국가권력에 의해 의도적으로 '만들어진 전통'은 마치 자연스럽고 본래적인 전통인 양, 남북주민의 삶과 사고방식에 내면화되었고 오늘날에도 막강한 영향을 발휘하고 있다. 남한의 경우, 탈냉전과 민주화과정을 거쳤음에도 불구하고, 1960~70년대 박정권에 의해 주조된 전통담론의 많은 부분이 여전히 우리의 삶과 사고방식 그리고 정체성 형성에 작용하고 있다. 1980년대 이후 유교전통과 다른 대안적 전통들이 다양하게 부각된 남한과 달리 북한의 경우, 과거 봉건적이라 비판했던 충효사상과 가족주의적 가치가 체제존립을 위해 노골적으로 동원되었다. 일제 하 식민지배와 한국전쟁 그리고 분단의 역사적 경험 속에서 유교전통은 봉건사회의 그것처럼 작용한 것이 아니라 철저히 국민국가 형성과 공업화의 정치적, 경제적 기획 속에서 활용되었다. 남북은 체제적 이질성에도 불구하고 체제에 적합한 인간형을 만들려는 국가주의적 기획 속에서 유교전통을 활용했다는 공통점을 지닌다.[19]

---

19) "1968년 선포된 '국민교육헌장'에서 보이듯 '민족중흥의 역사적 사명을 띠고' 태어났건, 1977년 '사회주의교육에 대한 테제'에 있듯이 '자주성과 창조성을 가진 공산주의적 혁명인재'로 태어났건 두 사회에서 기르고자 한 인간은 '국가'를 위해서 도구로 쓰일 준비가 되어

3. 남북의 민족전통 활용

1) 역사적 전개과정

남한의 경우, 1950년대는 형식은 전통적이면서도 내용상으로는 근대적인 것(=서구적인 것)이 압도한 시기였다. 1948년 정부수립과 더불어 단군연호가 채택되고 1950년대 후반에는 백일장이나 과거시험이 재현됐던 사실에서 보듯이 전통은 보존되었지만, 내용적으로는 미국 문화의 압도적 영향 아래 있었다.[20] 사회문화적으로 볼 때 1950년대는 미국식 의식주 생활, 민주주의 제도와 가치관의 광범위한 수용으로 특징지을 수 있다. 한국전쟁 후 미국의 원조에 의해 생존하던 1950년대에 미국은 군사적, 경제적으로 도움을 준 은인일 뿐만 아니라 문화적으로도 동경의 대상으로 다가왔다. 이러한 미국문화의 일방적인 영향 속에서도 이승만 정권은 제한된 범위에서 전통을 이용하고 동원하였다. 권력에 의한 부정과 부패를 은폐하고 그 책임을 회피하기 위한 수단의 하나로 전통 윤리가 지닌 효용성을 활용했을 뿐만 아니라, 이승만 정권의 전통 활용은 정치적 동기와도 연관이 있었다. 이승만 측근과 관료들은 미국에서 교육받은 서구지향의 지식인이 주류를 이루었는데, 여전히 전통의 측면이 우세한 국민들과 거리감과 이질감을 조성함으로써 민심이반과 권력의 정당성을 위협할 수 있었다. 이에 따라 민족 정체성을 고안하기 위한 일환으로 전통의 부활과 이용(과거시험 재현, 시조대회, 활쏘기 대회) 등 유교전통을 활용하였다.[21]

그러나 1950년대 전통담론은 현실정치에 완전히 종속되었던 것은

있는 인간이다."(조한혜정·김수행, 「반공/반제 규율 사회의 문화/권력」, 『탈분단 시대를 열며』, 삼인, 2000, 151~152쪽)
20) 김경일, 앞의 책, 85쪽.
21) 위의 책, 201~202쪽.

아니었고, 오히려 미국문화의 일방적 수용에 대한 대타의식으로 인해 촉발된 지식인들의 전통에 대한 관심에 의해 주도된 측면이 강하며, 이는 1960년대로 이어지면서 크게 고조된다. 전통담론을 현실정치 차원에서 지배담론으로 채택하고 국민 동원의 기제로 활용했던 시도는 1960~70년대 박정권기에 들어와서 비로소 본격화된다. 1950년대와 대조적으로 1960~70년대는 연호가 단기에서 서기로 바뀌고 (1962년) 근대화가 소리 높이 외쳐졌던 사실에서 보듯이 외면적으로는 근대에 대한 강력한 지향이 표방되었지만 그 내용에는 배타적이고 복고적인 전통주의에 의해 오염되었다.22) 1960년대 중반까지 지식인들 가운데 상당수가 박정권의 전통담론에 대해 동조했지만 한일 국교정상화 협상과 삼선 개헌을 계기로 점차 비판적이 되었다. 한일 국교정상화을 계기로 반민족주의자로 지탄을 받는 상황에서 박정권은 1960년대 후반에 가게 되면 더욱 전통문화와 관련된 정책들을 마련하여 자신의 민족적 성향을 정당화시키고자 했으며, 본격적으로 전통을 지배담론으로 채택하여 정책에 반영하기 시작하였다. 이를테면 1968년의 국민교육헌장 제정, 1970년의 새마을운동 전개, 1973년 가정의례준칙 제정 등 교육과 일상생활 방면에서 진행되었던 국민화 프로젝트를 위한 사업들 속에는 충효사상을 비롯한 다양한 유가적 전통 사상과 가치들이 결합되었다.23)

그러나 1980년대에 이르러, 동학운동과 항일운동, 그리고 4·19혁명의 기억과 같은 민중의 혁명 전통 등 '소외되고 망각되어 왔던 과거'에 대한 기억이 호출되고 대안적 전통을 찾아가고자 하는 담론들이 부각되기 시작하였다.24) 또한 1990년대 이후 전통담론은 국가주도적인 논의가 여전히 이루어지고 있지만, 여러 집단에 의해 다양한

---

22) 위의 책, 84~85쪽.
23) 윤영도, 「냉전기 국민화 프로젝트와 "전통문화" 담론」, 『중국어문학논집』 제43호, 2007, 341~343쪽.
24) 위의 글, 344쪽.

방향으로 확산되었다. 1990년대 이후 국가주도의 전통담론은 남북통일이나 외국과의 교류와 관련된다는 점에서 국민통합적 성격을 띤 박정권기와 구별된다. 다시 말해 원형적인 보편적 사유방식을 기초로 통일을 달성하자거나 창의력의 빈곤을 극복하자며 문화적 우수성과 독자성을 애용하자는 발상이 주류를 이룬다.[25] 1990년대 들어서서 광범위하게 일고 있는 한국적인 것을 찾자는 움직임은 그 다양성에서 전시대와 대조를 이룬다. 그 한 갈래는 유교문화권의 일원이라는 강력한 정체성을 바탕으로 방어적 민족주의의 성격을 공격적으로 바꾸어 나타나는 모습이고, 두 번째 갈래는 전통의 상품화와 관련된 탈근대적 징후이며, 세 번째 갈래는 삶의 질에 대한 포괄적인 질문을 담은 긍정적 갈래이다.[26] 그러나 전통담론의 다양한 갈래에도 불구하고는 박정희 체제는 남한의 국민국가 형성에 결정적인 시기였고, 이때 만들어진 유교전통담론은 탈냉전과 민주화 과정을 거치면서 부분적으로 약화되거나 극복되기도 했지만, 오늘날 우리의 삶과 사고방식에 여전히 남아 강력하게 영향을 미치고 있다. 이런 점에서 박정희 체제는 현재적이다.

북한은 1950년대 중반부터 주체사상이 등장하는 1960년대 중반까지 항일무장투쟁의 전통과 전통적인 민족문화를 강도 높게 강조하였다. 북한 정권의 전통중시는 1955년, 김일성의 「사상사업에서 교조주의와 형식주의를 퇴치하고 주체를 확립할 데 대하여」가 발표되고 난 후 본격화되었다. 조선인민의 혁명전통, 애국전통 그리고 조선의 역사, 풍속, 지리 등 민족문화 유산을 아는 것이 조선의 혁명을 수행하는 데 필수적이라는 이 글의 핵심내용에 비추어 볼 때, 주체 확립과 전통중시는 불가분의 연관성을 지닌 것이었다. 이때부터 식민지 시기의 민족해방운동이 항일무장투쟁 전통으로 일원화되는 한편, 민족

---

25) 조한혜정, 「전통문화와 정체성에 관한 담론분석」, 『동방학지』 제86권, 1994, 201~203쪽.
26) 위의 글, 206~207쪽.

적 특성을 풍부하게 구현한 전통적 민족유산에 대한 연구가 '계승발전'이라는 이름으로 본격화되었다. 특히 이 시기에 확립된 항일혁명전통은 혁명적 동지애, 용감성, 불굴성 등 '민족적 성격'의 전형으로 이후 줄곧 칭송되었다. 혁명전통으로의 일원화는 정치적 목적을 위해 '만들어진 전통'의 생생한 실례를 보여 주며, 오늘날까지 북한사회에서 핵심 이데올로기로 작용하고 있다.

그러나 민족전통과 문화에 대한 강조는 김일성 유일사상체계가 확립되기 시작한 1967년 이후에 크게 둔화되었다. 수령에 대한 개인숭배가 전면화되고 모든 문화형성의 원천이 수령의 교시에서 이루어지는 상황이 급격히 전개되는 1967년은 민족문화정책이 편협하고 배타적인 방향으로 변하는 기점이다. 실학을 지나치게 높이 평가해서는 안 되며, 이순신 등 전쟁영웅을 위대한 인물로 봐서는 안 된다고 하면서, 김일성은 1950~60년대에 이루어져 온 민족문화정책을 전면적으로 부정하였다.[27] '계승발전'보다 '비판'을 강조한 민족문화정책의 변화와 항일혁명전통의 유일적 강조는 유일사상체계의 확립과 관련된 것이다. 온 사회가 수령의 교시에 따라 움직이는 체제를 확립하기 위해서는 민족전통이든 무엇이든 수령이 창시한 주체사상과 항일혁명전통 이외의 사상적 원천에서 긍정적 요소를 찾는 것이 제약될 수밖에 없기 때문이다. 1967년에 집중된 김일성의 민족전통에 대한 비판적 언급은 그동안 진행되어 왔던 전통연구를 위축시켰고, 전통적 민족문화와 구별되는 항일혁명전통만을 부각시키는 계기가 되었다. 특히 유교전통의 해독성은 북한사회에 현존하고 있는 유교적 사상잔재 때문에 더욱 강조되었다.[28]

그러다가 민족전통과 문화를 다시 크게 강조하기 시작한 것은 1986년 김정일의 우리민족 제일주의가 제창되면서부터였다. 이후 북

---

27) 이종석, 『현대 북한의 이해』, 역사비평사, 2000. 206~207쪽.
28) 이병수, 「과도기의 북한철학에 나타난 변화와 이론적 특징」, 『통일인문학논총』 제50집, 2010, 54쪽.

한은 '우리식'을 내세우면서 민족문화의 우수성을 강조하고 유교전통을 전면에 내세웠다. '인덕정치', '광폭정치' 등 유교적인 언술이 더욱 노골화되고 급기야는 김정일 정권에 의해 전통적인 충효사상이 국가의 지배담론으로 전면에 부상하였다. 다시 말해 김정일 체제에 들어오면서 전통적 요소들은 통치담론의 구성요소를 넘어 기존 사회주의적 통치담론을 대체하기 시작했으며, 전통의 존재양식 또한 은유적인 것에서 전통담론의 직접 복원으로 그 양상이 변하였다.29) 북한은 체제위기에 직면하면서 과거 봉건적 가치라고 격하했던 가족주의적 가치를 노골적으로 동원하는 양상을 보이고 있다. 가족주의가 노골화된 것은 그만큼 북한 사회의 불안정과 유동성이 극심하다는 사실을 보여 준다. 가족주의는 생존을 위협받는 북한주민들에게 운명공동체 의식을 심어 주어 체제의 안정성과 지속성을 확보하려는 정치적 기획의 일환으로 동원된 것이다. 가족적 비유는 어버이 수령, 어머니 당, 인민 생활을 책임지는 호주로서의 사회주의 정권, 생명의 모체인 수령, 육친적 사랑, 수령의 은덕, 당과 대중의 혈맥적 관계, 효성둥이 등의 용법을 통해 드러난다.30)

2) 민족전통 활용의 특징

첫째, 남북은 공통적으로 유교전통을 정치적 리더십 확립(리더십의 도덕화)과 산업화 촉진을 위해 동원하고 활용하였다. 유교전통이 남북한 체제의 형성과 유지에 미친 영향은 권위주의적 정치문화, 개인주의의 부재, 가부장제, 혈연과 지연 등 연고주의에서 확인된다. 유교전통의 영향은 남북의 근대화 과정에서 단순한 잔재나 인습의 수준이 아니라 핵심적으로 작용했다. 다시 말해 유교적 문화 전통이

---

29) 전미영, 「북한 통치담론과 전통문화」, 『북한연구학회보』 제7권 2호, 2003, 203쪽.
30) 전효관, 「북한 정치담론의 의사소통 구조와 전략」, 『현대북한연구』 제1권 1호, 1998, 237쪽.

단지 소극적이고 수동적으로만 외부로부터 주어진 근대화의 압력에 반응했던 것이 아니라 근대성에 저항하면서도 매우 적극적으로 그것과 협력하고 심지어 궁극적으로는 그것을 지향하기까지 하는 진화적인 적응의 과정을 거쳐왔다.31) 이러한 의미의 '유교적 근대성'은 '유교적 자본주의'만이 아니라 '유교적 사회주의'를 포괄한다. 이를테면 임지현은 유교와 사회주의가 결합된 유교적 사회주의의 관행으로 "충효를 덕목으로 삼는 사회주의, 대를 이어 충성하는 사회주의, 가부장제적 사회주의, 혈연중심적 사회주의, 아래 것들을 무시하는 사회주의" 등을 열거하면서 "유교적 사회주의의 목록은 이루 다 열거할 수 없을 정도로 많다"고 말한다.32)

물론 '유교적 자본주의'와 '유교적 사회주의'란 말은 역사적으로 구현된 남북 근대성의 현실적 양상을 지칭할 뿐, '유교자본주의론' 같은 규범적 개념이 아니다. 또한 '유교적'이란 수식어는 유교전통을 통치이데올로기로 활용했다는 의미일 뿐, 남북의 체제를 전근대 봉건사회로 규정하는 의미는 아니다. 유교전통은 국민국가 수립과 공업화라는 근대적 관심에서 활용되었다는 점에서 선택적으로 재구성된 것이다. 한국전쟁 그리고 분단의 역사적 경험을 배경으로 남북에서 각각 '만들어진 전통'은 유교적 전통 그 자체라기보다, 근대적 테크놀로지와 합리적 계산에 기초한 '국민화' 혹은 '인민화' 프로젝트의 산물이라고 볼 수 있다. 요컨대 유교전통은 남북의 근대화과정과 밀접하게 상호작용하면서 한(조선)반도의 독특한 근대성을 형성하는 데 작용한 중요한 요인이었다.

남북은 근대화 과정에서 유교전통을 공통적으로 활용하였지만, 그 활용시기와 활용방식에서 차이가 난다. 유교전통의 활용은 남한의

---

31) 장은주, 「유교적 근대성과 근대적 정체성」, 『시대와 철학』 제18권 3호, 2007, 392쪽. 장은주는 우리의 독특하고 고유한 근대성을 유교 전통과 서구적 근대성의 복잡한 착종과 접합의 결과로 생겨난 일종의 '혼종 근대성'으로, 그리고 그런 의미에서 하나의 '유교적 근대성'으로 본다.

32) 임지현, 『민족주의는 반역이다』, 소나무, 1999, 343쪽.

경우 1960~70년대의 박정희 체제에서 두드러지지만, 북한의 경우 1980년대 중반이후 전면적으로 부상하였다. 활용시기뿐만 아니라 유교전통의 활용방식에서 남북은 결정적인 차이를 보이고 있다. 남한의 경우 유교전통은 명시적으로 활용되었다. 박정권은 북한과의 적대와 체제경쟁 의식을 바탕으로 국민교육헌장, 민족사적 정통성, 국적 있는 교육, 새마을운동 등을 추진하면서 국가적 차원에서 민족전통을 지배담론으로 적극적으로 활용하고자 하였다. 국가에 대한 충성과 순종, 노사 간의 가족주의적인 협조 등을 유도하기 위해 충효와 가족주의와 같은 유교전통이 동원되었다. 나아가 유교전통은 박정권의 정치적 리더십과 경제적 기획을 관철하기 위해서 뿐만 아니라 산업화가 빚어내는 물질만능주의, 인간성 상실, 무분별한 서구화 경향에 대한 방파제로서도 내세워졌다. 유교전통을 통해 산업화 과정에서 나타난 빈부격차와 노동소외, 계층갈등 등을 완화하고 국민통합을 이루려는 의도였다.

남한의 명시적, 긍정적 활용과는 달리 북한은 정권수립기부터 오늘에 이르기까지 유교전통의 봉건성을 일관되게 비판해 왔다. 유교전통에서 유래된 의리, 충성, 효성, 충신, 효자, 간신, 불효자 등의 용어들은 1960년대 중반까지 북한에서 봉건사상을 반영한 것이라고 해서 결코 사용되지 않았다.[33] 유일사상체계가 확립되기 시작한 1967년을 기점으로 과거의 민족문화정책 전반이 비판되고, 특히 유교전통은 봉건사회의 잔재로 지목되어 더욱 혹독한 비판을 받았다. 그러나 북한 지도부의 이러한 비판적 수사에도 불구하고 많은 남한 연구자들의 지적처럼 주체사상의 '수령관'이나 '유일사상 10대 원칙' 등은 충효와 가족주의를 정치윤리로서 활용한 것이었다.[34] 1980년대

---

33) 鐸木昌之, 유영구 역, 『김정일과 수령제 사회주의』, 중앙일보사, 1994, 148쪽.

34) 북한 지도부가 유교전통을 가부장적 국가운용(수령제)을 정당화한 정치사회적 윤리로써 활용했다는 논의를 훨씬 넘어 주체사상과 성리학적 사유구조의 유사성을 주장하는 학자도 있다. 허남진은 주체사상의 인간론, 수령론, 품성론, 사상개조론 등을 성리학의 심성론, 성인론, 기품론, 수양론과 비교하면서, 사람중심의 철학적 원리에 성리학의 이기심성론,

중반 이후, 북한에서 유교전통은 국가의 지배담론으로 전면에 부상되면서, 그 해독성이 일면적으로 강조되었지만 암묵적으로 활용하던 이전 시기와 달리, 긍정적·명시적으로 평가되고 있다. 이를테면, 북한 사회과학원 김일성주의연구소의 김화종은 우리가 유교적 도덕관념으로 생각하는 충효나 인, 의 등은 유교에 고유한 것이 아니라 인간 본연의 보편적인 도덕이며, 다만 유교는 이러한 인간의 보편적인 도덕관념을 이용하여 봉건군주에 대한 복종의식을 주입했을 뿐이라고 강변한다. 오랜 역사를 두고 민족정신에 깊이 뿌리박은 인간본연의 도덕관념은 그 관념론적, 신비주의적 왜곡을 바로잡을 경우, 외래 퇴폐풍조를 막는 데 큰 역할을 하며, "제국주의 사상문화 침투책동을 파탄시키기 위한 효과적 수단"이 될 수 있다는 것이다.35)

둘째, 남북은 민족전통의 활용에서 공통적으로 정신주의적 경향을 보이고 있다. 정신주의적 경향은 20세기 한(조선)반도 지성사에서 매우 친숙한 것이었다. 그것은 일제 하 국가상실의 상황에서 민족의 생존과 독립을 가능하게 하는 원천으로, 해방 이후 서구를 따라잡는 근대화의 수단이자 훼손당한 민족주체성을 회복하는 유력한 방도로 여겨졌기 때문이다. 식민주의적 억압과 서구 근대의 압도적 힘을 경험한 탓에 남북을 불문하고 민족정기, 얼, 사상 등은 탈식민과 근대화의 과제를 수행할 수 있는 정신적 원천으로 인식되었다.

박정권의 이데올로그였던 박종홍은 당시 유행하던 막스 베버(Max Weber)의 자본주의관의 영향을 받아, 민족의 얼을 살리는 주체적 근대화를 주장했다. 그는 서구의 자본주의와 과학기술의 밑바탕에는 기독교 정신이 자리 잡고 있다고 보았고, 우리의 근대화도 서구의 기독교 정신과 같은 정신적 밑받침이 있어야 한다고 생각했다. 자본

사람에 대한 견해에 사단칠정론, 수령론에 성인론, 품성론에 기품론, 사상개조론에 수양론을 각각 대비시키고 있다(허남진, 「주체사상과 마르크스주의의 아시아적 수용」, 『아시아문화』 제7호, 1989, 14쪽).

35) 김화종, 「주체사상의 견지에서 본 유교사상의 평가 문제」, 『퇴계학과 한국문화』 제35호, 2004, 95쪽.

축적을 도의적으로 밑받침한 서구의 기독교 정신을 대신할 그 무엇이 없으면서 과학기술을 진흥하고 공장을 짓는다면 껍데기 모방에 불과하다고 여겼다.[36] 나아가 우리의 문화전통 속에서 서구와는 구분되는 독자적인 사상을 발굴하는 한편, 이를 동서양 문명의 대안으로까지 주장하였다. 북한 역시 낙후한 생산력을 인민대중의 사상의식의 고양을 통해 극복하고자 했고, 어려움에 부딪힐 때마다 항일혁명투쟁 당시의 정신과 품성을 반복적으로 강조하였다. 그러나 그 과정에서 확립된 주체사상은 이전의 제국주의시대와 질적으로 구분되는 주체시대를 앞세우면서, 일국의 지도사상을 훨씬 상회하여 주체시대의 국제공산주의 운동, 나아가 전 세계 피압박 민족이 따라야 할 참다운 보편적 지도노선으로 격상되었다.

자신의 훼손된 정체성을 회복하려는 탈식민의 열망은 일제 식민지시대와 분단 시대에 걸쳐 동양적인 것과 전통적인 것, 혹은 독특한 역사적 경험을 통해 주체를 재정립하려는 노력으로 나타났다. 이 가운데 가장 흔한 시도는 남한의 경우, 서양문명의 한계라는 대타의식에 기초하여 동서양 문명을 종합하는 전략이었고, 이는 1960년대 말 이후 박정권의 전통담론을 특징짓는 것이기도 했다. 전통과 근대의 접합방식의 측면에서 볼 때 과거로 거슬러 올라가 남의 것에 오염되지 않는 순수한 우리 것을 찾으려는 복고주의적 경향(안호상의 단군사상, 김동리의 샤머니즘), 원형적 전통을 고수한다기보다 외래 문물 일반을 주체적으로 섭취할 수 있는 '민족의 얼'에 대한 강조(박종홍의 천명사상) 등 다양하게 표출되었으나 전통사상을 동서문명을 종합하는 새로운 보편적 대안으로 제시한 점에서는 동일했다. 그리고 '서양문명의 한계'라는 서구적 보편에 대한 대항의식을 전제로 '동양문명의 우수성' 혹은 '동양문명을 대변하는 조선전통'이라는 논리 구조를 보이

---

36) 이병수, 「문화적 민족주의의 맥락에서 본 안호상과 박종홍의 철학」, 『시대와 철학』 제19권 2호, 2008, 183쪽.

고 있는 점에서도 동일했다. 이처럼 자신의 내부에 존재하는 문화적 전통을 동양사상을 대변하는 것으로 보면서 동서양 문명을 종합할 수 있는 대안으로 내세우는 방식은 2차 세계대전 직전 일본 지식인의 동아시아관에서 흔히 볼 수 있는 현상37)으로써, 서구의 역사적 경험을 특권화하는 과잉보편화와 동일한 논리적 연장선상에 있다.

북한의 탈식민 의지 역시 주체사상이라는 유일적 담론으로 전개되면서 변질된다. 1967년부터 본격화된 유일사상화 과정으로 인해 주체사상은 제3세계라는 특수적 조건에서 상황 해석을 가능하게 해 주는 이전의 주체화 노력의 틀 벗어나, 자립적이고 자족적인 하나의 사상체계로 절대화되었다.38) 북한의 사회주의 혁명과 건설의 경험은 세계사적 의의를 지니는 것으로 격상되었고, 주체사상은 '주체시대'의 올바른 지도사상이며, 마르크스-레닌주의의 한계를 극복한 새로운 세계관으로 내세워졌다. 이처럼 북한 사회주의 혁명과 건설의 경험을 특권화하여 주체시대의 보편적 대안으로 내세우는 방식은 남한의 경우와 마찬가지로 오리엔탈리즘의 논리를 역방향에서 보여 주고 있다. 자기나라의 전통이나 역사적 경험을 특권화하는 것은 그 거점을 과거에서 찾건 현재에서 찾건, 탈식민의 표방에도 불구하고 식민주의의 논리와 동일한 한계에 봉착한다. 자신의 과거와 현재에 대한 과잉 심미화, 보편화는 부국강병을 통한 민족적 영광의 실현 욕망, 그리고 문화적 자존심 회복과 우월성의 표출이며, 서구적 보편에 대항하는 또 다른 패권적 보편일 뿐, 진정한 탈식민의 과제에 미

---

37) 고사카 시로(高坂史朗)는 "일본이 아시아의 사상과 문화를 위임받은 참된 저장고"이며, "대승불교의 진의가 일본에서 발견된다"(고사카 시로, 『근대라는 아포리아』, 이학사, 2007, 327쪽)는, 일본 외의 아시아를 염두에 두지 않는 니시다 기타로(西田幾多郎)의 동서회통 방식을 문제 삼는다. "한국말로 번역된 『선의 연구』가 한국인들에게 자신들의 민족정신을 고찰한 것이라는 공감을 불러일으킬 수 있을까? 중국어로 옮긴 「동양의 무」의 문장을 읽고 중국인들은 과연 서양문화와의 구조상의 차이를 능히 부각시켰다고 납득할까?"(327~328쪽). 강상중 역시 같은 맥락에서, 동양을 원리로 삼은 근대초극론이 서구를 대신해서 세계사적 보편성이 새롭게 깃들일 특권적인 장은 바로 아시아이고 극동 아시아의 섬나라라고 주장한 점에 있음을 지적하고 있다(강상중, 『오리엔탈리즘을 넘어서』, 이산, 1997, 178쪽).
38) 전효관, 앞의 글, 229쪽.

달한다. 뿐만 아니라 남북의 탈식민 노력은 분단 상황에 제약된 체제 대립적 형태로 전개되었다는 점에서도 그 한계가 명백했다.

4. 전통담론의 방향

첫째, 전통담론은 일국 중심의 배타적이고 획일적 전유에서 벗어나야 한다. 남북 모두 단일전통을 강조하고 있음에도 불구하고, 민족전통을 자기체제의 역사적 정통성을 위한 수단으로 동원하면서 서로 다르게 규정하고 있다. 남북의 전통담론은 전통문화 가운데 체제 유지에 적합한 요소만 인위적으로 선택한 체제 중심적, 냉전적 성격을 지닐 뿐만 아니라, 전통의 연속성과 동질성을 상정하는 본질주의적 성격을 지닌다. 전통에 대한 이러한 체제중심적이고 본질주의적인 이해는 전통 해석의 자율성과 다양성을 허용하지 않는 국가주의적 독점과 긴밀하게 연관되어 있다. 국가주도의 전통담론은 의도적으로 강조되고 선택된 전통의 일부를 전통의 핵심인 양 부각시킴으로써 오히려 전통을 훼손하였다. 그 결과 전통은 국가의 틀에 갇힘으로써 당위적이고 상투적인 국가주의 윤리, 국가와 민족에 대한 의무적 관념이라는 범속한 차원으로 떨어졌다. 전통은 국가의 틀, 체제의 틀 속에 좁게 해석됨으로써 다양한 삶의 현장에서 생동하는 삶의 윤리와 전망으로 해석될 수 있는 가능성이 봉쇄되었다.

따라서 권력엘리트에 의해 만들어진 전통의 틀을 벗어나 우리의 삶의 현장에서 요구되는 현재적 필요와 문제의식에 따라 전통을 다양하게 재해석하는 일이 중요하다. 장차 어떤 삶을 살며, 내가 속한 공동체가 나아가야 할 미래적 방향이 무엇인가라는 가치지평 아래 전통을 재해석하려는 노력이 요구된다. 전통담론이 생산적이기 위해 자신이 서 있는 정치적, 사회적 위치를 파악하고, 나는 왜 그런 전통을 고수하려고 하는가라는 정체성의 정치학이 중요하다. 그 가운데 가난하지만 서로의 지혜를 나누어온 공존양식이나 소작인들이 상부상조한 전통 등 다양한 양식들 중 자신에게 가장 어울리는 것을 취하면서 세대 간을 잇는 삶의 노력이 중요하다.[39] 전통은 그 접근방향이 다양하게 허용되면서 개인 수준이든, 지역 공동체 수준이든, 민족국가 수준이든 삶의 현장에서 제기되는 숱한 문제들에 대응하면서, 우리의 삶의 방식과 모듬살이를 성찰하는 계기가 될 때 생명력과 현실 적응력을 지닌다.

둘째, 서구적인 것의 수용 못지않게 근대 이전의 전통을 의도적으로 계승하고 창조적으로 활용하려는 노력이 요구된다. 물론 오늘날 우리의 삶의 방식에는 전통적 요소뿐만 아니라, 기독교, 자유주의 등 서구적 요소가 혼합되어 있다. 이처럼 서구적인 것이 더 이상 낯설지 않게 된 오늘의 상황에서 서구적인 것을 제외한 채 근대 이전의 전통에만 집착하는 전통담론은 넌센스에 가깝다. 서구적인 가치와 규범은 과잉 보편화(서구중심주의)되지 않는다면, 근대의 폐해를 비판하거나, 서구중심주의를 극복하는 데도 여전히 유용한 자원이다. 그러나 근대 이전 전통의 재평가가 필요한 이유는 서양의 근대문명을 수용했음에도 불구하고, 유불도의 전통이 우리의 삶의 문화적 동력으로써 힘 있게 살아 있기 때문이다. 사람을 움직이는 힘이 외부에서 주어진 당위적 규범보다 체화된 습관이라 할 때, 생활 속에 체화되어 있는 전통적 아비투스는 새로운 문화형성의 창조적 동력이 될 수 있다. 여전히 많은 한국인들의 일상적 삶 속에 내면화되어 작동하고 있는 전통사상의 실천적 잠재력을 통일이든 탈근대적 전망이든 삶의 현장의 필요에 따라 규범적으로 재구성하려는 노력이 중요하다.

이는 전통적 아비투스가 지닌 창조력에 주목하자는 것일 뿐, 서구에 맞선 '우리식'이나 '한국적'인 아이덴티티를 찾자는 동서이분법적 발상과는 다르다. 서구문명의 한계를 극복하는 동양문명이라는 식의

---

39) 조한혜정, 앞의 글, 209~210쪽.

규범적 동서구분이 아니라, 그간 서구적인 것에 비해 소홀하게 취급되어 온, 우리에게 익숙한 전통적 정서와 사고방식이 지닌 문화적 역능을 지혜롭게 활용하자는 것이다. 오늘날 기독교를 누구도 노예제나 봉건시대의 사상적 잔재로 여기지 않는다. 그 이유는 등장 초기에 고대 노예제의 위계적 질서를 거부하지 않은 기독교가 근대에 적응하면서 전근대적 구각을 떨쳐버리고 내용을 새롭게 일신했기 때문이다. 그에 비해 유불도의 사상은 여전히 전근대 혹은 봉건시대의 유산으로 머물러 있다. 이런 점에서 동아시아의 문명적 유산은 오늘의 현실문제(근대의 병리 치유든 분단 극복이든)에 유용하고 적합하게 활용되기를 기다리고 있다.

셋째, 전통과 근대가 조우하면서 형성된 한(조선)반도 근대성의 역사 그 자체가 이미 한 세기에 걸쳐 또 하나의 전통을 이루고 있기 때문에, 전통담론은 이를 포함할 필요가 있다는 점이다. 한(조선)반도의 근대체험은 지난 한 세기에 걸쳐 진행되어 왔고, 따라서 이제 서양문물 수용 이전의 문화전통과는 또 다른 의미에서 우리의 전통을 형성하고 있다. 사상사적 맥락에서 볼 때, 한(조선)반도의 근현대사를 지배하는 근본상황은 전통과 근대가 배척과 갈등 그리고 공존과 만남 등 다양한 형태로 뒤섞여 서로 영향을 주고받은 점에 있다. 이런 점에서 전통담론은 근대 이전의 전통에만 머무를 것이 아니라, 근대 초기의 위정척사, 동학을 위시하여, 기독교 전통, 민족주의 전통, 자유주의 전통 나아가서 북의 사회주의 근대화 전통, 남의 자본주의 근대화 전통 등의 한계와 성과에 대한 반성적 평가를 포함하는 방향으로 확장될 필요가 있다.

이러한 과정을 통해 식민주의와 분단의 현실에서 망각되고 억압된 과거의 역사적 기억과 사상적 노력을 발굴하고 탐구하는 한편, 다양한 주체들의 전통관의 차이를 인정하고 소통함으로써, 서로 공유할 수 있는 영역을 확장하려는 노력도 가능하다. 특히, 숱한 어려움이 예상되지만 남북 학자들이 교류하면서 획일화되고 폐쇄적인 전통담론을 넘어서, 한(조선)반도의 미래적 가치와 비전을 다양한 방식으로 해석할 수 있는 실마리를 전통담론으로부터 모색할 수도 있다. 나아가 전통담론은 근대 이후 식민지와 분단의 역사적 경험 속에 남북뿐만 아니라, 코리언 디아스포라가 겪은 문화적 변용의 경험도 포괄할 수 있다. 이처럼 20세기의 역사를 통해 서로 다른 지역에서 전통과 근대가 조우하면서 빚어낸 다양한 문화적 변용 과정들을 포함할 때, 전통담론은 서로 엇갈리는 동시에 겹치는 방식으로 공유되는 역동적이고 개방적인 성격을 지닐 수 있을 것이다.

柄谷行人, 송태욱 옮김, 『트랜스크리틱』, 한길사, 2005.

강내희, 「근대성의 '충격'과 한국 근대성 논의의 문제」, 『문화과학』 제25호, 2001.

_____, 「한국의 식민지 근대성과 충격의 번역」, 『문화과학』 제31호, 2002.

강상중, 『오리엔탈리즘을 넘어서』, 이산, 1997.

고사카 시로(高坂史朗), 『근대라는 아포리아』, 이학사, 2007.

김경일, 『한국의 근대와 근대성』, 백산서당, 2003.

김화종, 「주체사상의 견지에서 본 유교사상의 평가 문제」, 『퇴계학과 한국문화』 제35호, 2004.

백낙청, 『한(조선)반도 통일, 현재진행형』, 창비, 2006.

사토 코예츠(佐藤貢悅), 「유교문화에서 본 일본·중국의 근대화와 전통에 대하여」, 『국학연구』 제14집, 2009.

서영채, 「민족, 전통, 주체: 1950~60년대 전통논의의 의미」, 『민족문학사연구』 제34호, 2007.

Shmuel N. Eisenstadt, 임현진 외 역, 『다중적 근대성의 탐구』, 나남, 2009.

鐸木昌之, 유영구 역, 『김정일과 수령제 사회주의』, 중앙일보사, 1994.

Eric Hobsbawm, 박지향·장문석 옮김, 『만들어진 전통』, 휴머니스트, 2004.

Étienne Balibar, 「민족형태: 그 역사와 이데올로기」, 서관모 역, 『이론』, 1993.

이병수, 「문화적 민족주의의 맥락에서 본 안호상과 박종홍의 철학」, 『시대와 철학』 제19권 2호, 2008.

_____, 「과도기의 북한철학에 나타난 변화와 이론적 특징」, 『통일인문학논총』 제50집, 2010.

유재건, 「서구중심주의와 근대성」, 『한국민족문화』 제32호, 2008.

윤영도, 「냉전기 국민화 프로젝트와 "전통문화" 담론」, 『중국어문학논집』 제43호, 2007.

윤해동 외, 『근대를 다시 읽는다』, 역사비평사, 2006.

이종석, 『현대 북한의 이해』, 역사비평사, 2000.

임지현, 『민족주의는 반역이다』, 소나무, 1999.

장은주, 「유교적 근대성과 근대적 정체성」, 『시대와 철학』, 제18권 3호, 2007.

전미영, 「북한 통치담론과 전통문화」, 『북한연구학회보』 제7권 2호, 2003.

전태국, 「지구화와 유교전통」, 『사회와 이론』 통권 제11집, 한국이론사회학회, 2007.

전효관, 「북한 정치담론의 의사소통 구조와 전략」, 『현대북한연구』 제1권 1호, 1998.

정수복, 『한국인의 문화적 문법』, 생각의 나무, 2007.

조한혜정, 「전통문화와 정체성에 관한 담론분석」, 『동방학지』 제86권, 1994.

조한혜정·김수행, 「반공/반제 규율 사회의 문화/권력」, 『탈분단 시대를 열며』, 삼인, 2000.

차승기, 『반근대적 상상력의 임계들』, 푸른 역사, 2009.

Pierre Bourdieu, 최종철 역, 『자본주의의 아비투스』, 동문선, 1995.

허남진, 「주체사상과 마르크스주의의 아시아적 수용」, 『아시아문화』 제7호, 1989.

민족이데올로기의 검토와 통일민속학 모색

김 면

1. 민속학적 차원의 문화분단 극복

이 글은 2차 대전 이후 한(조선)반도의 분단된 상황이 한민족의 민속문화에 어떠한 변화를 초래했는지 살펴보고, 새로운 통일문화를 지향하기위해 이념과 체제로 갈라진 분단문화를 민속학적 측면에서 어떻게 극복해 나아가야 할지 모색해 보고자 한다. 구체적으로 남·북한의 분단된 현실 문제를 살펴보고 독일사례와 비교하여 분석하고자 한다. 독일은 한 민족 두 국가라는 분단을 경험하였기에, 앞선 통일 논의들은 미래의 한(조선)반도 통일에 뜻있는 시사점을 제시해줄 수 있을 것이다.

한(조선)반도는 일제로부터 독립된 후, 좌우익의 대립과 국제정세의 갈등으로 통일된 조국을 이루지 못하고 국제사회의 이해에 따라 분단의 아픔을 겪었다. 남·북한은 단절된 상황에서 각기 국가기본이념과 정책을 내세워 체제의 정당성을 우선시하였다. 한(조선)반도는 서방진영과 공산체제로 갈라져서 독자적으로 상이한 정치, 경제 제도를 전개시켰고 사회문화적 간극을 만들었다. 분단은 정치체계뿐 아니라 생활양식 및 가치관까지 양분하였다. 또한 오랜 기간 이어온 민족고유의 문화와 풍속에도 큰 변화를 초래했다. 물론 민족문화가 역사적인 변화를 떠나서 영구히 불변되는 것은 아니지만, 냉전체제는 한국인의 삶을 규정해 왔던 전통문화와 생활양식을 급격히 바꾸어놓았다.

분단으로 인해 남북한은 문화정책 및 학술체계에서도 서로 다른 길을 걸어 왔다. 상이한 체제 하에서 민속학의 연구방향 및 역사의식도 다르게 나타났다. 남과 북은 학술적 결과물을 함께 논의하는 것은 물론 이전의 고유민속을 함께 연구 조사하는 것조차 어려웠다. 한쪽은 다른 쪽에 대해 제도의 우월성을 과시하기 위해 자신의 장점만을 선전하였을 뿐이지 학술적 협력과 정보교류를 고려하지 않았다.

그러나 남과 북이 민족공동체가 가지는 기층의 근원적인 정서와 아이덴티티를 서로 공유하고 있는 점을 부정할 수 없을 것이다. 수천 년간 지속되어온 민속문화는 60여 년간의 단절 기간 동안 변형되었고 상이한 정책이 시행되었어도 정서적으로 같은 동질성을 지니고 있어 왔음을 인정해야 한다.

따라서 이 글은 민속학적인 차원에서 남과 북의 정서적 이질감을 어떻게 해소하고 상이한 생활문화를 어떻게 통일문화로 나가도록 해야 하는지, 그리고 어떠한 매개적 노력이 필요한지를 다루고자 한다. 구체적으로 과거 독일인들이 통일과정에서 분단으로 인한 문화적 차이를 인식하면서 상호이해의 폭을 넓혀가는 과정을 살펴보고, 통일 이후 정체성을 찾아가는 과정을 고찰해 보고자 한다.

2. 분단독일과 통일문화의 형성

전쟁 직후 독일은 나치즘의 과거죄과로 인해 민족이데올로기를 표방하기 힘든 상황이었다. 서독은 반공주의를, 동독은 반파시즘을 각각 국가의 기본 정책으로 내세웠다. 서독의 경우, 전후 50년대는 아데나워 정부시기로 민주주의 체제를 갖추고 있었지만 억압적이고 보수적인 정치문화가 여전히 존속하고 있었다. 특히 사회, 정치적 기조로서 과거로부터의 혁신보다는 공산주의라는 외부의 적을 강조하여 체제의 정당성을 확보하고 있었다. 구동독은 소련의 절대적인 영향력 아래 하에 학술영역에서 마르크스-레닌주의이념을 곧추세우고자 했다. 특히 동독의 사회주의통일당은 파시즘의 과거청산을 통해 자신들이 서독보다 우월한 체제라는 것을 입증하고자 했으나, 그 과정에 있어서 비민주적 권위주의체제를 답습하였다.

독일민속학협회회장인 욘 마이어(J. Meier)가 종전 후에도 자리를 굳건히 지키며 38년간 연임을 한 것에서 볼 수 있듯이, 서독은 나치 시절의 과거에 대해 청산의 어려움이 있었다. 전쟁 직후 학계는 비판적 과거성찰이 부족하였고 제3제국의 민속학 행적에 대해 침묵, 부인과 변명하는 자세를 보였다. 구동독은 나치체제와 비교할 정도는 아니지만 사회주의적 국가질서에 반하는 활동을 제한하였다. 동독정부는 사회주의 역사학 및 노동운동사의 전통을 강조하는 가운데, 민속학연구자들이 정부의 지도이념과 사회주의적 정책을 뒷받침하고 따르도록 개인적 연구를 제약하였다.

1960년대에 접어들어 68혁명을 주도한 전후세대는 서독사회의 거의 모든 가치를 혁신할 것을 요구하면서 기존의 관습을 벗어나고자 했다. 학계의 이전 과거사 평가에 반발하여 바우징거 교수와 엠머리히를 위시한 튀빙겐 학파는 전통이념을 청산할 것을 요구하였다. 그리고 논쟁을 통해 서독학계는 보수주의적 연구전통에서 벗어나 현실사회와 연관 관계를 갖도록 학술자세의 변화를 가져 왔다. 1969년

뎃몰트와 1970년 팔겐쉬타인에서 열린 전국민속학 학술회의를 거쳐 전통개념의 해체가 논의되었다.[1] 그 과정에서 함부르크 대학의 해버닉 교수, 바젤의 트뤼피와 빈 대학의 슈미트 교수 등이 강하게 반발을 하였지만, 이후 서독민속학은 근본적으로 변화되었다. 서독학계는 전통적인 민족이데올로기의 보수성을 극복하고 새로운 개념정립을 통해 구동독학계와 서로 공존할 수 있는 민족문화를 지향하게 되었다.

구동독 정부는 소련식 국가이데올로기 안으로 학술영역을 종속시켰다. 초대 학술원 민속학대표인 슈파머(A. Spamer)는 억압된 분위기에서도 연구활동의 공간을 찾고자 했다. 그는 유물사관에 근거한 연구보다는 정신문화를 우선시했다. 구체적으로 물질민속보다 민간신앙과 구전전통에 집중하였다. 또한 그는 자신이 병상에 있었을 때도 서독 민속학교수인 슈미트(L. Schmidt), 모저(H. Moser), 뢰르리히(L. Röhrlich)에게 후임자의 자리를 제안하기도 하였다.[2] 슈파머의 뒤를 이은 슈타이니츠(W. Steinitz)는 20세기 동시대의 노동운동이나 현대사회의 문화현상을 중요시했지만, 구전되어온 민요와 민속춤, 전설 분야를 연구대상에서 배제하지 않았다. 그는 19세기 산업화 이전 농어민과 수공업직공과 같은 인민대중을 조사해야 한다고 생각하였다. 그는 노동요를 평화롭고, 이상적인 삶을 그린 것으로 해석하지 않고, 투쟁하며 갈등하고 억압받아 온 민중의식의 발로로 보았다.[3]이처럼 그는 정부의 학술정책인 마르크스-레닌주의이념과 가치를 충분히 인정하지만, 실천방향에 있어서는 입장을 달리하였다. 나아가 민속연구에서 서방측과 학술협력을 존중하였다. 그는 서독의 야코바이트

---

1) Cf. Scharfe, Martin, "Towards a cultural history: Notes on contemporary Volkskunde", *in: Social History* 4, 1979, pp. 339~340.
2) Cf. Teresa Brinkel, *Volkskundliche Wissensproduktion in der DDR*, Berlin, 2012, p. 47.
3) Peter Assion, "Arbeiterforschung", *Grundriss der Volkskunde*. Rolf W. Brednich(Eds.), pp. 261~262.

(W. Jacobeit)를 동독으로 초청하였고 욘 마이어교수와 민요, 구전전설 자료를 교류하였으며 마이어의 업적을 높이 평가하여 민족상을 수여하기도 했다.4) 그리고 당시 동독의 부르데 쉬나이데빈트와 서독의 포이케이트, 하일푸르트는 전국 전설집을 함께 목록화하였고, 1960년대에 동서독 간 농업관련 물질민속 국제학술협력 및 자료교류가 이루어지기도 하였다. 이들의 만남은 국가체제에 맞게 선별되어 왔던 연구의 틀을 넘어 향후 새로운 민속방법론을 진척시키는 토대가 되었다.

1972년 12월 양독 간에 기본조약이 체결되었다. 기본조약의 부속의정서에는 양측이 문화협력을 위해 노력하는 내용을 담았다. 그러나 국가 간 협상은 1975년 10월 중단되었다. 동독정부는 1945년 이전에 동부지역에 있었던 프로이센의 문화재를 전부 반환하여야 한다고 요구하였고 서독은 문화재 반환이 연합국의 법과 국제법에 따른 정당한 조치였음을 들어서 협상이 교착상태에 빠지게 되었다. 그렇지만 민속문화의 학술교류는 단절된 상황에서도 다른 분야보다 협력연구의 가능성을 타진했고 서로의 인식차이를 좁히며 일정한 역할을 하였다. 네도, 야코바이트와 바우징거의 현대문화사연구에 이르는 협력연구5)는 이후 문화협정에 큰 영향을 미쳤고 도서관, 박물관, 문서보관소영역을 넘어 동·서독의 다양한 협력연구까지 이어지도록 했다. 이들은 국가체제에 귀속된 국가담론보다는 새롭게 형성되어온 생활양식을 함께 고민하였고 개념을 재정립하려는 시도를 보였다.

슈타이니츠의 뒤를 이은 야코바이트와 네도는 서독 튀빙겐학파의 교류를 보다 강화하여 민속학연구를 추진하였다. 야코바이트는 1967년 20세기 민속학의 문제를 다룬 밧 잘로브 콜로키움에 참석하였고, 1978년 노이브란덴부르크에서 열린 국제회의에 참석하여 19~20세기

---

4) T. Brinkel, "Institutionalizing Volkskunde in Early East Germany", *in: Journal of Folklore Research*, Vol. 46, Nr. 2., 2009, p. 159.

5) Cf. T. Brinkel, *Volkskundliche Wissensproduktion in der DDR*, Berlin, 2012, p. 100.

농업사와 박물관 전시의 문제들에 관해 논의하기도 하였다.6) 그리고 그는 서독의 킬, 프라이부르크 그리고 마부르크대학과 교류를 지속하였다. 물론 협력은 공식적인 차원이 아니라 비공식으로, 개인 간의 교류로 이루어졌다. 따라서 동독정부와 당은 그에게 서독과의 학술적 관계를 청산하라고 끊임없이 요구를 하였으나 통일이 될 때까지 지속되었다. 동독 민속학자들은 일부이긴 하지만 정부의 통제에 맞서 자신들의 연구영역을 확보하고자 노력하였다. 동독 내 공식적으로 중앙당의 정책수단에 맞서 비판을 제기할 수 있는 공간이 사실상 존재할 수 없었다. 따라서 동독학자들이 내부의 문제를 제기하며 자율성을 일정부분 찾은 것은 중요한 의미를 갖는 것이라 평가할 수 있다. 물론 이들은 사회주의의 이념과 가치에 반대한 것이 아니라, 민속문화에 대한 해석과 실천의 방향에 있어 지배이데올로기에 맞선 것뿐이었다. 다원성이 인정되지 않는 상황 속에서도 이들 학자들은 스스로의 성찰과 결단을 통해 새로운 대안적 길을 모색하고자 하였다.

동·서독 간 민속학 도서 교류는 지속적으로 이루어졌고 동독의 서적은 불편없이 서독 서점에서 구입이 가능하였다. 1960년대까지 동독의 민속학자들도 서독 내 출간도서와 학술자료를 직접 주문하고 받을 수 있었다. 1970년대와 1980년대 동독 내에서 공식적으로 서독의 서적유입이 안 되었으나, 비공식적 교류를 유지할 수 있었다. 한 동독학자는 연구진척을 위해 서독의 서적을 포기할 수 없었고 국제적인 학술교류경험이 연구결과를 풍부하게 하였다고 증언하였다.7) 다른 한편으로 국제적인 학술회의를 경유하지 않고 동·서독 학자들이 직접 교류를 맺어 학술계의 풍성한 결실을 가져 왔다. 학술교류 속에서 동독학자들은 서구의 도시사회학적 방법을 받아들이고 새로운 경험–실증적 연구법을 도입하여 일상사연구를 발전시키기도 했

---

6) Ibid., p. 154.
7) Ibid., p. 153.

다. 1972년부터 동독학자들은 오스트리아와 학술교류를 지속적으로 이루어나갔다. 이는 중립국인 오스트리아와의 학술교류가 정부차원의 승인을 얻기가 훨씬 쉬었기 때문이다. 동독과 오스트리아의 교류분야는 특히 민요와 전통음악이 주종을 이루었으며,8) 민족적 예술양식의 역사적 전승문제를 함께 다루었다.

　서독과 동독민속학계는 80년대 학술세미나를 교류의 장으로 만들고자 하였다. 1982년 11월 서신을 통해 서독 측은 1983년 서베를린에서 열리는 민속학회 "대도시, 경험문화연구의 측면들" 콜로키움에 동독학자들을 정식으로 초청하였다. 동독 측은 처음 긍정적인 답변을 보냈으나 소련학자와 동구권 학자의 참석여부로 인한 이견이 생겨서 무산되었다.9) 이후 양측은 "민속학과 나치즘"의 학술세미나를 공동개최하여 민속학의 과거극복문제를 논의하였다. 물론 동·서독의 학자들 간 논의에 있어 재외실향민연구와 같이 극명한 견해 차이를 보이는 부분도 있었다. 일찍이 나치정권은 동남부유럽에 거주하는 독일인정착촌에 초점을 맞추어 '언어섬(Sprachinsel)'과 같은 재외이주민민속학을 발전시키며 영토확장정책에 이용하였다.10) 서독민속학은 헝가리, 유고, 루마니아와 주변지역을 대상으로 혈연 및 문화전통에 기초한 정착촌을 연구영역에 포함하여 잔존문화의 변용을 조사하기를 지속하길 바랐던 반면에 동독학계는 실향민민속학이 과거 동부유럽으로 진출을 꾀했던 제국주의적 팽창정책에 이념적 기반을 제공했음을 비판하며 부정적으로 평가하였다.11) 1986년 10월 서독민속학 회장인 게른트(H. Gerndt)가 주최하여 민속학 심포지엄을 뮌헨에서 열었고, 동독학자들도 함께 참석하여 제3제국시절 민속과 이

---

8) Cf. Ibid., p. 149.
9) Cf. Ibid., p. 148~149.
10) Günter Wiegelmann, "The Atlas der deutschen Volkskunde and the Geographical Research Method", in: Journal of the Folklore Institute, Vol. 5, No. 2/3, 1968, pp. 188~190.
11) Cf. T. Brinkel, "Institutionalizing Volkskunde in Early East Germany", in: Journal of Folklore Research, Vol. 46, Nr. 2., 2009, p. 161.

데올로기사이의 관계를 조명하였다. 이 회의에서 독일파시즘의 파생원인을 분석하고 나치정권시절 이루어진 민속학 경향과 학자들의 과오를 다루었다.[12]

1982년 동독 측이 주관하여 "칼 프리드리히 쉰켈(Karl Friedrich Schinkel)"의 작품전시회가 서독의 함부르크에서 개최되었고 호네커는 한스유르겐 비슈네브스키에게 동서 간 문화협상 재개를 제안하였다. 양측은 답보상태에 있던 프로이센 소장 예술품에 대한 문제를 협상에서 제외시키자고 협의하여 1983년부터 2단계 문화협상이 성사되는 계기를 이루었다.[13] 1986년 문화협정에 기초하여 동·서독은 민속문화재 보존에 관한 교류협력을 시행한다. 동서독은 2차 세계대전시 연합국의 폭격 등으로 잘못 배치된 문화재를 가능한 재위치로 이관시키고자 하는 취지에서 우선적으로 중세문서의 교환에 합의했다. 동독은 함부르크, 브레멘, 뤼벡, 마인츠시의 중세고어문헌을 돌려주었고, 서독은 로스톡대학교 설립문서와 안할트 주 문헌사료를 반환하였다. 또한 동독은 1987년 9월 중세화가 브륀의 1550년도 작품을 서독 쾰른시에 돌려주었다. 이어서 10월 교환합의에 따라 서독은 130여 점의 미술품을 동독에 보냈고, 동독은 300여 점의 미술품을 서독 다름슈타트, 비스바덴과 쾰른에 반환하였다. 1989년 8월 마틴 루터와 철학자 임마뉴엘 칸트의 원고를 포함한 문화재가 교환되었다.[14] 특히 동·서독 간 공동학술연구에서 '그림(Grimm) 독일어사전' 편찬사업이 이루어졌다.[15] 이 연구는 분단으로 인한 언어이질화를 극복하고자 동독 측 동독학술원산하 언어학 중앙연구소 내 독일어사전 사업부와 서독 측 괴팅엔 아카데미 독일어사전 사업부가 함께 공

---

12) Cf. James R. Dow and Hannjost Lixfeld, "National Socialistic Folklore and Overcoming the Past in the BRD". *in: Asian Folklore Studies*, Vol. 50, 1991, pp. 138~139.

13) 주독대사관, 『독일통일소사전』, 독일 Bonn, 1992, 251쪽

14) 손선홍, 『분단과 통일의 독일현대사』, 서울, 2005, 247~249쪽.

15) 손기웅 외, 『신동방정책과 대북포용정책』, 서울, 2000, 302~303쪽.

동사전을 출간하였다.

통일전후 대표적인 학술교류는 야코바이트와 위르겐 쿠친스키(J. Kuczynski)가 이룬 『독일인민의 일상사』(1980~82) 프로젝트로, 이 일상사연구는 서독학계에 큰 영향을 주었다. 이러한 민속학문의 교류와 접촉은 과거 민족동질성에 집착하기보다는 상이한 분단체제의 환경 속에서 형성된 민중문화의 변용과 문화적 적층성을 정확히 인식하고 공존할 수 있는 문화를 지향했음을 알 수 있다.

3. 한(조선)반도의 분단과 민속문화의 인식문제

1) 민속문화의 주체

분단대치 하의 대결상황에서도 동·서독의 민속학자들은 국가가 독점하던 당시 지배이데올로기 구조 안에서 기존의 틀을 깨고 상호간 민속연구를 추구하였음을 살폈다. 그러나 남북은 분단 이후 정치목적에 따라 역사적 대표성을 주장하고 다른 진영의 정통성을 부정하기 위한 수단으로 민속문화를 이용하였다. 각기 과거 민속문화정책이 이념과 체제를 공고히 만드는 전략적 도구의 역할로 쓰였음을 읽어낼 수 있다. 문화정책이 본격적으로 시작된 1960년대 남한정부는 자립경제와 조국근대화라는 명목 하에 공업화를 추진하면서 농촌마을과 향토문화를 희생시켰다. 전통민속은 산업화의 격동에 휘말리며 존립할 기반이 흔들리게 되었다. 특히 정부는 '의례준칙'(1961) 및 '가정의례준칙'(1969)을 실시하였고, 근대화라는 명목 하에 재래의 관혼상제와 같은 전통풍속을 '허례의식' 또는 '폐습'으로 폄하하여 단절시켰다. 생활개선과 합리화를 위해 마을공동체의 오랜 민속문화가 부정되고 철저히 파괴되기도 했다.[16]

1970년 새마을운동이 시작되고 저개발 농촌지역에 계몽적 의식운동이 확산되었으나, 근대화의 물질적인 혜택 속에 민간신앙, 무속의례, 전통주거양식은 자취를 감추게 되었다. 소중한 유무형의 전승유산이 서구적 규범화에 맞추어 전근대적 불합리한 구습으로 낙인을 찍혀 청산된 것은 민족의 문화적 핵심을 멸종시킨 결과를 가져 왔다.[17] 1969년부터 민속조사가 정부에 의해서 일정부분 활성화되기도 하였다. 문화재관리국의 지원으로 '민속종합조사'가 전국적으로 시도되었는데, 이는 산업화로 인하여 향토문화가 희생된다는 학계의 우려로 인하여 제한적으로 이루어진 것이었다. 문화재관리국은 1971년부터 문화재1, 2과로 분리되어 유형과 무형문화재 및 민속자료의 보호관리를 본격적으로 시행하였다. 하지만 선진국의 사례처럼 민간주도의 보존단체가 적극적인 영향력을 행사하지 못하고 국가행정 관련부처가 문화유산의 제정 및 운영에 있어 전권을 행사하였다.[18]

1980년대 신군부정권은 광주민주화운동과 같은 민중적 저항에 부딪치게 되면서 이반된 민심을 돌리기 위한 문화정책을 실시하였다. 이들은 대표적으로 '국풍(國風)'과 같은 관제형태의 문화축제를 기획하여 민속 분야를 정치적으로 도구화하기도 하였다. 정부는 문화공연팀과 전승단체를 동원하고 민속공연을 펼쳤지만 국민의 지지를 얻지 못하고 바로 폐지되는 운명을 맞기도 하였다.[19] 1990년대 이후 민주화의 진전이 이루어졌지만 세계화의 흐름 속에서 민속문화는 관광개발 및 경제산업과 연계되었고 국가의 문화정책은 지역경제의 수익성 창출과 축제상품화를 위해 운영되었다고 볼 수 있다.

북한정권은 등장한 초기부터 식민지적 잔재의 청산과 새로운 사회주의 건설이라는 목표를 두고 민속문화정책을 전개하였다. 당시 문화

---

16) 윤영도, 「냉전기 국민화 프로젝트와 전통문화담론」, 『중국어문학논집』 43호, 2007, 341~342쪽.
17) 정유진, 「박정희 정부기 문화재정책과 민속신앙」, 『역사민속학』 39집, 2012, 187~189쪽.
18) 오명석, 「1960~70년대의 문화정책과 민족문화담론」, 『비교문화연구』 4호, 1998, 126쪽.
19) 한양명, 「축제정치의 두 풍경: 국풍과 대학대동제」, 『비교민속학』 26집, 2004, 471~472쪽.

정책은 구소련민속학으로부터 폭넓은 수용을 통해 이루어졌다. 민속학은 인민적인 마르크스, 레닌주의 민속학으로, 진정으로 혁명과 건설에 복무하는 과학으로 정착시켰다.[20] 북한의 민속문화정책은 헌법 제37조에서 "제국주의의 문화적 침투와 복고주의적 경향을 반대하며, 민족문화유산을 보호하고 그것을 사회주의현실에 맞게 계승 발전시킨다."[21]고 명시하듯이, 혁명과 사회주의건설을 이룰 수 있도록 민속학의 효용성과 기능성을 강조하고 있다. 따라서 민속학은 국가권력과 주체철학의 영향을 받아 북한식으로 변용시킨 학문으로 발전되었다.

이처럼 남북한은 민족고유의 문화를 국가의사를 형성하는 상징체로서 활용하였고 대중을 효과적으로 통제하는 수단이었다. 민속문화를 논의의 중점에 놓고자 할 때, 핵심적인 주체인 민중(Volk)이 내포한 의미를 살펴볼 필요가 있다. Volk는 8세기 기록되었던 "fulka"라는 어원으로부터 유래하며, 사전적인 뜻풀이로 "피지배층의 다수 민중"을 지칭한다.[22] 본래의 뜻은 특정한 계급이나 소수권력그룹이 아닌 사회전체의 구성원을 의미하는 것이었다.

지금까지 중앙정부차원에서 시도한 관련 정책을 검토하여 기존 민속문화정책이 갖고 있는 문제점을 점검해 볼 필요가 있다. 이전 관(官)이 만든 자의적인 규정이나 정책 유도가 오히려 민속문화의 활성화를 가로 막아 왔다고 판단될 수 있기 때문이다. 물론 문화정책이 갖는 공공적 성격을 무시할 수 없을 것이나 민속문화는 민중들과 일체화된 가치를 바탕으로 이행될 필요가 있었다. 민속문화에 대한 공공의 지나친 개입 방안을 반성하고 민중의 자발적인 동의를 바탕으로 민간기관이나 관련 시민단체 등이 참여하는 구체적인 방안을 고민해야 한다. 한국문화의 창조적 생산력 및 문화발전을 위해서, 정책논의가 진행될 때 일반국민들이 문화정책과 관련하여 공감대를 갖도

---

20) 이정재, 「북한 민속학연구의 경향과 특징 연구」, 『한국문화연구』 6집, 2002, 118쪽.
21) 전영선, 「북한 민족문화정책의 이론과 현장」, 서울, 2005, 19~20쪽.
22) Wikipedia 전자사전: http://de.wikipedia.org/wiki/Volk.

록 할 필요가 있는 것이다. 중앙조직이 독점하고 주도하는 일방적인
정책에서 벗어나 함께 참여하고 민중의 저변 역량이 결합될 때 진정
한 민속문화의 활성화가 가능하다고 본다. 또한 이러한 합의가 이후
북한과의 한민족 문화교류협력을 위한 실질적 토대가 될 수 있을 것
으로 본다.

2) 민족주의에 대한 비판적 성찰

독일민속학에서 1810년 얀(Friedrich L. Jahn)은 저서를 통해 "민족
없는 국가는 아무것도 아니며, 혼이 없는 작품일 뿐이다. 국가 없는
민족은 아무것도 아니다. 실체 없이 공허한 환영으로 세상을 떠도는
집시나 유대인과 같다. 국가와 민족이 하나로 함께 제국을 형성하는
것으로, 민족성에 의해서만 유지될 수 있다.[23]라고 정의하였다. 민
족성을 주장한 것은 당시 프랑스와 주변강대국의 갈등 속에서 독일
의 혼과 정신을 지키려는 의지의 표현이었다. 그러나 이후 제3제국
은 민족성을 파시즘의 이데올로기로 활용하여 국민의 열광적인 지지
를 이끌고 대중을 효과적으로 통제하기도 했다. 이들은 민족주의를
히틀러와 나치즘을 위한 강화 수단으로 활용하였고 다른 민족에 대
한 폭력을 정당화하는 토대로 사용하였다. 따라서 전쟁 후 서독과
동독의 민속학계는 과거청산 이후 좁은 민족문화정책의 전횡으로부
터 민족성 이념을 해체하고 배타적 민족주의적 시각에서 실증적인
연구로 전환하였다. 그 과정에서 체제로 갈라진 분단문화를 하나로
통합할 수 있는 탈민족주의적 연구의 패러다임을 구축하고 평화공존
의 기반을 마련하는 모습을 보여 주었다.
우리 한(조선)반도도 민족주의와 민족성이 크게 영향을 미쳐왔음
을 확인할 수 있다. 일제강점기시절 조선총독부는 전국을 대상으로

---

23) Friedrig Ludwig Jahn, *Deutsches Volkstum*, Leipzig, 1817, pp. 34-35.

민속조사를 실시하였지만 민간신앙, 민요 같은 풍속 수집 활동은 식민지 행정통치 상의 성격을 띤다고 볼 수 있다. 반면 신채호, 정인보, 최남선, 이능화는 조선민속의 근원을 살피는 연구활동으로 민족혼을 담아내고자 하였고 1930년대 '진단학회' 멤버였던 송석하와 손진태는 현장조사의 방법론을 통해 민속문화를 실증적으로 살피고자 하였다. 당시 민족문화연구는 일본제국주의에 대한 해방의 무기였다. 따라서 선각자들의 민족연구는 일본에 맞서는 저항으로, 한민족의 정체성을 찾고 강력한 연대감정을 고취하고자 하는 것이었다. 일제강점기 상황에서 민족주의는 일본병합정책에 맞서는 가장 강력한 이데올로기로서 역할을 하였다.

해방 이후 남한정부는 유교사상 위에서 민족주의를 활용하여 편향적인 문화정책을 지향하였다. 당시 당국자는 전통문화로부터 근본개념을 추출 통합하여 그들의 국가주의를 만들어 갔다.[24] 특히, 유신정국을 맞아 집권세력은 자신들의 정치권력을 정당화하고자 조국과 민족을 절대시하는 이데올로기를 활용하였다. 그 과정에서 국민정서의 자발성을 이끌어내기 위한 방안으로 이들은 민속문화에서 집단고유의 단결력과 공동체의식의 근거를 활용하였다. 경주고도의 신라문화권과 이순신장군의 영웅화 및 현충사 성역화, 국난극복을 이룬 애국충정의 국방 유적지가 선택적으로 집중 개발되었다.[25] 냉전체제에서 위정자들은 민족이념을 바탕으로 '민족적 민주주의'를 내세웠고 반공이념을 강조하는 가운데 국가내부의 단결을 이끌어내었다. 정부는 북한을 적대적인 타자로서 규정한 가운데 민족전통에 대한 가치부여를 통해 국가주의적 정체성을 강화하였다.

북한의 문화정책은 집단고유의 단결력과 공동체의식을 유지하기 위해 가부장적 질서를 확장하여 국가정체성을 이루는데 목적이 있었

---

24) 윤해동, 「한국민족주의 근대성 비판」, 『역사문제연구』 4호, 2000, 67~68쪽.
25) 오명석, 앞의 글, 129~130쪽.

다. 국가는 어버이 수령과 어머니 당, 인민이 혈연적 관계에 기초하여 충성과 효성을 기본적 덕목으로 요구하였다.26) 이는 민족주의 패러다임 안에 전통적 유교의 통치담론을 그대로 도입하여 절대적 충성의 장치들로 재설정한 것으로 볼 수 있다.

북한의 문화정책은 민족문화유산을 감상적으로 보존하는 것이 아니라 제국주의와 자본주의에 대한 적대감을 토대로 사회주의 내용을 결합시켜 적용하며 북한식 문화변용을 강조한다. 북한은 주체사상을 이념적 근간으로 민족 특성 자체보다는 '계급성', '인민성', '당성'의 관점으로 '진보적'이고 '인민적'인 것을 강조하였다. 1970년대 주체사상이 북한의 절대적인 지도이념이 되면서 문화와 학술영역에서도 김일성의 교시가 유일한 기준이 되며 민족과 전통을 강조하는 민족논리를 대체하게 되었다.27) 모든 문화정책이 주체사상을 선전하기 위한 도구가 된 것이었다. 1980년대에는 외부적으로 소련의 몰락과 동구권의 민주화, 중국의 개혁개방정책 등의 환경변화가 북한에 개혁, 개방의 압력으로 작용하였다. 이 과정에서 북한은 사회주의정책에 민족적인 특성을 다시 강조하게 되었고, 이후의 문화정책도 '우리민족제일주의'를 중심으로 유일사상의 틀 내에서 민족전통을 활용하여 왔다.28) 이는 주체사상의 정당성을 전통문화와 민족논리에서 찾으려한 것으로 볼 수 있다.

위에서 살펴보았듯이 남북은 민속문화의 올바른 지위를 찾기보다는 민족이데올로기를 통해 정권의 역사적 정통성을 내세우고 자신들체제의 정치담론에 부합되도록 활용하였다. 과거 우리 민속학은 낭만주의이념의 영향으로 민족적 열등감을 극복하고자 단일민족의 신화 및 순혈주의적 민족주의를 강조하고 잔존물에 집중하였다. 독일

---

26) 전미영, 「북한사회의 전통문화의 인식」, 『한국민족문화』 27호, 2006, 389쪽.

27) 전영선, 앞의 글, 80~81쪽.

28) 전미영, 「통일담론에 나타난 남북한 민족주의 비교연구: 통일이념의 모색」, 『국제정치논총』 43집 1호, 2003, 192쪽.

학자들은 전후 과거극복을 위해 민족주의를 청산하고자 하였다. 이들이 민족성의 개념을 벗어나 국경 너머로 유럽지역 여타민족들과의 비교문화연구로 확장시켰던 사례를 참조할 필요가 있다.

오늘날 민속문화연구는 전(前)시대의 민속학과는 분명히 다르다. 현대사회에서는 민족, 국가 간의 교류와 협력이 확대되고 해외에 수많은 교민들이 정착하고 있다. 우리나라에도 외국인노동자 이주 및 다문화가족이 급속히 확대되어 가운데 민속문화는 출신지역의 다양성과 상이한 환경의 문화를 받아들이고 융합화한 생활양식을 주요한 문화연구로 확대하여 왔다. 이제는 민속연구가 더 이상 자민족중심의 혈연을 기반으로 하고 공통된 전통이나 민속의 원형만을 집착할 수는 없다. 민속학은 탈(脫)민족화(Postnationalization)되어야 하며 한민족이 만들어온 것뿐만 아니라 현재 새로이 사회구성원이 된 이주민들의 생활문화도 이해하고 분석하는 문화학으로 정립될 필요가 있다. 나아가 이를 토대로 통일민속학은 한민족의 민족감정을 고양하는 배타적인 연구자세를 벗어나서 주변 동아시아권 전역의 재외한인까지 아우르는 트랜스내셔널 인류학적 비교연구로 추진될 필요가 있다.

3) 민속문화의 교류 평가

전후 독일은 분단이후 정치체제와 상이한 이념으로 문화의 이질성을 경험하였다. 서독과 동독정부는 가능한 내독 간 문화교류를 국가주관의 공식적인 접촉으로 한정시키려 했고, 그 결과 민간차원의 교류협력은 제한적으로 이루어졌다. 하지만 동·서독민속학계는 분단 직후부터 민족자산을 대상으로 학자 간 학술협력과 교류를 시도하였다. 양독 간에 민요, 전설 같은 구비민속관련 자료공유, 학자들의 상호교류, 교차조사, 합동연구를 통한 민속분류체계화, 학술회 공동개최 그리고 양독 간 문화교류협정에 기초된 후속연구세대의 방문은 상호 통일의 디딤돌을 만든 과정이었다.

남한과 북한은 분단의 고착화로 폐쇄적인 틀을 유지한 채 민속문화의 이질화를 경험하였다. 남·북한 모두 같은 역사와 문화전통을 가진 한민족이라는 것을 강조하면서도 실제로는 민속문화의 내용을 서로 달리 규정하고 재단하면서 상대편이 왜곡된 허구문화를 표방한다고 비난하였다.29) 남·북한 당국의 민속정책은 공통성 회복을 지향하기보다는 정치적 차원의 체제경쟁을 위한 수단으로서 다루어 오히려 이질감을 심화시켜 왔다.

남·북한 간 민속문화의 교류가 시작된 것은 1990년대 중반 이후로 볼 수 있다. 남북 간 정치적, 군사적 긴장이 유지되고 있는 가운데, 정부당국의 허가와 개입 속에서 공유할 수 있는 문화재관련 분야에 집중되었다. 첫 교류과정으로 1993년 8월 중국 집안에서, 다음해 일본 오사카에서, 그리고 일본 학습원대학에서 고대 및 고구려벽화를 주제로 남북과 중국, 일본학자들이 학술토론회를 하였다. 남북 문화교류가 비교적 활발해진 것은 남북정상회담이후로 볼 수 있다. 크게 4분야로 단군 및 고조선 학술토론회, 고구려 유물전시, 금강산 및 개성지역에 관한 조사 및 학술교류가 있었다. 2002년부터 세 차례 단군을 주제로 학술회가 평양에서 열렸고, 평양 조선미술박물관에서 일제약탈문화제반환을 위한 토론회가 열렸다. 아산의 금강산관광사업 개시이후엔 고구려 세계문화유산등재 관련하여 2004년 5월 처음 금강산에서 열렸고, 이후 금강산 문화유적복원사업이 이루어지기도 했다. 그리고 2004년 6월에 개성공단 부지에서 유물조사를 시작하였고, 이어서 개성역사지구 세계문화유산등재를 위한 토론회를 열었다. 이후 총 4차에 걸쳐 개성 만월대조사를 공동으로 수행하였다. 2005년에는 평양 및 안악일대 고분에 대하여 보존 상태에 대한 조사가 이듬해까지 시행되었다.30)

29) 오명석, 앞의 글, 147쪽.

30) 남북 민속문화 교류관련사는 남북공동체 기반조성 3차년 사업 결과보고서를 참조하였음. 정태헌 외, 「민족공동문화자산 교류협력 추진방안」, 고려대학교 한국사연구소 남북역

결실 있던 교류성과를 살피면, 2005년 6월 제15차 남북장관급회담에서 '북관대첩비 반환'사업을 합의하고 야스쿠니신사 측으로부터 그해 10월 돌려받아 본래자리인 함경북도 김책시에 다시 세운 것을 들 수 있다. 2004년에는 "조선향토대백과"를 공동 편찬하여 북한의 국보, 준국보와 보존급 유물유적을 확인할 수 있는 성과를 거두기도 하였다. 그리고 2005년 9월 남북장관급회담을 논의했던 "겨레말큰사전" 공동편찬사업이 현재 16차 사업까지 이어졌다. 그 후 남북관계의 악화로 그나마 있어 왔던 행사성 남북교류조차도 전면적인 중단 상태에 있다. 민속문화교류는 남북 간 정부차원에서 주도하고 독점하여 온 탓에 정책에 크게 영향을 받기에 지속성과 안정성을 가지지 못한 한계점이 있다.

또한 우리가 개선할 사항은 교류대상이 역사적으로 공유해 온 문화유적이나 유물에 집중되어 있다는 점이다. 여기에서 분단이전의 물질민속 분야를 통해 양측은 민족고유성을 회복하려는 취지를 충분히 읽을 수 있다. 그러나 전통의 개념만으로는 갈라진 통일을 향한 민속문화를 형성할 수 없을 것이다. 보다 시급한 것은 분단 이후 남과 북이 새로이 형성해 온 민중들의 생활문화를 정확히 인식하고 이를 수용하려는 교류가 절실히 요구된다고 할 수 있다.

민속문화의 이질감은 교류 없이 쉽게 해소될 수 없는 문제이다. 독일은 통일 전 1986년 맺은 문화협정을 기초로 100개 공동사업과 21개 학술 프로젝트를 진행시켰다. 교류과정에서 무엇보다 분단이전 원래 존재했던 고유성을 중시하면서도 학생들이 다른 체제의 생활문화를 견문하는 수학여행도 포함되어 있었다. 그러나 이러한 문화 교류를 했던 노력이 있었음에도 45년간의 분단으로 인한 이질적인 생활양식은 통일 이후에도 상당기간 후유증을 동반했다.

따라서 우리는 남북한의 교류과정에 있어 그동안 변화된 북한의

사학자협의회, 2013, 136~149쪽.

환경 속에서 형성된 민중의 문화 그리고 우리 측에서 독자적으로 만들어 온 문화사이의 차이를 발견하고 서로의 소통을 통해 상호이해의 폭과 깊이를 넓히는 자세가 요구된다고 할 수 있겠다. 교류를 통한 과정에서 양측은 분단이 만든 서로의 차이점과 이질성을 분명히 인식해야 할 필요가 있다. 통일시대를 대비하여 같은 문화에서 갈라져 나온 '다름'의 요소들에 대해 개방적인 태도와 유연한 분석으로 마주 대하고 점진적으로 새로운 민속문화라는 풍부한 자산으로 만들어 가야 할 필요가 있다.

4. 민속문화의 인식지평 확대와 통일민속학의 모색

통일을 준비하는 과정에서 민속문화와 관련한 기존개념을 재설정할 필요가 있다. 과거민속학은 릴(Riehl)이 언급했듯이, 풍속(Sitte), 혈연(Stamm), 언어(Sprache), 취락지(Siedlung)를 중심으로 향토의 고유문화가 어떻게 전승되는지를 연구하는 일종의 박물학으로서 역할을 하였다. 그러나 현대민속학은 기술문명의 진보와 함께 산업화, 도시화된 현대사회의 변화현상에 주목하였다. 바우징거 교수와 튀빙겐학파는 현대사회가 새로운 민속개념을 정착시켰다고 보고 '시간', '공간', '계층'에서 기존의 좁은 틀을 깨는 확장이론을 제시하였다.[31] 그는 전통사회의 풍속이 사라지는 것을 안타까워하는 대신에 사회 환경이 변함에 따라 민속의 동력은 변할 수 있음을 이론화하며 민속학의 새로운 지평을 열었다.

바우징거는 전통에 집착하는 관습적 연구경향에서 실증적인 일상문화를 탐구하는 방향을 제시했다. 그는 연구대상을 과거와 농촌의 낭만적 변용으로부터 벗어나 현재의 시점과 도시생활공간으로 옮겨

---

31) Hermann Bausinger, *Volkskultur in der technischen Welt*, Frankfurt a.M., 1986.

놓고 있다. 민중이 근대이전 과거전통에만 살고 있는 것이 아니라, 현대사회에 살고 있음을 주장하였다. 바우징거는 민속학의 초점을 불분명한 과거 속에 두지 않고 실제 현재사회와 활동영역으로 옮겨 놓은 것이다.[32] 이후 현대 독일민속학은 정지된 시공간에 한정하는 학술연구의 자세를 벗어나 시간흐름과 사회변동 속에 끊임없이 변화하는 동적인 흐름을 연구하는 질적인 변화를 보여 왔다. 따라서 저자는 현대민속학의 초석이 된 확장이론의 동력을 계승하여, 과거에 집중되어 왔던 기존민속학의 틀을 넘어 우리한(조선)반도의 상황을 고려한 통일민속학을 새롭게 모색해 보고자 한다.

1) 통시적 확장

남북의 민속학이 분단이전 민족문화의 전승모체를 추구하며 동질성을 찾는 것은 의미 있을 것이다. 그러나 과거의 동질성을 회복하는 것도 중요하지만, 현재 동시대의 사회로 연구를 확대할 필요가 있다. 남북한은 분단이후 개별적으로 사회적 조건에 맞게 민족문화를 변화시켜 왔다. 앞 장에서 살펴보았듯이 남북한은 문화정책에 있어 체제대립과 불필요한 경쟁의식으로 문화유산조차도 그 속에 녹아 있는 고유한 동질성을 추구하기보다는 적대적 이데올로기를 바탕으로 이질화를 심화시켜 온 것이다. 통일논의를 위해서는 우리민족이 과거의 민속원형을 어떻게 유지하여 왔는가하는 잔존문화에만 집중하기보다는 민속학을 통해 현대 환경에서 어떠한 형태변화와 새로운 의미를 갖추는지 구체적으로 살펴보아야 한다. 방법론에 있어서 분단이전의 과거를 기준점으로 삼는 것이 아니라 민중의 생활양식이 어떠한 질적 변화를 겪어 왔고 지금도 변화가 지속되는지 민속양식의 실태를 파악할 필요가 있다. 따라서 통일민속학은 과거와 현재를 매

---

32) Vgl. Wolfgang Kaschuba, *Einführung in die Europäische Ethnologie*, München, 1999, s. 84.

개하는 대상을 통해 민속양식에 기반을 둔 생활문화를 분석하고자
한다. 오늘날 민속학의 역할에 대해 임재해 교수는 다음과 같이 정리
하였다.[33]

"민속문화의 원형에 무게중심을 두고 이를 재구성하려는 데 집착하는
일은 생산적이라 할 수 없다. 오히려 변화하면서 적응하는 가운데 전통을
이어가는 전승의 원리를 주목하는 것이 더욱 긴요한 과제이다. (…중략…)
민속문화는 역사적 전통성을 지니면서 현실적응력을 발휘하는 전승문화
일 뿐 아니라 미래의 대안까지 제시할 수 있는 문화자산으로서 내일을
설계하는 전망문화이기도 하다. 미래의 창조적 설계는 항상 전통의 분석
과 현실의 진단이라고 하는 탄탄한 토대 위에서 가능한 것이다."

민속학은 문화재 보존 및 잔존문화가 지닌 변용의 의미를 찾는 것
과 함께 남과 북이 나뉘어 공존하고 있음을 인정하여 현재의 시점에
서 한(조선)반도 민족구성원의 생활양식 및 문화현상, 이질화된 가치
관에 대한 연구로 패러다임을 확장할 필요가 있다. 통일지향적 민속
학은 분단 이전의 민족동질성을 재건하려는 과거지향적 시도가 아니
라, 미래를 설계하기 위한 문화학이 되어야하기 때문이다.

2) 공시적 확장

과거 중앙정부의 권위주의적 리더십은 체제의 정당성을 확보하고
자 대한민국을 중심으로 한민족의 정체성을 확립하는 자세를 견지하
여 왔다. 민속학계는 관(官)주도적인 정책통제의 환경 속에서 직간접
으로 영향 받아 연구를 제한적으로 수행했었다. 과거민속연구는 체

---

33) 임재해, 「민속문화의 자연친화적 성격과 속신의 생태학적 교육기능」, 『비교민속학』 21
집, 2001, 87쪽.

제이데올로기와 접합되어서 국가주의적 정체성에 따라 북한, 중국 및 극동 주변지역을 공산권에 예속된 적대국으로 간주하는 반공논리를 전개하였고 이들 지역의 한인을 배제함으로써 지리적 범주를 스스로 옭아매어 왔다.

분단된 독일의 상황에서 민속학자들은 동독의 다른 정치이념으로 파생된 이질적 요소와 변화과정을 살폈고, 연구범위를 확대하여 동부유럽에 정주하던 독일인 커뮤니티와 이들 촌락을 주목하여 이들의 변용된 생활양식과 모국의식을 함께 조사하였다. 독일 본토와 달리 각각의 사회적 조건에 맞게 변화된 문화유산은 민족의 전승력을 찾고 고유한 민속실태를 밝힐 수 있는 토대가 되었다.

민족공동체와 통일문제는 정치체제와 이념의 문제로만 볼 수는 없을 것이다. 한(조선)반도는 식민, 분단과 전쟁으로 인하여 수백만의 민족구성원이 이산 및 정착을 경험하였다. 재외한인들은 특정한 사회적 환경에 살면서 차별화된 생활문화를 체화하였고 다양한 양식을 만들어 왔다. 조국을 떠나 타국에 처해 있는 코리언들의 다양한 문화양식과 문화적 실체를 포착하고 연구할 필요가 있다. 중국, 러시아, 중앙아시아, 일본 및 미주 지역 등에 700만 명이 넘는 한인들이 집단적으로 함께 살고 있으며 거주국의 일원이면서도 모국에 대한 정체성을 일정하게 유지하고 있음을 확인할 수 있다.

탈냉전의 연구흐름에 맞춰 통일민속학은 한(조선)반도 민족구성원 뿐만이 아니라 당시 시대적 정세로 해외로 이주했던 한인집단의 문화양식을 포괄해야 한다. 서로 다른 거주국에 살고 있는 코리언 디아스포라도 폭넓은 민족구성원으로 고찰되어야 하는 것이다. 민속학은 지역의 범주를 한(조선)반도에 제한을 할 것이 아니라, 국경에 국한되지 않는 새로운 시각을 갖춰야 한다. 통일민속학은 해외에 산재한 동포들을 대상으로 국제적인 학술협력 아래 연구하는 비교문화학으로 발전시켜서 이질성과 공통성을 발견하고 보편성과 다양성을 추출할 필요가 있는 것이다.

3) 대상의 확장

우리 민속학은 일제 강점기를 배경으로 시작하였고 고유한 민족정체성을 지키기 위한 저항적, 배타적인 성격을 강하게 띠었다. 민속학은 강력한 민족이데올로기와 순수한 단일혈통을 토대로 민족고유의 정체성을 강조하는 방향으로 나아갔다. 그러나 세계화의 진전 속에서 한민족의 문화는 더 이상 자폐적인 민족주의를 고수하기 어려운 상황을 맞이하고 있다. 문화 간 접촉과 교류가 심화되고 변화하는 사회의 흐름에 맞추어 민족문화를 어떻게 변화시킬지에 대한 새로운 담론이 필요할 때이다.

과거 독일민속학이 전후 파시즘정권의 편협한 민족성의 개념을 벗어나 탈민족화를 지향하였고 자신의 민족에 집중하였던 연구범주를 국가경계를 넘어 주변유럽지역으로 확대한 점에 주목할 필요가 있다. 독일은 전후 귀국한 동부유럽 실향민에서 경제개발 시 이주해온 외국인노동자 및 다문화가족까지 새로운 사회구성원으로 인정하고 받아들였다. 물론 문화적 갈등이 동반되기도 하였다. 민속학계가 자신들의 문화 속에 유입된 타문화에 대한 이해 및 소통과정을 연구하고 통일이후 동독주민의 생활양식까지 독일사회의 문화변용으로 고찰하는 모습은 우리에게 많은 점을 시사하고 있다.

우리의 민속연구도 단일민족이라는 신화에서 벗어나 기존의 정체성과 태도를 변화시켜야 한다. 민속학은 새로운 발전적이며 창조적인 개념정립을 통해 한(조선)반도로 온 이주민에 열린 자세를 취할 필요가 있다. 이주민 중 상당수가 중국, 중앙아시아와 러시아로 이주되었던 한인동포와 후속세대이며, 혈연적으로 무관한 이들이라고 하더라도 민족구성원으로 받아들여야 한다. 이들이 상이한 환경에서 다른 문화와 사회에서 살아 왔고 다른 가치체계에서 생활했기에, 이주 후에 형성되는 이들의 생활양식은 민족문화변용의 의미 있는 연구대상이 될 수 있기 때문이다.

5. 통일민속학을 전망하며

이 글은 한(조선)반도가 갈라진 이래 상이한 이념과 체제로 생겨진 분단문화를 어떻게 새로운 통일문화로 극복해 나아가야 할지 살펴보았다. 구체적으로 서독과 동독이 전후 냉전상황에서 통일의 과정까지 어떠한 민속문화의 교류와 협력이 있었는지 전개과정을 검토하여 그 의미성을 찾고자 하였다. 동독과 서독의 민속학계는 교류협력을 통해 통일에 이르는 커다란 흐름의 원동력이 되었다. 양독 학자들은 상이한 정치이념과 이질화된 사회체제에서 나온 문제들을 인식하였고 민속문화에 대한 인식차이를 좁히며 상호 달라진 문화를 이해하고 수용하는 과정을 보여 주었던 것이다.

독일의 사례를 당장 현재의 남북한의 상황에 적용하기 어려워 보인다. 독일과 비교하여 훨씬 극단적인 냉전이데올로기의 대립이 상존하는 한(조선)반도에서 적대적 감정과 상호불신을 완화하고 평화공전의 기반을 마련하는 데 쉽지 않은 장애가 엄연히 존재하기 때문이다. 그럼에도 여전히 민족분단의 아픔을 겪고 있는 우리에게도 이들의 활동은 의미 있는 시사점을 줄 수 있을 것이다.

남과 북은 분단된 현실의 문화적 차이와 그 실체를 인식하면서 민중의 문화창조력을 바탕으로 상호이해의 폭을 넓혀가는 통일민속학을 준비해야 할 필요가 있다. 그리고 분단이전의 과거 민속원형에 집중하기 보다는 현대 환경에서 어떠한 형태변화와 새로운 변용된 의미를 갖추는지 그 실체를 파악하여 새로운 민속문화의 정체성을 찾아가는 과정이 필요하다고 본다. 나아가 향후 민속학은 해외한인과 이주해 온 다문화가족을 대상으로 경계확장의 발전 가능성을 준비해야 할 것으로 본다.

김누리 외, 『머릿곳의 장벽』, 한울아카데미, 2006.

손기웅 외, 『신동방정책과 대북포용정책』, 두리, 2000.

손선홍, 『분단과 통일의 독일현대사』, 소나무, 2005.

오명석, 「1960~70년대의 문화정책과 민족문화담론」, 『비교문화연구』 4호, 121~152쪽.

윤영도, 「냉전기 국민화 프로젝트와 전통문화담론」, 『중국어문학논집』 43호, 331~349쪽.

윤해동, 「한국민족주의 근대성 비판」, 『역사문제연구』 4호, 41~78쪽.

이정재, 「북한 민속학연구의 경향과 특징 연구」, 『한국문화연구』 6집, 115~148쪽.

임재해, 「민속문화의 자연친화적 성격과 속신의 생태학적 교육기능」, 『비교민속학』 21집, 85~146쪽.

전미영, 「북한사회의 전통문화의 인식」, 『한국민족문화』 27호, 2006, 379~406쪽.

전미영, 「통일담론에 나타난 남북한 민족주의 비교연구: 통일이념의 모색」, 『국제정치논총』 43집 1호, 2003, 185~207쪽.

전영선, 「북한 민족문화정책의 이론과 현장」, 영락, 2005.

정유진, 「박정희 정부기 문화재정책과 민속신앙」, 『역사민속학』 39집, 175~213쪽.

정태헌 외, 「민족공동문화자산 교류협력 추진방안」, 고려대학교 한국사연구소 남북역사학자협의회, 2013.

주독대사관, 『독일통일소사전』, 독일 Bonn, 1992.

한양명, 「축제정치의 두 풍경: 국풍과 대학대동제」, 『비교민속학』 26집, 2004, 469~498쪽.

Bausinger, Hermann, *Volkskultur in der technischen Welt*, Frankfurt a.M., 1986.

Bausinger, Hermann, "Volksideologie und Volksforschung; Zur national-sozialistischen Volkskunde", *Zeitschrift für Volkskunde* 61:2, 1965, pp. 177~204.

Brednich, Rolf W.(Hrsg.), *Grundriss der Volkskunde*. Einführung in die

Forschungsfelder der Europäischen Ethnologie, Berlin, 2001.

Brinkel, Teresa, "Institutionalizing Volkskunde in Early East Germany", *Journal of Folklore Research*, Vol. 46, Nr. 2., 2009, pp. 141~172.

Ders, *Volkskundliche Wissensproduktion in der DDR*, Berlin, 2012,

Brückner, Wolfgang(Eds.), *Falkensteiner Protokolle*, Frankfurt a.M., 1971.

Dow, James R. and Lixfeld, Hannjost, *German Volkskunde*, A Decade of Theoretical Confrontation, Debate, and Reorientation(1967~1977), Indiana University Press, 1986.

Ders, "National Socialistic Folklore and Overcoming the Past in the Federal Republic of Germany", *Asian Folklore Studies*, Vol. 50, 1991, pp. 117~153.

Emmerich, Wolfgang, *Zur Kritik der Volkstumsideologie*, Frankfurt a.M., 1971.

Iggers, Georg G, "New Directions in historical Studies in the German Democratic Republic", *History and Theory*, Vol. 28, No. 1, 1989, pp. 59~77.

Jacobeit, Wolfgang, "Research into Peasant Work and Economy in the German Democratic Republic", *Technology and Culture*, Vol. 5, No. 3, pp. 379~385.

Jahn, Friedrig Ludwig, *Deutsches Volkstum*, Leipzig, 1817.

Kamenetsky, Christa, "Folklore as a political tool in Nazi Germany", *the Journal of American Folklore*, Vol. 85, pp. 221~235.

Kaschuba, Wolfgang, *Einführung in die Europäische Ethnologie*, München, 1999.

Kramer, Diete, "Wem nützt Volkskunde?", *Zeitschrift für Volkskunde* 66, 1970, pp. 1~16.

Maus, Heinz, "Zur Situation der deutschen Volkskunde", Die Umschau. *Internationale Revue*, 1946, pp. 349~359.

Peuckert. Willi-Erich, "Überlegungen und Betrachtungen. Zur Situation der deutschen Volkskunde", Die Nachbarn. *Jahrbuch für vergleichende Volkskunde* Bd. 1. Göttingen, 1948, pp. 130~135.

Scharfe, Martin, "Towards a cultural history: Notes on contemporary Volkskunde", *Social History* 4, 1979, pp. 333~343.

Steinitz, Wolfgang, *Die volkskundliche Arbeit in der Deutschen Demokratischen Republik*, Berlin, 1955.

Wiegelmann, Günter, "The Atlas der deutschen Volkskunde and the Geographical Research Method", *Journal of the Folklore Institute*, Vol. 5, No. 2/3, 1968, pp. 187~197.

문화통합의 관점에서 본 남북협력사업 평가와 전망

전영선

1. 문화통합과 남북문화 협력

이 글은 문화통합의 관점에서 남북 협력사업을 평가하고, 향후 과제를 제시하는 데 목적이 있다. 문화통합의 관점에서 사용하는 남북 협력사업은 흔히 두 의미로 통용된다. 하나는 정치, 경제를 제외한 제반 분야를 포괄하는 개념이다.[1] 여기서 사회문화 분야는 2007년

---

1) 사회문화교류의 범위에 대해서는 여러 의견이 존재한다. 1991년에 서명한 남북기본합의서 제16조는 이 분야에 대해 "남과 북은 과학·기술, 교육, 문화·예술, 보건, 체육, 환경과 신문 , 라디오 텔레비전 및 출판물을 비롯한 출판·보도 등 여러 분야에서 교류와 협력을 실시한다"고 규정하고 있다. 관련하여 1992년 9월 17일에 남북교류·협력분과위원회가 채택한 「남북교류협력부속합의서」에는 제9조에서 "남과 북은 교육, 문화·예술, 보건, 체육과 신문 , 라디오 텔레비전 및 출판물을 비롯한 출판·보도 등 여러 분야에서 교류와 협력을 실시한다"라고 규정하여, 과학·기술과 환경 분야를 제외한다. 한편 남한이 제정하고 있는 「남북교류협력에 관한 법률」에 의하면 사회문화교류는 「남북 사회문화교류협력사업 처리에 관한 규정」 제3조에 따라 "이 규정에서 '사회·문화 분야 협력사업'이라 함은 법 제2조 제4호의 '협력사업'중 남한과 북한의 주민이 공동으로 행하는 교육, 문화, 예술, 보건, 체육, 출판, 보도 등에 관한 제반 비영리적 활동으로서 민족의 동질성 회복과 사회·문화 공동체 형성을 위해 상대방 지역이나 제3국에서 당사자 간의 합의 및 계약에 따르는 계획, 준비·

남북정상회담에서 합의한 6항과 7항의 '역사, 언어, 교육, 과학기술, 문화예술, 체육' 등의 분야와 인도적 지원사업이나 지방자치단체의 교류사업이 포함된다.[2] 다른 하나는 보다 좁은 개념으로 문화예술 분야를 의미한다. 이 글에서는 남북 협력사업의 범위에서 통칭하는 사회문화로 규정한다.

남북 사이에 사회문화 교류가 본격화되기 시작한 것은 김대중 정부 출범 이후이다. 이후 이명박 정부 출범 이전까지 사회문화 교류는 남북관계 발전의 중요한 추동력이 되어 왔다.[3] 사회문화 협력사업에 참여하는 민간 주체가 늘어나면서 사업도 확대되었다.[4] 그러나 사회문화 교류의 분야별 전문성과 특성을 살리는 교류까지 확대되지 못하였다. 사회문화교류는 외형적으로 발전했지만 서로의 체제에 영향을 미칠 수 있는 분야에 대해서는 여전히 제한적이고, 조심스러운 접근이 있었다. 사회문화 협력사업이 남북의 문화적 차이를 확인하고, 남남갈등을 일으키는 한 원인이 되기도 하였다.

그나마 남북 사이에 진행되어 오던 사회문화 교류도 이명박 정부 출범 이후 '원칙 있는 대화'의 기조에 밀려 남북대화가 단절되면서 거의 이루어지지 못하고 있다. 박근혜 정부 출범 이후 기조는 달라졌지만 여전히 예전의 상황을 회복하지 못하고 있다. 이러한 상황은

실시 및 사후처리 등의 계속성을 지니는 다음 각호의 1에 해당하는 행위를 하는 것을 말한다"고 되어 있다. 이 규정은 1998년 개정안에서는 그 포괄범위를 "문화, 체육, 학술 등에 관한 제반 활동"으로 바뀌었다.

2) 2007년 제2차 남북정상회담에서 발표된 10·4선언의 제6항과 7항에 해당하는 사업들이다. 제6항에서는 '남과 북은 역사, 언어, 교육, 과학기술, 문화예술, 체육 등 사회문화 분야의 교류협력 발전', '서울-백두산 직항로 개설과 백두산관광 실시', '2008 북경올림픽대회 남북응원단 경의선 열차를 이용 참가' 등의 사항을 담고 있으며, 7항은 '인도주의 협력사업 적극 추진', '이산가족 상봉 확대 및 영상편지 교환사업 추진', '금강산이산가족면회소에 대표 상주와 상시 상봉', '자연재해 발생시 협력' 등의 인도주의 협력 사항을 담고 있다.

3) 통일부, 『통일백서·2007』, 2007, 89쪽.

4) 남북 민간교류의 장으로서 6·15공동행사와 8·15공동행사가 일정 정도 정례화되면서 안정적으로 전개되었고, 시간이 지나면서 전문성 높은 분야별 교류로 확대되었기 때문이다. 2001년에는 노동과 농민에 불과하던 부문별 공동행사가 2002년에는 청년과 여성 단체의 공동행사로 늘었고, 2004년에는 교원단체, 2005년에는 작가, 2006년에는 언론인 대회로 세분화되었다.

이명박 정부의 출범 당시부터 일정 정도 예견되었던 상황이다. 보수 정권이 들어서면서 정책 조율 기간이 필요할 것으로 예상되었다. 전문가들이 대북정책 기조의 차이에 따라 일정 기간 조정을 거칠 것으로 예상했던 것도 이런 판단에 근거한 것이었다. 남북관계가 다소간의 조정 기간을 거칠 것으로 예상하였지만 경색 국면이 길어질 것을 예상한 이들은 많지 않았다. 일정 기간 조정을 거쳐 남북관계가 복원될 것이라고 전망하였다. 하지만 남북관계의 현재는 이런 전망과 달리 경색을 넘어 단절 상태가 계속되고 있다.5) 특히 지난 2010년 '5·24조치' 이후 남북경색 국면과 맞물려 답보상태를 면치 못하고 있다.6)

사회문화 분야는 경색된 남북관계에서 정치적 영향력을 최소화하면서도 경색된 정치적 상황을 풀 수 있는 분야이다. 사회문화 분야라고 해서 정치적 상황으로부터 완전히 자유로울 수 없다. 일정 정도 남북관계의 영향을 받는 것이 자연스러운 상황이다. 문제는 정도이다. 정치적 영향력이 사회문화·인도적 지원 분야의 단절로 이어져서는 안 된다. 이런 점에서 사회문화·인도적 지원 업이 이처럼 종속적인 관계로 묶이는 것은 바람직한 것인가에 대해 고민할 필요가 있다.

'5·24조치' 이후 시간이 지나면서 남북관계에 대한 경색을 풀고 대

---

5) 사회문화 분야의 회담은 2008년 2월 4일에 있었던 '베이징올림픽 공식응원단 경의선 열차 이용 관련 제2차 실무접촉' 이후로 단절되었다. 최근 민간단체를 중심으로 방북이 이루어지고 있지만 국민의 정부, 참여정부 시절과는 큰 차이를 보인다.

6) 천안함사건 이후 2010년 5월 24일 발표된 이른바 '5·24조치'로 학술 분야의 교류도 전면 중단 되었다. 통일, 외교, 국방 3부 장관의 공동 기자회견으로 발표한 '5·24조치'는 정부 부처 차원에서 공동으로 이루어진 남북관계에 대한 전면적인 대응조치였다. 통일부에서는 '북한 선박의 우리 해역 운항 전면 불허', '남북교역 중단', '개성공단과 금강산 지구를 제외한 북한 지역에 대한 방북 불허', '북한에 대한 신규투자 불허', '대북 지원사업 원칙적 보류' 한다는 내용의 조치를 발표하였다. 남북 사이의 인적 교류나 신규투자를 전면적으로 금지하는 조치였다. 다만 '개성공단 운영은 지속하고 취약계층 지원은 유지'한다고 함으로써 남북 사이의 최소한의 관계는 유지하였다. 외교부에서는 국제사회의 대북규탄 여론 조성'과 함께 유엔안보리 회부 등 안보리차원의 조치협의 및 기존 대북제재결의 엄격 이행을 위한 조치가 취해졌다. 국방부에서는 대북심리전 재개, 서해상의 한미연합 대잠수함 훈련 실시, PSI 강화 조치를 발표하였다.

화를 통한 해결의 목소리가 높아지고 있다. 특히 '5·24조치'와 직접적인 관련이 없는 문화학술 분야의 교류마저도 크게 위축됨으로써 우리 정부의 대북정책이 한반도의 평화와 안녕에 있다는 것을 보다 분명하게 보여 주지 못하였다는 목소리도 나오고 있다.[7] 남북 대화를 재개하는 것이 곧 정책의 실패를 의미하는 것이 아닌 상황에서 대화의 수단까지 포기할 필요는 없다는 논리도 설득력을 얻고 있다. 남북관계의 변화 목소리에 무게가 실리면서 개성만월대공동발굴사업, 겨레말큰사전 공동편찬사업이 재개되고 있어 사회문화 교류사업이 복원되는 것이 아니냐는 기대가 나오고 있다.

이 글에서는 문화통합의 관점에서 협력사업의 의미와 필요성에 대해 검토하고, 남북 사이에 진행된 학술, 출판/저작권, 문화재, 방송 분야의 협력사업의 전개과정과 특성, 성사요인을 분석하고, 이를 바탕으로 남북 협력사업의 원칙과 방향을 제시하고자 한다. 이를 통하여 남북 협력사업의 원칙과 정책 마련에 도움이 될 수 있을 것이다.

2. 문화협력사업의 의미와 필요성

1) 사회문화 협력사업의 의미

사회문화 분야의 교류·협력사업은 지속적인 교류·협력을 통해 남북 사이에 공통적인 사회문화 기반을 구축하고 상호 의존 관계를 수립하는 데 있다. 사회문화 분야의 교류협력사업의 근본 취지는 남북 사이에 사회·문화 교류·협력의 활성화를 통하여 '사회문화 공동체' 형성 기반을 구축하는 데 있다. 나아가 남북한 주민들이 서로간의

---

7) 정부의 대북정책은 북한의 도발에 대한 명분을 만들지 못하였고, 전략적 대응에 실패하면서 '보복' 차원으로 낮추고 말았다는 평가도 있다. 정상화, 「전략적 인내 정책 무너지나」, 통일부 홈페이지 컬럼, 2011.7.8.

차이를 우열 관계가 아닌 대등 관계의 차이로 인식하도록 하고, 이를 통하여 상호 존중과 이해를 도모하도록 하는 것이다. 남북의 주민들인 차이를 인식하고 상호 존중과 이해를 도모하는 것은 통일과정에서 발생할 문화적 갈등과 충격을 최소화하기 위해서이다.

남북의 통일은 남북이 분단된 상태에서 70년 동안 지속해 온 적대적 대타성이 극복되는 역사적 의미를 갖는 동시에 이질적인 체제 하에서 생활했던 남북한 주민들이 통일국가의 새로운 체제 속으로 동시에 진입하게 된다는 것을 의미한다. 이 과정에서 남북의 문화적 차이는 통일의 가장 큰 걸림돌로 작용할 것이 분명하다. 문화적 갈등이 사회통합에 미치는 부정적인 현상은 통일 독일에서도 확인한 바 있다.

독일 통일 이후에도 문화적 갈등을 겪게 되는 것은 정치적 통일, 경제적 통일과 달리 문화적 통합은 단기간 내에 이루지지 않을 뿐만 아니라 어느 한편의 문화가 일방적으로 다른 문화를 온전히 통합할 수 없기 때문이다. 정치제도나 경제제도는 하나의 통일된 체계로 갈수 있지만 문화는 소통과정 없이 통합에 이를 수 없는 속성이 있다. 통일 독일이 겪고 있는 문화적 갈등 역시 서독의 제도와 문화의 의식으로 인해 발생한 문제이다.

독일의 경우 통일된 지 10년 만에 동독주민의 경제적 수준이 서독주민의 80%에 이를 정도로 성공적으로 정착하였다. 하지만 내적인 장벽은 오히려 더 높게 형성되었다. '무능한 동쪽사람(Ossis)'과 '오만한 서쪽(Wessiss)'이라는 의식이 되풀이 되고 있어서 통일직후에 나타난 동서독인의 거리감이 25년이 지나도 여전히 작동하고 있다는 것을 확인할 수 있다. 독일이 통일된 다음에 구 동독지역에서 태어난 청소년의 대다수가 자신을 통일독일이 아닌 동독인으로 인식한다는 결과도 있다.

통일한국의 경우에도 독일 통일의 경험이 재연될 여지가 크다. 남북의 문화는 수십 년 동안 이질화의 길을 걸어 왔다. 문화에 대한 가치관도 다르고, 정책 목표의 차이도 크다. 북한이탈주민들을 대상으로 한 조사에서도 문화적 차이를 극복하지 못하고 스스로를 '제2국민'으로 인식하고 있는 사례를 발견하기란 어렵지 않다. 남북의 통합 준비도 대단히 미약하다. 서울대학교 통일평화연구소의 '남북통합지수'를 보면 남북한의 통합정도를 수치로 표시할 경우 통합수준은 20% 정도로 나타났다.8) 이 정도의 낮은 통합수준 상태에서는 통일과정은 물론 통일 이후의 사회통합이 대단히 어려워질 가능성이 높다는 것을 시사한다.9)

통일한국의 사회통합이 남북의 상호 차이를 인정하고 존중하면서도 공동의 가치와 연대성을 형성하는 과정으로서 본다면, 제도나 구조의 통합보다는 미시적이고 문화적 통합이 특히 중요한 문제로 부각될 것이다. 남북의 협력사업은 문화통합 과정에서 발생할 문화적 충격을 최소화하고 이해의 폭을 넓힌다는 의미가 있다.

2) 협력사업의 필요성

사회문화 협력사업은 통일의 필수과정이라고 할 수 있다. 정부에서 제시하는 '통일한국' 사회의 비전은 유토피아적이다. 통일한국의 미래는 국제사회의 강대국으로 성장하는 것은 물론 민주주의가 성숙되고, 경제적으로도 풍요롭고, 다양한 문화가 소통되는 정의 사회로 설정하고 있다. 이러한 통일을 이루기 위해서는 수없이 어려운 난제를 극복해야 한다.10) 무엇보다 남북 사이의 가치관과 문화적 통합이

---

8) '남북통합지수 개발을 위한 기초연구'에서도 2008년부터 2010년까지 통합율은 21.4%, 20%, 20.1%로 나타났다. 남북통합지수에 대해서는 김병연·박명규·김병로·정은미, 『남북통합지수, 1989~2007』, 서울대학교출판문화원, 2009를 참고.

9) 갈등의 생성, 증대, 감소, 그리고 소멸의 양상은 순차적으로 전개되는 것이 아니며, 다원화된 사회에서 갈등을 원천적으로 없애는 것은 불가능하며 갈등은 끊임없이 생성된다. 갈등은 시간의 흐름에 따라 저절로 감소되거나 소멸되는 것이 아니라, 보상, 포기, 타협, 초월 등, 어떻게 대처하는지에 따라 갈등이 증폭될 수도 있고 감소 또는 소멸하게 될 수도 있다. 요한 갈퉁, 『평화적 수단에 의한 평화』, 들녘, 2000, 217~223쪽 참고.

이루어져야 한다. 문화적 통합은 정치나 제도처럼 측정할 수 있는 요소가 아닐 뿐만 아니라 사회적 갈등의 잠재적 요소로서 통합의 가장 큰 걸림돌이 될 수 있다.

통일 독일의 경우 통일 이후에도 동서독의 갈등은 여전히 해소되지 못하고 있어서 사회통합의 장애가 되고 있다. 동서독의 불신은 기본적으로 '사회주의 생활양식의 각인 효과', '사회주의 추락의 경험'이라는 두 가지 요인에 기인하고 있다.[11] '사회주의 생활양식의 각인 효과'란 사회주의 체제 하에서 체화된 강력한 '사회적 지향'이 동독인들의 '불변적인 가치모형'으로 온존하게 유지하는 것을 말한다. 과거 사회주의 체제에서 사회화 과정을 통해 형성되었던 규범적 표준들이 통일 후에 새로운 사회질서 하에서도 신속하게 바뀌지 않고 계속 작동하는 것이다. 이로 인해 독일 통일 이후에도 문화적 갈등과 가치관의 차이가 드러나게 되는 것이다.

'사회주의 추락의 경험'이란 서독의 제도가 이식되는 과정에서 시장경제의 메커니즘과 신속한 체제전환에 적응하는 과정에서 '상실경험'을 겪게 되면서 사회주의 가치관에 대한 가치가 평가절하되면서 동독인의 자부심에 대한 손상이 발생하게 되는 것이다. 통일독일에서 동독은 높은 실업률과 경제적 격차 등의 '물질적 저혜택'과 함께

---

10) 박형중은 정부가 제시한 통일한국의 미래 비전이 하나의 유토피아적 '완전한 사회'가 실제로 실현되는 것으로 상정하고 있다고 분석하였다. 통일부 통일교육원에서 간행한 『통일문제의 이해 2011』을 보면 통일한국의 미래 비전을 "자유민주주의와 시장경제 토대 위에서 정치적 자유의 보장, 경제적 풍요, 그리고 다양성과 자율성의 신장이 실현되는 조화로운 공동체가 될 것이다", "정치적 시민적 자유의 신장을 가져올 것이며, 보다 성숙한 민주주의를 통해 '더큰 대한민국'의 기초를 놓게 될 것이다", "경제적으로 시작여제 질서를 바탕으로 성장과 분배가 조화롭게 이루어지면서 풍요로운 국가가 될 것이다", "사회적 자원과 시설, 그리고 역할이 공정하게 배분되는 복지정책과 분배제도가 정착될 것이다", "구성원 개인의 가치관과 생활양식이 존중되는 문화적 다원주의가 정착될 것이다" 등을 제시하고 있다는 것이다. 그러나 이러한 사회를 실현하기 위해서는 매우 어려운 수많은 도전이 극복되어야 한다는 것이다. 박형중, 「통일국가의 정치체제와 이념」, 『통일시대 국가이념 및 비전연구: 선진 통일한국의 이념좌표 모색』, 사회통합위원회, 〈선진 통일국가를 위한 국가정체성 모색〉 1차세미나 자료집, 2011.10.7, 11쪽.

11) 전태국, 「사회통합을 지향한 한국통일의 개념전략: 변화를 통한 접근」, 『한국사회학』 제41집 6호, 2007.

사회주의 유산에 대한 일반적 경멸에 기초한 '인정(認定)의 결여'를 경험하게 된다. 독일 통일은 실패한 동독이 승리한 서독으로 흡수되는 방식으로 진행되었다. 그 결과 통일은 곧 동독인들이 서독인으로 동화되는 것을 의미하게 되었다. 동독인들이 통일이전까지 유지했던 모든 것들의 포기와 서동인의 것들에 의한 구성을 의미한다.12) 독일 통일은 동독주민들이 선택한 결정이었지만 통일의 결과는 사회주의 제도 하에서 동독인의 삶이 전근대적인 가치로 탈가치화되는 결과로 나타났다. 이러한 상실의 경험이 구동독인들 사이에서 광범위하게 일어남으로써, 상실의 경험이 구동독인들 사이에 강한 내적 결속의 고리가 된 것이다.

남북의 문화적 이질성은 동서독의 경우보다 한층 심하다고 할 수 있다. 독일의 경우에는 근대화 과정을 겪은 이후 강대국에 의해 분할되었다. 통합 이후의 모델도 분명하였고, 통합에 대한 거부감도 적었다. 반면 남북한은 식민 상태에서 전혀 이질적인 정치체제로 전환되었다. 그 결과 남북은 근대화의 경험에서 상당한 차이를 보이고 있으며, 이는 곧 사회의 보편적 가치관의 차이로 이어졌다.

남한은 민주주의사회에 기초하는 다원주의체계로서 개인주의에 입각한 합리성과 실용성을 중시하는 개인적이고 개방적인 사회로 발전하여 왔다. 문화정책에서도 다원주의를 기초로 국가에서 문화예술에의 접근 기회를 증가시켜 배분하는 문화 지원 정책을 유지하고 있다. 남한에서 실질적인 문화 활동은 개인이 담당하고 정부는 직접 관여하지 않는 방향을 지향하고 있다. 남한의 문화정책 목표는 정책적 결정에 의하여 제시되는 것이 아니라 체제 자체의 자율적 작용에 의하여 형성된다. 남한의 문화는 국민의 공동체의식의 함양, 국민 정서의 순화를 통한 바람직한 가치관으로의 계도, 국민의 정서적 욕구

---

12) 김병로, 「통일한국의 사회통합 이념」, 『통일시대 국가이념 및 비전연구: 선진 통일한국의 이념좌표 모색』, 사회통합위원회, 〈선진 통일국가를 위한 국가정체성 모색〉 1차 세미나 자료집, 2011.10.7, 37쪽.

의 충족, 순수예술론의 관점에서 예술 그 자체의 발전을 목표로 한다.13)

북한은 주체사상과 '사회정치적생명체론', 그리고 이에 토대하고 있는 '우리 식 사회주의론'과 '조선민족제일주의론'이라는 이념적 토대를 통해 주체사상과 당의 유일사상체계가 모든 가치를 지배하는 획일적이고 통제적인 사회를 구축하였다. 북한의 문화는 정치적 예속물로서 최고 통치이념인 '주체사상'(이념문화)이 표방하고 있는 '우리식 사회주의'를 계승 발전시키기 위한 주요 수단으로 활용하고 있다. 그 결과 집단주의적 사상의식을 형성하게 되었다.14) 이러한 북한의 정치교육을 경험한 북한 주민들에게 북한의 정치교육은 익숙한 사고방식과 행동양식으로 체득됨으로써 쉽게 바꾸지 못할 것이다.15)

문화적 차이에 더하여 전쟁을 통해 상호 적대감이 강하게 형성되었다. 이러한 체제 차이와 적대감은 통일 이후에도 쉽게 해소되기 어려운 요소가 되고 있다. 최근에는 민족적 이질화에 대한 변수도 고려해야 하는 상황이 되고 있다.

반면 북한은 체제의 위기의식을 민족적 정서와 문화에 기대어 극복해 나가려는 의도는 조선민족제일주의가 강화되고 있다. 1980년

---

13) 정홍익, 「문화정책의 가치론적 접근」, 『문화예술논총』 제5집, 1993, 53~55쪽.

14) 김갑식·오유석, 「'고난의 행군'과 북한사회에서 나타난 의식의 단층」, 『북한연구학회보』 8권2호, 북한연구학회, 2004, 103쪽. "북한에서 인민대중이 낡은 사상과 문화의 구속에서 벗어나 자주적인 생활을 누릴 수 있는 사상문화적 조건을 마련하려는 인간개조사업의 본질 역시 결국은 북한주민이 부르조아적 개인주의에서 탈피하여 사회주의적 집단주의 사상의식을 강화하고자 하는데 있다. 이러한 집단주의 사상의식은 '하나는 전체를 위하여, 전체는 하나를 위하여'라는 구호에서 보여지는 것과 같은 '강제적 평준화'에 집중적으로 구현되어 있다."

15) 조용관은 북한의 정치교육의 내면화가 탈북자들의 남한 사회 적응에 미친 영향을 분석하면서 북한의 정치교육이 인민들을 외부세계와 단절시키고 독재체제 유지를 위한 수단으로 전락함으로써 북한에서 학습한 여러 정치교육의 내용이 남한 사회 적응에 도움이 되지 않는다는 것을 알고 있지만 오랜 기간 체득화된 북한식 사고방식과 행동양식은 쉽게 바꿀 수 없는 데 문제가 있다고 지적하였다. 조용관, 「북한 정치교육의 내면화가 탈북자 남한사회적응에 미친 영향」, 『한국정치외교사논총』 제25집 2호.

대 중반 이후 민족문화의 정통성에 김일성 가계의 정통성을 결합한 '김일성 민족주의', '아리랑민족론'으로 강화되고 있다. 1990년대 이후 '김일성 민족', '민족의 태양', '김일성민족의 언어' 등의 용어가 등장하여 일상적으로 자리매김하였다. 김일성 주석의 사망 이후에는 주체연호와 태양절 제정, 김일성 영생탑 건립, 국제김일성상 제정 등의 사업을 통해 김일성 주석을 전면에 내세우면서 '김일성 주석=민족'이라는 등식을 구체화하고 있다. 이러한 과정을 통해 민족문화의 범주에 김일성 주석의 혁명적 문화예술을 편입시켜, 민족 정통성에 김일성 가계의 정통성을 부여하기 시작한 것을 상징한다. 2000년 이후에는 '아리랑민족'을 강조하면서 민족적 정체성을 차별화하고 있다.16)

남북 사이에는 단일민족의 신화가 깨어지고 있다. 남한에서는 다문화 사회로 진입하면서 문화적 다양성과 함께 형질적 특성에 근거한 민족주의가 제도 중심의 민족주의로 전환하는 과정을 겪고 있다. 민족의 근거가 되는 것이 핏줄, 피부색 등의 형질적인 요소와 함께 역사적 경험, 단일 언어, 전통문화의 요소와 함께 민주주의 가치에 대한 경험이 복합적으로 작동하고 있다. 단일 언어와 혈통성에 근거한 민족의 개념에서 점차 문화를 핵심으로 하는 개념으로 옮겨지고 있다. 북한의 경우 혈통과 제도에 기초한 민족주의를 강화하고 있다.17) 북한의 민족주의는 1980년대 중반 체제 수호의 논리로 출발한 이루 1990년대 김일성 민족론으로 전환되었고, 2000년 이후에는 남

---

16) 전영선, 「북한 '아리랑'의 현대적 변용 양상과 의미」, 『현대북한연구』 14권 1호, 북한대학원대학교, 2011을 참조.

17) 강명옥, 「조선민족의 피줄의 공통성을 부인하는 사대매국행위」, 『민족문화유산』 1호, 2009. "피줄의 공통성을 부인하는 사대매국세력들의 반민족적책동은 또한 조선민족의 본질적 특성을 거세하고 《다민족, 다인종사회》론을 류포시키는데서 찾아볼 수 있다. 최근에 남조선에서는 우리 민족의 본질적특성을 무시하고 《다민족, 다인종사회》화를 추구하는 반민족행위들이 로골화되고있다. 《다민족, 다인종사회》론은 민족의 단일성을 부정하고 남조선을 이질화, 잡탕화, 미국화하려는 용납못할 민족말살론이다. 더욱이 제국주의자들의 《세계화》책동이 더욱 로골화되고있는 오늘날 그에 대처하여 민족성을 더욱 내세우고 그를 보호하는것은 민족의 운명개척에서 매우 중요한 문제로 나서 있다."

과 북의 민족적 차별성을 강화해 나가고 있다. 남북문화 협력사업은
남북문화의 만남이 가져올 문화적 충격을 완화하고 변화를 통한 접
근을 이루는 고리가 될 것이다. 이를 위해서는 보다 적극적인 협력이
필요하다.

3. 남북문화교류 사업 평가와 전망

1) 학술 분야

(1) 남북교류 경과

남북 사이의 학술교류는 언어, 역사 등의 한국학 분야와 과학기술
분야를 중심으로 1990년대 중반 이후 꾸준하게 진행되었다. 학술교
류가 보다 전문화되고 본격화된 것은 2000년 이후이다. 2001년 6월
15일 남북은 금강산에서 민족통일대토론회를 개최하였는데, 금강산
행사에는 노동, 여성, 청년, 교육, 문예, 언론, 학술 등의 사회계층과
부문들도 함께 참가하여 토론을 벌였고 이때부터 부문별 상봉모임도
시작되었다.

학술 분야의 여러 성과 가운데 주목할 사업은 '겨레말큰사전 남북
공동편찬사업'이다. '겨레말큰사전 남북공동 편찬사업'은 남북의 언
어학자들이 참여하는 문화통합 사업으로 남북의 당국에서도 적극적
인 지원에 나서고 있는 사업이다. 고 문익환 목사가 1989년 방북하여
김일성 주석과 합의하면서 시작되었다. 사업의 상징성과 의미가 큰
사업으로서 북한에서도 가장 적극적으로 추진하고 있는 사업 중의
하나이다. 2005년부터 본격적으로 추진하기 시작하여 남북의 국어학
자들이 분기별로 남북공동 편찬회의를 개최하여 사전의 올림말을 공
동 선정하는 등 2013년까지 추진할 예정이었다. 2008년 상반기에도

겨레말큰사전 편찬을 위한 2차례의 공동 편찬회의를 개최하였다. 이 밖에도 언어학 분야에서는 민족어의 정보처리를 위한 표준화 문제, 전문용어 처리문제, 자료 교환을 위한 문자코드 처리문제, 효율적인 자판 활용 문제 등이 꾸준하게 논의되고 있다. 하지만 남북관계가 경색되면서 사업도 이루어지지 못하면서 2017년으로 연장되었다.

역사 분야의 학술교류 역시 남북정상회담 이후에 꾸준히 진행되고 있는 분야이다. 역사 분야의 학술교류는 주로 고대사 분야, 고구려 분야, 일제강점기를 중심으로 진행되고 있다. 남북역사학자협의회는 2001년부터 4년 간 4차례에 걸쳐 평양에서 남북공동학술토론회를 진행하면서 공동기구의 필요성에 대해 공감한 이후 이를 위한 작업을 진행하였다. 2004년 2월 28일 평양에서 '남북역사학자협의회 결성에 관한 합의서'를 합의하였고, 이에 따라 남측위원회와 북측위원회를 구성하게 되었다. 남북역사학자협의회는 공동학술단체로는 분단 이후 최초이다.

2004년 2월 평양에서 개최된 일제 약탈문화재 반환을 위한 남북공동 학술토론회에서 남북은 민족사와 관련한 공동의 역사 연구와 협력의 필요성을 공유하고, '남북역사학자협의회'를 결성하였다. '남북역사학자협의회'는 주로 일본 약탈 문화재 반환 문제와 고구려 역사 문화재 관련 사업을 중심으로 교류를 이어가고 있다.

남한의 단군학회소속 역사학자들과 조선역사학회는 1998년부터 고조선 연구를 공동으로 진행하여 2005년에 '단군과 고조선 연구'라는 단행본을 공동으로 발간하였다. 고구려연구재단은 2006년부터 평양 안악궁터 발굴조사 사업을 진행하고 있으며, 2005년부터는 '안중근 의사 유해 남북공동발굴사업'을, 2006년과 2007년에는 고구려고분군에 대한 '남북공동실태조사 및 보존사업', '개성 만월대 남북공동 발굴 조사' 등을 진행하였다. 2006에는 '북한주민 건강증진 방안 모색을 위한 남북공동학술회의'를 남북 공동으로 진행하였고, 2007년 12월 7일부터 9일까지 남측에서 25명, 북측에서 25명이 참가한 가운데 금강산에서 '남북학술대회'를 개최하였다. 2008년에는 남북 역사 용어 공동연구가 2차례에 걸쳐 공동학술대회로 치러졌다.

고대사 분야와 관련한 학술교류는 2002년부터 진행된 '개천절 남북공동행사와 단군학술토론회'가 있다. 개천절 남북공동행사와 단군학술토론회는 남한에서 천도교 등 민족종교가 참여하고, 북한에서는 단군민족통일협의회가 주최하여 진행한다.

(2) 협력사업 특성

남북 학술교류에서 중심 분야에서는 언어학과 역사, 과학기술 분야이다. 학술 분야의 교류 사업의 특성을 살펴보면 다음과 같다.

첫째, 학술 분야는 명분이 강하다. 언어학 분야의 경우, 민족어를 보존해야 한다는 공감대가 남북 사이에 형성되어 있다. 북한은 1966년 5월 평양어를 중심으로 한 문화어체계를 수립한 이후 우리말 다듬기 사업을 통하여 민족어로서 문화어를 강조하였다. 또한 1990년대 이후 대외교류가 활발해지면서 국제표준어 사용이 확대되는 북한의 입장에서 보면 새로운 언어 환경에 대한 남북한의 언어 협력은 새로운 우리말다듬기 사업이 될 수 있다. 이런 점에서 언어학 분야의 다양한 교류는 민족어를 살린다는 명분도 있으며, 미래 통일사회를 준비한다는 의미도 크다.[18]

둘째, 역사학 분야의 교류는 시기적으로 볼 때 고구려와 관련한

---

18) 남과 북의 편찬위원들은 4차 회의에 이르러 편집요강을 확정하였다. 편집요강은 대략 네 가지 분야에서 이루어졌다. 우선 사전에 올릴 말은, 1900년에서 지금까지 우리 민족이 쓰고 있거나 썼던 말로 하되 방언과 문학작품 어휘까지를 포함하기로 의견을 모았다. 어휘를 채록하는 것은 문헌과 현장으로 나누었고, 고유어와, 한자어, 방언, 은어, 속어, 관용구, 속담, 신어 등으로 구획을 지었다. 공통의 언어 규범을 만들자면, 언어 규범이 남과 북이 각각 다르게 쓰고 있는 부분을 확인해야 하는 데, 그 대상이 자음과 모음, 고유어, 한자어, 외래어 등 형태표기 방법, 띄어쓰기, 문장부호, 문법용어, 발음 등으로 구분하였다. 이런 협의가 모두 전문인들의 영역이다. 겨레말큰사전남북공동편찬위원회, 『겨레말큰사전남북 공동편찬사업회 백서』, 동광문화, 2006.

교류가 가장 많으며, 이어서 일제시대, 고조선 관련 교류가 있다. 역사는 남북의 역사관 차이가 분명하다. 남북이 합의할 수 있는 공통의 역사 문제가 고구려와 일제강점기로 모아진 것이다. 또한 남쪽에서 큰 관심을 갖고 있지만 지리적으로 접근이 어렵다는 점도 이 시기의 역사에 대해 관심을 갖게 하는 계기가 된다.

셋째, 과학기술 분야는 남북한의 이념적 충돌을 피할 수 있으며, 전문성이 높은 분야이다. 북한으로서 21세기 들어 강조하고 있는 과학기술 강조 정책을 반영할 수 있는 부분이기도 하다. 남북교류 초기 문화교류에서도 이념적인 갈등이 적은 분야, 즉 교예, 클래식음악, 서예나 사진, 문화재와 같은 분야부터 시작하였듯이 과학기술 분야의 교류는 이념적 충돌이 없으면서 현실적으로 도움이 되는 분야이다.

(3) 성사요인

학술 분야와 출판저작권 분야의 교류가 성사되기 위한 기본적인 조건은 남북 문화에 대한 이념적 거부감이 없어야 한다는 점이다. 남북 상호 간의 이념이나 정치적인 문제와 연관된 경우에는 교류사업을 진행하기가 쉽지 않다. 시대적 상황과 남북관계에 민감한 만큼 남북관계에 부정적인 영향을 미칠 수 있는 분야는 협상과정에서 배제될 수밖에 없다. 학술 분야나 출판저작권 분야에서도 주로 민족적인 문제나 이념성이 없는 분야에 집중되었던 것도 이러한 이유이다. 남북 관계 개선의 기본적인 측면인 남북의 정치적 진전을 논외로 하고 학술과 출판저작권 분야에서 합의와 사업이 이루어질 수 있었던 것은 다음 몇 가지로 분석할 수 있다.

첫째, 민족적 문제라는 명분과 사회적 관심이다. 특히 남북 공동 편찬사업인 '겨레말큰사전 공동편찬' 사업은 겨레말과 관련된 사업이라는 점이 크게 작용하였다. 겨레말큰사전 공동편찬 사업은 1989년 방북한 문익환 목사와 김일성 주석 사이에 합의된 사항으로, 북한의 입장에서는 김일성 주석의 유훈사업이라는 점이 크게 작용하였다.

둘째, 학술적 가치에 대한 인식의 전환과 저작물 보호에 대한 보편적 인식의 확산이다. 북한의 저작물은 저작물 자체가 국제법적으로 보호받을 대상인 동시에 남북교류의 대상이 되었다는 인식으로 전환되었다. 그동안 북한에서 이루어진 학술연구나 저작물에 대해서는 '보호가치가 없는' 것으로 인식하고, 불법적인 복제가 관행처럼 되었다. 그러나 우리 사회 전반에서 저작권에 대한 인식이 높아지고, 남북이 공동으로 저작권 관련 국제기구에 가입하면서 상호 저작물 보호의 필요성에 대한 인식이 확산되었다. 남북이 '베른협약'에 가입한 이상 국제적 관례에 따라서 북한 저작물을 보호하는 것은 당연한 일이 되었다.[19]

셋째, 북한 당국의 인식 전환이다. 사회주의 계획경제를 기본으로 하는 북한에서는 개인의 저작물에 대한 경제적인 문제나 저작권 문제가 활성화되지 않았다. 북한 내에서도 저작권 문제에 대한 인식은 크게 높지 않았고, 저작권 보호를 위한 법적 조치가 마련되어 있지 않았다. 이런 북한이 2001년 저작권법을 개정하는 등 지적재산권에 대한 인식을 전환하면서 지적재산권에 대한 입법조치를 취하기 시작하였다. 지적재산권에 대한 권리 강화는 내부적으로 지식인들의 지적재산권을 보장해 줌으로써 과학기술 발전을 촉진하고, 이를 통해 경제발전을 이룬다는 정책적 차원에서 시작되었다. 즉 의무적으로 기술을 제공하던 것에서 대가성을 높임으로써 발명의식을 촉진하는 수단이 되었다. 이 과정에서 저작권에 대한 북한의 입장이 분명해졌고, 저작물을 관리하는 북한의 주체가 분명해지면서, 남북 저작권 교류에서 사업 주체가 명확해졌다.

---

19) 북측에서 저작권 보호의 기본이 되는 「저작권법」이 공포된 것은 2001년 4월 5일 북한 최고인민회의 제10기 4차 회의였고, 저작권 보호를 위한 국제협약인 베른협약 가입이 사실도 2003년 4월 28일 「조선신보」 보도를 통해서 확인되었다. 저작권 문제는 남북의 문제를 넘어선 국제적인 문제이므로 남측 저작물에 대한 북측의 보호 문제도 남북이 풀어나가야 할 부분이다.

넷째, 북한 저작물에 대한 가치 인정과 적극적인 보상의지이다. 2005년 2월 20일에는 북측의 작가 홍석중이 남측 저작권 문제를 언론을 통해 공개적으로 제기하자, 다음날인 21일 〈임꺽정〉을 출판한 사계절출판사에서는 저작권체결 의사를 표명하고 남북경제문화협력재단을 통하여 보상 문제를 마무리 지었다. 이러한 적극적인 의지는 저작권 문제에 대해 소극적인 다른 출판사를 자극하는 계기가 되었고, 남북 저작권 교류에 대한 인식 개선에 도움이 되었다. 더불어 저작권 관련 소송에서 북측에서 발행한 공식 문건들을 남한 법원에서 인정한 것도 저작권 교류에 대한 인식을 전환하는 계기가 되었다.

다섯째, 학술적 측면의 필요성이다. 현실적으로 북한에 대한 현지 조사가 불가능한 상황에서 역사관련 연구나 언어, 전통문화 등에서 북한의 학술적 연구를 참고로 해야 할 필요가 있다. 박이정출판사에서 출판한 북한 언어학 시리즈나 보리출판사에서 겨레고전문학선집의 출판은 북한에서 이루어진 학술적 성과를 남한에서 출판하는 것으로서 북한의 언어학 연구 성과나 북한 고전문학 연구 성과를 망라하였다는 의미가 있다.

2) 출판/저작권 분야

(1) 남북교류 경과

북한의 출판물이 남한에서 출판되기 시작한 것은 1980년대이다.[20] 1988년 '7·7 특별선언'으로 남북교류의 계기가 마련되면서 정부에서도 북한자료의 공개제도를 개선하였다. 남북 사이의 화해협력

---

20) 1970년대까지 북한의 출판물은 '불온서적'으로서 북한 관련 자료를 취급하던 곳도 국토통일원, 국회도서관을 비롯하여 10곳뿐이었다. 북한 자료는 국가보안법에 의하여 규정되었다. 1970년대 북한 자료에 대한 접근의 필요성이 제기되면서 관리적 차원에서 제한적으로 허용되었다. 북한자료를 관리하기 위해서는 불온간행물 취급기관으로 승인을 받아야 하는 등의 절차가 필요하였다.

의 해빙무드에 따라서 1988년 이른바 납·월북 작가에 대한 해금조치가 이루어졌고, 1989년 '남북교류협력에관한지침'이 마련되면서 정부 차원에서도 북한 자료에 대한 공개 필요성이 대두되었다. 현재도 북한 자료는 '정보 및 보안업무 기획조정 규정에 의거하여 특수자료 취급 및 관리에 관한 사항을 규정한 목적'으로 제정한 '특수자료 취급지침'에 의하여 관리되고 있다.

1988년 납·월북 작가에 대한 해금조치가 이루어지면서 저작권 문제도 쟁점이 되었다. 월북 작가에 대한 해금과 함께 여러 출판사에서 해금작가를 중심으로 한 출판이 시작되었고, 이들의 작품을 중심으로 한 저작권 문제가 제기되었다. 이후 남북 사이에는 저작권과 관련하여 불법 이용에 대한 보상과 국내 사업자 간의 분쟁이 이어졌다.

1990년대부터 북측 출판물 유통이 공식적으로 언급되기 시작하였다. 1991년 12월 13일에 체결된 '남북사이의 화해와 불가침 및 교류·협력에 관한 합의서' 제16조 "남과 북은 과학 기술, 교육, 문학 예술, 보건, 체육, 환경과 신문, 라디오, 텔레비젼 및 출판물을 비롯한 출판 보도 등 여러 분야에서 교류와 협력을 실시한다"고 명시하면서 상호 저작물에 대한 교류를 남북 당국에서 공식으로 언급하였다. 이어 1992년 9월 17일에 체결한 "남북 사이의 화해와 불가침 및 교류·협력에 관한 합의서 '제3장 교류·협력'의 이행과 준수를 위한 부속합의서" 제9조 5항 "남과 북은 쌍방이 합의하여 정한데 따라 상대측의 각종 저작물에 대한 권리를 보호하기 위한 조치를 취한다"는 합의가 있었다. 그러나 남북 당국의 합의 이후 후속조치가 이루어지지 않은 상태로 더 이상 논의되지 못하였다.

금기시 되었던 북한 출판물과 저작물에 대한 논의가 시작된 이래 저작권 문제는 남북 사이의 분쟁 대상인 동시에 남북 문화교류의 중요한 축이 되었다. 남북 문화교류 초기 단계에서는 북한 미술작품의 단순 반입형태가 중심을 이루었지만 남북교류가 확대되면서 단순 수입판매의 형태에서 발전하여, 북한 서적물의 남한 출판을 비롯하여 영화 〈황진이〉, 드라마 〈사육신〉을 비롯한, 북한의 생활가요를 새로운 음반으로 제작한 〈동인〉의 출시 등에서 보이듯이 2차적 생산물로 확대되고 있다.[21]

　남북 사이에 저작권 분쟁이 시작된 지 상당한 시간이 지났고, 남북 사이의 저작권 교류도 활발하게 전개되고 있다. 여기에 방송교류와 문화산업 분야의 교류로 확대되고 있다. 이러한 상황은 남북 문화교류의 확대에 따라 저작권 분쟁을 비롯한 여러 문제를 야기할 것으로 보인다. 그럼에도 불구하고, 남북 당국 차원의 저작권 관련한 문제는 여전히 제도적으로 정비되지 못한 상황에서 남북이 관행적으로 풀어가고 있는 상황이다. 남북의 문화교류가 활성화되고 있으며, 문화교류가 문화산업 분야로 확대되고 있는 만큼 남북 당국 간 제도적인 합의가 없다면 문화재산권법으로 불리는 저작권법상 여러 문제를 야기할 것으로 예상된다.

(2) 협력사업 특성 및 성사요인

　출판이나 저작권 교류 역시 현재까지는 남북의 이념적 충돌을 피하는 분야를 중심으로 진행되었다. 남한에서 이루어진 북한 저작물은 『조선왕조실록』과 같은 민족고전물이거나 『동의보감』과 같은 의학서, 겨레고전선집과 같은 근대 이전의 민족고전물, 언어학 분야, 『주몽』이나 『황진이』와 같은 역사물이 대부분이다. 현대물로서는 아동물이나 퀴즈상식과 같은 비이념적인 작품들이 우선 대상이 되고 있다. 음악에서도 혁명가요보다는 생활가요나 연주곡을 중심으로 이루어지고 있다.

　남북 사이에 출판이나 저작권과 관련한 문제가 제기된 지 상당한 시간이 지났음에도 불구하고 저작권 문제가 제도화되지 못하였다.

---

21) 전영선, 「남북 문화교류와 저작권 문제」, 『지적재산권』 26호, 2008.7, 25~28쪽.

남북 저작권 교류가 제도화되지 못한 것은 다음 몇 가지 원인 때문이었다.

첫째, 북한의 출판물이나 저작물에 대한 인식이 낮았다. 우리 사회 전체가 저작권에 대한 개념과 보호의 필요성에 대한 사회적 공감대가 낮았다. 남쪽에서도 저작권 개념이 명확하지 않은 상황에서 북측 저작물에 대한 인식도 낮다. 북한의 저작물이 보호받을 가치가 있는 저작물이라는 것에 대해서 남한 사회에서 크게 인식하지 못하였다. 지리적이나 역사적인 이유로 북한의 연구를 필요로 하는 역사 분야를 포함하여, 언어학 분야, 고려의학 분야에서도 북한의 출판물은 관행적으로 불법 복제와 유통이 관행화되었다.[22]

둘째, 법적 미비의 문제이다. 저작권 문제는 남북 사이의 특수한 문제가 아니라 국제적으로 보호해야 할 보편적 성격을 갖고 있다. 그러나 국가 보안법 상으로 북한은 국가가 아니라 한(조선)반도의 이북을 불법적으로 점거하고 있는 불법단체였다. 이런 불법 단체의 저작물은 국가의 보호대상이 되지 못하였다. 북한의 저작물은 북한의 저작권(보호) 문제는 지난 반세기 동안 남북 사이에서 치외법권적인 영역으로 남아 있었다. 북한으로서 저작권 문제에 대한 인식이 높지 않았으며, 북한 내부에서도 저작권 보호를 위한 법적 조치가 마련되어 있지 않았다.[23]

셋째, 남북 사이의 저작권 교류를 대행할 수 있는 창구가 마련되지 않았기 때문이다. 남북 사이에 발생한 저작권 분쟁의 대부분은 남북

---

22) 납·월북 작가들의 작품이 해금된 직후인 1990년까지 이들 작가의 작품이 무단 복제의 형태로 유통된 출판물은 50여 명 작가들의 300여 종에 달한다. 남한에 거주하고 있는 작가들의 가족들에게 지불해야 할 저작료는 최대 12억원 규모가 된다. 김상호, 『북한 저작물 권리보호에 관한 연구』, 저작권시의조정위원회, 1990; 조수선 「남북교류상의 출판·영상·음반물에 관한 저작권 협력방안」, 『신진연구자 북한 및 통일관련 논문집』, 통일부, 2001을 참조.

23) 북한이 세계지적소유권기구(WIPO)에 가입한 것은 1974년이었으나 구체적인 실행조치를 취하지 않았다. 북한의 헌법과 형법 일부에 '저작권과 발명권은 법적으로 보호한다'고 규정하였으나 2001년 저작권법이 제정되기까지 이를 뒷받침할 만한 별도의 조치는 없었다.

사이의 저작권 교류를 추진할 수 있는 공식적인 기구가 없었기 때문에 발생한 문제였다. 〈리조실록〉 분쟁을 비롯한 남한 내에서 발생한 분쟁은 남북 사이에 직접적으로 계약이 이루어진 것이 아니라 제3자를 통한 계약이었다. 제3자를 통한 계약의 경우에는 진위와 대가의 지급 등을 확인할 수 없는 문제가 있다. 남북 사이에 저작권 문제에 대한 북한의 공식적인 입장이 전달된 것은 남북경제문화협력재단과 북측 민화협, 저작권사무국의 합의가 이루어진 2005년 이었다. 이후 남북 사이의 저작권 문제는 보다 분명해 졌지만 여전히 당국 차원에서 풀어 나가야 할 법적인 문제는 남아 있다.

(3) 성사요인

문화재와 관련한 교류가 이루어질 수 있었던 가장 일차적인 이유는 남한 연구자들의 필요성 때문이었다. 북한의 학술적 연구가 이루어졌거나 역사적 가치가 높은 문화재 복원 사업과 관련된 것이었다. 특히 역사 문화재 교류의 상당 부분이 고구려와 관련한 것이다. 사업이 이루어질 수 있었던 것은 일찍이 이와 관련한 북한의 학술연구가 남한보다 앞서 있기 때문이었다. 지리적으로 북한에 소재한 고구려 역사 연구에 대한 남한의 관심도가 높았다는 점도 협력사업의 성공 요인이었다.

일찍부터 북한은 고구려 문화를 민족문화의 정통으로 놓고 관련된 연구와 발굴, 복원작업을 시작하였다. 북한의 문화정책에 강조를 두는 것은 시기적으로 고구려이며, 계층적으로는 민중문화이다. 특히 고구려 문화에 대한 관심은 최고지도자의 관심사항이기도 하다.

고구려 유적에 대한 발굴과 관리는 주체사상이 처음 제기되기 시작한 1950년대 주체사상의 강화의 일환으로 문화유산에 대한 관리 지침과 대상으로 대성산의 유적과 유물에 대한 연구를 강화할 것과 복원과 안학궁터에 대한 복구 및 대성산 박물관 건설을 지시하기도

하였던 관심 있는 지역이다.[24]

　김일성 주석은 1958년 4월 30일 김일성 종합대학 교원, 학생들과 한 담화 「력사 유적과 유물을 잘 보존할데 대하여」를 통하여 유물, 유적관리에 대하여 언급하면서, 특히 '대성산에 있는 고구려 유적과 유물을 복원하여야 할 것'과 고려시기 유적과 유물도 제대로 복원하여야 할 것을 강조하였다. 또한 김정일 국방위원장은 1964년 9월 16일 조선로동당 중앙위원회 선전선동부 일군들과 한 담화 「력사 유적과 유물 보존 사업에 대한 당적 지도를 강화할데 대하여」를 통하여 고구려 문화유산의 발굴과 보존을 강조하였다.

　평양의 고구려 고분벽화를 비롯한 고구려 문화유산들이 중국 집안의 고구려 유산과 함께 세계문화유산으로 등록된 이후 고구려 문화에 대한 보존에 적극 나서고 있다. 문화보존지도국은 2004년 개성시와 평양시 일대의 역사 유적과 고인돌 무덤, 금강산 등 6개소를 세계유산 임시목록에 기재해 유네스코에 제출했으며, 고구려 고분 벽화에 대한 보전과 연구에 대한 관심도 매우 높다.[25]

　다음으로는 종교계의 꾸준한 복원 노력과 대북지원 사업의 추진이었다. 조계종은 신계사 복원 사업을 추진하는 한편으로 대북 인도적 지원을 포함한 대북 지원 사업을 꾸준히 진행하여 왔었다. 대북인도적 지원 사업과 신계사 복원 사업은 직접 연관되는 것은 아니지만 같은 종교단체에서 시행하는 사업인 만큼 사업 진행 과정에서 상호 신뢰감 형성에 긍정적인 영향을 미쳤을 것으로 평가된다.

　또한 일제강점기 역사문제에 대한 공감대가 형성된 것도 문화재

---

24) 대성산성은 평양시 대성구역 대성산에 있는 고구려 산성으로 3~5세기에 축성되었다. 대성산성을 비롯하여 안학궁터가 있는 대성산은 고구려 유적과 유물이 산재한 곳이다. 북한의 문화재 관련 정책과 문헌에 대해서는 전영선, 『북한 민족문화정책의 이론과 현장』, 역락, 2005를 참조.

25) 2005년 말을 목표로 2004년 6월 15일 착공한 '고구려벽화무덤보존센터'는 벽화 무덤에 관한 학술 연구를 비롯, 보존과 관련된 기술 연구, 전문가의 교육 및 양성, 대외 선전사업 등을 담당하게 될 것으로 보인다. 『조선신보』, 2004.8.25.

분야의 남북교류를 촉진시킨 요인이었다. 북한은 일찍부터 정권의 정통성을 항일혁명에 두고서, 일제에 의해 파손된 민족문화 복원을 우선적인 문화정책의 과제로 삼았다. 더불어 인민교양 사업에서도 항일은 주요한 교육 항목이었다. 이런 만큼 남북이 공동으로 일제강점기 역사문제를 다루는 데 있어 동의할 수 있었다.

3) 문화재 분야

(1) 남북교류 경과

문화재 분야의 교류는 주로 북한 지역의 문화재를 남한에서 전시하는 형태로 진행되었다. 역사적 특성으로 북한 지역에 있는 고구려 관련 유물이나 고조선 관련 유물 등은 남한에서 접할 수 없는 것들로서 많은 관심의 대상이 되었다. 특히 고구려를 중심으로 한 유물전시 행사는 남북 문화재 교류의 단골 메뉴가 되었다.

북한 소재 고구려 유물 전시는 2002년도부터 지속적으로 남북 간 문화교류 아이템으로 진행되어 왔다. 민족화해협력범국민협의회는 2003년에 이어 2004년에도 서울에서 '남북공동기획, 고구려전'을 통해 북한에서 제작한 고구려 유물 모사품을 전시하였고, 남북역사학자협의회 남측 및 북측 위원회는 2005년 공동으로 서울에서 '고구려유물전시회'를 통해 북측 소장유물에 대한 서울에서 개최하였다.

2004년 2월 '일제약탈 문화재반환 공동학술토론회'가 남북역사학자협의회 주관으로 진행되었다. 2004년 9월 10일부터 12일까지는 '고구려고분군 세계 문화유산 등재기념 남북공동 전시회'가 금강산에서 있었다. 전시회에서는 고구려 고분 15기의 벽화 사진 70점이 전시되었고, 남북 역사학자 및 전문가 189명이 방북하여 '고구려고분군 세계문화유산등재기념 학술토론회'를 개최하였다. 2005년 9월에는 남북역사학자협의회에서 고구려고분군 남북공동전시회를 개최하였다.

2006년 4월 18일부터 19일까지는 평양에서 '안학궁터 남북공동발굴사업'을 벌였다. 서울시와 고구려연구재단이 추진하여 남측 고구려연구재단 실무자와 고구려 전문가 등 19명, 북측 김일성종합대학, 사회과학원, 문물보존국 전문가 등 15명이 공동 발굴 조사작업을 진행하였다. 공동 발굴 조사 결과 이곳이 고구려 시대에 처음 축조된 왕성으로 평양 대성산성이나 평양성과 마찬가지로 사각추 모양의 석재를 이용하여 '들여쌓기' 방식으로 축조한 사실을 확인하였다.

2006년 4월 19일부터 5월 2일까지는 평양에서 '고구려 벽화 고분 남북공동조사'를 진행하였다. 국립문화재연구소가 남북역사학자협의회와 공동으로 유네스코 세계문화유산으로 등재된 고구려 벽화 고분에 대해 벽화의 안료 분석, 고분의 침하 원인 조사, 미생물 번식 상태 등에 대해 조사를 실시하였다. 조사 사업을 위하여 국립문화재연구소 보존과학 전문인력과 관계 학자 20명과 이에 상당하는 북측 연구자가 참여하여, 동명왕릉, 진파리 1·4호분, 호남리 사신총, 강서대묘와 중묘, 덕흥리고분, 수산리고분, 용강대총, 쌍영총의 벽화 고분 등 전체 16기 중 9기를 조사하였다. 이 중 진파리 4호분, 호남리 사신총, 용강대총, 쌍영총 등 4기의 고분은 남측 학자들에게 최초로 공개되는 것이었다.

2007년 5월 18일부터 7월 17일까지는 '만월대 남북 공동 발굴' 조사를 실시하였다. 문화재청 국립문화재연구소, 남북역사학자협의회와 북한의 민족화해협의회 주관으로, 문화재연구소와 발굴전문기관·대학관계기관의 전문가로 구성된 10여 명의 조사단과 북측 연구자들이 참여했으며, 5월 18일 개토제에 이어 2개월간에 걸쳐 만월대 유적의 서북지구(약 1만평)를 대상으로 유구의 분포양상을 확인하기 위한 탐색조사를 중심으로 진행되었다. 사업기간 중이었던 2007년 5월 30일부터 6월 9일까지는 고구려 벽화에 대한 남북 공동보존 작업도 이루어 졌다. 평양 진파리 1·4호분 등 훼손이 심한 고구려 벽화의 보존 작업을 공동 실시했으며, 보존과학 인력 및 관련 학자로 구성된 10여 명의 남측 조사단과 북측 연구자가 공동으로 참여하여 회벽 탈락방지, 오염물 세척, 훼손상태 정밀기록 작업과 함께 벽화 모니터용 환경측정기기가 설치되었다.

종교와 관련한 문화재 교류는 특히 불교계를 중심으로 이루어지고 있다. 역사적으로 불교 관련 문화재가 많고 불사 복원 사업과 병행하여 관련학술 대회가 이루어지는 경우가 많았다. 조계종에서는 북한 소재 사찰의 단청불사를 지원한 데 이어 금강산 신계사를 조선말의 건축양식과 규모로 2007년 복원하였다.

(2) 협력사업 특성

남북의 문화재 교류는 크게 역사 관련 학술연구 조사 사업과 문화재 복원과 관련한 종교학술 교류 사업으로 구분된다.

역사 관련한 학술교류는 시기적으로는 고구려, 일제강점기가 압도적으로 많으며, 종교와 관련한 학술대회가 많다. 고구려에 대한 연구는 지리적으로 북한에서 활성화될 수밖에 없는 한계가 있으며, 일제 강점기에 대한 연구는 남북이 공동으로 안고 있는 역사적 인식을 바탕으로 하기 때문이다. 즉, 남북은 같은 민족으로 반만년의 공통된 역사를 갖고 있지만 남북의 상이한 역사의식과 역사관의 차이 때문에 남북이 합의하에 연구할 수 있는 공통의 역사공간이 고구려와 일제 강점기가 중심이기 때문이다. 특히 고구려와 관련한 사업이 많았다.

고구려와 관련한 남북교류 사업으로는 '고구려고분군 세계 문화유산 등재기념 남북공동전시회', '고구려고분군 남북공동전시회', '평양 안학궁터 남북공동발굴사업', '고구려 벽화 고분 남북공동조사', '만월대 남북 공동 발굴' 등이 있다.

다음으로는 종교와 관련한 문화재 교류 사업이 있었다. 종교 관련 문화재 교류는 특히 불사 복원사업이 주목된다. 역사적 가치가 있는 불사를 복원하는 사업은 불교 교류로서의 의미만이 아니라 전통 사찰건축의 복원이라는 점에서 역사 문화재 복원에 대한 남북교류의 의미도 동시에 갖고 있다. 복원 불사의 경우, 이는 불교 교류의 의미와 함께 전통 사찰건축의 복원이라는 점에서 역사 문화재 복원의 의미도 있다. 나아가 불사 복원 사업은 사업을 추진하면서 관련된 학술대회를 비롯하여 민간교류를 추진함으로써 남북 간 불교교류 활성화는 물론 남북 화해 협력과 신뢰 형성에 기여하였다.26)

(3) 성사요인

문화재와 관련한 교류가 이루어질 수 있었던 가장 일차적인 이유는 남한 연구자들의 필요성 때문이었다. 북한의 학술적 연구가 이루어졌거나 역사적 가치가 높은 문화재 복원 사업과 관련된 것이었다. 특히 역사 문화재 교류의 상당 부분이 고구려와 관련한 것이다. 사업이 이루어질 수 있었던 것은 일찍이 이와 관련한 북한의 학술연구가 남한보다 앞서 있기 때문이었다. 지리적으로 북한에 소재한 고구려 역사 연구에 대한 남한의 관심도 높다는 점도 성공 요인이었다.

일찍부터 북한은 고구려 문화를 민족문화의 정통으로 놓고 관련된 연구와 발굴, 복원작업을 시작하였다. 북한의 문화정책에 강조를 두는 것은 시기적으로 고구려이며, 계층적으로는 민중문화이다. 특히 고구려 문화에 대한 관심은 최고지도자의 관심사항이기도 하다.

---

26) 금강산 신계사 복원의 경우 2004년 11월 대웅전 낙성식에 이어 2006년 11월 10개 전각을 복원하고, 2007년 10월 13일 남북공동으로 준공식을 개최하였다. 천태종은 개성 영통사 복원사업을 추진하여 2005년 10월 31일 낙성식을 거행하였다. 천태종은 영통사 복원 낙성식과 함께 남북의 불자 500여 명이 참석한 가운데 남북 공동으로 천태학술회의를 개최하였고, 이어서 2007년에는 약 4,000여 명의 불자들이 영통사 방문을 실시함으로써 복원 후 2년여 동안 이루어지지 않던 성지순례를 실시하였다. 이는 남북교류에서 인적 교류의 폭을 넓힌 사례가 되었다. 신계사와 영통사는 각각 금강산과 개성관광구 내의 명소에 자리 잡고 있어 금강산, 개성관광의 활성화에 크게 기여할 것으로 예상된다. 또한 2007년 6월 금강산 관광지로서 내금강이 개방되었는데, 내금강은 역사적 의미가 큰 불교 문화유산이 소재하고 있는 유서 깊은 곳으로 관광 수요가 높은 곳이다.

고구려 유적에 대한 발굴과 관리는 주체사상이 처음 제기되기 시작한 1950년대 주체사상의 강화의 일환으로 문화유산에 대한 관리 지침과 대상으로 대성산의 유적과 유물에 대한 연구를 강화할 것과 복원과 안학궁터에 대한 복구 및 대성산 박물관 건설을 지시하기도 하였던 관심 있는 지역이다.[27]

김일성 주석은 1958년 4월 30일 김일성 종합대학 교원, 학생들과 한 담화 「력사 유적과 유물을 잘 보존할데 대하여」를 통하여 유물, 유적관리에 대하여 언급하면서, 특히 '대성산에 있는 고구려 유적과 유물을 복원하여야 할 것'과 고려시기 유적과 유물도 제대로 복원하여야 할 것을 강조하였다. 또한 김정일 국방위원장은 1964년 9월 16일 조선로동당 중앙위원회 선전선동부 일군들과 한 담화 「력사 유적과 유물 보존 사업에 대한 당적 지도를 강화할데 대하여」를 통하여 고구려 문화유산의 발굴과 보존을 강조하였다.

평양의 고구려 고분벽화를 비롯한 고구려 문화유산들이 중국 집안의 고구려 유산과 함께 세계 문화유산으로 등록된 이후 고구려 문화에 대한 보존에 적극 나서고 있다. 문화보존지도국은 2004년 개성시와 평양시 일대의 역사 유적과 고인돌 무덤, 금강산 등 6개소를 세계유산 임시목록에 기재해 유네스코에 제출했으며,[28] 고구려 고분 벽화에 대한 보전과 연구에 대한 관심도 높다.[29]

다음으로는 종교계의 꾸준한 복원 노력과 대북지원 사업의 추진이었다. 조계종은 신계사 복원 사업을 추진하는 한편으로 대북 인도적 지원을 포함한 대북 지원 사업을 꾸준히 진행하여 왔었다. 대북인도

---

27) 대성산성은 평양시 대성구역 대성산에 있는 고구려 산성으로 3~5세기에 축성되었다. 대성산성을 비롯하여 안학궁터가 있는 대성산은 고구려 유적과 유물이 산재한 곳이다. 북한의 문화재 관련 정책과 문헌에 대해서는 전영선, 『북한 민족문화정책의 이론과 현장』, 역락, 2005를 참조.

28) 『연합뉴스』, 2004.9.5.

29) '고구려 벽화무덤보존센터' 2005년 말을 목표로 2004년 6월 15일 착공한 '고구려벽화무덤보존센터'는 벽화 무덤에 관한 학술 연구를 비롯, 보존과 관련한 기술 연구, 전문가의 교육 및 양성, 대외 선전사업 등을 담당하게 될 것으로 보인다. 『조선신보』, 2004.8.25.

적 지원 사업과 신계사 복원 사업은 직접 연관되는 것은 아니지만 같은 종교단체에서 시행하는 사업인 만큼 사업 진행 과정에서 상호 신뢰감 형성에 긍정적인 영향을 미쳤을 것으로 평가된다.

또한 일제강점기 역사문제에 대한 공감대가 형성된 것도 문화재 분야의 남북교류를 촉진시킨 요인이었다. 북한은 일찍부터 정권의 정통성을 항일혁명에 두고서, 일제에 의해 파손된 민족문화 복원을 우선적인 문화정책의 과제로 삼았다. 더불어 인민교양 사업에서도 항일은 주요한 교육 항목이었다. 이런 만큼 남북이 공동으로 일제강점기 역사문제를 다루는 데 있어 동의할 수 있었다.

4) 방송 분야

(1) 북교류 경과

1980년대 말 탈냉전 이후부터 남한의 주요 언론사들은 북한 관련 부서를 설치하거나 전문기자를 도입하는 등 북한 관심은 높았으나 교류로 이어지지는 못하였다. 1990년 이전의 남북 방송교류와 관련한 준비는 있었다. 1989년 언론노련의 '남북언론교류특별위원회' 구성, 1990년 기자협회의 '남북기자교류특별위원회' 결성이 있었고, 1988년 12월부터 서울, 조선, 중앙, 한국, 경향 등 신문사가 북한부 혹은 전담기자를 도입하면서 북한의 방송언론에 대한 준비를 진행하였다. 1989년 3월에 KBS의 '남북의 창', MBC의 '통일전망대' 등 북한 관련 프로그램이 신설되었고, 통일문제연구소(KBS), 남북협력국(MBC) 등 방송사 내의 전담기구가 설립되었다.

국민의 정부 들어 언론사의 방북도 잦아지기 시작하면서 본격적인 현지 취재 경쟁이 일어났다. 방북 동행 취재의 경우 1998년에는 5월의 리틀엔젤스 평양공연 동행 취재 등을 포함하여 11건이 진행되었다. 또한 북한 영상물도 공중파를 통해 방영되기 시작하였다. 1998년

9월 1일에는 SBS에서 〈안중근 이등방문을 쏘다〉를 방영한 것을 비롯하여, 1998년 10월 17일부터 토요일과 일요일 저녁시간에 KBS에서 〈임꺽정〉을 10부작으로 방영하였고, 1999년에는 MBC에서 〈온달전〉을 방영하였다.[30)]

남북 사이에 방송교류 분야의 본격적인 교류가 시작된 것은 2000년 이후였다. 2000년 남북정상회담을 계기로 KBS의 남북정상회담 기념 교향악단 합동연주회, 각 방송사의 평양 뉴스생방송 등을 전개하였고, 방송위원회는 2005년에 제2회 남북방송인토론회를 개최하고 북과 더불어 방송 영상물 소개모임도 가졌다. 언론 분야에서는 기사교류도 진행하고 있다.

방송 분야의 교류는 크게 남북 합동공연 중계, 스포츠관련 방송교류, 현지취재나 방송 진행, 스포츠 교류 등의 사업이 있었다. 북한에서 방송을 진행한다는 것 자체로서 사회적 관심의 대상이 되었고, 교류를 추진하는 주최들도 방송과 연계하여 진행하면서 남한 예술인들의 북한 공연이 있을 때마다 경쟁적으로 진행되었다. 그러나 시간이 흐르면서 북한에 대한 직접적인 방송교류는 줄어들고 언론 분야의 뉴스기사 교류 등의 방향으로 전개되고 있다.

공연 분야의 방송은 1999년 12월 20일 문화방송에서 평양 봉화예술극장에서 열린 제1회 민족통일음악회를 방영한 것을 계기가 되었다. 제1회 민족통일음악 공연은 남북의 예술인들이 참여하였다. 1부에서는 남측의 현철, 신형원, 안치환, 김종환, 오정해 등이 출연하였고, 2부에는 북측의 전혜영, 리경숙, 인민배우 주창혁, 공훈배우 로용권, 김순희 등이 출연하였다. 2002년 9월 27일부터 29일까지는 '2002 MBC평양특별공연'이 있었다. 문화방송 직원 181명이 인천-평양간 직항로를 이용하여 방북하였다. 동평양대극장에서 열린 공연에서는 이미자를 비롯하여 윤도현밴드, 최진희, 테너 임웅균과 북한 가수가

---

30) 통일노력60년발간위원회 편, 『하늘길 땅길 바닷길 열어 통일로』, 통일부, 2005.

참여하였으며, 텔레비전과 라디오로 생중계되었다.

스포츠 관련 방송교류는 남북 방송의 중요한 분야가 되었다. 2000년에는 7월 평양 통일탁구대회 취재를 시작으로 스포츠 분야의 다양한 교류가 이뤄졌다. 2003년 10월에는 서울방송이 정주영체육관 개관행사와 더불어 열린 평양통일농구대회를 방영하였다. 2004년에는 조선중앙방송위원회에 아테네올림픽, 동아시아축구대회 등을 중계, 지원한 것은 스포츠에 대한 북한 주민들의 기호를 충족시키는 좋은 계기가 되었다. 2006년에는 한국방송위원회와 조선중앙방송위원회는 독일월드컵 경기 위성중계 지원을 협약하고, 월드컵 경기대회 북한 방영을 지원하였다.

북한 현지의 방송 진행은 2000년 9월에는 KBS에서 백두산, 한라산, 스튜디오 3원 방송 공동제작 한 '백두에서 한라까지'와 '6·15공동선언' 1주년이 되던 2001년 6월 15일 KBS는 '6·15남북공동선언 1주년 9시 뉴스'를 북한의 조선중앙TV 스튜디오에서 9시 뉴스의 일부를 생방송으로 진행한 것이 있었다.

북한 내의 콘텐츠를 취재하여 방북한 경우로는 2004년에는 서울방송은 '강서대묘'를 취재하여 방영하였고, 2004년 1월에는 문화방송에서 북한의 현지 취재 자료를 중심으로 '북녘의 음식'을 방송하였다. 이어 2004년 6월에는 문화방송에서 '살아 있는 고구려'를 방송하였다. 2004년 7월 10일(토)과 11일(일)에는 한국방송공사의 KBS스페셜 '고구려의 부활'을 방송하였다. '고구려의 부활' 2부로 제작되었는데, 1편은 '고구려 수도 평양'이었고, 2편은 '고구려 벽화, 세계와 만나다'였다.

언론 분야의 교류는 2000년 8월에는 언론사 사장단 46명이 북한을 방문하여 김정일 국방위원장을 면담하고, 남북 언론사들 간 언론 교류 등을 담은 공동합의문을 발표하였다. 이에 따라서 10월에는 판문점 연락소를 통한 남북 신문교환이 이루어졌다. 2006년 11월 28일과 29일에는 언론인들이 금강산에서 '남북언론인 토론회'를 개최하였다.[31] 2007년 11월 24일부터 28일까지 남측과 북측의 언론인들이 참석한 가운데 '남북언론인 대표단 상봉모임'을 평양에서 개최하였다.

방송교류 가운데 주목할 만한 교류는 2007년 8월 8일부터 11월 1일까지 KBS를 통해 방영된 드라마 〈사육신〉이다. KBS와 조선중앙방송위원회가 외주 제작방식으로 합작한 〈사육신〉은 회당 70분, 총 24회 분량의 드라마였다. 북한에서 대본작업과 배우, 촬영을 전담하였고, KBS가 제작비와 방송장비를 부담하여 완성된 드라마를 구매·방영하는 방식이었다. 박인서·김일중 대본, 조선예술영화촬영소 인민예술가인 장영복 감독이 총연출을 맡았고, 주연 성삼문은 박성욱, 성삼문의 연인 김련화, 김종서의 수양딸로는 남한에서 인기가 높은 만수대예술단 무용수 조명애가 캐스팅 되는 등 북한 배우 170여 명 출연하였다.

북한 최초의 디지털 방식으로 촬영한 작품으로 2005년에 제작에 들어가 평양, 개성, 묘향산 등의 고려 유적지와 세트장을 돌면서 1년 동안 진행되었다. 북한 최초로 동시녹음 방식으로 현지 로케이션으로 제작되어 많은 관심을 모으면서 1년의 촬영과정을 거치고 2006년 방영될 예정이었으나 북한 핵실험 이후 경색된 남북관계 속에서 방송날짜를 잡지 못하다가 해를 넘겨 2007년 8월에 이르러서야 방영될 수 있었다.[32]

(2) 협력사업 특성

방송언론 분야는 접근에서 상호 충돌적인 요소들이 많지만 서로를 자극하지 않는 쉬운 것에서 교류가 이루어지고 있다. 그동안의 방송

---

31) 2006년 11월 금강산에 있었던 '남북언론인 토론회'는 해방되던 해인 1945년 10월에 개최된 '전조선기자대회'가 열린 이후 처음 열린 언론인 교류였다.

32) 황금시간 대에 편성되었고, 제2차 남북정상회담이 발표되던 8월 8일 밤부터 방영되어 사회적 관심도 높았지만 최고 7.3%였던 시청율은 최저 1.9%까지 기록하는 등 평균 시청률 5%를 기록하였다. 영상미가 떨어지고 대사 전달 등에 문제가 제기되면서 시청률은 크게 떨어졌다.

언론 교류는 주로 사회문화 교류 행사에 남한 기자 및 제작진들의 방북 취재가 주를 이루었고, 방송프로그램 제작에서 현지 로케나 북한방송사와의 공동제작의 형태를 주를 이루고 있다.

방송언론 분야의 교류는 형태에 따라서 크게 세 가지로 구분할 수 있다. 첫째, 사회문화 교류 행사를 추진하면서 교류 사업의 현지 중계 등을 위하여 방송 언론단의 방북 취재 형태이다. 특히 2000년 이후 남북교류가 활성화되면서 방송국에서는 경쟁적으로 북한에서 방송하려고 하였으며, 예술단의 방북 시 방송사들이 동행하여 현지에서 진행하는 것을 공중파를 통해 보여 주었다.

둘째, 다른 하나는 순수 방송언론 분야의 교류이다. 방송언론인의 방북이나 상호 뉴스의 제공 등이 이에 해당한다. 방송언론 분야의 실질적인 교류를 의미하지만 남북관계의 특수성상 쉽게 이루어지지 못한다. 2006년 11월 28일과 29일에는 언론인들이 금강산에서 '남북언론인 토론회'를 개최하였다.[33] 2000년에 언론인 사장단의 방북이 있었고 그 결과 남쪽에서 남북언론교류협력위원회를 구성하기도 했지만 실행되지 못했다. 그러다가 한국기자협회와 방송프로듀서연합회, 인터넷기자협회, 그리고 전국언론노조 등이 주축이 되어 다시 북의 언론인과 교류를 시작했고 2006년 금강산에서 남북언론인 토론회를 열었다.

셋째, 방송지원이다. 한국방송위원회의 국제스포츠 위성 중계 지원도 대중적 관심을 환기하는 의미 있는 교류 사업이었다.

---

33) 2006년 11월 금강산에 있었던 '남북언론인 토론회'는 해방되던 해인 1945년 10월에 개최된 '전조선기자대회'가 열린 이후 처음 열린 언론인 교류였다.

(3) 성사요인

  방송언론 분야의 교류가 이루어질 수 있었던 가장 우선적인 이유는
북한 체재 내부을 건드리지 않으면서도 남북이 공유할 수 있는 콘텐
츠가 있기 때문이다. 남북 합동공연이나 스포츠 중계, 북한 내의 취재
는 물론, 남북이 받아들일 수 있는 콘텐츠가 있다. 방송언론 분야의
교류가 이루어진 분야는 남북이 공유할 수 있는 콘텐츠 분야였다.
드라마 〈사육신〉도 남북이 공유할 수 있는 콘텐츠이다.34) 조선시대
역사를 부정적으로 평가하는 북한에서 사육신에 대해서 '봉건충신'으
로 규정하면서 사육신에 대해서도 그리 긍정적으로 평가하지 않았다.
이런 북한에서 역사에 대한 재평가 과정에서 사육신을 다시 호명하면
서 '사육신이 비록 봉건충군사상에 기초하였지만 선군의 뜻을 받들어
신의를 저버리지 않은 충의에 대해' 높이 평가하기 시작하였다.35)
  다음으로는 현실적 필요성 때문이다. 남북 사이의 최초 방송제작
협력사업이었던 〈사육신〉이 이루어질 수 있었던 것은 무엇보다 방송
분야의 기술적 혁신이 필요한 분야였기 때문이었다. 〈사육신〉은 북
한 최초로 조선시대 정사(正史)를 다룬 TV 드라마이자 조선중앙텔레
비존에서 제작한 만든 첫 대하사극이며, 북한 최초로 동시녹음 방식
으로 제작된 작품이며, 북한 최초의 디지털 녹화방식으로 제작된 작
품이었다. 총 제작비 210만 달러(약 19억 원) 중 2/3는 방송장비 등
현물로 지급되었고, 한국방송공사에서 편집과 기술지원을 하였다.

---

34) 〈사육신〉의 원작은 김일성종합대학 역사학부를 졸업하고 역사학을 전공하고 작가로 데
   뷔하여 김일성상을 수상한 림종상의 장편역사소설 〈삭풍〉이다. 〈사육신〉은 조선시대 왕위
   를 찬탈당한 단종의 복위를 도모하다 발각되어 죽음을 당한 사육신인 성삼문, 하위지, 이
   개, 유성원, 박팽년, 유응부의 이야기이다. 이들은 집현전 학사로서 세종의 신임을 받았고,
   문종으로부터 나이 어린 세자 단종을 잘 보필하여 달라는 고명(顧命)을 받고, 세조의 왕위
   찬탈 이후 단종의 복위를 도모하다 실패하여 끝내 목숨과 절개를 바꾼 충신들의 이야기이다.
35) 북한에서 사육신에 대해서 "선왕의 간곡한 고명을 지켜 신념과 지조를 목숨바쳐 지켜낸
   사육신의 의로운 행동은 한번 다진 맹세를 저버리지 않은 신하로서 훌륭한 것이었으나
   그것은 철저한 봉건충군사상에 기초하였으므로 역사적, 계급적 제한성을 안고 있었다"고
   평가한다.

방송과 관련한 장비 지원과 기술향상이 필요했던 북한으로서도 반대할 이유가 없었다.

5) 분야별 협력사업 평가

남북 협력사업은 남북의 문화적 통합과정과 맞물려 통일 이후 발생할 문화적 후유증을 극복하는 데 기여하는 방향으로 진행되어야 한다. 그러나 남북 협력사업의 현장에서는 이러한 장기적 목표보다는 현실적으로 실현가능한 분야부터 우선적으로 진행되었다. 남북 사이에 진행된 사회문화 협력사업은 2008년 이후 별다른 진척 없이 진행되었다. 사회문화 협력사업이 정권의 성격에 따라 영향을 받는다면 협력사업의 단기성, 일회성을 극복하기에는 한계가 있을 것이다.[36] 이명박 정부 출범 이후 이전의 사회문화교류를 살펴보면 다음과 같은 한계가 있다.

첫째, 사회문화 분야의 자체적 역량 한계 노출이다. 남북 사이의 공식적인 창구로서 사회문화 협력사업의 주체가 없다. 역할, 남북교류 촉진제 역할의 한계 노출 하였다는 점이다. 남북관계가 정치적 문제에 연동되면서, 남북관계의 선제적 조건으로 제시된 정치군사적 의제가 남북교류의 핵심 이슈가 되면서, 사회문화 분야의 교류 창구도 막혔다.

둘째, 정치 종속화가 심화되면서 사회문화 분야의 독자적 기능이 상실되었다. 남북관계가 정치적 이슈에 집중되면서 사회문화 분야는 정치 문제에 완벽하게 종속되면서 이슈화되지 못하였고, 남북관계에

---

36) 남북역사학자협의회는 남북교류 정책의 방식을 16자의 한자로 표현하였는데, 이 16자의 원칙은 사회문화 분야의 남북교류 사업의 전형이라고 할 수 있다. 16자 원칙은 선이후난(先易後難, 쉬운 것부터 먼저하고 어려운 것은 나중에 한다), 선경후정(先經後政, 경제를 먼저 하고 정치를 나중에 추진한다), 선민후관(先民後官, 민간이 먼저 주도하도록하고 뒤에 관이 따라간다), 선공후득(先供後得, 먼저 베풀고 나중에 얻는다)는 것이다. 임동원, 「국민의 정부의 대북정책」, 민화협 정책위원회, 『민족화해와 남남대화』, 한울아카데미, 1999, 82쪽.

어떠한 영향도 미치지 못하였고, 절실하지도 않는 통일 이전에는 필요하지도 않은 분야가 되었다.

셋째, 국민에 대한 통일 피로도 증대이다. 사회문화 분야는 내적 통합의 기반이 되는 분야로서 통일문제의 동력이 되어야 함에도 불구하고, 정치적 이슈에 맞물려 교류 사업이 추진되지 못하면서 남북관계, 통일문제에 대한 국민피로감이 늘어났다.

넷째, 실질적 통합을 위한 대응 프로그램이 준비되지 않았다는 점이다. 북관계가 교착된 상황일수록 실질적인 통합방안이 마련되어야 한다. '교류·협력'의 단계를 넘어 '통일과정'으로 진입할 경우 상이한 행동양식과 체제의 문제로 인해 사회적 갈등이 증폭될 가능성이 높아지므로 대응프로그램이 필요하다.

3. 사회문화 분야의 남북교류 방향과 원칙

1) 대북정책 기조: 원칙 있는 대화

정부의 대북정책에서 분명한 원칙이 필요하다. 사회문화·인도적 지원과 같은 비정치적 사안에 대해서는 정치적 상황과 상관없이 최소한의 교류를 유지한다는 원칙이 필요하다. '5·24조치'에서도 예외로 하였던 영유아, 취약계층에 대한 지원 사업을 지속하면서 범위를 좀 더 넓혀 사회문화 분야와 이산가족 상봉 사업으로 확장해야 한다. 최소한 사회문화·인도적 지원 사업은 남북교류를 지속한다는 원칙을 견지할 필요가 있다. 당국 간의 정치적 입장과 연동되지 않고, 최소한의 교류 창구로 열어 두어야 한다.

그동안 비정치 분야를 중심으로 한 교류와 협력사업은 남북관계가 소강상태에 있거나 정치적 갈등이 불거져 나온 상황에서도 남북 관계 개선의 연결고리로서 역할을 충실히 해 왔다. 정치관계가 소원한 상태에서도 실무 차원의 협상으로 상호 유연성을 발휘할 수 있는 여지가 많기 때문에 운영의 탄력성이 높았다. 사회문화·인도적 지원 분야는 지속적인 협력사업을 통해 성과를 사회에 환원하고 통일에 필요한 내적 기반을 조성한다는 차원에서도 지속적인 협력이 필요한 분야이다. 민간 주도의 유연성을 발휘할 수 있으며, 교류 방법과 범위, 대상을 다양화 할 수 있다. 남북관계의 상징성과 인도적 측면을 고려하여 최소한의 보류로서 활용할 필요가 있다.[37]

2) 제도: 사회문화·인도적 지원 교류의 제도화

사회문화·인도적 지원 분야의 안정성을 위해서는 제도화가 필요하다. 남북 사이의 공동기구를 구성하고, 공동의 준거 틀을 만들고, 상호간에 법적 권한을 부여함으로써, 제반 교류가 일시적, 일회성에 머물지 않고 지속적으로 이루어지도록 해야 한다. 남북 관계의 특수성으로 인해 정치, 군사적 문제가 불거지면 사회문화·인도적 지원 사업이 단절되는 상황에서는 남북 상호간 약속과 책임이 법에 의해 보장되기는 어렵다. 2000년 이후 남북관계가 단절과 재개가 반복되는 것도 제도적 불안정성이 가장 큰 이유이다. 이 불안정성을 제거해야 한다.

제도적 안정을 위해서는 남북이 사회문화 분야의 제반 문제를 논의할 수 있는 기구가 필요하다. 2007남북정상회담에 이어 총리회담에서 합의한 남북사회문화협력공동위원회가 본보기 기구가 될 수 있다.[38]

---

37) 이를 위해서는 정부와 민간 기구의 참여로 이루어지는 통일정책 거버넌스의 필요성이 제기되고 있다. 통일정책의 거버넌스는 대북정책의 효율성 제고와 국민 참여의 확대라는 측면에서도 필요하다. "공공 및 사적 개인들과 제도들이 통일이라는 공공 목적을 달성하기 위하여 북한과 관련되는 정책이나 활동, 역할 등 자신들의 공통적인 업무를 관리하고, 자원을 통제하고 권력을 행사하는 무수한 방법의 집합이며, 갈등적인 이해나 다양한 이해관계들이 수용되면서 상호협력적인 행동이 취해지는 과정"으로서 통일정책 거버넌스의 개념을 적극적으로 도입할 필요가 있다(여인곤 외, 『정보화시대 통일정책 거버넌스 개선방안』, 통일연구원, 2004).

다음으로는 '사회문화교류 진흥 법률' 제정 등의 제도가 마련되어야 한다. 현재 남북관계와 관련하여서는 남북관계발전법, 남북교류협력법, 남북협력기금법 등이 있다. 남북관계발전법은 남북관계의 성격규정과 남북관계발전 계획의 수립, 회담대표의 임명과 합의서 체결 등 남북관계를 규율하는 기본법의 성격을 갖고 있다. 남북교류협력법은 남북 간의 교류와 교역의 추진절차를 정한 절차법으로서 주로는 경제협력을 중심으로 규율하고 있다. 이들 법령에 제도화되어 있지 않은 사항은 수십 가지의 지침과 고시 등을 통해 업무 집행이 이루어진다. 사회문화 분야에서는 관련 법제의 정비가 필요하다. 2005년 9월 여야의원 22명의 명의로 발의되었던 '남북사회문화교류진흥법'과 같은 법제의 정비가 필요하다. 사회문화교류 사업이 안고 있는 한계와 문제점을 극복할 수 있을 것이다.

3) 내적 기반: 종합적 정보관리 기구 설립

북한 자료의 체계적인 관리와 사료(史料)적 활용을 위한 종합정보관리센터가 필요하다. 남북관계 개선과 발전에 따라 방송을 포함한 영상콘텐츠 등의 분야에서 향후 남북교류가 활발해질 것으로 예상된다. 동시에 통일부 중심으로 되어 있는 영상물 교류 관련 업무의 전문성과 부처 간 긴밀한 협력이 높아질 것으로 예상된다. 이 경우 문화체육관광부와의 긴밀한 협력이 필요하다.

문화체육관광부의 경우, 북한 영화를 상업적인 목적으로 들여오는 영화에 대한 심의, 영상콘텐츠를 포함한 저작권 문제의 관련 기관이

---

38) 2007년 11월 16일에 발표된 남북총리회담 합의사항 제4조는 장관급을 위원장으로 하는 '남북사회문화협력공동위원회' 구성을 명시하고 있다. 2003년 7월의 11차 장관급회담에서 "문화체육교류 활성화를 위해 남북사회문화교류협력분과회의를 구성하는 문제를 검토하기로 합의"한 이래 늘 주요 의제에서 빠져 있었던 사회문화교류 분야에 대한 합의가 이루어졌다. 합의에 명기된 사회문화교류협력 분야의 사업영역은 '역사, 언어, 교육, 문화예술, 과학기술, 체육 등'이다.

다. 이와 함께 문화체육관광부와 업무연관성이 높은 기관들과의 협력사업도 필요하다. 방송교류의 경우 방송위원회, 순수 영화교류의 경우에는 영화진흥위원회, 북한 영화의 보전과 연구 등은 영상자료원과 협력성이 높아질 것이다.

4) 문화적 관점의 통일교육강화

통일교육이 강화되고 있음에도 불구하고 통일에 대한 관심은 점점 줄고 있다. 북한에 대한 인식 역시 경제적으로 빈곤한 국가 정도로 알고 있어 북한에 대한 정확한 정보와 함께 통일에 대한 가치관 정립이 필요하다는 목소리가 높아지고 있다. 통일의 당위성과 필요성에 대한 근본적인 이해도 부족하고, 통일에 대한 국민적 합의를 이루려는 의지도 부족하다. 통일교육 현장에서 이루어지고 있는 통일 논의는 보편적 인권 차원의 통일론, 북한에 대한 동정론을 근거로 이루어지고 있는 실정이다.

통일문제에 새로운 시각으로서 인문학적인 접근이 필요하다. 통일에 대한 논의가 정치나 제도, 경제적 편의의 차원이 아니라 분단문제를 성찰하고, 분단으로 인해 고착화된 생활양식과 사유방식의 틀을 깨는 방향으로 통일을 보다 적극적으로 논의해 나가야 한다. 인문학적 관점의 통일문제는 다음 세 가지 관점에서 새로운 시각을 제시한다.

첫째, 통일은 인간 중심이 되어야 한다는 입장이다. 사회과학 분야의 기계적인 결합, 기술적인 통합에서 제기되는 통일 문제를 해결하는 방식으로서 인문학적인 사유 방식을 의미한다. 인문학적인 고유의 관점과 방법을 통일문제에 적용하고, 대상에 기초한 사유방식으로서 인문학은 사회과학의 통일담론과는 근본적인 차이가 있다는 입장이다.

둘째, 몸과 마음을 가진 인간으로서 심리적 층위를 분석에 중심을 둔다. 심리적 층위로서 분단체제에 주목하면서 분단체제의 극복을 통해 통일에 대한 근본적인 문제 해결을 모색한다. 분단체제가 인간의 몸과 마음에 어떤 영향을 미쳤는지를 성찰하고 반성함으로써 분단으로 인해 왜곡되어진 삶을 온전하게 바로잡는 과정을 통일의 과정으로 본다.

셋째, 분단된 국가의 국민으로서 살아오는 과정 속에 내재되고 축적된 내면의 분단의식을 극복해 나가는 것에 주목한다. 갈등의 근본은 무엇이며, 대립의 출발은 무엇이며, 분단체제가 우리에게 야기한 문제는 무엇이며, 그것은 사회적으로 어떤 갈등을 일으키고 있으며, 통일과정에서 소통은 어떻게 이루어낼 것인가에 대한 사유를 통해 분단 갈등을 극복하고자 하는 입장이다.

5) 사회문화 사업 선정의 원칙

사회문화교류를 통해 남북 사이의 이질성을 극복하고 동질성을 회복하면서 민족공동체 의식을 함양해 나가는 과정이다. 남북관계의 지난 60년은 체제의 차이로 인한 문화와 생활방식 전반에서 이질화가 강화되어 온 과정이다. 같은 말을 쓰면서도 그 용례가 다르고, 특히 정치체제의 차이에서 오는 문화 차이는 심지어 갈등의 대상이 되었다. 사회문화 교류는 남북 간의 공통성과 차이성을 이해하는 과정이 되어야 하고, 이러한 과정을 통해 공동체의 관념을 새롭게 만들어 가야 한다. 사회문화교류는 자칫 서로의 체제 우위성을 선전하는 장이 될 수 있다. 사회문화교류는 그 과정 하나하나를 통해 신뢰를 구축하는 과정, 남북 상호간에 이해와 신뢰 형성 과정이어야 한다. 이를 위해서는 사회문화 분야의 교류는 다음과 같은 원칙이 견지되어야 한다.

첫째, 교류의 필요성과 가치가 있어야 한다. 학술이나 출판, 문화재, 문화예술 분야의 교류에서는 북한의 연구 성과 및 창작성과 저작물에 대한 보호의 필요성과 가치에 대한 적극적인 평가가 필요하다. 북한에서 이루어진 지적재산들은 통일이라는 거시적 차원에서 볼 때

역사적인 자료가 된다는 차원의 접근이 필요하다.

둘째, 분야별 전문성을 제고해야 한다. 사회문화 각 분야별 전문성을 높이는 방향으로 추진되어야 한다. 단기간의 성과에 집착하지 말고 장기적인 과제로 인식하고 교류협력의 동반자 관계를 형성함으로써 통일과정에 기여할 수 있어야 한다.

셋째, 사회문화 분야가 남북관계에 미치는 기여도를 고려하여야 한다. 사업을 위한 사업이나 특정 단체의 성과를 중심으로 한 사업보다 남북관계 전반에 걸쳐 긍정적인 영향을 미치는 분야를 중심으로 진행되어야 한다. 장기적인 사업을 준비해 나가면서 기존의 성과를 바탕으로 보다 많은 사람이 참여할 수 있도록 확대발전시켜 나가고 성과를 사회적으로 공유할 수 있어야 한다.

넷째, 장기적인 비전이 분명해야 한다. 사회문화 분야의 장기적인 목표의식이나 실현 계획이 분명한 비전이 있어야 한다.

다섯째, 사회문화 교류는 현실적인 필요성과 사업을 통한 파급효과를 고려해야 한다. 북한 주민의 현실적 요구도가 높고, 협력사업의 파급 효과를 고려하여야 한다. 신계사 복원 사업의 경우에는 전통문화재의 복원이라는 문화재 측면과 종교 분야의 교류라는 측면, 복원 과정에서 이루어진 학술 협력, 복원을 위한 장기 체류의 측면, 관광의 측면이 고려된 사업이라고 할 수 있다. 이처럼 기증이나 행사와 같은 단기적 사업보다는 중장기적으로 함께 참여할 수 있는 사업을 중심으로 파급효과를 확대하는 것이 필요하다.

5. 사회문화 교류와 통일의 길

구태여 통계를 참고하지 않아도 누구나 절감할 만큼 이명박 정부 이후 사회문화 교류는 크게 위축되었다. 정치적 경색 국면으로 인한 남북관계 전반이 위축될 것이라는 것은 어느 정도 예견되었던 일이다. 예상했던 것보다 경색 국면이 더 길어지고 있다. 사회문화 교류가 정치적 화해 분위기를 마련하고, 남북 관계 개선을 촉진하는 역할은 고사하고, 남북교류를 위한 최소한의 창구로서 역할도 이루어지지 않고 있다. 사회문화 분야의 교류 횟수나 규모에서 크게 후퇴하였다. 대북정책의 방향이 결정되고, 방향을 전회하는 시간을 비롯하여 여러 변수들을 고려하더라도 대북정책에 대한 결과를 제시할 때가 되었다. 우리가 원하는 방향으로 우리가 원하는 결과를 얻어내기 위한 전략적 접근이 필요하다.

남북관계의 정상화를 위해서는 무엇보다 천안함과 연평도 사건에 대한 상징적인 조치들이 선행되어야 한다. 남북관계 개선의 현안문제가 되고 있는 두 사건이 큰 틀에서 정리되기 전에는 전면적인 남북교류를 진행하기는 현실적으로 쉽지 않기 때문이다. '5·24조치'에서도 예외적인 조항으로 두었던 인도적 지원 사업조차도 남북관계가 경색된 상황에서는 쉽게 이루어지지 못하는 상황을 보면 정치적 문제 해결이 우선적으로 필요하다. 하지만 대북정책에서 사회문화·인도적 지원 분야의 명분은 충분하다.

'5·24조치' 이전부터 논의되고 진행되었으며, 민족적 차원에서 진행되었던 학술문화 사업이나 인도적 지원사업과 이산가족 상봉 문제는 적극적으로 풀어나가야 한다.[39]

남북관계가 전면적으로 경색된 상황에서 대화의 계기를 마련하는 것은 정치적 결단이다. '원칙 있는 대화', '북한의 책임 있는 자세'를 강조하고 있다. 남북관계가 정상화되기 위해서는 아직까지 여러 조건과 변수가 남아 있다. 시간도 충분하지 않다. 보다 적극적인 태도와 행보가 필요한 시점이다. 분단의 골이 더 이상 깊어지기 전에 화해협력의 적극적인 행동, 실천이 필요하다.

---

39) 남북학술문화협력의 대표적인 사업으로는 겨레말큰사전 공동편찬, 개성 고려궁성(만월대) 발굴조사, 북한 소재 고문헌 조사, 남북방송교류 등이 있다.

참고문헌

통일부, 『통일백서·2007』, 통일부, 2007.

정상화, 「전략적 인내 정책 무너지나」, 통일부 홈페이지 컬럼, 2011.7.8.

김병연·박명규·김병로·정은미, 『남북통합지수, 1989~2007』, 서울대학교출판
        문화원, 2009.

요한 갈퉁, 『평화적 수단에 의한 평화』, 들녘.

통일부 통일교육원, 『통일문제의 이해 2011』, 통일교육원, 2011.

박형중, 「통일국가의 정치체제와 이념」, 『통일시대 국가이념 및 비전연구: 선진
        통일한국의 이념좌표 모색』, 사회통합위원회, 〈선진 통일국가를 위한
        국가정체성 모색〉 1차 세미나 자료집, 2011.10.7.

전태국, 「사회통합을 지향한 한국통일의 개념전략: 변화를 통한 접근」, 『한국사
        회학』 제41집 6호, 2007.

김병로, 「통일한국의 사회통합 이념」, 『통일시대 국가이념 및 비전연구: 선진
        통일한국의 이념좌표 모색』, 사회통합위원회, 〈선진 통일국가를 위한
        국가정체성 모색〉 1차 세미나 자료집, 2011.10.7.

정홍익, 「문화정책의 가치론적 접근」, 『문화예술논총』 제5집, 1993.

김갑식·오유석, 「'고난의 행군'과 북한사회에서 나타난 의식의 단층」, 『북한연
        구학회보』 8권 2호, 2004.

조용관, 「북한 정치교육의 내면화가 탈북자 남한사회적응에 미친 영향」, 『한국
        정치외교사논총』 제25집 2호.

전영선, 「북한 '아리랑'의 현대적 변용 양상과 의미」, 『현대북한연구』 14권 1호,
        2011.

강명옥, 「조선민복의 피줄의 공통성을 부인하는 사대매국행위」, 『민족문화유
        산』 1호. 2009.

임동원, 「국민의 정부의 대북정책」, 민화협 정책위원회, 『민족화해와 남남대화』,
        한울아카데미, 1999.

겨레말큰사전남북공동편찬위원회, 『겨레말큰사전남북공동편찬사업회 백서』, 동광문화, 2006.

전영선, 「남북 문화교류와 저작권 문제」, 『지적재산권』 26호, 2008.7, 25~28쪽.

김상호, 『북한 저작물 권리보호에 관한 연구』, 저작권시의조정위원회, 1990.

조수선 「남북교류상의 출판·영상·음반물에 관한 저작권 협력방안」, 『신진연구자 북한 및 통일관련 논문집』, 통일부, 2001.

전영선, 『북한 민족문화정책의 이론과 현장』, 역락, 2005.

통일노력60년발간위원회 편, 『하늘길 땅길 바닷길 열어 통일로』, 통일부, 2005.

연합뉴스, 「뒤투아, '한(조선)반도 오케스트라' 구성 위해 방북」, 『연합뉴스』, 2011.6.17.

여인곤 외, 『정보화시대 통일정책 거버넌스 개선방안』, 통일연구원, 2004.

찾아보기